高等学校学前教育专业系列教材

幼儿园班级管理：

角色·关系·空间

廖莉 主编

南京大学出版社

图书在版编目(CIP)数据

幼儿园班级管理 ：角色·关系·空间 / 廖莉主编
. — 南京 ：南京大学出版社，2020.8
ISBN 978-7-305-23696-9

Ⅰ. ①幼… Ⅱ. ①廖… Ⅲ. ①幼儿园—班级—学校管理 Ⅳ. ①G617

中国版本图书馆 CIP 数据核字(2020)第 158107 号

出版发行 南京大学出版社
社 址 南京市汉口路 22 号 邮 编 210093
出 版 人 金鑫荣

书 名 幼儿园班级管理:角色·关系·空间
主 编 廖 莉
责任编辑 丁 群 编辑热线 025-83597482

照 排 南京南琳图文制作有限公司
印 刷 南京理工大学资产经营有限公司
开 本 787×1092 1/16 印张 19.25 字数 441 千
版 次 2020 年 8 月第 1 版 2020 年 8 月第 1 次印刷
ISBN 978-7-305-23696-9
定 价 49.80 元

网址：http://www.njupco.com
官方微博：http://weibo.com/njupco
微信服务号：njuyuexue
销售咨询热线：(025) 83594756

序

幼儿园班级是一种初级社会组织，也是幼儿园的最小组成单位。通常我们谈幼儿园班级管理，会直接进入涉及班级管理的各项具体工作，诸如如何组织教学活动、如何进行班级环境创设，如何对幼儿进行常规教育等。很多时候，具体工作了解了，班级管理存在的问题仍然未解决。因为，我们的园长、老师虽然了解并掌握了具体工作内容，但却知其然，而不知其所以然。我们为什么要去做这些工作，这些工作之间的联系是什么？又是什么因素让这些工作连接在一起？廖莉从社会学的视角，将幼儿园班级管理置于班级这个初级的社会组织中，将所有的管理实践视为一种社会现象，分析了幼儿园班级管理中的各种社会角色呈现、社会角色之间产生的关系与互动，以及在班级社会空间中，社会角色与社会关系的相互建构，很好地诠释了幼儿园班级管理的所以然。

社会学意义上的社会角色就是指“个体在特定的社会关系中的身份及由此而规定的行为规范和行为模式的总和。”廖莉博士从班级中的社会角色扮演、角色失衡以及角色适应几个层面，让园长和教师不仅了解到班级中的应然角色呈现，同时也看到在实践工作中的实然角色存在的困惑和问题，如何去直面这些问题进行角色适应。

在社会学中，“被观察到的现象就是社会现象，它的理论关注的是人与人之间的关系与互动（和他人有关的实践）。”在班级管理中，我们可见的关系与互动是教师之间的群体互动、教师与幼儿之间的师幼互动、教师与家长之间的家园互动。这三种关系基于什么进行互动？“人们之间的所有接触依赖于给予和回报等值这一模式。”廖莉博士从社会交换理论对三种关系进行了深入探讨。

在社会关系中，空间常常是一个被忽视的概念和存在。社会空间本质上是“人的社会关系、人的活动的社会结构，表现为人的活动的现实条件，并存关系及广度和深度等形式方面的特征。”廖莉博士将幼儿园的社会空间理解为“人—空间”的相互建构，依据社会空间的基本形式，将幼儿园班级的社会空间划分为物化空间、关系空间、制度空间。她从这三个空间维度，对发生在三种空间中的班级社会关系和人的活动进行了生动的呈现和阐释。

社会学的视角让读者从一个横向的层面对幼儿园的班级管理进行了全面了解，班级作为幼儿园系统的一部分，离不开幼儿园系统的支撑。幼儿园班级管理不仅要了解作为班级初级组织系统的各个方面，还需要从纵向层面，去探讨幼儿园体系中的班级管理。基于此，廖莉博士同时从系统观视角，详细解读了幼儿园体系内从上至下对班级管理工作的支持与执行。

廖莉博士对幼儿园班级管理的研究，让我们从一个新的视角更为全面、系统、深入地理解班级管理。一方面，班级的社会角色、社会关系在社会空间中相互影响，相互建构。另一方面，幼儿园的组织系统对班级这个初级组织，产生方方面面的影响，并相互支撑。相信此书一定对提升幼儿园班级管理水平大有裨益！

袁爱玲

2020 年 2 月 4 日立春于广州

目 录

第一章　社会学视角下的幼儿园班级

> 在我们的意识中，一个点是无数条直线，而非一条直线的一个无限小的部分，是这组直线穿过的中心。这样一种意识是我们经常不得不考虑各种事件和可能性的共时性和扩展的结果。
>
> ——约翰·厄里

【学习目标】

1. 了解社会学视角下的幼儿园班级所包含的因素；
2. 理解不同群体视角下的幼儿教师的社会角色；
3. 了解并掌握幼儿园班级中存在的社会关系，并掌握各种社会关系的表现；
4. 了解并掌握幼儿园的社会空间分类，理解不同的空间类型。

从社会学视角看，幼儿园班级是一种初级社会组织，也是幼儿园的最小组成单位。幼儿园班级的基本构成要素主要有幼儿、教师、班级空间。要了解一个初级的社会组织，仅仅看到几个静态的构成要素是不够的。在静态的构成要素背后，我们需要通过社会学的视角去观察、解析幼儿园班级中的动态过程。

在社会学中，被观察到的现象就是社会现象，它的理论关注的是人与人之间的关系与互动(和他人有关的实践)。[①] 幼儿园的班级管理在班级这个初级的社会组织中，所有的管理实践也是一种社会现象，我们需要去了解班级管理中人与人之间的关系与互动。这当中涉及班级中的社会角色，如幼儿教师、保育员、幼儿、幼儿家长；也涉及这些社会角色之间产生的各种社会关系，如幼儿教师与幼儿之间的师幼关系、幼儿教师之间的群体关系、幼儿教师与幼儿家长之间的家园关系。这些社会角色与社会关系会在班级的这个社会空间中交往互动，不断去相互建构和实践。

第一节　幼儿园班级中的社会角色

角色，也称为“脚色”，本来是指戏剧舞台上演员扮演的人物，一般分为主要角色、

① [澳]马尔科姆·沃特斯.现代社会学理论[M].杨善华译.北京：华夏出版社，2000：3.

次要角色和群众角色等。[①] 社会"角色"理论的研究兴起于20世纪初期,各国社会学家、社会心理学家都参与了这一理论的讨论。

最早系统化概括了社会角色理论的是来自美国的芝加哥学派,他们强调社会角色在社会交往中的互动行为模式以及个人与社会活动的关系;结构功能主义代表人物默顿(美国)和他的学生科塞更进一步强调角色与其相关的社会地位,以及对应的行为规范。

社会学意义上的社会角色就是指个体在特定的社会关系中的身份及由此而规定的行为规范和行为模式的总和。具体地说,就是个人在特定的社会环境中相应的社会身份和社会地位,并按照一定的社会期望,运用一定权力来履行相应社会职责的行为。[②] 我国学者郑杭生认为,"社会角色"是与人们的某种社会地位、身份相一致的一整套权利、义务的规范与行为模式,它是人们对具有特定身份的人的行为期望,它构成社会群体或组织的基础。[③] 从社会角色理论的发展以及国内外学者的研究来看,社会角色包含了社会身份、社会地位、社会期望以及社会行为。

教师角色是社会角色的具体化,教育社会学家比德尔认为,教师角色是指教师行为、教师地位及对教师的期望。[④] 在幼儿园的班级中,主要的社会角色是幼儿教师。幼儿教师是指在幼儿园里担任教学工作者。不管其是否具有幼儿教师资格证,或者是否是幼教相关专业的毕业生,只要是在幼儿园担任教学都是幼儿教师。[⑤] 根据社会角色理论的定义,我们可以从四个方面来认识幼儿教师角色:(1) 社会身份。幼儿教师的社会身份是教师角色,社会将幼儿教师看成一种稳定的职业角色。(2) 社会地位。幼儿教师作为"传道授业解惑"的师者,社会对于教师从古至今是认同并尊重的。(3) 社会期望。社会对于幼儿教师的职业期望,是幼儿教师在幼儿教育当中表现出来的专业水平和能力与社会期望相符合。(4) 社会行为。幼儿教师的社会行为是与其社会身份相匹配的,是幼儿教师在幼儿园的教育教学中所表现出的行为。

从以上文献资料当中,我们可以看到幼儿教师这个社会角色,包含了与社会环境相应的社会身份、社会地位、社会期望和社会行为。不同的群体视角对于幼儿教师这个社会角色赋予了不同的社会期望,接下来我们将从与幼儿教师密切相关的群体视角来分析不同社会期望下的幼儿教师的社会角色。

一、幼儿教师视角下的幼儿教师角色

(一) 多元的角色定位

幼儿教师的工作对象具有特殊性,幼儿处在身心发展都很弱小的阶段,需要幼儿

① 王珊. 教师社会角色定位研究[D]. 济南:山东师范大学,2014.

② 转引自:郑敏. 高校青年教师的角色困境及其成因分析[D]. 芜湖:安徽师范大学,2000:5.

③ 郑杭生. 社会学概论新修[M]. 北京:中国人民大学出版社,2002:107.

④ 李瑾瑜等. 课程改革与教师角色转换[M]. 北京:中国人事出版社,2003:104.

⑤ 李晓菲. 幼教相关群体对幼儿教师角色期望的研究[D]. 重庆:西南大学,2011.

教师承载更多的角色，因此他们的角色呈现是多元的。

1. 老师

毫无疑问，幼儿教师首先要扮演的是老师的角色，教育教学的专业能力和水平，是作为老师的基本功。同时面对不同年龄段的幼儿，幼儿教师还需要制定不同的教育计划，设计不同的教学活动，以促进不同年龄段幼儿的全面发展。

2. 朋友

幼儿园一直强调要尊重儿童，幼儿教师也一直在实践当中践行如何平等地与幼儿对话。当幼儿出现困难和问题的时候，幼儿教师试图成为幼儿的朋友，去倾听幼儿的心声，并尝试从同理心的角度，解决幼儿的困惑和问题。

3. “妈妈”

幼儿进入幼儿园年龄偏小，尤其是小班的幼儿，刚刚离开熟悉的家庭环境，进入新环境需要适应。幼儿教师的关心与爱护，很容易让幼儿教师成为幼儿信任依恋的对象，甚至短期内会成为幼儿在幼儿园内替代“妈妈”的角色。

4. 教育实践者

幼儿教师在工作实践中是不断积累、不断成长的过程，新入职的教师面临的是如何将学校的知识运用到实践中；成熟的教师面对的是如何在已有的经验上，更进一步进行专业提升。

(二) 角色扮演的困惑

1. 角色模糊的困扰

在以上这些角色定位中，需要特别提醒，有时幼儿教师会对于“妈妈”角色代入过多，一方面带来幼儿教师身份认同的紊乱，另一方面也会让幼儿教师在与幼儿的互动中把握不好边界，带来困扰。

【案例】

A教师从幼儿园小班开始就对班上的齐齐小朋友额外关心，因为这位小朋友父母离异，母亲很少回来看他，爸爸工作很忙，经常无法按时来接送齐齐。作为班主任的A老师在园的三年中，对齐齐各方面都很照顾，有时爸爸出差没法来接，她会把齐齐带回家照看。三年中，齐齐与A老师建立了紧密的情感纽带，在情感上也显得特别依恋A老师。齐齐上小学后，依然喜欢回来找A老师，想跟着A老师回家住。A老师猛然发觉，齐齐已对她产生了深厚的依恋，可她有自己的家庭，于是如何与齐齐来重新摆放这个角色定位，成了A老师的烦恼。

幼儿教师在实践工作当中，出于爱心的考虑，有时候会模糊教师和家长这两个角色的边界，不仅给幼儿造成一些幻象，也会给自己的私人生活带来烦恼。因此，清晰的角色定位对于每位幼儿教师来说是非常重要的。

2. 教育者角色的专业困惑

梁玉华(2006)对师幼关系中幼儿教师的角色意识进行了调查与分析，发现幼儿教师对自身之于儿童的角色地位从高到低进行了排序,依次为朋友、教育者、组织者、保育者、学习者。

在这个研究中,幼儿教师对朋友、保育者、学习者、组织者等角色行为规范的理解较为清晰、明确,扮演起来也较为容易,但对教育者角色行为规范的认识较为模糊、混乱,扮演起来存在一定难度,表现在教育内容与教育方法两个方面。

幼儿教师普遍认为,对儿童进行个性品质、探索兴趣与精神、社会性的培养较为困难,而知识技能、身体健康的教育则较为容易。

我们可以看到,幼儿教师普遍能适应教师角色的基本专业要求,能够满足教育对象群体的普适性的需求。但需要对教育对象实施更具个性化的培养时,幼儿教师自身专业能力与工作需求之间存在一定差距。这不仅需要幼儿教师自身的努力去缩小差距,还需要社会共同的支持和努力。

二、幼儿家长期待的幼儿教师角色

幼儿教师不仅要服务幼儿,同时要服务家长。幼儿教师对家长的专业引领以及与家长的日常沟通是非常重要的工作内容之一。家长对于幼儿教师的角色期望也有着自己的诉求。

(一) 教育者

幼儿园是专业的教育机构,家长将幼儿送入幼儿园,是期望幼儿获得更为专业的教育,促进幼儿的全面发展。家长对于幼儿教师,期望他们具备专业的知识和水平,能够胜任幼儿教育的工作,能够根据不同幼儿的年龄特点,开展有针对性的教育教学活动。

(二) 引导者

家长在育儿过程中,会遇到很多问题和困惑,他们期望从幼儿教师那里获得专业的引领和支持,及专业的家庭教育建议,以更好地促进亲子关系的发展。

(三) 合作者

幼儿教育不是幼儿园或家庭一方的责任,需要家园合作,共同努力。因此从这个角度来说,家长期望幼儿教师在幼儿教育上成为合作者。当幼儿出现教育问题的时候,家长和幼儿教师共同协商解决方案,共同努力促进问题的解决。

聂妮(2017)围绕教师的个人素质、师幼交往能力、教学能力、日常保育能力、家园沟通能力五个方面,呈现了当下家长期待的教师角色。结果显示,家长更关注幼儿教师的专业角色,更多地从幼儿教师的职业特点和专业要求对幼儿教师进行角色定位,比如对于幼儿个性化教育的期望、对促进幼儿全面发展的期望等。这对于幼儿教师的专业能力和水平提出了更高的要求。

三、专业领域视角下的幼儿教师角色

(一) 专业标准下的幼儿教师角色

1. 美国幼儿教师专业标准下的幼儿教育角色

美国优秀幼儿教师专业标准(以下简称“标准”),是由美国全国教学专业标准委员会制定的,对优秀幼儿教师应达到的专业发展水平提出了明确要求:重视对儿童的理解、重视对儿童发展和学习的促进作用、重视幼儿教师的专业倾向以及专业自主性的发展、重视幼儿教师的终身学习。①

从美国优秀幼儿教师专业标准下,重新审视信息时代赋予幼儿教师新的角色是“以专业眼光赋予学习者和学习以价值的人”。从这个意义来说,新时代的幼儿教师要成为幼儿心灵的倾听者、保护者,幼儿发展和学习的促进者、引导者,专业团队的领导者、合作者,终身学习者、反思者和研究者,家庭、社区、幼儿园的联络者。②

从美国优秀幼儿教师专业标准来看,有两点值得我们重视:一是强调幼儿教师的学习者角色,在时代快速发展、知识迅速更新的今天,幼儿教师需要成为一名合格的学习者,才能跟上时代发展的步伐。二是强调了家、园、社三方的联络者角色。以往我们对于幼儿教师侧重于家园合作者的角色,很少提家、园、社三方的联络者角色。这也说明教育的发展正在逐步向外拓展,幼儿园的教育不再局限于幼儿园内,而是不断向家庭和社区扩展,幼儿教师需要适应这种新形势的要求。

2.《幼儿园教师专业标准》下的幼儿教师角色

2012 年教育部颁布《幼儿园教师专业标准》,从基本理念、基本内容、实施建议三大层面回答了“为什么”“是什么”和“怎么办”的问题。基本理念包括“幼儿为本”“师德为先”“能力为重”“终身学习”四大方面,基本内容包括“专业理念与师德”“专业知识”“专业能力”三大维度、14 个领域、62 条基本要求。

根据《幼儿园教师专业标准》,杨飞龙等(2014)提出了幼儿教师的七大角色:良好环境的创设者、一日生活的组织者、游戏活动的指导者、教育活动的实施者、幼儿成长的评价者、家园共育的沟通者和自身发展的反思者。

我国《幼儿园教师专业标准》的颁布,无疑给广大幼儿教师的专业角色提供了更为明晰的社会行为规范和要求。幼儿教师可以根据具体的要求,对照自身的专业能力和水平,不断完善和提升。

(二) 学者专业视角中的幼儿教师角色

近年来,我国的专家学者对于幼儿教师角色定位,也从各个方面进行了探讨,我们将几位主要的学者观点归纳如下(见表 1－1):

---

① 易凌云.美国优秀幼儿教师专业标准及其启示[J].学前教育研究,2008(10).

② 王淑君.美国优秀幼儿教师专业标准对幼儿教师角色定位的启示[J].学前教育研究,2012(9):70－72.

表1-1 我国主要学者对于幼儿教师的角色定位研究

研究者	幼儿教师的角色定位
简楚英(2007)	促进幼儿学习、提供辅导与保育、班级管理、工作环境布置、行政事务协调、发展课程、自我专业成长
赵丹(2009)	学习引导者、课程研究者、平等合作者
李敏,杨晓萍(2015)	幼儿教师与儿童:合作者、引导者、支持者 幼儿教师与家长:联络者、指导者、代理人 幼儿教师与机构:合作者、竞争者 幼儿教师与国家:代言人、执行者 幼儿教师与自身:学习者、反思者

专业视角下的幼儿教师角色,相较于幼儿教师和家长鲜明的主观色彩不同,更为理性和全面地赋予了幼儿教师角色更多的内涵,既有从宏观层面到微观层面的角色定位,又有新时代背景下,关于幼儿教师角色的新思考。

四、社会媒体视角下的幼儿教师角色

进入信息时代,突发事件的传递变得越来越迅猛,幼儿教师这个社会角色也慢慢走入"前台",时不时呈现在社会大众面前。只不过,社会媒体下的幼儿教师群体角色的呈现并非锦上添花,反倒给这个职业群体贴上了一些污名化的标签。

【案例】

2012年10月24日,浙江温岭城西街道蓝孔雀幼儿园老师虐待幼儿的照片在网上曝光,该教师揪着儿童两只耳朵,致使其身体悬空,儿童号啕不止,教师却神情愉悦。11月16日,官方消息称该虐童事件经警方深入侦查,认为涉案当事人颜某不构成犯罪,依法撤销刑事案件,对其做出行政拘留十五日的处罚,羁押期限折抵行政拘留。

近些年,新闻媒体上关于幼儿园的报道几乎全是负面新闻,而这当中牵涉到的幼儿教师的形象也基本上是负面的。这几年连续出现的"虐童"事件,让幼儿教师这个群体背上一些不该有的污名。每次事件的出现,网友便会给这个群体贴上"素质低、文化水平低、缺乏爱心"等这样的标签,极大地损害了幼儿教师的角色形象。专业领域内尽管有微弱的表达,但面对滔滔大众之口,影响极其微小。这样的新闻报道,也造成在班级管理中,家长对幼儿教师产生一些刻板印象,给家园沟通带来一定的障碍。

如何通过社会媒体更多报道幼儿教师的正面新闻,让更多社会大众了解幼儿教师真实的工作付出与专业体现,这需要我们不同的群体共同努力,更好地向社会呈现幼儿教师的专业形象,让更多的社会大众深入了解幼儿教师的付出,获得更多的支持与理解。

五、不同视角下的幼儿教师角色建构

通过对不同群体视角下幼儿教师角色的分析,我们可以看到,在班级中,作为重要社会角色的幼儿教师背负着不同的角色使命，这也提醒幼儿教师在进入班级中，需要协调好不同群体视角下的角色期望，才能更好地阐释自己的角色形象。

（一）自我视角与他人视角的角色平衡

通过不同视角下的幼儿教师角色定位，我们可以看到，幼儿教师自身对角色的定位感性有余而理性不足，主观有余而客观不足。这样带有一定思维倾向的角色定位，会造成幼儿教师对自身角色的模糊，同时容易陷入自怨自艾的自我怜惜中，削弱对职业本身的热爱与反思。因此，对幼儿教师的角色，需要在自我视角与他人视角之间寻找到平衡点，能够理性、客观、全面地审视自身。

（二）正面形象与负面形象的角色逐力

社会大众视角下的幼儿教师角色多为带有标签的负面形象，作为回报远远未能跟上付出的幼儿教师群体来说，则是有苦说不出。高强度与高付出的工作，并未带来预期的收入回报与社会地位。幼儿教师本身的发声又是微弱的，这造成了这个群体在工作当中更为小心谨慎，在教育中容易失去自主性，最终会造成教育质量的下降，带来一系列的恶性循环。如何在工作中对外树立幼儿教师的正面形象，更多呈现这个群体更为真实的一面，这需要整个社会系统联动起来，重塑社会大众对这个群体的信任。

（三）宏观视角与微观视角的角色建构

在常规的意识当中，幼儿教师更注重微观层面的角色塑造，比如在幼儿面前、家长面前和同事面前的角色呈现，而往往会忽视幼儿教师在宏观层面的角色塑造，比如幼儿教师在幼儿园内如何对外塑造角色形象、幼儿教师如何有意识地呈现作为一个重要的教育阶段的教师角色塑造，这些都是被我们所忽略的。

第二节　幼儿园班级中的社会关系

乔治·齐美尔曾在《乔治·齐美尔的社会学》中指出："人们之间的所有接触依赖于给予和回报等值这一模式。"①在幼儿园的组织系统中，也是由人与人之间的交往所构成，在社会交往的过程中，人与人之间的关系同样依赖于给予和回报等值这一模式。我们将从社会学的视角去解读个体之间的关系，以社会交换的理论去解读班级中的社会关系。

社会交换理论是 20 世纪 60 年代兴起于美国进而在全球范围内广泛传播的一种社会学理论。该理论创始人霍曼斯认为，利己主义、趋利避害是人类行为的基本原

① ［美］彼得·M. 布劳. 社会生活中的交换与权力［M］. 李国武译. 北京：商务印书馆，2012：35.

则,任何人际关系在本质上都是交换关系,人与人之间交往的过程中都会寻求回报。①

社会交换理论另一位代表人物是美国社会学家布劳,他在霍曼斯理论基础上进一步对社会交换的个人之间、个人与团体、团体与团体之间社会交换进行了分析,并提出在社会交换理论中很重要的一个概念——信任。他认为,交换双方因为无法确知对方的回报为何,因而交换过程就需要某种程度的信任。②

在人们建立的社会关系中,他们的利益得到表达,他们的欲望得以实现。③ 马林诺夫斯基曾用他的功能图式来说明,需要(个体幸福及群体的生理延续所必不可缺的条件)引发反应。个体的需要会产生社会组织。④ 每个个体在幼儿园的社会关系中都存在各自的需求,期望获得相应的回报。

幼儿园班级中的社会关系,根据角色主体之间产生的互动,主要有幼儿教师之间的群体关系、幼儿教师与幼儿之间的师幼关系,以及幼儿教师与家长之间的家园关系。不同的社会关系之中的主体间存在不同的需要,其各自的需求不同,社会关系的表现也各不相同。在这些社会关系当中,我们也会看到,布劳提出的"信任"在关系建立当中的作用和价值。

一、基于合作的教师群体关系

在班级中,幼儿教师群体成员之间首先构成了一种社会关系,由于主班老师、配班老师以及保育员的工作性质,他们的工作状态大部分都是一种共同活动的状态,会发生相当多的相互交往过程。

(一) 幼儿教师群体特征

幼儿教师群体是一个特殊的群体,有着其鲜明的共性特点,主要表现在以下方面:

1. 趋同的性别特征

幼儿教师群体基本以女性为主,这也成为幼儿园特有的现象。女性群体的特征是情绪细腻而敏感,情感因素的影响成为这个群体交往的主要特征。

2. 相对封闭的群体交往

幼儿教师的社会空间相对较小,平时接触最多的便是幼儿园的同事和家长。在幼儿园内部,由于工作分工和年级的区分,现班级、同年级、同岗位的交流较多。比如主班之间、同班级之间的三人团队、同年级间的教职工群体交往较多。园内开会、工

① 彭飞霞.幼儿教师人际信任与知识分享的关系研究[D].重庆:西南大学,2011.

② 彭飞霞.幼儿教师人际信任与知识分享的关系研究[D].重庆:西南大学,2011.

③ [美]彼得·M.布劳.社会生活中的交换与权力[M].李国武译.北京:商务印书馆,2012:49.

④ [澳]马尔科姆·沃特斯.现代社会学理论[M].杨善华等译.北京:华夏出版社,2000:150.

作合作各方面也多在同班级、同年级的教师群体中开展，幼儿教师的群体交往具有相对封闭性。

3. 紧密合作的群体

幼儿园的岗位之间有明确的职责分工，但在实际工作中，需要大家的共同配合，尤其是班级中的三人团队，合作更为紧密。比如班级中一旦有人请假，其他二人就需要承担起请假人员的工作任务。有时不同岗位的人员安排外出学习或是园内开会，也需要随时协商互相承担。遇到年级和园内的一些大型活动，比如亲子活动、家长会、毕业典礼等，需要整个群体紧密合作，共同完成工作任务。

4. 竞争与稳定的交织

幼儿教师在园内的岗位发展相对有限，主要的路径是配班—主班—级长—主任—副园长—园长，越往后越难，时间也越长。在园内配班升到主班是一个比较容易的岗位变化，主班到级长相对有难度。因此，幼儿教师群体存在一定竞争关系，但由于岗位数量有限，尤其是公办幼儿园，教师队伍相对稳定，岗位也较为稳定，幼儿教师群体的竞争性在不同的幼儿园表现不同，整体上而言是竞争与稳定的交织状态。

（二）幼儿教师群体类型

李辉（2015）把班级场域中幼儿教师群体关系形态分为“轻度卷入”“中度卷入”和“深度卷入”三种类型。其中，轻度卷入属于失和型的人际关系形态（在配班初期，轻度卷入属于正常的人际关系形态），而中度卷入和深度卷入属于和谐型的人际关系形态。[①] 在班级日常工作中，班级中的三人群体也会表现出这些类型。

1. 失和型幼儿教师群体关系的形态特征

三人团队如果缺乏沟通和理解，班级工作的合作会陷入一种极为被动的局面，下面我们来看看一位主班老师记录的两次群体合作中出现的问题。

（1）理解刻板的合作分工

【案例】

开学第二日的活动安排由副班主任H老师带领幼儿进行手指游戏与幼儿进行互动。而入园环节中入园分离焦虑较为严重的T小朋友由H老师和生活老师J老师带领缓解情绪。孩子们如约而至，T小朋友在入园的时候也如预期之中出现了严重的哭闹现象，我将T小朋友交给了生活老师J老师，并由H老师带着进行活动。当我对全部的小朋友进行点名后，我突然发现H老师和T小朋友不在活动室内，而我和J老师则都不清楚他们的去向。由于H老师不知在何处，接下来安排的互动环节则换成了由我来主导的活动。在离园环节中，尽管许多家长与幼儿在等待着离园，可是此时H老师仍然只带着T小朋友，在T小朋友家长来园后，只是单独与T小朋友家长进行沟通。

---

① 李辉.班级场域中幼儿教师群体关系研究[D].武汉：华中师范大学，2015.

案例中的H老师对于主班的工作分工理解刻板,即使出现问题,也只管"自扫门前雪"。

(2) 缺乏主动的合作关系

【案例】

这一次环境创设主题是"爱上幼儿园"。在进行环境布置中,我提出了我的看法与想法,在布置工作的过程中,由于突然需要召开班主任会议,我将当天需要完成的事项写下来,也告知了H老师和J老师。待我回到活动室时,我却发现只有J老师完成了区域标签的粘贴工作,而H老师则在玩手机,环境布置也停滞没有进行。在分享班级环创心得时,H老师也没有提出自己的想法,一直在被动执行着我的想法。

这种合作关系貌似很配合,但是一种被动型的合作,缺乏主动性与积极性,"完成任务式"的心态成为阻碍工作进一步开展的障碍。

在一种失和型的幼儿教师群体关系中,存在的共性问题有三点:一是个体缺乏主动性和积极性,被动开展工作;二是群体之间缺乏有效沟通;三是群体之间缺乏权威,难以达成一致的工作目标。

面对这样一种群体关系,需要主班积极思考并努力去改变,我们来看看上面那位主班老师的反思建议:

【案例】

在这短暂的一个月的工作中,我意识到了我们的团队,在处理班级的工作中应该及时的沟通与交流。

1. 定期召开班级工作会议。在以往的工作中由于大家都有相应的工作经验,我一直忽视了召开班级会议的重要性。在这一个月的工作中,我意识到了作为班级的班主任,我首先要学会发现问题并及时提出,与班级老师进行相互的沟通。在今后的工作中我们也应该定期召开班级会议,针对班级的情况进行有效的沟通。

2. 相互的肯定与学习。在这一个月的相处里,我从J老师身上看到了对孩子的耐心与关心,在H老师身上看到了活跃的一面。在三人的团队中,我们需要相互配合与学习,古人云:"三人行,必有我师焉。"在班级团队中要善于去发现同伴的优点并学习,及时发现自己存在的问题并改正。

3. 当我们的班级三人团队中有所进步的时候,我们需要及时地去肯定与表扬,让我们的工作中有更多的正面肯定。

(以上案例均摘自廖碧丽老师2020年4月21日的工作反思)

2. 和谐型幼儿教师群体关系的形态特征

(1) 积极推进问题的解决

【案例】

这两周,我发现班上出现了一些问题,比如:

1. 从开学到十一月底,我们班基本上都没有小朋友磕到、碰到,也没有出现过小朋友打架,最近这段时间经常会发生。

2. 之前中午小朋友们都会安静地进餐,并且吃得很干净,现在中午进餐不仅慢,还把桌子弄得很脏，导致打扫卫生时间也比较久，之前一点左右就能打扫完，现在要打扫到一点半左右。

3. 之前其他三个小班的老师都羡慕我们班没有“特殊孩子”，现在我们班也有几个小朋友经常乱跑，不遵守规则。

4. 洗手时，好多小朋友在玩水，弄湿袖子。

5. 三人团队之间有一些小问题。

出现这些问题时，我首先反思我自己，很大一部分原因在我这里，连续两周我很少在班级里，所以我们班会少一位老师，其他两位老师的工作量也会增加。莹莹刚担任配班的角色，又兼任主班角色连续带了两个星期班，对她来说是一个挑战。丘老师要做好班级卫生，又要协助莹莹组织孩子，也比较辛苦。针对这些问题，我及时主动地找班级两位老师进行了沟通，我们把发现的问题都说了出来，并讨论了解决办法：

1. 小朋友打架、磕到、碰到，除了小朋友的问题，当然也有三位老师的问题，所以我们及时调整站位，确保关注到每一位小朋友。

2. 三位老师调整进餐时间，教室里必须有两位老师看着小朋友进餐。

3. 午检排队时，前面一位老师检查，后面一位老师组织小朋友排队，因为有几个不遵守规则的小朋友会跑去操场，如果我去开会，丘老师协助看着后面的那些小朋友，先让小朋友们全部躺到床上，再搞卫生。

4. 下午离园时，有个别小朋友喜欢让老师抱，但是这个时候小朋友最容易碰到、磕到，所以老师一定要关注所有小朋友，不能只抱着个别小朋友，没有看到其他小朋友。

5. 因为我和莹莹两个人都是周五的延时班，周五大扫除，丘老师就特别忙，我们也没有时间跟丘老师一起打扫，所以我们也重新分工了周五的工作，一个老师在组织活动的时候，另一个老师可以和丘老师一起搞卫生。

6. 垫汗巾、收衣服、离园检查这些事情，一个人有的时候忙着忙着会忘记，所以必须班级三个人都要记住，我们相互提醒。

不论在教室还是在室外，一定要眼睛里面有孩子，并且关注到每一个孩子。这些问题进行了调整之后，这两周我们班级的情况慢慢好转了，三人团队又回到了正轨。还有个别小朋友的问题，我也在和家长进行沟通，家长也积极配合，所以，我相信一定会越来越好。

（摘自曹艺艺老师 2019 年 12 月 21 日的工作反思）

在上面这个案例中，主班老师发现了班级中存在的问题，及时反思，并召集团队成员共同寻找解决办法。积极的情感关系，群体之间的及时沟通与相互尊重、相互体谅，容易就问题解决达成一致，共同达成工作目标。

(2) 成长型的合作共同体

【案例】

在班级里，对于老师们提出的建议，只要是可行的，我们就会去尝试、实践。搭班以来，我也知道其实配班老师和生活老师都比较辛苦，很多时候缺乏自信，所以会有意无意地给她们打气，建议她们和家长沟通时，抬头、挺胸，说话要有底气，不含糊的同时又不能太武断,要留有说话的余地。我会建议生活老师可以就幼儿用餐情况、午睡情况在离园的时候和家长进行沟通,配班老师可以针对幼儿在活动中的表现以及哪些地方有进步和家长进行沟通,这样可以增进与家长间的交流,提高老师在家长心目中的分量。现在他们都能够主动和家长进行沟通,这也促进了班级工作的管理。

(摘自严惠瑜老师 2019 年 12 月 30 日的反思)

在助长型的群体关系中,班级教师会营造相互欣赏、相互包容的氛围,并能够相互促进,共同成长。

(3) 平等友爱的社会生态

【案例】

作为新老师进入中三班,我和毛老师一人带两队孩子做早操。音乐一响起来,只见我带的那两队孩子做操时眼睛都不看着我,即使我站在他们面前,他们的目光也是投向毛老师那一边,为什么孩子会出现这种情况?到了中午孩子午睡了,我也一直想着这个问题,是我做操做得不好看,还是指令不明确?下班之后,我跟班上两位老师聊起今天早上做操的这个事情,毛老师跟我说:“首先,你是新来的老师,孩子们对你也不是特别的熟悉,所以做操时会很习惯性地看着我,也不奇怪。为了拉近跟孩子们的距离,在平时游戏的时候,或者某个过渡环节,我们可以给孩子一个爱的拥抱,走进孩子的世界。对孩子的爱可以大声地表达出来,可以用行动去表达出来,孩子自然而然就会跟你越来越亲近。”

第二天,我专门给孩子组织了一个社会活动《爱的拥抱》,班上的两位老师也参加到这个活动中。我们三个老师互相跟对方拥抱,我也敞开了心扉,给孩子一个爱的表达,向孩子表达我对他们的爱。整个活动下来,老师、孩子们都沉浸在爱的拥抱里,拉近了大家彼此之间的情感和距离。

(摘自江晓茵老师 2020 年 4 月 21 日的工作反思)

平等化的群体关系,个体之间不会因为岗位分工不同而产生园内的阶层意识,而是相互之间平等对话,形成合力。

和谐的群体关系存在的共性表现有三点:一是群体成员之间互相尊重、平等对话;二是问题出现,群体成员之间相互体谅,迅速达成一致,共同解决问题;三是群体成员之间开放、包容,共同成长,形成合力。

在对教师群体关系的研究当中,我们发现,幼儿教师由于工作对象的低幼化、工作群体性别的单一性以及工作内容的烦琐性,造成这个群体关系呈现几个特点:

第一,感性重于理性。

幼儿教师以女性为主,女性的性别特质,导致这个群体偏感性。在处理事情和人际关系时易感情用事,不能理性且客观地去评价和看待一件事情。在班级管理当中,三人团队基本也是单一的女性团队,很多时候,及时的沟通与相互的坦诚是最重要的。在上面提供的几个案例当中,非常真实地描述了这种现象。如果主班教师不能很好地把握这一点,会导致团队内部互相猜疑,合作出现问题。

第二,既合作又冲突。

幼儿教师由于工作性质原因，很多事情必须要合作才能完成。简单到一个教学活动的开展，即便由主班来主导进行，也需要配班和生活老师在活动步骤和幼儿常规上通力合作，才能有效地开展。其他的事情更是需要合作才能完成，这也形成了幼儿教师间有良好合作的前提和基础，但同时，由于需要合作的事情较多，相互之间的交流显得尤其重要。群体之间由于分工不均、沟通不畅造成的误解也会让冲突不断，这需要群体之间更多的理解和包容。

第三，既平等又分层。

幼儿园当中岗位不同分工不同，尽管大家强调工作的平等性，但实际上在幼儿园的场域中也存在着分层性。比如主班和配班之间属于教师层面，大家相互之间的交流会更多。幼儿园当中，也以教师为主要骨干力量，培训与会议明显要比保育员群体频繁。保育员群体与教师间的交流与沟通更多仅限于和同班级的教师之间，保育员更多地和保育员之间产生交往，这不仅表现在工作中，工作之余的交往也基本按此分层。

二、基于互动的师幼关系①

师幼关系是指教师和幼儿之间在活动过程中通过教师和幼儿之间的互动所结成的人际关系。② 师幼关系对幼儿的发展起着重要作用，幼儿在班级当中与当班的教师互动最为密切，因此班级中的师幼关系成为研究的重点。

(一) 师幼互动的类型

在对师幼互动类型的研究中，国内外学者按照不同的维度将师幼互动划分为不同的类型，比如从教师的行为表现分为温暖型、参与型、支持型和控制型(Sroufe)；从幼儿的情感和行为方式分为安全型、依赖型、积极调适型和消极调适型(Howes)；从师幼交往的目的和方式分为严厉型、民主型、开放学习型和灌输型(姜勇)。

(二) 师幼互动的基本特点

研究者通过对收集到的 61 个师幼互动案例的基本情况，进行了统计与分析，发现师幼互动的几个特点：

1. 教师占据师幼互动的主动性

在 61 个有效案例中，教师为发起者的案例有 52 个，比例为 85%，幼儿为发起者的案例有 9 个，比例为 15%，教师主动发起的互动案例数量远远高于幼儿发起的互动(见图 1－1)。教师在日常活动与幼儿的互动中，占据主动位置。

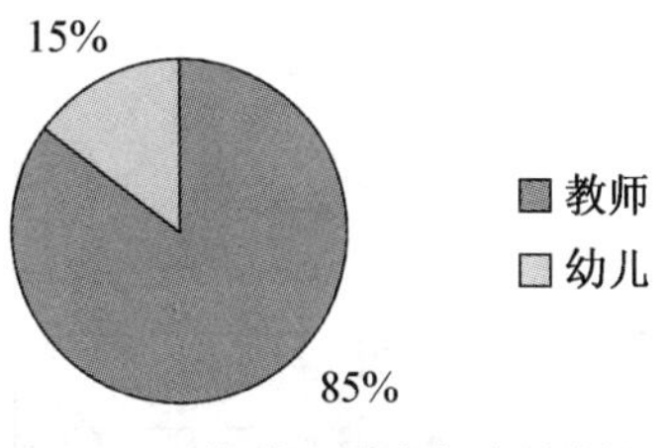

图 1－1　师幼互动发起者比例图

---

① 本部分内容由华南师范大学教育科学学院 2014 级学前教育学本科生范捷撰写.

② 李创斌. 对话理论视域中的师幼关系研究[D]. 西安：陕西师范大学，2014.

2. 师幼互动多发生在生活活动环节

在61个有效案例中,游戏环节发生的互动个数为6个,生活环节为46个,教学环节为9个。其中,生活环节发生的互动个数最多,占全部案例的75%,游戏环节最少,只占10%(见图1-2)。笔者发现,幼儿进行游戏活动时,教师多处于观察的角色,比较少干涉幼儿的游戏活动,所以在游戏活动中的师幼互动个数最少。而在生活环节中,教师为了照顾幼儿的进餐、盥洗等,较多在生活活动中给予幼儿指导和照顾,互动个数也就最多。

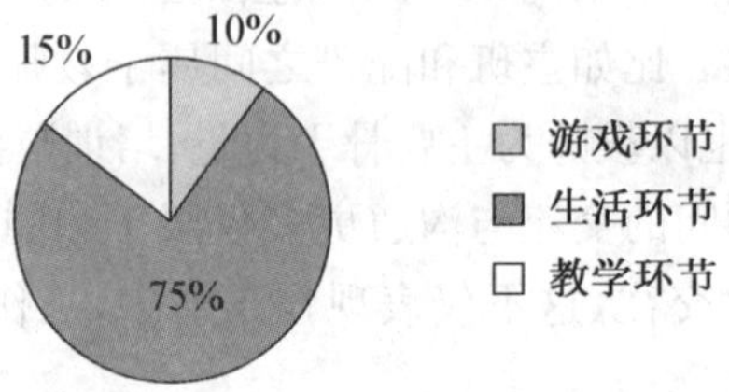

图1-2 不同环节的师幼互动事件数量比例图

3. 教师发起的互动主题以约束纪律为主

在61个案例中,教师主动发起的互动案例为52个,占全部案例的94%;幼儿主动发起的互动个数为9个,占全部案例的6%。其中,在教师发起的互动中,约束纪律为主题的互动最多,为33个,提问与共同游戏未能发现(见表1-2)。这说明,教师在与幼儿的互动中,内容多为约束纪律。

表1-2 教师发起的互动主题比例

教师发起的师幼互动主题	个数	比例
约束纪律	33	63%
指导活动	5	10%
照顾生活	8	15%
抚慰情绪	2	4%
提问	0	0
让幼儿帮助做事	1	2%
共同游戏	0	0
表达情感	2	4%
询问	1	2%
总计	**52**	**100%**

4. 幼儿发起的互动主题以寻求关注和安慰为主

在幼儿发起的互动中,寻求关注与安慰的互动最多,请求、询问、与教师共同游戏和帮助教师做事在观察期间未能发现(见表1-3)。教师大多数把指导重点放在对幼儿常规的指导上，而忽略了与幼儿的情感交流。

表 1－3　幼儿发起的互动主题比例

幼儿发起的师幼互动主题	个数	比例
寻求指导与帮助	2	22%
告状	2	22%
表述情况	2	22%
寻求关注与安慰	3	34%
请求	0	0
发表见解	0	0
询问	0	0
帮助教师做事	0	0
与教师共同做事	0	0
总计	**9**	**100%**

（三）师幼互动存在的问题

在师幼互动困境的研究中，有学者研究了集体教学活动中的师幼互动，强调了环境在改善师幼互动中的作用（孔凡云，2011）。有学者研究了游戏活动中的师幼互动，从游戏活动中的各个环节进行分析，从教师和家长的角度对改善师幼互动提出了相应的建议（丁璐璐，2013）。不同的学者从不同的角度与领域出发去研究师幼互动，笔者在研究中发现师幼互动的问题表现在以下几方面：

1. 互动主题单一，规训为主

笔者观察到的案例中，互动主题主要集中在约束纪律、指导活动和照顾生活，幼儿园中的互动主题较为单一，主要为约束纪律，教师的指导重点在幼儿的常规。

【案例】

吃完午点，孩子们都在玩分区游戏，幼儿 B 搬凳子到阳台上面去，幼儿 A 和幼儿 C 就站在凳子上面扒土，将衣服和手都搞脏了，被 F 老师发现以后拉回课室批评。

F 老师：C，你给我进来！（语速急，声音大）你看看自己的手跟衣服，全是土，谁让你去扒土的啊？给我进去把手洗干净再出来！

幼儿 C 进去洗手后出来。

F 老师：你看！手臂上还全都是！怎么洗的你？还敢去玩土！（语速急，语气稍缓）

幼儿 C 把手放在桌上。

F 老师：你把手放开，别弄我的东西，桌子上全是你的泥。你给我站在那里！站好了！双手放好，不许动！看你还搬凳子去扒土！谁教你的？A 是不是也扒了？A 你给我过来！（语速快，声音大）

幼儿 A 走过去。

F老师:你也一起扒土了是不是?(质问语气)

幼儿A不敢说话。

F老师:身上也全是泥!谁把凳子搬出去的?

幼儿A:是幼儿B搬的。

F老师:B!你给我过来!站好!(语速急,声音大,板着脸)

幼儿B立正站好,不敢说话不敢动。

F老师:你们怎么搬凳子去扒土了呢?把土扒掉了植物就全都死光了,就没有了!你们这样子,我就叫保安叔叔把你们抓走!A,你给我站好了!别动来动去!天天就给我找事!今天不准玩游戏,就在那里站着!跟C站一起!(语速急,声音大)B回去。(语气稍缓)

幼儿因好奇心去做出各种事情是正常的,因为他们并不知道什么可以做什么不可以做,在幼儿犯了这些错误的时候,我们不能一味地指责和惩罚幼儿,而是应当和幼儿好好沟通,让幼儿知道什么事情不可以做,为什么不可以做,让他们认识到行为边界。

2. 缺乏沟通,以教师意志为主

教师在与幼儿互动时,经常只关注表面的问题是否得到解决,并没有挖掘深层的原因,了解幼儿的心理活动和真实需求,仅仅让幼儿按照教师的想法去做。

【案例】

户外活动后,欣欣不肯回班,生活老师将她抱回班上,一回到班她又跑出去,这已经是她今天第N次跑出课室,F老师抓住她不让她走。

F老师:欣欣!你又想跑!你走了我不会去找你的!(语气急速,声音较大)

欣欣:(站在门口,嘶叫着大哭)我不想回班!我不想回班!

F老师:你就生气吧!我也生气!你走吧,不要你了,你去别的班!(语气急速,声音较大)

欣欣走回教室,但一直在哭闹。

F老师:(坐在床柜上)欣欣,你别哭了!别给我跑来跑去,你今天都跑出去几次了?衣服湿了又不换!(语气急速,声音较大)

欣欣:(一直在哭)我不想回班!

F老师:你给我在旁边坐着!(命令性的语气)(给其他孩子换衣服)

欣欣:(坐在床柜上,头仰起不断地大哭)我要去换衣服,我要去换衣服!

F老师:你别哭了!别吵了!(语气急速,声音大)

欣欣:我要去换衣服!(依旧坐着大声哭闹)

F老师:欣欣,你给我闭嘴!不许哭了!(语气急速,声音大)

欣欣继续大声哭闹。

F老师:(声嘶力竭地吼)不准哭了!听到没有!欣欣!

欣欣继续哭闹。

F老师:快点去拿衣服给我换!(命令性地大吼)

欣欣哭着去拿书包,拿来以后还是坐着大声哭闹。

F老师直接把欣欣拉过来给她换衣服。

在上述案例中，F老师和幼儿欣欣就换汗衣一事展开博弈，欣欣拒绝换衣服，而F老师在劝说欣欣无效后，变成了命令式的指令。欣欣在这一过程中持续地哭闹，使得F老师到最后情绪失控，直接对欣欣大吼，强制性给欣欣换衣服。欣欣是习惯性通过哭闹和跑出课室的方法来表达自己的需求，导致班上的教师对欣欣的哭闹形成了一种消极无视的应对心态。在这个案例中，F老师在欣欣哭闹时，并没有去了解欣欣哭闹的原因，一直强调按照作息流程要求她执行。双方的互动发展到最后变成了双方的情绪宣泄，没有找到有效的解决方法，这一互动也就成了无效的互动。

3. 师幼互动中的刻板印象

笔者在观察期间，发现教师会不自觉地给幼儿贴标签。在与幼儿互动时，经常出现“你怎么又……”“你真的好容易……”等带有刻板印象的句式。这种标签式的话语，表明教师对某个幼儿的表现和活动形成了某种固定思维模式，在师幼互动时容易先入为主，处理事情带有明显的主观色彩。

【案例】

大家都吃完午点坐好，准备集体教学活动，泓泓突然哭着从厕所里面出来。

F老师：泓泓，你怎么了？怎么又哭了？你真的好容易流泪哦！（语气平和）男孩子要坚强啊，不能这么容易流泪，告诉老师怎么了。

泓泓：生活老师说我！（哭）

F老师：生活老师说你什么了？肯定是你哪里做得不好，生活老师才会说你的，怎么会无端端说你呢？你先别哭了，收！男孩子不能经常哭的。

泓泓：（捂住嘴巴抽泣）生活老师不给我饼干吃。

生活老师：我给他饼干了呀！

F老师：生活老师说给你了，你吃了吗？

泓泓点点头。

生活老师：我刚刚说了，不喝竹蔗马蹄水就不给饼干吃。他以为一定要喝了才能吃饼干，所以就装了糖水，问我要饼干，吃了饼干以后，就自己偷偷把糖水倒掉了。被我看见后，我就跟他说下次再这样浪费糖水，我就不给你饼干吃了，他就哭了。

F老师：泓泓，浪费糖水是不对的你知道吗，别哭了，下次别再浪费糖水啦，回去坐着准备上课了，把眼泪擦干。

在上述案例中，我们可以看到F老师在与泓泓对话时，出现了“你怎么又……”“你真的好容易……”“肯定是你哪里做得不好，老师才会说你的”此类带有标签性的句式。在幼儿园中，我们也不难发现这样的句子，教师与幼儿互动时，经常出现先入为主的情况，依据幼儿过去的表现来给幼儿贴标签。

标签化的话语和固定性的思维，容易让教师对幼儿形成一种刻板印象，认为幼儿以前这样，现在也一定是这样的，在处理事情时容易带上主观情绪。F老师对于整个事情的处理相对公允，倾听了各方的意见表达，还原了事情的基本情况，也对幼儿的不当行为给予了批评。如果能够更进一步引导幼儿，遇到问题的时候除了哭，还可以寻求哪些更有效的方式,会让互动更为有效。

4. 教师的权威意识

教师在多数的活动中处于主导地位,一切按照自己的想法进行。一旦幼儿违背教师的意思,教师就会感到自己的权威受到挑战,最终导致在师幼互动中的单向度行为。

【案例】

午餐时间,小朋友们都在吃饭,冉冉跟隔壁的人一直在讲话。

Z老师:冉冉!你老是在那里讲什么?吃饭就好好吃!每次你去到哪里就讲到哪里,谁都能讲起来,你给我站起来吃!(语气急速,声音稍大)

冉冉看着Z老师,划拉着自己的勺子,不动。

Z老师:给我站起来!(Z老师连续说了三次,冉冉都没有什么行动)(Z老师声音突然变大且激动)我最后给你一次机会,给我站起来,听到没有!

冉冉依然不动。

Z老师:(走过去把冉冉扯起来)你给我出去!叫你站起来一动不动,我给过你机会的!你给我站在那里,不准吃了!(语气激动)

冉冉被主班拉出去,一直低着头不敢讲话。

Z老师:现在都这样了,长大了还得了!(语气急促,声音大)

在上述案例中,冉冉因为吃饭时和其他小朋友讲话,被教师罚站并不准吃饭。在互动过程中,Z老师叫冉冉站起来叫了五次,冉冉都不肯站起来,Z老师感到自己的教师权威受到了挑战,所以语气一下子变得激动,并过去将冉冉扯起来去罚站。看得出来冉冉在此过程中非常害怕,但是鉴于Z老师的权威,他不敢反抗,只能听从教师的处罚。

由于幼儿年龄较小,自控力各方面较弱。教师作为幼儿的引导者,首先要学会控制自己的情绪,以平等对话的方式引导幼儿,而不是急于树立权威,导致师幼互动中的单一话语权问题的出现。

对于师幼关系,教师们也一直在实践当中努力摸索,然而现实情况也给幼儿教师带来一些无奈与困惑,主要体现在以下方面:

第一,大班额与关注个体的困惑。

国内幼儿园基本属于大班额,尽管幼儿园的评估方案中,明确了小班25人,中班30人,大班35人,实际上,很多幼儿园出于经营或是其他考虑,都会在此基础上超员。但在教师人员的配备上,并未有相应增加,这就导致幼儿教师面临大班额的疲于应对,与教育理念中关注幼儿个体差异性之间产生矛盾,无法兼顾。

第二,自由与规则的困惑。

随着国外教育理念的不断涌入,越来越多的专家以及家长们希望幼儿教师给予幼儿更多的自由空间。对于自由的解读,各方定义不一,尤其是家长们对自由的解读甚至陷入一种误区。没有规则的自由,是否还称之为自由?如果对幼儿管得过多过死,是否又太过规训?自由与规则之间如何把握度,成了幼儿教师为之头痛的问题。

第三，幼儿主体与教师主导的困惑。

师幼关系的平等，特别强调幼儿的主体性。如何把握以幼儿为主？如何把握幼儿的主体性？幼儿主体是否意味着一切由幼儿说了算？课程的生成与预设之间如何把握？如何在确保教师主导性的同时，兼顾幼儿的主体性？这些问题同样困扰着幼儿教师。

师幼互动是班级管理工作中永恒的话题，班级教师每天会遇到各种师幼互动的话题，虽然现实难免会存在一些困惑和问题，更多的时候，还是需要教师充分运用教育智慧，依据科学的教育理念来处理各种突发情况，形成良好的师幼关系，促进幼儿的全面健康发展。

三、基于交换的家园关系

近代以来我国幼儿园的家园关系经历了幼儿园“辅助”家庭教育、幼儿园“协助”家庭教育、幼儿园与家庭教育趋向互相配合的演变历程。了解家园关系的历史演变进程，有利于我们加深理解家庭和幼儿园在幼儿教育中的功能。①

《幼儿园教育指导纲要（试行）》（以下简称《纲要》）中明确指出：“家庭是幼儿园重要的合作伙伴，应本着尊重、平等、合作的原则，争取家长的理解、支持和主动参与，并积极支持、帮助家长提高教育能力。”从《纲要》的表述中，我们可以看到，幼儿教育是幼儿园教育和家庭教育共同合作完成的，幼儿园对家长的教育起着引导作用。因此，家园关系对于幼儿教师来说，既是合作关系，又是指导关系。

（一）家园合作的形式

目前幼儿园普遍采取的家园合作形式主要有家访、家长会、家园联系栏、家长讲座、家长开放日、家园联系手册、微信公众号、微信群、亲子活动等。

在工作实践中，家长会、家长开放日、家长讲座是参与人数最多、家长最为喜欢的家园合作形式。随着信息技术的发展，微信群、家园沟通 App、微信公众号等成为家园沟通交流的主要渠道。

（二）家园关系中的角色定位

袁雪莲（2015）在研究中发现家长在家园合作中的角色定位，主要有局外人、普通家长、信息交换者和幼儿教育的合作者，大多数的家长能够认识到自己和教师是“幼儿教育的合作伙伴”。

从这一点上来说，幼儿教师应充分利用家长的这种角色定位，保持与家长畅通的交流，在幼儿教育问题上达成家园一致，更好地促进幼儿的发展。

（三）家园关系的主要矛盾

幼儿教师与家长交往过程中很容易在教育内容、态度和教育方法等方面发生分

① 姜晓玥.从以往学制看学前教育家园关系的演变历程[J].幼儿教育（教育科学），2013（11）：49－53.

歧,教师和家长是幼儿成长过程中的重要他人,家长和教师的关系是以幼儿为纽带建立起来的,对幼儿的成长起着重要作用和影响。当前家园关系的主要矛盾表现如下:

1. 家园之间不信任

家长和教师之间有一个相互了解并逐步建立信任的过程,在开学之初,很多教师需要经历这个磨合过渡期。在这个过程中,如果家长对教师不信任,会带来一些工作的阻碍,如下面这个案例:

【案例】

开学已经第三周,小四班的小朋友在家长和老师的帮助下,大部分已度过了入园初期的分离焦虑期,幼儿的情绪、状态与第一、二周相比,大有进步,开始慢慢适应幼儿园的生活节奏。但是仍有小部分幼儿处在较严重的分离焦虑中,其家长多是忧心忡忡。如吕吕小朋友,他在教室里哭,家长在教室外哭,家长分离焦虑比幼儿还严重,把幼儿交到教师手中时,并未立即离园,而是躲在不同的地方观察留意幼儿,或是来园时,与幼儿依依不舍,一耗就是大半个小时之久,这无疑弱化幼儿对新环境的适应。在第一次晨间锻炼时,因为第一次来到二楼空旷的场地,宝贝们常规各方面还不稳定,在其他小朋友锻炼的时候,吕吕一个人独自脱离队伍跑到了美工室的栅栏上,四处张望,想要在人群中寻找妈妈的身影。这时躲在柱子后面的妈妈看到了,并因各种担心,而直接出现在幼儿面前。本来吕吕的情绪已经有好转了,特别是在进餐方面。在集体活动中,情绪也稳定下来,会认真参与到活动中去。但是因为这一次的小意外,吕吕似乎认定了,只要他再跑到二楼的栏杆上寻找妈妈,妈妈就会出现在他面前。所以在之后的一段日子,吕吕的情绪波动比较大,整天都挣扎哭喊着要出去找妈妈。

(摘自严惠瑜老师2019年的家长工作反思)

孩子的入园焦虑需要依靠家园的互相配合,案例中的妈妈无法对幼儿园和教师产生充分的信任,将自己的焦虑同时投射和影响到孩子身上,使得孩子在入园适应上变得阻碍重重。倘若家长能够充分相信教师,配合工作,才能有效地让幼儿适应到新的集体环境中。

2. 家园教育理念不一致

幼儿园常会在新生家长会上引导家长,家园教育理念要保持一致。如果产生分歧,幼儿则会无所适从,不知道要遵循谁的"规则",最终导致谁的规则更有利就遵循谁的,或者是谁的规则都不遵从。我们来看下面这个案例:

【案例】

班级里正进行着外教活动,玩"抢凳子"的游戏,四位小朋友抢三张小凳子,小朋友在外教老师的带动下开心地跑着。当抢凳子的时候,李明小朋友因犹豫了一下,没有抢到凳子,原本开心游戏的他转身把脸埋在了办公桌下的小凳子上,嘴里说着:"我不玩这个游戏,这个游戏不好玩,我想爸爸。"老师上去把李明带到座位上,尝试平复他的心情。轻声询问道:"李明,怎么了?"他只道:"我不想玩,我想爸爸。"

"我不想玩,不好玩",这似乎成了李明小朋友一直逃避各种活动的借口。但是从他渴望的小眼神中可以看出，其实他对活动还是非常感兴趣的，但为何当老师上前询问他是否要参与活动时，得到的总是这个回答呢？对李明小朋友做了一段时间的观察后发现，他对未知、未接触过的事物，怕自己会“输”，所以一概选择拒绝。

在和李明妈妈的交谈中得知，孩子在家时，不管是跑步还是做游戏，什么活动都要赢。家长也常说结果导向的语。李明妈妈非常认同自己的一套教学理念，对老师们的一些建议不太接受。

在园内，老师引导孩子注重过程，弱化结果。在外教活动时，我鼓励他：“李明这次主动举手，上去与外教老师互动，很勇敢哦！而且我们在抢凳子转圈圈的时候是不是很开心啊，虽然没有抢到凳子，但是我们下次可以继续加油呢！”

这些举措会有一些改变，但我们更希望家长能与我们保持教育一致，这样才会事半功倍。

（摘自严惠瑜老师2019年的家长工作反思）

案例中的老师与家长的沟通中，发现教育理念有分歧，导致在孩子的教育上，会有些困扰。这需要教师通过各种途径，正确引导家长，形成科学的育儿理念，家园教育理念保持一致，才能更好地促进幼儿的健康发展。

3. 家长角色的越位

幼儿教师作为专业人员，受过系统的专业培训，具备作为老师的专业能力和水平。幼儿教师同时也担负着教育幼儿和引导家长的职责。在实践工作中，很多家长轻视幼儿教师的专业能力和水平，同时认为自己看过相关的育儿书籍，也是孩子的父母，不比教师专业知识水平差，甚至完全可以来指导老师如何做。我们来看下面这个案例：

【案例】

“李老师，我之前都跟你说过，若晴吃不下，不要强迫她吃。若晴回家跟我说了，昨天大李老师让她把青菜都吃完了，在家里她不吃青菜，我都没有强迫她吃，尊重她的意愿，你们这样强迫孩子吃东西不好……”

“老师，我觉得孩子在四楼平台做运动太晒了，又热，能不能不去四楼平台呢？或者你们把孩子的运动时间缩短一些？

教师扮演教师的角色，家长扮演家长的角色。家长越界试图成为主导者，对孩子的发展进行主观判断，来教老师该怎么怎么做，这会造成家园之间的矛盾。

（摘自李思慧老师2019年的家长工作反思）

家长的越界指导以及不合时宜的质疑，会给老师的正常工作带来阻碍。这个时候需要家长厘清自己的角色边界，不要试图将自己居于专业角色，对教师正常有序的教育活动指手画脚。

（四）美国家园合作关系国家标准及其启示

张鸿宇、王小英(2017)详细介绍了美国家长教师协会对《家长/家庭参与项目国家标准》的修订情况，新《家庭与幼儿园合作国家标准》(以下简称《合作标准》)突出强调操作、注重发展、倡导立体合作和彰显民主管理等新特征，充分诠释了美国家园合作国家标准由“协作”走向“合作”。①

1. 新的理论宗旨

(1) 参与发展项目,提升幼儿成就;

(2) 支持保护幼儿,促进幼儿发展;

(3) 所有的家庭应该为幼儿的发展成就做出贡献;

(4) 利用社区组织取得成效。

2.《合作标准》的六个维度

(1) 欢迎所有家庭参与幼儿园共同体;

(2) 有效的沟通;

(3) 支持幼儿成功发展;

(4) 为每位幼儿声援;

(5) 分享权利;

(6) 与社区合作。

3. 新《合作标准》的变化

张鸿宇、王小英(2017)介绍了新的《合作标准》的几个主要变化,见表1-4:

表1-4 《参与标准》与《合作标准》内容维度与释义比较表②

《参与标准》内容		《合作标准》内容	
维度	释义	维度	释义
沟通	家园之间的沟通应该是有规律、双向、富于意义的	有效的沟通	关于幼儿发展,家长和教职员工应融入有规律、双向、富有意义的沟通之中
志愿服务	教职员工欢迎家长参与幼儿园活动,并寻求他们的支持与协助	欢迎所有家庭参与幼儿园共同体	家长是幼儿园生活中积极的参与者,应使他们感到宾至如归和参与的价值,而且使他们感受到与教职工以及幼儿在园的课程和活动之间彼此息息相关
幼儿园决策和宣传	家长作为合作者,充分参与教职员工制定相关影响幼儿和家庭的决策	分享权力	家长和教职工在制定影响幼儿和家庭的决策方面是平等的合作者,他们应当共同宣传相关政策、策划和项目等,并对其制定产生一定的影响作用

① 张鸿宇,王小英.协作走向合作:美国家园合作关系国家标准的新发展[J].基础教育,2017(2):104-112.

② 张鸿宇,王小英.协作走向合作:美国家园合作关系国家标准的新发展[J].基础教育,2017(2):104-112.

（续表）

《参与标准》内容		《合作标准》内容	
维度	释义	维度	释义
联合社区	强化并支持育儿技能	与社区合作	家长和教职工与社区成员应共同合作，将幼儿、家庭及教职工与更丰富的学习机会、社区服务联系起来，且鼓励公民积极参与
抚养	家长在协助幼儿学习过程中起着统筹作用	合并为：支持幼儿成功发展	家长和教职员工应一如既往地合作，无论在家庭和幼儿园都应支持幼儿学习和健康发展，教职员工应该经常创造机会且有效强化家长支持幼儿发展的知识和技能
幼儿学习		新增：为每个幼儿声援	赋予家长为自己和其他幼儿倡导的权利，确保公平对待每个幼儿，获得被支持发展的学习机会

新的《合作标准》强调实施的可操作性，注重发展性导向，倡导立体合作教育，彰显民主开放管理，这也为国内的家园合作提供了参考。

随着家长群体学历越来越高，对孩子的教育越来越关注，新时期的家园关系也面临着新的挑战，主要表现在以下几方面：

第一，教师如何提高专业水平，更好地指导家长。

《幼儿园工作规程》第三条提到，幼儿园的任务是同时面向幼儿家长提供科学育儿指导。当今的家长学历越来越高，对幼儿的成长也越来越关注，他们大多数会通过各种途径去了解幼儿教育的相关内容，对于幼儿的教育也有自己的思考和想法。面对这样一个不断学习和成长的家长群体，幼儿教师如果不提高自身专业水平，将难以肩负起指导家长的重任。因此，加强专业学习，树立终身学习观，对于每位幼儿教师来说，都是非常必要的。

第二，教师如何运用信息技术，加强与家长的沟通。

信息时代，沟通技术日新月异，纯粹的电话沟通和纸质沟通已无法满足新时代的需求。QQ群、微信群以及家园共育平台的建立，使幼儿教师不能仅仅停留在纯话语沟通的方式，要适应信息时代的需求，要有图片、视频等呈现方式，甚至需要多媒体技术的运用，用多方位的呈现手段来加强与家长的沟通。

第三，教师如何应对新时期的家庭结构，有针对性地做好家园沟通。

时代的变迁带来了家庭结构的变迁，单亲家庭、留守儿童家庭（不仅农村存在留守儿童，城市同样存在留守儿童）、全职妈妈家庭等新的家庭结构，使得家园关系越来越复杂化。不同的家庭结构需要有针对性地用不同的方式进行有效沟通，这对于幼儿教师来说是个新的挑战，需要借助各种资源和渠道，加强自身的学习，有效做好新时期的家园沟通。

第三节　幼儿园班级中的社会空间

"社会"脱离了"空间",这是一种康德意义上的二元论。[①] 常识告诉我们,如果我们要用一些事物或者受它们的影响,它们就必须处于适当的位置。[②] 在社会关系中,空间常常是一个被忽视的概念和存在。我们分析社会角色,分析社会关系,却往往忽略这些角色和关系都存在于一定的时空中。不同的空间,角色呈现和关系交往会产生不同的影响。正如安德鲁·赛雅所言:"我们通常把空间与物质相分离,谈论空间的效应或用途,好像空间是一种不依赖于对象而存在的东西。"[③]

西方学术界对"社会空间"的内涵主要有四种主流解释:第一,一定社会群体生活和居住的地理区域。第二,个人在空间中的社会关系或对空间上的主观感受。第三,个人在社会当中的位置。第四,人类实践活动生存区域。社会空间是人类社会历史运动和发展的空间延伸和拓展,是社会系统各个要素之间的相互作用、相互影响的空间。[④]

社会空间是社会运动的广延性和伸张性,是社会系统各要素之间的并存关系及其特点。社会空间本质上是人的社会关系、人的活动的社会结构,表现为人的活动的现实条件、并存关系及广度和深度等形式方面的特征。[⑤]

社会空间的基本形式可分为物化型、关系型及制度型。物化型社会空间:人的社会活动本质上是对象性活动,客体的种类及其空间特征是主体活动的种类及其广度和深度的一般性客观基础。关系型社会空间:在改造客体的过程中主体间形成了复杂的社会关系网络。社会关系是人的活动的社会结构或社会形式,是在人的活动中形成并有利于人的存在和发展方向变化的,是社会空间的另一种基本形式。制度型社会空间:社会的存在和发展需要稳定,社会活动的正常进行需要一定的秩序,需要相对稳定的社会关系。社会制度按照一定的原则和秩序,以社会约定的形式依靠一定的社会力量规定人们的权利,规范人们的行为,调节人们的社会关系。[⑥]

社会学对学校空间的研究重在讨论学校空间的社会属性,在对于"人—空间"这

---

① 德雷克·格利高里,约翰·厄里.社会关系与空间结构[C].北京:北京师范大学出版社,2011:2.

② 德雷克·格利高里,约翰·厄里.社会关系与空间结构[C].北京:北京师范大学出版社,2011:52.

③ 德雷克·格利高里,约翰·厄里.社会关系与空间结构[C].北京:北京师范大学出版社,2011:54.

④ 高小芳.社会空间理论研究[D].兰州:西北师范大学,2014.

⑤ 唐巴特尔.论社会空间的基本形式及其方法论意义[J].内蒙古大学学报(人文社会科学版),2002(11):18-22.

⑥ 唐巴特尔.论社会空间的基本形式及其方法论意义[J].内蒙古大学学报(人文社会科学版),2002(11):18-22.

一关系的探讨中，注重揭示人与社会、与空间之间的关系。对于教室空间的研究，研究者较多从信息技术、建筑学、生态学与环境心理学等视角进行研究。①

根据空间的理论研究成果，我们将幼儿园的社会空间理解为“人—空间”的相互建构，依据社会空间的基本形式，我们将幼儿园班级的社会空间划分为物化空间、关系空间、制度空间。物化空间涉及幼儿园的班级空间结构以及班级环境；关系空间涉及社会关系之间由于各种活动发生的交往，如生活活动、教学活动、户外活动、园内集体活动、家园沟通系列活动、社区活动等；制度空间包括了班级管理当中涉及的幼儿教师的岗位制度、班级常规等，下面我们将从这三个层面来阐释幼儿园班级中的社会空间。

一、幼儿园班级的物化空间

社会空间的物化型集中地体现着社会空间的主体性。无论是人化自然还是物化中介系统都是在人的活动当中生成的，都是人的活动的结果。社会空间的主体性内在地包含着社会空间的客观性和变动性。②

幼儿园班级的物化空间主要指的是生活用房及班级环境。幼儿日常最紧密接触的就是班级活动室和寝室，以及置于活动室内的卫生间、衣帽贮藏室。《幼儿园建筑设计规范》(2019)第 4.1.17 条规定了幼儿园的活动室、寝室室内净高不低于 3.0 米，第 4.3.3 条规定了幼儿生活用房的最小使用面积(见表 1-5)，当活动室与寝室合用时，其房间最小面积不应小于 105 平方米。

表 1-5　幼儿生活单元房间的最小使用面积

房间名称		房间最小使用面积
活动室		70
寝　室		60
卫生间	厕　所	12
	盥洗室	8
衣帽储藏间		9

《幼儿园建筑设计规范》(2019)明确了幼儿园的班级物理空间的设计标准，幼儿园建筑需要按照此面积标准来设计幼儿园的物理空间，如何将数字化的物理空间规范与教育教学理念相融合，这是我们需要思考的一个问题。

(一) 空间建筑设计上的考量

在建筑空间设计上，幼儿园班级的空间需要从四个方面综合考量。

1. 空间的采光

采光对于幼儿园建筑设计来说，是非常重要的一个规范要求。因为教育的需要，

① 程波. 教室空间的教育学考察[D]. 桂林：广西师范大学，2013.

② 唐巴特尔. 论社会空间的基本形式及其方法论意义[J]. 内蒙古大学学报(人文社会科学版)，2002(11)：18-22.

幼儿每天在班级活动室的时间非常长,班级中的采光会直接影响幼儿的身体发育情况。《幼儿园建筑设计规范》(2019)第3.2.8条提出:幼儿园的活动室、寝室及具有相同功能的区域,应布置在当地最好朝向,冬至日底层满窗日照不少于3 h(小时)。第5.1.1条特别强调:采光系数标准值和窗地面积比,不应小于表1-6的规定。

表1-6 采光系数标准值和窗地面积比

采光等级	场所名称	采光系数标准值	窗地面积比
Ⅲ	活动室、寝室	3.0	1/5
	多功能活动室	3.0	1/5
	办公室、保健观察室	3.0	1/5
	睡眠区、活动区	3.0	1/5
Ⅴ	卫生间	1.0	1/10
	楼梯间、走廊	1.0	1/10

2. 空间的噪声

作为教育空间,保持教育空间的相对安静,也是确保教育质量的一个重要前提。《幼儿园建筑设计规范》(2019)第5.2.1规定:幼儿园多功能室、办公室的室内允许噪声不应大于50 dB;生活单元、保健观察室的室内允许噪声不应大于45 dB,见表1-7。第5.2.2规定:幼儿园建筑主要房间的空气声隔标准,生活单元、办公室、保健观察室与相邻房间之间的空气声计权声量不应大于50 dB,楼板撞击声隔声单值评价量不应大于65 dB;多功能活动室与相邻房间之间的空气声计权声量不应大于45 dB,楼板撞击声隔声单值评价量不应大于75 dB,见表1-8①。

表1-7 室内允许噪声级

房间名称	允许噪声级(A声级,dB)
生活单元、保健观察室	≤45
多功能活动室、办公室	≤50

表1-8 空气声隔声标准

房间名称	空气声隔声标准(计权隔声量)(dB)	楼板撞击声隔声单值评价量(dB)
生活单元、办公室、保健观察室与相邻房间之间	≥50	≤65
多功能活动室与相邻房间之间	≥45	≤75

① 50 dB相当于正常交谈声音,75 dB相当于人体耳朵舒适度上限。

空间的噪声规范提醒我们，在幼儿园的选址上要考虑远离分贝较高的交通要道以及旁有高分贝的工厂。幼儿园的选址，尤其是活动室的朝向，尽可能地选择比较安静的地段。

3. 空间的衔接性

在空间设计上，从实用的角度考虑，要兼顾空间的衔接性。通常幼儿园班级的空间包含了活动室、寝室、洗手间和衣帽间。这四个相对独立的空间会摆放在一起，如何摆放才合理便是建筑设计初期需要考虑的。首先洗手间要兼顾到活动室和寝室区域，因此将洗手间置于二者之间的位置是比较合适的。如果因为地块的原因，无法将洗手间置于活动室和寝室中间，则优先考虑活动室的使用，毕竟寝室的使用相对来说时间较短，只是中午睡觉的两个小时需要用到。衣帽间的摆放最好在活动室的入口处，这样幼儿一入班级即可放置好书包、生活用品等，再进入到活动室当中，不用再拿着物品在活动室和寝室当中穿梭。

（二）空间布置上的考虑

在空间布置上，幼儿园班级需要充分尊重儿童的身心发展特点，无论是在色彩还是在设施设备的采购上，需要从以下几个方面考虑。

1. 物品提供的切近性

海德格尔将空间位置的靠近性称之为“切近性”。人们在与物品打交道的过程中，会依据不同的切近性、重要性给予物品适当的空间位置。经常使用的物品总是比很少需要的物品来得更切近些。这些根据“切近性”分布的物品最终构成一个相互关联的整体空间。研究表明，对幼儿而言，最具亲切感的空间是高度为 1.2 米左右的小空间。① 因此在幼儿园班级空间布局上，提供给幼儿的物品尽可能地放置在 1.2 米以下。很多幼儿园在设置物品的摆放时，不太注意这个高度数值，更多从成人的角度去放置物品，导致物品的摆放方便了成人，却对幼儿成了一种摆设。

2. 材料提供的丰富性

材料提供的丰富性，首先要考虑材料类型的多样性。在空间设计当中，教师需要为幼儿提供类型多样的材料，让幼儿进行充分的体验和创作。比如为了发展幼儿的触感，教师会给幼儿提供光滑的、粗糙的、毛绒的等各种类型的材料，让幼儿去触摸，体验不同材料带给身体的触感。其次要考虑材料的多功能性，在班级材料的投放中，既要有锻炼小肌肉动作技能的，如各种小颗粒的建筑材料，又要有锻炼儿童思维和创造力的发现材料。最后要考虑材料指向的多元性。《幼儿园教育指导纲要(试行)》第二部分第二条指出，幼儿园教育的内容是广泛的、启蒙性的，可按照幼儿学习活动的范畴相对划分为健康、社会、科学、语言、艺术等五个方面。因此，材料投放也要涉及五大领域，促进幼儿的全面发展。

① 蔡菡. 幼儿园活动空间的重构[J]. 幼儿教育(教育科学)，2017(5)：20－24.

3. 空间色彩的和谐性

幼儿园的空间设计要遵循空间美学规律，满足幼儿的审美需要。一般而言，明快、简洁的空间有利于满足幼儿的审美需要，促进幼儿美学素养和空间想象能力的发展。① 目前国内的班级空间色彩偏杂乱，容易造成混乱、花哨的感觉，忽视了和谐统一的色调要求。幼儿置身于这样的空间，很难集中精力专注。

相比较日本非常有名的藤幼儿园的班级空间色彩，我们发现，日本幼儿园的色彩非常简单，偏重自然的原色。在这种简单的空间色彩中，幼儿更容易专注于教育的内容，而不被外在的材料所干扰。在一种简单和谐的色彩空间中，幼儿的情绪也更容易平静。

（三）环境创设上的思考

《幼儿园工作规程》第三十条指出："幼儿园应当将环境作为重要的教育资源，合理利用室内外环境，创设开放的、多样的区域活动空间。"《幼儿园工作规程》谈到了环境作为教育资源的重要性，谈到了幼儿园环境作为空间的教育价值，环境是教育理念的立体呈现，我们可将其视为意识、精神空间。

在幼儿园内部，幼儿园环境从其空间的纵向结构来看，由大环境（如户外场地、走廊、楼道、功能室等空间）和小环境（如活动室、睡室等空间）组成。幼儿园的大环境由幼儿园的核心管理层站在幼儿园的层面上进行整体的规划和建构，会在统一的办园理念指导下进行环境的创设。班级小环境则由各个班级的老师们共同来进行设计，在与大环境保持理念一致的前提下，班级环境会根据幼儿的年龄特点，本年龄段的教学目标、本班的主题课程等来进行整体的规划和创设。不同的层级在各自的工作范围内具有一定的自主性。幼儿园环境从其空间的横向结构来看，又分为了地面、墙面、天花板的三维立体空间，每个幼儿园也会充分利用这个三维空间来最大限度地呈现幼儿园的教育理念，充分体现教育的价值。②

幼儿园的环境承载了更多教育的内涵和价值，基于幼儿学习特点的直观性、体验性特点，相较于中小学的环境，幼儿教师要花更多的时间进行环境创设，力求达到几个融合。

1. 主题、领域、环境的融合

当前幼儿园基本采用主题开展教学活动，幼儿园班级环境也更多围绕主题开展，如何将主题活动渗透到五大领域并与环境相融合，这是幼儿教师首先要解决的问题。在幼儿园班级环境创设中，会以课程主题为核心，开展环境创设，凸显主题内容。比如幼儿园大班的主题活动"我要上小学啦"，围绕这个主题，班级环境以"甜蜜的回忆盒""亲爱的朋友""我的大学校""我的毕业季"等为主题进行创设，与各个领域的区角紧密结合（见图 1－3、图 1－4）。

---

① 蔡菡. 幼儿园活动空间的重构[J]. 幼儿教育（教育科学），2017(5)：20－24.

② 袁爱玲，廖莉. 幼儿园环境创设 理论与实操[C]. 上海：华东师范大学出版社，2017.

图 1-3　主题活动“我要上小学啦”①

图 1-4　主题活动“我要上小学啦”的美工区

2. 生活、教育、环境的融合

一日生活皆课程，强调了在幼儿园课程体系中，生活活动是课程非常重要的内容。从另一个侧面也反映了，幼儿的课程应该源于生活，高于生活，兼顾幼儿的身心发展特点。在环境创设中，如何充分利用生活中的材料，融入教育价值和意义，这是考量教师的教育智慧的。幼儿园班级当中的盥洗室是幼儿经常停留和活动的地方，

① 未特别标注的图片均来自惠阳区华南师大附属第二幼儿园。

其中如何洗手便是幼儿每天都需要践行的行为。幼儿园中对于洗手有相当规范的流程和步骤,因此,很多幼儿园会在洗手池旁以图片的形式来提醒幼儿如何正确洗手。

小班的幼儿初入幼儿园,面临分离焦虑。为缓解幼儿的分离焦虑,小班的班级当中都会创设一个温馨的娃娃家(见图 1-5),让幼儿在熟悉的家庭环境当中,舒缓入园焦虑,同时在娃娃家当中,通过自主游戏促进个体的自我发展。环境在幼儿园的班级空间里,将生活、教育融为一体。

图 1-5 小班的娃娃家

3. 环境、资源、文化的融合

袁爱玲、廖莉指出,资源、文化在生态系统观的环境中是两个非常重要的因素,通过对环境与资源、环境与文化的解读,可以看到这两个因素与环境的互动过程。①

(1) 整体关联性

生态系统强调因素间的直接或间接影响,生态系统观下的环境也是一个统一的整体,资源和文化作为其中重要的因素,相互之间存在着整体关联。一个区域的文化会衍生出不同的资源,这些对于幼儿园的环境创设都是可以借鉴和利用的。幼儿园对文化和资源的利用与呈现,反过来又对区域文化进行了传播,在对资源的利用过程中获得更多深入的思考,同时又扩展了资源的使用方式,三者之间相互关联。

(2) 动态平衡性

生态系统强调平衡,环境、文化与资源三者之间也存在动态平衡。文化的选择需要考虑幼儿园环境的独特性,资源的使用同样要兼顾幼儿园生态系统的独特性,不管是有形资源还是无形资源的使用,文化、资源、环境三者之间要保持平衡。不同的时代,文化、资源的发展与使用不同,幼儿园环境的创设理念和要求也会不同,在这个过

① 袁爱玲,廖莉.幼儿园环境创设 理论与实操[C].上海:华东师范大学出版社,2017:47-48.

程中，三者之间又保持着一种动态的平衡，不断融合。

(3) 协同发展性

文化会随着时代发展，资源也会随着时代发展，环境的创设也会在这个过程当中不断发展。从历时性来看，时代的发展、文化的选择性传承、资源的重新利用、环境的创新呈现，是不断更新完善的，不会永远保持某一种状态或水平。从幼儿园的同一个时期来看，每个年龄段、每个班级团队成员的专业水平不同，对于文化、资源的理解和使用也会不同，哪怕是同一个主题同一个年级，不同的班级团队对于班级环境的呈现也会表现不同。如何利用、如何筛选文化和资源元素，如何在幼儿园环境中呈现，三者之间也是不断地协同发展。

二、幼儿园班级的交往空间

马克思认为社会空间是由人的活动建构的，也就是说社会空间只有落实在人的活动上才是可以理解的。[①] 社会空间的关系型主要体现着社会空间的系统性。在人的活动中形成的这些基本的社会关系具有内在的一致性，它们相互依存、渗透、制约和适应。[②] 因此，我们研究幼儿园班级中的社会空间，需要将班级中的社会角色以及所产生的社会关系，置于社会空间中的活动，动态地去研究。

幼儿园班级中的社会关系主要包含了幼儿教师的群体关系、师幼关系和家园关系。这三层关系在班级的社会空间中，会产生相应的活动——生活活动、教学活动、户外活动、园内的集体活动、家园沟通系列活动。这些活动，会涉及不同的社会交往，交织进行。我们将幼儿园主要的社会关系、社会活动与社会空间进行一个简单的归类，见表 1-9。

表 1-9　幼儿园的主要社会关系、社会活动与社会空间

社会活动	社会关系	社会空间
生活活动、教学活动、户外活动	群体关系、师幼关系	班级活动室、幼儿园户外空间、幼儿园功能场所
幼儿园集体活动	群体关系、师幼关系、家园关系	幼儿园内、社区
家园沟通活动	师幼关系、家园关系	幼儿园内、家庭

幼儿园的主要社会活动，不会只涉及单一的社会关系，通常会是几种社会关系交织其中，社会活动涉及的社会空间也是多元的，不会仅仅产生在某一单一的区域内。

交往空间是行为的载体，它需要反映的是身处其中的不同交往对象在不同交往内容里的行为特征。幼儿园的各层次环境是儿童进行认知并展开交往的承载客体，

---

① 张康之. 基于人的活动的三重空间——马克思人学理论中的自然空间、社会空间和历史空间[J]. 中国人民大学学报，2009(4)：60-67.

② 唐巴特尔. 论社会空间的基本形式及其方法论意义[J]. 内蒙古大学学报(人文社会科学版)，2002(11)：18-22.

它们之间的关系相对稳定。① 幼儿园的交往空间无论是设计构成还是空间分类均有其独特性。

(一) 幼儿园交往空间的构成理念

幼儿园交往空间在设计上需要从三个方面去考量:

1. 安全的物质空间环境

幼儿的身心发展特点,决定了首先要考虑物质环境的安全性。空间设计的各个细节均要考虑安全因素,比如在设计当中要考虑台阶的高度、栏杆之间的宽度、边角的处理等。在空间材料的选用上要考虑环保、防滑、稳固等因素。

2. 充满童趣的空间环境

空间环境设计要考虑幼儿的年龄特点,色彩的选择上避免过于强烈的色彩碰撞,色彩不宜过多,影响幼儿的专注力。同时要考虑充满趣味性,能够激发儿童探索的欲望。

3. 与自然接触的空间环境

空间设计上要提供幼儿接触自然环境的区域,比如户外场所的设计,可以根据幼儿的年龄特点,创设适合儿童探索和发现自然的区域,如种植园、植物角、探索区等。

(二) 幼儿园交往空间的特点

1. 教师为主导,幼儿为主体的交往空间

幼儿园的交往空间,幼儿是主体,空间的布置与环境创设,均要基于儿童的教育发展目标,能够让幼儿在空间中得到更好的发展。儿童主体性的展现,需要以幼儿教师为主导,做好支持者、建构者与引导者。

2. 既合作又分工的交往空间

在幼儿园的交往空间中,幼儿教师群体之间、师幼之间、家园之间,是既分工又合作的关系。班级中的教师三人团队,在主班、配班、保育员岗位上各有职责,但很多时候需要共同协作,才能完成工作任务和教育目标。在幼儿教育实践中,幼儿教师、幼儿、家长之间要通力合作。幼儿教育不等于幼儿园教育,幼儿教育是家庭和幼儿园共同努力的结果,各自承载着不可替代的教育角色。

3. 互有需求、互有回报的交往空间

在幼儿园中,幼儿教师、幼儿、家长各有需求,幼儿教师希望在幼儿园得到自身的专业成长,幼儿希望在幼儿园中得到专业的教育,家长希望在幼儿园中了解更多的专业教育知识。每个群体有自己的需求,也有各自的资源,通过各自的资源交换,各自获得想要的回报。因此,不同的社会关系在社会空间和社会活动中产生交换,获取相应的回报。

① 潘例. 心理. 环境. 行为——幼儿园交往空间构成模式分析[D]. 重庆:重庆大学,2005.

(三) 幼儿园交往空间的分类

潘例(2005)认为，儿童的空间领域是儿童交往行为的具体空间形态的体现，其将幼儿园交往空间按照建筑环境和儿童空间领域感来进行分类[1]。

1. 按建筑环境的层次递进关系分类

(1) 园内室外交往空间。幼儿园周边交往空间、园内场地交往空间、屋顶区域交往空间。

(2) 室内外过渡交往空间。门厅区域交往空间、外走走廊区域交往空间。

(3) 室内交往空间。复合交往空间、角落空间。

2. 按儿童交往行为的步骤与方式分类

幼儿园交往空间的封闭程度是一个相对性的概念，相对于室内，室外就是开放空间；相对于活动室，走廊就是开放空间。

(1) 开放空间。它没有明确的中心和固定的边界，是空间的连续体，有较强的可变性。它已经不是单纯的“空间”，而是功能性“场所”，在里面，儿童有更多自由活动的选择机会。

(2) 半开放空间。边界相对开放，空间较弱，相对封闭空间较强，是介于开放与封闭之间的过渡空间，如介于活动室与室外的走廊空间就是半开放空间。室内由地毯或其他分隔性较弱的界面围合的空间，对儿童的心理感受来说，也是一种半开放空间。

(3) 封闭空间。它的内聚性或向心性一般较明显，边界连续性很强，开口较少，人在其中可以产生较强的驻留感，而且受到外部干扰很少。

幼儿园的交往空间通常是多种形式的组合，不会存在某种单一的空间形式，多样的空间也能更好地提供幼儿发展和成长的平台。

(四) 幼儿园交往空间的安全性

安全在幼儿园管理以及班级管理当中，从来都是首要考虑的因素。交往空间的安全性需要从以下几个方面考虑：

1. 场地规划的安全性

幼儿园从整体的规划需要关注安全性，比如楼梯之间的高度、栏杆之间的宽度，在建筑设计上都有相应规定。在户外园林的设计上，要特别考虑树种的选择，不能仅从美观和观赏的角度来选择植物。如有些幼儿园在园林规划时，出于美观考虑，曾种下树干带刺的异木棉树，带来安全隐患，不得不拔除重新选树种种植。

2. 游戏设施的安全性

游戏设施是每个幼儿园都会配备的，从大型的体育游戏设施到提供给幼儿玩耍的各种小型的游戏设施。在大型体育游戏设施的安装上要便于固定且周边宽敞。大

① 潘例. 心理. 环境. 行为——幼儿园交往空间构成模式分析[D]. 重庆：重庆大学，2005.

型体育器材通常是组合而成,包含多种体育功能。有些大型的体育器械上会有那种带拐弯的封闭的滑滑梯,曾有幼儿园安装完后,发现由于有高度差,带拐弯的滑梯在中间拐弯处无法观察到幼儿在滑梯内的情况,为防止意外发生,幼儿园主动与产商联系,将中间几段封闭的材料换成透明的封闭的材料,这样就解决了安全隐患的问题。

3. 其他基础设施的安全性

幼儿园其他的基础设施也要特别注意安全性。比如护栏材质的选择,有些幼儿园为了美观,选择PV板材的顶部为尖形的条形护栏,幼儿的好奇心会促使他们跨过护栏去探寻另一侧。在这个跨越过程中,极易造成幼儿受伤。再如班级洗手间的设计,在保障幼儿隐私的同时,也要兼顾教师观察的相对通透性,以确保时刻掌握幼儿的安全情况。在幼儿经常合作的物品提供上,也要特别注意安全性和环保性。在一些台阶处,应贴有明显的标志提醒幼儿,以免摔跤和滑倒。

三、幼儿园班级的制度空间

社会空间的制度型主要体现着社会空间的自觉性和规范性,从其产生的角度来看,是人们根据自己活动的现实需要制定和规定出来的,是意识到了自己活动的社会主体自觉地规范和调节社会活动和社会关系的形式和产物。①

"制度空间"的思想最早是研究企业生产与制度化组织(如工会、企业委员会等)对产业与区域发展的影响与重要性。后被马丁将之发展为"特定的地理区域中某个被建构并产生有效影响力或影响范围的制度"。制度赖以形成的建构要素是互相依赖的。② 幼儿园班级作为一个社会空间,同样有着其制度规范。在幼儿园班级的制度空间中,需解决几个问题:

(一) 制度空间的认同

空间是物质运动的存在方式,制度作为一种客观的存在,也必然具有物质性。理想社会的建构需要"一种行为准则,一种国家意志的表达,如果得不到时执行,实际上就什么也不是,只是一纸空文"。制度空间认同也日益彰显其存在的价值。③ 幼儿园班级作为一个小的社会组织,同样有自己的制度,如主班、配班、保育员的岗位职责,幼儿班级常规的培养,包括班级空间中各个区域的入区规则等。这些制度有些是从上至下制定的,如岗位职责由幼儿园制定;班级常规有些是幼儿教师制定,有些是共同生成的;进区规则更多由幼儿教师引导幼儿自己制定。不管是从上到下的制度,还是共同生成的制度规则,都需要得到制度对象的认同与遵守,如果得不到执行,便会形同虚设。因此,制度空间的认同,是在幼儿园班级管理中需要解决的首要问题。

---

① 唐巴特尔.论社会空间的基本形式及其方法论意义[J].内蒙古大学学报(人文社会科学版),2002(11):18-22.

② 魏成,陈烈.制度厚实、制度空间与区域发展[J].人文地理,2009(2):627-722.

③ 张荣军,蒋丽春.制度认同的空间之维[J].创新,2014(4):34-126.

（二）制度空间的权威生成

制度空间具有区域性和社会性。区域性表现为以地理定位为基础的空间范围，而社会性具体表现为人与人之间建立的社会关系，社会性实际上也体现了一种文化性，或者是社会内在的精神。在制度空间中，正式制度和非正式制度的冲突和融合作用下，促成了组织权威的生成。正式制度包含了政治、法律规则、经济规则、契约，非正式制度包含了道德伦理、习惯、文化习俗和非正式约束。帕林斯用 AGIL（适应、达成一致、整合、维持）模式解释制度构成需要满足的要素。[①] 幼儿园班级当中，包含了各种社会关系，幼儿教师的群体关系、师幼关系、家园关系，这些关系的生成，从外在来说，我们强调平等的对话与交流，但在制度空间当中，班级中也会有权力关系的存在，比如师幼之间的教师权威，三人团队之间的主班权威，家园关系当中的教师权威。一方面，权威的生成是对教师岗位的专业认同；另一方面，在很多事情的处理上，也需要有大家共同认同的权威来处理和协调。一旦权威受到挑战或是建立不起来，势必会引起团队的混乱局面。

【案例】

在新开办的 H 幼儿园中，中二班的主班 Z 老师不是学前专业毕业，有过一年带班经验，做事认真负责。配班 L 老师是学前大专毕业的应届生，专业能力突出。在搭班的过程中，L 老师自认为能力比 Z 老师强，很多时候对 Z 老师安排的工作不理不睬，想做就做，不想做就不做。Z 老师对此束手无策，有时候没办法只能自己一人扛下。班级团队合作不愉快，也影响到家园关系的沟通，班上的家长对于教师意见很大，投诉也很多。园长在了解到这一状况后，分别找两位老师谈话，在肯定各自工作的同时，也指出各自的问题，随后找来这个班级三位老师，共同谈话。园长特别指出三人团队首先要有合作精神，同时强调要尊重主班，强调主班在三人团队中的领导职能，作为配班要好好协作和配合。事后，L 老师摆正心态，Z 老师也注重沟通方式，加强学习，重塑权威，班级工作开始走上正轨，家长的投诉也逐渐减少。

这是一个典型的在制度空间中，权威受到挑战和不被认同时，班级管理陷入混乱的案例。从侧面也说明了在一个制度空间中，权威的生成有利于班级工作的展开。

（三）制度空间的转化与发展

关于制度空间的转化和发展的理论可归纳为两大类：强调一个中心向外扩散的理论；强调地区创造性，而没有明显的空间传播过程的理论。[②] 制度空间并非一成不变，随着班级的发展，制度空间也需要相应转化与发展。比如小班的制度空间，更多是由上而下、单方面的制度制定，教师的权力空间更大。随着幼儿的成长，进入中班后，自主意识增强，教师主导角色逐渐退后，幼儿的自主能力逐渐得到发挥，小值日生制度的建立，让更多的幼儿不但参加到制度的制定中，还参与到制度的执行中。到了

---

① 刘迟. 基层社区组织权威生成的制度空间研究[D]. 上海：上海大学，2009.

② 冷希炎. 中国开发区制度空间研究[D]. 哈尔滨：东北师范大学，2006.

大班,幼儿的独立性更强,自我管理能力也有了更大的发展,班级制度的建立、执行、反馈、修改,更多是由幼儿来主导,教师的角色慢慢转为支持者。制度空间也逐渐由班级空间转向幼儿园的空间,幼儿将被赋予和承载更多责任和权利。

社会学视角下的幼儿园班级,不仅关注社会角色的点,也关注社会关系的线,更关注社会空间的面,点、线、面的结合,才建构成立体多元的幼儿园班级。在接下来的章节中,我们将分别从社会角色、社会关系、社会空间,以及班级管理的系统建构中去探寻班级管理的奥秘。

第二章 角色呈现:班级中的教师角色

全世界是一个舞台,
所有的男男女女不过是一些演员。
他们都有下场的时候,
也都有上场的时候,
一个人一生中扮演着好几个角色。
——莎士比亚《皆大欢喜》

【学习目标】

1. 了解幼儿园的主班教师角色定位;
2. 了解幼儿园的配班教师角色定位;
3. 了解幼儿园的保育员角色定位;
4. 了解新入职教师如何克服角色困惑。

欧文·戈夫曼(Erving Goffman)主张一种他谓之拟剧论的(dramaturgical)视角,每一个社会情境都被看作一个戏剧舞台。在实际生活的日常情境中,行动者扮演角色的方式要呈现出自身的一个特定印象,并且如果那一印象要维持下去的话,他就必须按这些特定的方式行动。① 每个个体都在人生的舞台上扮演着各种角色,生活场景、工作场景不一而同。幼儿教师在幼儿园的工作场景中同样有自己的角色扮演。

幼儿园的班级中存在着主班教师、配班教师和保育员三种角色,角色定位、角色分工各不相同。新教师作为一个特殊的群体,在入职之初会遭遇职业角色的适应困惑。本章将从主班教师、配班教师、保育员和新教师四个角色出发,分别探讨他们在班级管理中的角色扮演、角色失调以及角色适应的策略。

第一节 主班教师的角色定位

《幼儿园工作规程》第四十一条指出:幼儿园教师必须具有《教师资格条例》规定

---

① [澳]马尔科姆·沃特斯.现代社会学理论[M].杨善华译.北京:华夏出版社,2000:30.

的幼儿园教师资格,并符合本规程第三十九条规定。幼儿园教师实行聘任制。

幼儿园教师对本班工作全面负责,其主要职责如下:

(一) 观察了解幼儿,依据国家有关规定,结合本班幼儿的发展水平和兴趣需要,制订和执行教育工作计划,合理安排幼儿一日生活;

(二) 创设良好的教育环境,合理组织教育内容,提供丰富的玩具和游戏材料,开展适宜的教育活动;

(三) 严格执行幼儿园安全、卫生保健制度,指导并配合保育员管理本班幼儿生活,做好卫生保健工作;

(四) 与家长保持经常联系,了解幼儿家庭的教育环境,商讨符合幼儿特点的教育措施,相互配合共同完成教育任务;

(五) 参加业务学习和保育教育研究活动;

(六) 定期总结评估保教工作实效,接受园长的指导和检查。

在第一章中,我们对不同视角下的幼儿教师角色进行了阐释,可以看到不同主体对于幼儿教师的角色采择侧重点不同。对于幼儿教师的角色扮演,专业领域有着自己的阐释。不同年代,幼儿教师的角色定位也发生着变化。

第一,高高在上的权威角色。在1932年“中华民国”颁布的《幼稚园课程标准》中,幼儿园教师被定义为儿童活动的掌舵者、儿童问题的裁判者。掌舵与裁判赋予了幼儿教师角色绝对的主导性和评价权。这种角色定位,无疑是高高在上的,幼儿处于一个被动和服从的地位。

第二,尊重幼儿的角色定位。2001年颁布的《幼儿园教育指导纲要(试行)》提出,幼儿教师应该成为幼儿学习活动的支持者、合作者和引导者。幼儿教师应当以关怀、接纳、尊重的态度和幼儿交往,尊重幼儿在发展水平、能力、经验、学习方式等方面的个体差异,因人施教,努力使每一个幼儿都能获得满足和成功。相较于以往的幼儿教师角色,这个定位做出了明确而具有时代意义的阐述。从尊重儿童的角度出发,对幼儿教师的定位更多给予儿童以支持和引导,强调了合作。这表明幼儿教师不再是高高在上的传授者,更多的是以儿童为中心,根据儿童的个体发展需要,给予支持和帮助。

第三,更加多元的角色定位。根据新颁布的《幼儿教师专业标准》,有学者提出幼儿教师的角色定位是:(1) 良好环境的创设者;(2) 一日生活的组织者;(3) 游戏活动的指导者;(4) 教育活动的实施者;(5) 幼儿成长的评价者;(6) 家园共育的沟通者;(7) 自身发展的反思者。① 新的幼儿教师专业标准对于幼儿教师的角色定位更为细致、具体,有利于幼儿教师参照标准要求,有针对性地完善和提升个人的专业能力,新标准的颁布也更具专业特点和可操作性。

---

① 杨飞龙,张尧.《幼儿园教师专业标准》定位下的幼儿教师角色.教育探索,2014(8):101-102.

一、主班教师的角色扮演

主班教师是一个班级的核心人物，他既需要带领团队成员，完成班级管理的各项工作，还需要做好幼儿教育的学习计划，同时能够引领家长科学育儿。参照《幼儿教师专业标准》中的幼儿教师角色定位，我们来看看实践当中，作为主班的幼儿教师是如何进行角色呈现的。

（一）环境创设的创作者

主班教师在班级管理中，需要具备环境创设的能力，同时要带领配班教师、保育员来共同完成班级环境的创设。在这个过程中，教师不能成为环境创设唯一的设计者和创设者，主班教师需要从尊重孩子的视角出发，让孩子一同丰富和完善班级环境。因此，作为环境创设的创作者，对于主班教师提出了较高的要求。

【案例】

根据《纲要》要求，我们应通过环境的创设和利用，有效地促进幼儿的发展，所以在创设班级各个区域时要注意：

（1）首先根据幼儿的认知特点、年龄特点、兴趣及教学活动的开展，通过与幼儿探讨来设置区角。创设的区角要能够激发幼儿的探索兴趣，引发幼儿主动思考，与幼儿产生互动，充分发挥幼儿的主体作用，使活动区域成为促进幼儿自主性学习的一片沃土。

（2）环境的创设应以幼儿的生活经验、能力水平为基本条件，尊重幼儿的经验，创设与他经验相符合的游戏环境，激发幼儿的游戏兴趣。比如小班的环境创设，由于孩子最典型、最熟悉的环境就是家，接触最多的是家人，我们就为小班孩子创设了温馨的家的环境。

（3）环境创设的色调搭配。一个好的环境一定有一个好的氛围，这个氛围往往是靠色彩来营造的，通常，不同的颜色有着不一样的效果。在以往我们的环境创设中，对色彩搭配方面比较欠缺思考，不是太过于花哨就是格局不统一。现在通过学习以及在美术老师的影响下，对环境创设的色调搭配有了新的思考，在开学初环境创设时，我选用了绿色为主调色，以蓝色、黄色为侧重色，营造小清晰的氛围，同时发现其他班的老师，也在打造适合自己班级的风格，说明我们的老师已经有了新的意识，跨出了一小步。

在吊饰或装饰的选材上，发现有很多材料都是我们以往比较容易疏忽的，例如：麻绳、干花、树干、树叶、纸箱、贝壳等，都是源于生活的材料，做成半成品投放到区域，孩子们进行再一次创作，新颖的作品就诞生了。另外，在展示幼儿作品方面，我们目前也比较单一，在日常的环境布置中我们以平面的展示平台展示平面的作品为主，而立体的美术作品或者创意悬挂式难以得到很好的呈现。作为幼儿教师，我想我们应该多一些善于发现美的眼光。

环境创设中，孩子的参与使幼儿由单纯的欣赏者变成了计划者、参与者，幼儿才能充分认识到自己的能力，意识到自己是环境的主人，让幼儿有了这种意识，才能真正融入,真正展示自己。

(摘自宋石慧老师2018年12月21日的工作反思)

这是一位主班教师对于班级环境创设的自我反思,在这篇反思中,她谈到了环境创设的前提及条件,谈到了环境中的色彩,也看到了环境与幼儿之间的关系。主班教师需要创设有助于促进幼儿成长、学习、游戏的教育环境。

(二)一日生活的组织者

生活活动在幼儿一天在园中占到了70%的时间,生活活动的各个环节对于幼儿的学习和成长起着重要的作用。一个有经验的主班老师首先体现在对生活活动各个环节的组织。

【案例】

小二班是我工作以来带的第三个小班,每一届的孩子都有着他们独特的个性。比如带小一班的时候,会觉得这群孩子偏向于乖宝宝类型,听话、有规则,小三班的孩子偏向有个性,孩子们有自己的生活轨迹,而小二班的孩子偏向于活泼,天马行空。不同类型的群体就要打破原有的模式,创造出新的模式与孩子们相处。例如我之前带的小三班的小朋友,刚开始很多孩子存在挑食现象,喜欢吃肉,其他的都不爱吃,吃饭速度慢、饭量小。经过一段时间后,我发现只要我给他们看一些美丽、帅气的女孩和男孩的照片,加上一些吃青菜和饭的好处后,效果总是很明显,他们都会听进去,而且也会慢慢地改善他们挑食的状况。可是我把同样的方法用到小二班时,几乎没有效果。于是我抓住小朋友对玩具的欲望,每次吃饭前,我们老师都会坐在前面,告诉小朋友吃完饭可玩心仪的玩具,夸张地感叹几句,在孩子们开始跃跃欲试时提出要求:(1)要吃完饭和菜;(2)保持桌面、地板干净;(3)前十名小朋友可以得到玩具。一段时间下来,孩子们的挑食以及卫生习惯都改善了很多。

(摘自叶鳞花老师2019年1月4日的工作反思)

一日生活各个环节每天重复,教师应利用生活活动培养孩子良好的行为习惯,立足于孩子的终身发展。作为主班老师,需要在一日生活各个环节的组织中游刃有余,培养孩子良好的常规和生活习惯。案例中的主班老师对于每个不同班级的小班孩子,能够根据孩子的特点,采取适宜的方式,改变孩子挑食的问题,值得我们借鉴。

(三)游戏活动的引导者

幼儿园以游戏作为基本的教学形式,主班教师需要引导幼儿在游戏活动中获得身体、认知、语言和社会性等多方面的发展。

【案例】“课程游戏化”中的教师

1. 保有童心,会玩的老师。

2. 善于抓住教育契机,并执行到日常活动与生活中的老师。

3. 树立正确“游戏观”。将游戏的权力还给孩子,孩子是游戏的主人。游戏不是教师的个人产物,不是教出来的;游戏是儿童自愿、自主、自由的活动;游戏的内容与玩法均源自幼儿的发展需要。

4. 会观察、巧记录的老师。蒙台梭利说过“我们唯有通过观察和分析,才能真正了解儿童的内在需要和个别差异,以决定如何协调环境,并采取应有的态度来配合儿童的成长需要”。观察孩子有助于我们科学、全面地了解孩子的现实水平,真正走进孩子的内心世界;有助于我们总结、分析、改进教育策略,从而有针对性地促进幼儿健康全面发展。

(摘自段彩云老师2018年5月18日的工作反思)

如何在工作中践行“课程游戏化”,主班教师首先自己要明晰游戏的概念,结合工作实际,认真思考将游戏渗透到日常的教育教学当中。这对于主班教师来说,是一个持续的专业挑战,需要不断学习,不断积淀。

(四)教育活动的实施者

幼儿教师是教育活动的实施者,尤其作为主班老师,在班级教育活动当中更承载着举足轻重的作用。

【案例】

从中班新学期开始,在教学活动上,我与小李老师达成一致。首先是每次周计划均会提前制定好,并且班级老师都确认无误后,再打印出来放在家园联系栏。其次,在每天的教学活动中,老师需要提前构思好课程过程以及准备好相关教具。最后,做好活动的总结环节和延伸环节。在开展的教学活动案例中,我分析出一些自己的不足以及今后该改进的地方:

1. 在开展教学活动前,提前准备好教具,将教学过程熟记于心,确保分组的两组幼儿接受的知识点都是一样的、全面的。老师应当先将材料整理好,并且熟记哪一步的讲解需要怎么样的教具。

2. 提前构思好在教学活动中可能会出现的问题,并且将解决措施事先想好,组与组交换的环节要把控好场面。不同幼儿的理解能力不一样,因材施教也是老师考虑的重点。

3. 适当向幼儿普及正确的生活常识,也可适当用一些专业术语。中班幼儿已经开始能够分辨虚假想象世界和真实世界了,老师不能再像之前一样以幼稚的、虚幻的答案去回答幼儿。

4. 注意教学活动的延伸环节,可以让幼儿更加容易掌握教学内容。例如科学活动“神奇的水上飞船”,可以将活动延伸为美术活动,让幼儿画出老师介绍的木筏、竹船、帆船、海盗船、游轮等中最喜欢的一艘船,并且说明为什么。

5. 注意从不同教学活动细节中去培养幼儿的一些常规习惯。例如在教学活动结束后学会自己收拾材料,美术活动后学会自己收拾蜡笔、超轻泥、碎纸等。

6. 向不同班级老师学习怎样更好地去开展教学活动。班级两位老师的教学方式基本了解,应该多从不同老师的教学活动方式中去取长补短。

(摘自郑敏童老师2018年10月15日的工作反思)

案例中的主班老师对日常的教育活动把握清晰,并能带领配班一起统一认识,对于教育实施过程中出现的问题,能够及时地总结经验,并带领班级小团队成员一起成长。

（五）幼儿成长的评价者

在幼儿成长的过程中，幼儿教师是幼儿的直接评价者，如何科学地评价幼儿？如何利用正确的评价方式促进幼儿的发展？对于每位幼儿教师来说，都是挑战。

【案例】

之前我们班幼儿的常规一直不太好，这段时间，我们一直在培养班级小朋友常规，经过我们的努力与思考，我们班的常规比之前有了很大的进步。

比如排队，之前户外活动前排队，当我发出："小朋友现在我们要出去进行户外活动了，请小朋友过来老师这里排队"，就好像混乱的导火线。有的孩子连椅子都顾不上放好，就跑到我的身边来。你挤我，我挤你，经常会听到：

"老师，他挤我。"

"老师，我是站第一个的。"

"老师，他插队。"

小朋友们都争着排在第一个。我忍不住问："站在第一个和站在后面有什么不同吗？"小朋友们都各自发表了自己的意见，我说："不能每次都是同一个人排在第一个呀，每个小朋友都有机会，大家可以轮流排在第一个，你们觉得呢？"

小朋友们很乐意地接受了我的建议。

想不到，在这小小的"排队"里还有这么多的内涵，看来孩子的小脑袋中还真藏着不少秘密在等着我们来发现呢。老师也要站在孩子的角度上，用孩子的眼光来看这个"第一"。那么用什么方法让孩子们主动放弃这样有人的位置而互相谦让地排队呢？

为了让小朋友排队能不争不抢，我也试了几点：1. 谁今天表现好，就让谁站第一；2. 可以让小朋友们按照学号轮流站第一；3. 对于不遵守规则的小朋友，可以转移他们的注意力，鼓励他们帮助老师一起管理小朋友。这样的方法目前这几个星期还是有效的，希望小朋友能把这种习惯一直坚持下去。

（摘自曹艺艺老师 2018 年 6 月 29 日的工作反思）

案例中的主班老师针对班上幼儿出现的问题，分析原因，有针对性地解决问题，能够对孩子进行适宜的评价，最终促进幼儿的健康成长。在这个案例中，我们可以发现，主班老师不用结果性评价来给孩子"贴标签"，而是正面引导，采取适应的激励措施，取得了明显的成效。

（六）家园共育的沟通者

孩子的健康成长是家长和幼儿教师共同的目标，需要家园携手，共同努力。主班老师作为家园共育的沟通者，尤其体现在对一些突发事情的处理上，如何有效地与家长进行沟通。幼儿在园过程中难免会发生一些意外或是遭遇传染病的传播，在这种敏感时期，对于主班老师来说是一个严峻的考验，需要沉着冷静，在做好班级应对的同时，要面向家长进行情况通报与说明。我们来看看下面这个案例：

【案例】

四月底,我们班发现有幼儿陆陆续续发烧,经过医院确诊证实有6例咽峡炎幼儿,还有6名幼儿有低烧的现象,考虑此病毒传染性较强,班级及时采取了停课一周的措施。家长都表示理解并配合老师工作,并在返园前都去了医院复检,开了痊愈证明,但没想到复课回来的第三天晨检时,发现另一位小朋友喉咙较红并有白点,疑似咽峡炎,当时保健医生让家长带幼儿去医院检查,经确诊是咽峡炎,经了解得知:家长周末带幼儿去了会所及室内游乐场玩耍,还遇到了班级2名幼儿,也进行了互动。接着班级又有几名幼儿发烧,都确诊为咽峡炎,这几个孩子都是平时在小区里走动比较密切的幼儿,也有幼儿重复被感染两次。此刻,我内心是崩溃的,班级卫生消毒工作及传染病注意事项(宣传工作)从未松懈,为什么还是断绝不了。同时个别家长也不理解,为什么还有个别幼儿被感染了两次。我虽然心情低落,但也很快调整自己的心态,及时给家长做思想工作,幸好大部分家长都能正面看待这个问题,家长表示班级卫生消毒工作都看在眼里,传染病也有外在的因素,希望老师不要给自己增加压力。

对于这次事件,我有以下反思:

1. 心态决定效率

虽然我有一定的工作经验,但像这种来势汹汹的传染病我还是第一次遇到,心情可以说是糟透了,班级其他老师心情更是低落,但我作为班级的领头人,迅速告诉自己此刻不能慌乱了自我。

(1) 加强班级卫生消毒工作。利用良好的天气将教玩具、幼儿生活用品等进行暴晒,并用手机及时记录消毒卫生动态,发到微信群让家长了解,班级卫生工作老师从未松解。

(2) 加强幼儿个人卫生工作。教师分工合作留意幼儿洗手情况,做到勤洗手、不吃手、不咬衣物、多喝水。多种方式引导幼儿不挑食,并了解各种食物的营养重要性。

(3) 加强幼儿户外活动。春夏交替时,天气不稳定,雨季连续光临,导致幼儿户外活动处于被动状态,教师往往让幼儿在教室中玩桌面玩具,来替代幼儿的体育游戏,造成暂时性幼儿锻炼不足的现象。我们应该多思考如何开展室内运动,例如我们的走廊空间较大,可以开展适宜的运动游戏,将室外的松散性组织改成室内紧密性游戏等。

2. 家园配合的重要性

卫生保健是幼儿园的一项重要工作之一,能否做好卫生保健工作,不光需要教师的努力,更需要家长的极力配合。

(1) 发挥家长助教作用。家长深入班级了解幼儿一日生活动态,体验老师如何组织活动并照顾每个孩子。例如,这次的家长助教(洋洋妈妈)在家长微信群分享了一个很重要的信息:"吃东西前,老师都会用消毒好的毛巾把桌子擦干净,让孩子们把手洗干净再吃,老师教导有方,孩子们也听话自觉,都能自己动手端饭菜,收拾好碗筷。有些小朋友吃得慢,或是不想吃的时候,老师会想各种各样的办法,引导鼓励孩子快快把饭吃完。不管当初孩子们多不想吃、多闹腾,在老师的'糖衣炮弹'下,都会

瞬间变得像乖巧的小绵羊般听话。喝水也一样,不用担心孩子们在学校不爱喝水的。”(原文)

(2) 发挥家委成员作用。让家长参与幼儿园保健教育活动,注重家长与孩子的身心成长,现在细想家委及伙委成员参与幼儿园活动虽然较多,但对于保健方面还是比较欠缺的,伙委会成员关注的多是幼儿的伙食情况,对于育儿知识或者是传染病的知识也较少。如果让家委全面了解幼儿园保健工作及卫生育儿知识,以后在传染病的高发期,可积极发挥家委和其他家长的主要作用。

(摘自宋石慧老师 2018 年 4 月 29 日的工作反思)

这个案例中的主班老师在面对班级出现的传染病情况,面对家长的质疑,并没有自乱阵脚,做好传染病应对措施的同时,通过各种途径,取得家长的配合和支持,最终将事情妥善处理。

(七) 自身发展的反思者

教师的成长离不开自我反思,叶澜教授说:“一个教师写一辈子教案难以成为名师,但如果写三年反思则有可能成为名师。”一名幼儿教师的专业成长,离不开对自身发展过程中的及时反思。

【案例】

早上接到远远小朋友妈妈的电话,说远远的右手小手指肿起来了,远远说是昨天玩滑滑梯时小朋友撞到了他的手指,当时听到后很意外,更多的是心疼、自责和内疚,因为事情发生了将近一天,班级三位老师都没有发现。昨天上午因为外出听课学习,所以我不在班上,对事情并不了解,于是和远远妈妈解释后马上跟班级两位老师说了这件事情,两位老师回忆昨天上午玩滑滑梯时的场景,都有很注意孩子的安全,也没有发现远远有异常反应。下午三位老师也都没有发现,孩子们都跟往常一样。

这是带班一年多第一次发生意外事故,给我敲响了一个大大的警钟。事情发生后,我保持着冷静和沉着,首先和班级两位老师了解了事情的经过,其次很诚恳地向家长电话并当面解释和道歉,同时表示了我们对孩子的心疼,也得到了家长的谅解和宽容,最后也及时向孙老师了解了保险事宜,把需要准备的资料告诉了远远妈妈。在和家长沟通好后,我及时和两位老师开了紧急会议,这次的事故三个人都有责任。今天正好是家长会,为了不引起大家的猜忌和担心,我诚恳地向家长解释了这件事情,表达了老师的疏忽和歉意,并表明老师会提高警惕,杜绝此类事情再发生。同时,也提醒家长安全教育在家里也要时刻注意并引起重视,让孩子更好地学会保护自己。

通过这件事情,以下几点是需要我们三位老师好好反思和改进的。

1. 加强孩子的安全教育,尤其是针对集体运动和游戏,需要反复强调安全知识。

2. 加强情绪表达教育,班上有几个孩子不会主动向老师表达自己不舒服或是不开心的情绪,哪里受伤了也不会和老师说。这次的远远小朋友就是一个有事情不会主动和家长、老师主动表达的孩子。

3. 提高安全意识,高度重视安全问题,孩子在园的每一秒一刻都不能有丝毫的松懈和怠慢,保证零事故的发生。

4. 对于孩子在园的一天，来园、午睡、离园三个时间段必须对每一位小朋友进行细致观察，及早发现孩子的异常现象，尤其针对班上内向、好动的几个孩子，要加大关注力度。

5. 及时和家长沟通交流，提醒家长在家也要注意安全教育，达成家园一致。

6. 发生了意外事故，三位老师要沉着冷静，共同面对，一起承担责任，不逃避，并及时向上级报告，争取最好的解决方法。

这次事情的发生，让我对孩子在园的安全和健康又有了一个新的认识。孩子在园，健康安全是最重要的，作为班级老师，一定不能有丝毫的松懈，内疚自责的同时要吸取教训，不断成长！希望远远小朋友能早日康复，班级三位老师在工作上更加细心到位，配合默契，杜绝意外事故的再次发生！

（摘自段彩云老师 2015 年 10 月 25 日的工作反思）

案例中的主班老师在孩子发生小意外后，带领班级团队成员进行了深入的反思，并总结归纳了今后工作中需要注意和完善的事项，全面而具体。这种及时的反思不仅能提升教师自身的专业能力，同时也能带领班级团队总结经验，提高班级管理的工作效率。

一位合格的主班教师，需要具备《幼儿教师专业标准》中提出的各项能力要求。同时，作为班级三人团队的领头人，主班教师还是一名管理者和领导者，在班级中的角色举足轻重。

二、主班教师的角色失调

主班教师作为三人团队的管理者，既要做好管理者的角色，也要做好引导者和协调者的角色。在实际的工作中，主班教师也会遭遇角色失调的情况。

（一）一人独大型

主班教师在班级管理中扮演着主要角色，但并不意味着独占所有的风景。笔者管理的幼儿园，曾有位主班 L 老师，班级管理各方面能力不错，尤其在家长沟通这方面，获得了家长的认可。然而她有个问题，就是所有的家长工作一人独揽，不给配班和生活老师任何机会。导致家长工作只能由她来交流解决，其他两位老师沾不上边，哪怕正常的接送时间，L 老师也尽量避免配班和生活老师接触家长。开家长会的时候，也不提另外两位老师的付出。因此班级三人团队不团结，工作经常出差错。一位有经验的主班，应是在提升自己的同时，懂得引领其他成员的成长，同时在各个场合，肯定他人的付出，凸显团队的力量，而非强调个人的作用。

（二）委曲求全型

有些主班本人能力中等，遇到一个自认为能力很强、不配合工作的配班，班级管理工作也会出现问题。笔者管理的幼儿园就曾遇到过这样的事例。主班 Z 老师能力中等，性格温和，配班 R 老师是应届毕业生，专业能力突出。开学后，R 老师就认为自己的能力比 Z 老师强，在很多班级工作上，拒不配合 Z 老师。Z 老师既无很好的解决方案，也不敢向上反映R老师的不配合，只能硬着头皮把有时需R老师做的事情也扛下来。因为每天忙于事务性工作，主配班不团结，班级幼儿的常规不好，家长也不满意，屡屡向园方提意见。最后因为家长的投诉，园长分别找Z老师和R老师谈话，才发现问题症结所在。园长一方面强调了Z老师的主班权威和话语权，配班老师和生活生活要有服从和协作意识。另一方面对R老师的角色定位偏差，提出了严厉批评，让其摆正心态，做好工作的合作与团队的团结。

（三）缺乏管理艺术型

主班是一个班级里的管理者，既要面对全体幼儿，做好班级管理，也要面对全体家长，做好家长工作，同时在班级的三人团队中要做好分工，带领整个团队共同成长进步。在幼儿园，有一类主班，个人专业能力很强，但是缺乏管理艺术，不擅长对团队成员进行合理分工和协作，班级工作的管理也会出现问题。常见现象有以下几类：

1. 教学工作缺乏分工与合作

在幼儿园工作实践中有经常会发生一个相同的问题：主班老师在进行教学活动，每到一个操作环节，她不得亲自去发放材料，忙东忙西，配班老师和生活老师在旁则束手无策。原因在于，主班老师的教学活动安排，其他两位老师并不知晓，主班老师也未能明确需要他们配合做些什么。这样的教学活动，尽管设计得很好，但因为缺乏其他两位老师的配合，整个教学过程会有些拖沓，主班老师一个人也无法顾及班上的每个孩子。尽管教学活动是某个老师作为主导，但是在教学过程中，离不开其他人的配合和支持。因此，提前的沟通、事先的分工，会让整个教学活动进行得更为顺畅。

2. 日常工作缺乏协调与变通

班级中的三人职责各有分工，但分工也是相对的，有些主班老师会把各人的职责分工绝对化，缺乏变通，这也会带来问题。某幼儿园曾经发生过这样一个案例：小班的孩子上厕所不小心弄湿了裤子，当时生活老师去厨房拿水果，不在班上。主班和配班都在，但是并没有上前去解决这个问题。主班习惯性地说了一句：“等生活老师回来吧。”在主班看来，这属于生活老师的工作职责，那就是“她”的事。对于孩子来说，他不得不继续等待生活老师回来，才能换洗裤子。如此刻板的分工，对幼儿来说未顾及他们的即时需求，对于班级工作来说，绝对的分工，也会让团队成员产生“事不关己，高高挂起”的冷漠心态，这些无疑会对班级工作造成不良影响。因此，在日常工作中，主班教师要带头变通，遇到紧急需要解决的情况，可以弱化角色职责，灵活处理。

三、主班教师角色适应的策略

主班教师在幼儿园中通常是经验丰富、专业能力较强的老师，他们不仅是经验能力出众的教师，也是一个小团队的管理者。因此主班教师的角色适应，相比其他教师有着更高的要求。主班教师的角色适应可以从两个层面来着手，一个是从主班教师的自我提升，另一方面是幼儿园层面给予支持。

（一）自身层面

基于主班教师的角色扮演和角色失调状况，如何更好地适应角色，主班教师可以尝试从以下几方面入手：

1. 要有“领导”意识

很少有主班老师会意识到自己在班级团队中其实就是一位“领导”。管理学家孔茨把领导定义为影响力，认为领导是影响人们心甘情愿地和满怀热情地为实现群体目标而努力的艺术过程。① 主班则是影响幼儿、家长以及团队成员为实现共同促进幼儿健康成长、为班级工作发展目标而努力的这样一位具有影响力的“领导”。从这个层面上来说，主班老师应更注重自己在决策能力、指挥协调能力和表达能力等方面的培养，积极与团队成员、家长建立信任感，结成“联盟”，共同促进班级工作的开展。

2. 要有赏识的目光

“三人行，必有我师”，在一个班级团队中，作为主班要看到团队每个成员的付出和努力，同时从他人身上汲取优点，在成就自己的同时，成就他人。

【案例】

家长会尽量班级三位老师都要在场，因为班级三位老师是同等重要的，因此在时间的安排上还需要进一步考量和安排。本次家长会小晶老师（配班）也参与进来了，她的发言让家长对她又多了一定的了解。在这次家长会中，作为班主任，我特别和家长们说了我们的小晶老师和莫老师，尤其是莫老师对班级的付出、对孩子的爱。在家长心中需要形成这样一种观念：三位老师都是同等重要的。在孩子心中，也要形成三位老师都很爱他们，要爱每一位老师的意识，这样才更加有利于班级管理，才能真正创造一个和睦友爱的大家庭。

（摘自段彩云老师 2015 年 10 月 25 日的工作反思）

这是一位主班教师的思考，她深刻认识到在三人团队中，各自的角色同样重要，不仅自己要有认识，还要在幼儿心中、在家长心中形成这种观念，在肯定他人付出的同时，也向外推介和肯定。这样的做法，无疑会给班级管理工作带来事半功倍的效果。

3. 要起“桥梁”作用

主班老师作为幼儿园最基层的管理者，很多时候起着“桥梁”作用。

（1）承载着上传下达的角色任务

当幼儿园的工作安排下来时，会层层下达，具体的实施很多时候会以班级为单位进行。这个时候，主班老师既要明确把握幼儿园上层的工作意图，详细了解工作任务，又要做好班级成员对工作任务的接纳和理解。不成熟的主班老师有时候因为工作任务急而产生抱怨，这既不利用工作的贯彻落实，也不利于团队之间的合作与团

① 陶然. 当代领导者角色定位. 合作经济与科技，2019(10)：144－145.

结。当班上发生了事情,主班应第一时间向上反馈,而不是隐瞒不报。当班级个人的诉求在向上反馈的过程中,并未得到有效的解决,作为主班,不应带有情绪或导向性地抱怨,而应换位思考,园方的反馈是出于什么样的考虑,同时引导班级团队成员,对园方的解决方案保持理性的接纳和理解。

(2) 做好家长和园方的“润滑剂”

在涉及一些具体工作,比如园方需要正常提价或收费的敏感事项,主班老师需要做好家长和园方的“润滑剂”。家长很容易和园方站在对立面,主班老师应站在园方和家长的双重角度,采取合适的话术,进行沟通和推进,让家长充分理解和体谅园方的做法。在遇到园方招生的季节,家长对幼儿园的评价也是非常重要的参考指标,因此主班应有意识地引导家长建立对幼儿园的认同感,在幼儿园的对外宣传上,家园保持一致,这离不开主班老师的正确引导。

4. 要保持敏锐性

主班老师在处理班级工作,尤其是面对家长的询问时,要保持敏锐性,多思考家长询问背后的原因是什么,这样才会避免陷入工作的被动状态。

【案例】

Y老师所带的小班,有一位A家长对孩子非常上心,基本都是自己接送,每天都会向老师了解幼儿的在园情况。如果哪天不是自己接送,则会亲笔写上情况反馈,让家里的接送者带给老师。有一天,A家长向Y老师反映,孩子有个手指有点红,晚上回家问孩子,说是在幼儿园弄红的,家长请Y老师在班上了解一下情况。Y老师平时和A家长接触较多,觉得A家长是一位非常关心孩子的家长,对班级工作也很热心。Y老师在班上了解了一下昨天孩子是否有与他人接触中的冲突,结果发现并没有相关事情出现。于是在放学时,告知A家长通过了解,未能发现孩子在园有相关事情发生。A家长当即未表示什么,第二天就在孩子的内衣上装了录音笔,前后录了三天,然后揪着老师的某段对话,向园方提出质疑和控诉,不依不饶。虽然最后证明此事是A家长故意为难,但此事让园方及Y老师在应对过程中甚为头疼,牵扯非常多的精力去处理此事。

在这个案例中,A家长是一位对孩子有着过度保护,同时又对幼儿园未完全建立信任的家长,非常在意孩子的在园情况。Y老师并未意识到A家长的这层焦虑和不信任,因此面对家长的询问,虽然做了了解和回应,却并未打消家长的疑虑,反倒让家长决定自行采取极端行为来调查。在事件后续回望与经验总结中,园长提醒Y老师,要全面了解每位家长的行事特点,对于家长的询问和诉求,想多一层,提前做好与家长的深度沟通,避免事情朝向不可控的方向发展。

(二) 幼儿园层面

除了主班教师的自我成长,幼儿园也要提供全方位的支持,促进主班老师的专业成长和管理能力的提升。

1. 分岗位培养,提升专业水平

主班教师作为幼儿园教学一线的中坚力量,个人能力关系着幼儿园教育教学质量的优劣,幼儿园要着力对主班教师进行分岗位培养,有针对性地提供专业引领。主班教师通常在胜任岗位工作上没有太大问题,要进一步提升教学水平,可以从教研结合的角度,让主班参与到园本教研活动中,在工作实践中提升。我们来看看某幼儿园某学期针对主班教师的培养方案:

【案例】 幼儿园主班教师的学期培养方案

1. 主班培养要求

(1) 每周提交一份教学反思,每月提交一份读书报告。

(2) 每月集中组织开展园本课题的研讨。

(3) 期末进行园本课题的阶段性总结公开活动。

月份	教研活动
3 月	课程资源收集研讨
4 月	课程资源筛选研讨
5 月	课程资源利用研讨
6 月	课程资源的评价研讨
7 月	园本课程的阶段性总结

(4) 组成学习小团队,每月开展四次园本教研,根据上个学期骨干教师的方案,负责人先制定这个学期的整体教研方案,然后根据整体教研方案提前制定每次的具体方案。

园本教研内容	负责人	成员
阅读文化的课题开展	Z 老师	全体主班
社区文化的课题开展	T 老师	全体主班
节日课程的研究	W 老师	全体主班
教师成长档案	F 老师	全体主班

(选自幼儿园 2015—2016 学年上学期教学工作计划)

在这个培养方案中,幼儿园偏重从园本教研的角度,让主班教师参与定期的教研活动来提升专业水平。每周的反思和每月的读书报告,能够让主班教师不断沉淀,不断学习提升。

2. 分层培养,构建教师发展梯队

对于主班教师中具有发展潜质的教师,幼儿园要将其列为骨干教师,进行分层培养。分层培养不仅能够促进教师之间的良性竞争,也能够集中优势资源,带动有潜质的教师快速成长,从而通过骨干教师团队,来拉动整个教师队伍的专业水平。我们来看看某幼儿园第一学期的骨干教师培养方案:

【案例】 骨干教师的培养方案

1. 对象

Z老师、M老师、C老师、H老师、Y老师。

2. 培养要求

(1) 每周提交一份工作反思(按时放进共享文件夹,由教学主任查阅)。

(2) 组织2次公开课活动展示(10、12月份)、1次半日活动展示(11月份)。不断突破和挑战,创新教学形式和活动内容,教学水平上一个台阶,形成自我的教学风格和班级管理特色。

(3) 积极组织并参与园内的各个教研、培训、学习活动,提升专业水平。

(4) 大胆创新幼儿在园的各个活动,成为教育的观察者、思考者、引领者。

(5) 每月积极阅读(2~3本),提交1~2篇读书报告。

(摘自幼儿园2019—2020第一学期教学工作计划)

从以上骨干教师培养方案中我们看到,幼儿园侧重从园内公开展示活动来进行培养,同时以反思和阅读作为辅助手段。通过分层培养,能够在教师团队中起到示范影响作用,形成积极上进的良好氛围。骨干教师也因其不同的身份认同,而对自我成长要求更高,能有效提升教师的自我发展动力。

(三) 提供平台,树立专业自信

除了专业引领和有针对性的培养方案,幼儿园还可以提供各种展示平台给主班教师,让他们在更高的平台和空间展示自己,树立专业自信。

【案例】

H高校一直注重合作园所的专业教师成长,对于涌现出的优秀教师,H高校会将其聘为指导老师,在新入职教师等相关活动中,让优秀的主班教师进行专业分享。如K幼儿园的S教师,班级中的6S管理做得非常到位,H高校在全体新入职教师培训中,就请S教师做了一个《幼儿园6S管理的实践》的主题讲座。幼儿园还积极对外拓宽影响力,推动更多优秀的教师为同行所了解。K幼儿园2018年承接了一个全省的对外公开展示活动——《幼儿园管理管理:从理论到实践》,其中两位主班教师分别从《班级环境创设》《班级三个团队》进行分享,获得与会同行的高度评价。主班教师在这样的分享活动中,不断提炼总结已有的经验成果,同时也在对外分享中,不断获得专业自信。

主班老师在班级管理中起着举足轻重的作用,一位优秀的主班老师能够带领团队成员共同成长,和家长积极互动,尊重幼儿的发展。因此,主班老师应认清自己的角色定位,在提升专业水平的同时,做好角色扮演,避免角色失衡。

第二节 配班教师的角色定位

在班级当中,配班是个重要的角色。在实际工作中,主班都希望有个"合得来"、能力强的配班老师搭班，这样在班级工作中会轻松很多。然而真正谈到配班的职责特殊性，幼儿园并没有明确的定位，有些幼儿园基本由主班根据实际情况与副班协调工作分配，轮流做主班教师。尤其是当主班教师外出学习、观摩或请假时，配班教师就要承担独立带班的职责。这种模糊的角色定位，也导致在实际工作中，配班教师的角色定位，几乎靠自己在实践中领悟。在班级管理中，配班要如何进行角色扮演？实际工作中，配班教师会遭遇一些什么角色失调现象？我们又该如何去应对？

一、配班教师的角色扮演

配班教师的角色扮演，从自身的角度应该从成为一名合格的幼儿教师开始，在班级工作中，配班教师要成为一位具备合作精神的工作伙伴。对于幼儿园来说，配班教师同时应是一位具有培养潜质的后备力量。

(一) 一位合格的幼儿教师

我们来看看某幼儿园关于教师的岗位职责描述：

【案例】　教师岗位职责

1. 教育教学

(1) 组织活动。一日活动安排科学合理、过渡自然、环节紧凑、教育效率高，让幼儿自主地开展活动，适时给予必要的指导，充分发挥幼儿的积极性、主动性，使幼儿既活泼愉快又井然有序。

(2) 写好班务工作日志。能根据教育目标和幼儿实际选择活动内容，抓住教学中的重点、难点、精心设计活动。活动中充分体现幼儿为主体，调动幼儿学习积极性、主动性。

(3) 善于抓住有利时机和教育契机向幼儿进行随机教育，注意教育的整体性、灵活性。

(4) 园内使用普通话，教态自然，语言规范、简练亲切、风趣幽默、儿童化、概念准确、思路清晰。

(5) 能胜任不同年龄幼儿的教学，灵活运用集体、小组、个别等活动形式和各种教育手段，并能逐步形成自己的教学特色。

(6) 根据幼儿的兴趣和生活经验开展主题活动，在活动中充分调动幼儿学习的积极性，培养幼儿的学习能力。

2. 教研工作

(1) 认真学习专业理论，积极参与教研活动，并在教研活动中起骨干作用。

(2) 积极主动承担公开教学活动，并获得好评。

(3) 勇于承担幼儿园的教育科研项目，进行专题研究。

(4) 有创新精神，认真研究教育教学上存在的问题，有明确的改革思路，措施落实。

3. 教学常规

(1) 为幼儿创设舒适、优美、富有儿童情趣的教育环境。

(2) 有保教结合的意识,关心爱护每一位幼儿,重视幼儿生理、心理健康,对幼儿进行自我保护教育,无安全事故。

(3) 所任班级幼儿有良好的生活、卫生、学习、行为习惯。幼儿基本保持良好的坐、站、写姿势,有良好的进餐、睡眠习惯。有良好的教学常规。一日动中的每个环节、游戏户外活动、自由活动等按要求进行。

(4) 带班有饱满的精神状态,情绪稳定、工作投入。

4. 班级管理

(1) 利用各种教育手段,抓住机会,有针对性地对幼儿进行品德教育。

(2) 有较强的组织能力,组织好每次班级活动,准备工作充分、效果好。

(3) 班级管理有条理,能协调好本班老师关系。

(4) 开展家长工作,注重家园合作,与家长建立正常的关系,得到家长的信赖。

5. 工作研究

(1) 及时制定工作目标计划,重视经验总结。

(2) 积极撰写教育教学研究的文章,并积极争取在刊物上发表或获奖。

(3) 对幼儿园工作提出合理建议。

(4) 按时完成教育计划,认真进行教育反思。按要求及时完成各类记录,如:交接班、电访本、班务会议记录本等。

(5) 注意班级档案资料的整理,有计划地进行幼儿照片、录像等各类档案的收集。幼儿档案内容丰富、质量高。

(摘自幼儿园工作职责手册)

从教师岗位职责描述来看,针对的是所有教师岗位,并无特殊说明配班教师岗位的不同之处。这一点也侧面印证了,配班教师的岗位职责整体上和主班教师并无太大差异,更多的是体现在工作经验、工作能力以及工作主导上。

因此,作为一名配班老师,首先要让自己成为一名合格的幼儿教师。配班教师要熟悉了解幼儿园工作,要基本具备《幼儿教师专业标准》提出的各项能力要求。

(二) 一位合作的工作伙伴

在班级中,配班老师是主班老师的重要的合作者,很多具体的班级管理工作,需要两个人共同合作完成。在一些具体的工作中,两位老师还需要形成默契,共同推进孩子的教育。

【案例】

在晨间谈活动开始前,我运用了手指游戏来吸引班级幼儿的注意力,但只有前排的幼儿跟着一起做,勉强做完手指游戏后,幼儿的注意力也就松散了,情绪非常兴奋。有三五成群和同伴分享趣事的,有独自玩手中的小物件儿的,场面一度失控,在使用了多种吸引幼儿注意力的方法之后仍未见效。于是,我把目光投向了在幼儿身后的主班老师。四目交接后,主班老师用充满好奇的语气配合夸张的动作:"咦,刚刚黄老师和我们分享了今天要进行的活动,听起来好像很有趣哦,黄老师,你能再分享一次吗?我还没听清楚呢!"话音刚落,一双双充满好奇与期待的大眼睛转向我,我知道,这时便是我进行晨谈的好时机。

（摘自黄海飞老师 2019 年的工作反思）

在上述案例中,我们可以看到配班老师与主班老师之间的这种非言语合作行为,在长期工作中形成的默契,可以有效地推进班级管理工作的开展。

【案例】

幼儿园举行跳蚤市场活动,在活动开始前的一周,小李老师负责招募家长义工及给义工们分配幼儿的名单,我和大李老师则配合制作跳蚤市场的海报和清点幼儿带来的买卖物品。

活动当天 10 位家长义工也来帮忙,我和大李老师先给幼儿分发他们要“卖出”的物品,小李老师负责跟家长义工说明,每个义工带哪几个幼儿以及场地的位置安排。我负责把他们在进行交换物品和精彩瞬间给拍下来。我班有 34 名幼儿,每位家长义工带 3 名小朋友,剩下的 4 名幼儿由大李老师负责。上午的活动非常顺利地结束后,小朋友们回到班级里,我和大李老师先让小朋友盥洗,小李老师告诉家长义工下午开始的时间。盥洗完毕,小有朋友回到自己的座位上,举手分享自己今天上午的收获。

（摘自刘雪梅老师 2019 年的工作反思）

这个案例呈现的是在幼儿园的大型活动中,主配班的分工与合作,属于一种平行式的合作行为,不会刻意去区分谁负主要责任,谁负次要责任,这也是在常规工作中经常会遇到的现象。因此作为配班老师,在班级管理中,应该是一位合作的工作伙伴。定位清晰了,才会共同将班级工作做好。

(三) 一位具有潜力的培养对象

“不想当将军的士兵不是好士兵。”每一位配班老师同样有着自己的发展诉求,没有人愿意总在配班的岗位上停滞不前,而这些发展的推进,需要靠自己来争取。

【案例】

本周是幼儿入园的第一周,在幼儿进入班级之前,班级门口、厕所、活动区等位置分别安排了老师,同时对于个别哭闹的幼儿,也指定了老师照顾。如果个别幼儿出现问题,班级教师会及时相互告知。

幼儿进入班级后,老师会向他们介绍贴有各自照片的物品位置,分别在鞋柜、书包柜、杯子架和椅子上,这也使他们觉得在幼儿园里有了属于自己的物品和位置,从而缓解入园焦虑。

通过这一周的工作,我对孩子们有了进一步的了解,同时我也知道该如何处理不同孩子的哭闹。如孩子比较胆小怕生,我们要及时安抚他,而不是一味批评。相信只要老师细心、耐心、有爱地对待每一个孩子,孩子们也会喜欢上老师,喜欢上幼儿园的。

（摘自陈毛杉老师 2017 年 10 月 14 日的工作反思）

这是一篇配班老师的工作反思,对于新生的适应工作,做了详细的反思和总结,清晰有条理。一位认真观察、认真思考的教师,无疑会在工作的日积月累中不断成长。这些成长的点滴,也会让幼儿园的管理者看在心里,当机会来临的时候,自然优先考虑的也是这些具有潜力的培养对象。相比同时期的小伙伴,他们也将会提升得更快。因此,配班教师不能在现有的岗位上止步不前,更不能等着机会来找,需要沉下心来,在日常工作的点滴中不断积累经验,不断完善自己,以获得更高的发展空间和平台。

二、配班老师的角色失调

每个岗位的磨炼与成长,并不是所有人都能够正确去面对。前面我们也谈到,在工作要求和岗位职责上,配班老师与主班老师并没有太大差别,同样需要承担繁重的教学任务和班级管理工作。然而现实是,由于岗位的不同,承担的责任不同,在工资收入上两者之间会有差别。同样,不同幼儿园不同的考评体系,也会让配班老师质疑自己的工作付出是否值得。当开始对自己的工作产生质疑或是不认同时,配班老师的会出现角色失衡的现象,主要表现在以下四个方面:

(一) 我做得再多,也是为他人作嫁衣裳

主配班由于分工并不绝对,主班在园内承担的责任和安排会相对较多,不在班的情况也常会出现,这个时候,需要配班出来顶替主班,确保班级工作的正常开展。并不是所有的配班老师都能够正确地看待顶岗这件事,笔者所管理的幼儿园就曾出现过一个案例:

【案例】

配班A老师,入职前一直表现不借,非常积极主动,综合素质也不错。开学后,她就一直不在状态,整个工作时间,人没精神也不苟言笑,心事重重,带孩子做早操也有气无力。通过谈话了解到,A老师认为自己作为配班,因为主班经常要外出不在班,自己做了很多主班的活动,却未得到应有的肯定,认为做再多,也是往主班老师脸上贴金。园长了解原因后,首先肯定了A老师在工作中的付出,接下来指出她想法的偏差,引导她看到自己在付出过程中的收获,以及在付出过程,群体对她个体的认同。而当个体主动放弃时,实际上就是把自己隔离在群体吸引之外,最终损失的是个体自身。园长对A老师提出希望,希望她能以全新的姿态投入到工作当中,让自己的努力成为凝聚个体吸引的动力。A老师调整萎靡的状态,以积极热情的姿态投入到工作中,很快融入班级和团队中,也因其表现突出,一个学期后,被升为主班老师。①

案例中的A老师,刚开始并不能正确对待帮主班老师顶岗的事情,用一种消极对抗来表达自己的不满。当园长找到其阐述利害关系时,她能够迅速地调整心态,从而获得了自己发展的平台。

(二) 我比你强,为什么要听你的

在工作中,我们也会遇到一些配班老师眼高手低,总认为自己能力比主班老师

① 案例选自:廖莉.从社会交换谈幼儿教师的团队建设[J].江苏幼儿教育,2018(2):80-84.

强，不情愿干配班教师的活，甚至还不配合主班老师的工作安排，采取抵抗态度。我们在谈主班老师的角色定位时，也曾谈到这个案例，我们来看这个案例中的配班老师的表现和后续发展：

【案例】

配班B老师能力不错，开学后只管自己分内的事情，不接受主班老师的工作安排，我行我素，造成班级管理出现很多问题。园长找其谈话了解到，B老师自认为主班老师能力不如自己，所以事事不服从安排。园长指出其不足，并对她不服从工作安排的行为给予严厉批评，要求其认识到思想和工作中的不足，重新调整心态投入到工作中。沟通结束后，B老师开始转变态度，将更多的智慧应用到工作中，很快成为园内的第二批骨干教师。①

案例中的B老师不能正确认识配班的角色定位，履履想凌驾于主班之上，这种直接抵抗的工作态度，造成所在班级管理工作出现各种问题，自己的职业发展也遭遇到同伴的否定和质疑。幸运的是，B老师在和园长谈话后，认识到了自己的不足，很快调整心态，获得了自身的发展。

（三）凡事有主班顶着，我无需操心

配班老师，在有些幼儿园被称为“副班”老师，有园长也认为，用“副班”来阐述配班老师的职责可能更为合适。这种观点认为配班与主班是一主一副的关系，共同承担班级主要的教育教学任务，主班侧重于计划和目标的制定和调适，以保障班级教学质量，还有家长工作和三人团队关系的维护；副班在工作重心上侧重于实施与幼儿间的互动，实施环境创设，与主班分担观察和分析幼儿日常行为、游戏活动的任务。这样的定位与解读并无不妥，但这不意味着，因为主次之分，配班老师只需要服从和做好分内工作就好。在实际工作中，班级里会有很多的突发情况，需要配班老师去主动积极应对，而不是被动地等待主班老师来处理。

三、配班教师的角色适应策略

配班教师在班级管理中的角色无疑是不可或缺的，无论从教师个人还是幼儿园层面，都需要有针对性地加强配班教师的培养，更好地适应角色。从配班老师个人层面来说，需要从以下三个方面着手，提升专业能力：

（一）自身层面

1. 要有合作精神

无论是从岗位职责，还是从班级管理的角度，合作精神是每一位配班教师必须要具备的。班级的很多工作需要三个人共同来完成，而配班教师从职业要求上来说，和主班老师无异，因此更需要分工又合作。

---

① 案例选自：廖莉. 从社会交换谈幼儿教师的团队建设[J]. 江苏幼儿教育，2018(2)：80－84.

【案例】

区域活动开展一段时间后,我们发现孩子在游戏中存在的小问题,在班级研讨的过程中我们重新进行了分工:主班老师作为“控场人员”,副班老师作为“流动人员”。开展区域活动的过程中,主班教师会进行区域秩序的提醒。例如:对部分不遵守区域规则的孩子,提醒他们自己所在区域的规则需要遵守什么,如“晨晨,选择了一样玩具如果不玩了就要记得先把玩具送回家,才能再选其他的玩具哦”,又或是对于玩得太投入已经影响到其他小朋友进行游戏的孩子进行言语上的提醒,如“一一,你的声音太大了,小宝宝快要被吵醒了,我们小声一点好不好?因为小宝宝该睡觉了。”也会采用音乐的方式,提醒幼儿区域活动的开始、进行以及在结束的环节把玩具们都送回家。

副班老师就作为一位“流动人员”,对于孩子区域活动的精彩瞬间进行拍照记录,当发现孩子在区域中遇到较大的困惑时,进行适当的介入,又在困惑解除后悄悄离去。例如:在这一次年级混班区域活动中,建构区的天天和宇宸扮演维修工人,进行维修,但实际上,他们正在破坏另一位小四班宝贝建造的房子。这时,我扮演一位警察经过,了解了事态之后,我对双方进行了调解。

(摘自许乐贤老师2019年12月5日的工作反思)

从上述案例我们可以看到,具有合作精神的配班老师,对于一个班级来说,如虎添翼。具有合作精神的配班老师,能够和主班老师互相配合,取长补短,在相互的交流与合作中,自身也能够得到提高。

2. 要有补位意识

在班级中,虽然主配班教师有着相对的分工,但更多的工作需要合作完成。尤其当主班老师外出不在班之时,配班老师就得顶替主班的岗位,负责半日活动或一日活动的组织。

【案例】

有时候小花老师会因为一些公事而突然离开班级,那么作为配班的我,自然就得担起带班的责任。不管是之前的半日活动组织,还是这两天的一日活动组织,都给我带来了不同的体验。当我是配合执教老师时,我的注意力是放在那几个“不合群”的幼儿上,努力将他们“拉”回到活动中;当我是执教老师时,我需要做到的是提前一天将一日活动的各个环节在脑子里过一遍,就算事情再多也不能乱了阵脚,更加细心地观察不同幼儿的表现,并且从这些“小事”中去反思自己是否有哪些“行为不当”或者“思路不对”。不同幼儿的个性不同,他们的小小一个行为都可以是我去深思的问题,我也会从幼儿这些行为中去思考怎么样才能更好地将理论知识运用到实践中,转为自己的经验。

(摘自郑敏童老师2018年4月23日的工作反思)

这是一位配班老师在角色转换中的反思,从配班老师到临时的主班老师。郑老师谈到了角色扮演的不同之处,在这个过程中,郑老师始终将补位安排看作是一件积极有益的事情,更多谈的是自己从中的收获与体验。

3. 要善于向他人学习

配班老师通常在专业能力上还缺乏经验,在每天的日常工作中,应该善于向他人学习,向身边的老师学习,多用心观察。这种学习是一个日积月累的过程,有心的人在观察与反思当中,会不断地成长进步。我们来看下面这位配班老师的反思,她从主班老师和生活老师身上学到了些什么。

【案例】

班级三位老师一路相伴,一路同行,相处两个月来,更是从她们身上学到了各自独特的品质。就本月的家访来说吧,我们班可可近期出现的不良行为习惯,工作多年的主班老师也是第一次遇见。在之后的两周内,何老师搜集资料,阅读关于幼儿行为习惯的应对措施等方面的书,积极与家长沟通联系,共同合作纠正可可的不良行为习惯。在家访的过程中,何老师能委婉又真诚地指出孩子的问题,有针对性地提出建议方法,在与家长沟通时导入尊重感,心平气和地讲清道理,说明利害关系,做到了以礼待人,以理服人,达到双方都能愉悦接受的效果,对此,主班老师真是好好地给我上了一节课——关于家园沟通技巧的课。

学习李老师敢于突破、举一反三的态度。班级少部分幼儿在饮食方面存在偏食,不喜欢吃青菜,只吃自己喜欢的,对于不喜欢的一口不沾。针对这个现象,李老师想尽法子,知道孩子们喜欢外星人,就跟孩子们说:“今天我们的午餐是来自于外太空,这些食物可能是外星人做的哦,李老师都没有吃过,请小朋友们吃完告诉我这些来自外太空的食物是什么味道的?”“小朋友,你们见过彩虹吗?今天的食物有很多种颜色,吃完请你们告诉老师,你们吃了几种颜色的食物?”……有孩子说:“老师,我觉得这儿的土豆是来自土星。”“老师,这个像彩虹一样的菜好好吃哦。”“李老师,这个菜闻起来好香啊。”李老师抓住了孩子们的兴趣特点,每天变着法子让小朋友喜欢吃青菜,爱上青菜。在教育教学活动中,要学会随机应变,增强教育机智,学会举一反三,这是李老师值得我学习的地方。

(摘自郑淑欣老师 2018 年 11 月 29 日的工作反思)

从上面这篇反思我们可以看到,在日常的工作观察中,配班从主班老师身上学到了学无止境,如何与家长沟通共同解决孩子的教育问题。从生活老师身上学到了,如何根据孩子的年龄特点和兴趣点培养孩子健康的饮食习惯。在这样的日常点滴中,配班老师不断丰富自己的实践工作经验,不断提升自己的专业水平。

(二) 幼儿园层面

个人的发展,始终离不开幼儿园的培养和支持,配班教师的专业成长,同样也离不开幼儿园的助力。从幼儿园层面,可以制定专项培养方案,促进配班教师的角色适应与专业提升。

1. 制定园内的专项培养方案

不同的岗位,需求不同,培养的针对性也不同。幼儿园对于配班老师的培养,不能一味等同于主班的培养模式。在课程模块设置上,更偏重于教育教学能力的提升,如一日活动的组织、园本教研的开展、教学活动的园内公开展示等活动。同时针对配班老师在家园沟通方便缺乏相关经验,幼儿园要有针对性地对配班老师进行家长工作的相关培训,同时鼓励配班老师利用早晚接送时间,主动与家长进行沟通交流,积累家长工作的相关经验。

2. 通过园本教研,提升专业能力

每个岗位会遇到一些共性问题,这个时候,可以将问题提出来,作为专题园本教研进行探讨。配班老师刚开始的时候常会遇到半日活动组织、一日生活组织等常规性的工作难点。幼儿园可以有意识地开始半日活动观摩和园本教研活动,让配班教师在参与中学习,在研究中提升。

3. 提供学习交流平台,肯定专业发展

幼儿园在对老师进行专业培养时,在注重主班和骨干老师的同时,也要提供外出学习的机会给配班老师,开阔视野,运用于教学实践。对于有潜力的配班老师,幼儿园同样要提供平台,鼓励老师们多参与一些评比活动,树立专业自信,肯定个人的专业发展。

4. 多方考量,营造和谐工作氛围

良好的配班合作,需要幼儿园从多方面考虑主配班的搭配,充分考虑二人的个性特点、能力专长等因素,尽量能够互相接纳,优势互补。在合作过程中,既要发挥各自特长,也要尊重彼此差异。幼儿园要有针对性地加强团队建设,引导团队人员加强了解,建立良好的合作信任关系。

配班老师是主班老师最重要的协助者,同时在主班老师缺位时,又是不可或缺的替代者,这对于配班老师而言,意味着身上承载了更多的责任,这也要求配班老师在专业能力上,要努力提升,尽可能胜任自己的岗位。

第三节　保育员的角色定位①

保育员在班级中是一个不可或缺,却又不太受关注的群体。社会和家长对于保育员的角色定位有诸多的误解,总认为保育员就是管孩子吃喝拉撒、搞环境卫生的。殊不知,在幼儿园中,保育员承载着多种角色,对班级起着重要作用。

《国家职业技能标准——保育员》将保育员视作一种职业,并指出保育员是在托幼园所、社会福利机构及其他保育机构中,辅助教师负责幼儿保健、养育和协助教师对婴幼儿进行教育的人员。②

---

① 本节内容主要由华南师范大学学前教育系2016级本科生杜冰丽撰写。

② 中华人民共和国人力资源和社会保障部.国家职业技能标准——保育员(2009年修订版)[M].北京:中国劳动社会保障出版社,2016.

《幼儿园工作规程》明确指出保育员的主要职责包括:(1) 负责本班房舍、设备、环境的清洁卫生和消毒工作;(2) 在教师指导下,科学照料和管理幼儿生活,并配合本班教师组织教育活动;(3) 在卫生保健人员和本班教师指导下,严格执行幼儿园安全、卫生保健制度;(4) 妥善保管幼儿衣物和本班的设备、用具。

《幼儿园教育指导纲要(试行)》指出,保育员也是教育工作者,其行为同样对幼儿具有潜移默化的影响。保育员作为一种职业,与幼儿园教师皆为教育工作者,在幼儿园中辅助教师负责幼儿养育及教育。保育员可以定义为在幼儿园负责管理班级卫生、幼儿保健并配合教师组织教育活动的教育工作者。

《幼儿园工作规程》第四十二条提出:幼儿园保育员应当符合本规程第三十九条规定,并应当具备高中毕业以上学历,受过幼儿保育职业培训。

幼儿园保育员的主要职责如下:

(一) 负责本班房舍、设备、环境的清洁卫生和消毒工作;

(二) 在教师指导下,科学照料和管理幼儿生活,并配合本班教师组织教育活动;

(三) 在卫生保健人员和本班教师指导下,严格执行幼儿园安全、卫生保健制度;

(四) 妥善保管幼儿衣物和本班的设备、用具。

根据《幼儿园工作规程》和《幼儿园指导纲要(试行)》,结合《广东省幼儿园一日生活活动指引(试行)》(以下简称《指引》)里有关保育员一日工作的职责说明,保育员的角色定位主要涉及班级卫生、幼儿保健、教育协助三个方面,见表 2 - 1。

表 2 - 1　幼儿园保育员的角色定位

<table>
<tr><th>维度</th><th colspan="2">角色</th></tr>
<tr><td>保育员在班级卫生方面的角色</td><td colspan="2">保育员是班级卫生的管理者</td></tr>
<tr><td rowspan="2">保育员在幼儿保健方面的角色</td><td colspan="2">保育员是幼儿安全的照料者</td></tr>
<tr><td colspan="2">保育员是幼儿一日生活的照料者</td></tr>
<tr><td rowspan="6">保育员在教育方面的角色</td><td rowspan="2">幼儿</td><td>保育员是幼儿一日生活的观察者</td></tr>
<tr><td>保育员是幼儿一日生活的随机教育者</td></tr>
<tr><td rowspan="2">教师</td><td>保育员是教师组织活动的协助者</td></tr>
<tr><td>保育员是教师教育的协助者</td></tr>
<tr><td rowspan="2">家长</td><td>保育员是家长工作的沟通者、交流者</td></tr>
<tr><td>保育员是家长教育的指导者</td></tr>
</table>

一、保育员的角色扮演

根据幼儿园岗位职责制度、教师与家长不同层面的期望,保育员在日常工作中建构与扮演着不同的角色,主要表现为以下几点。

(一) 班级卫生的管理者

班级卫生的管理者是保育员的主要角色之一,三位保育员在班级卫生管理上要按照幼儿园的卫生流程与要求进行。此外,随着幼儿自理能力的提高,保育员要逐渐引导幼儿管理个人卫生与班级卫生,例如中大班有值日生制度,保育员会引导幼儿做好值日生工作。

表 2-2 为《指引》上有关保育员在一日生活各个环节的卫生要求与某幼儿园保育员的实际卫生管理情况观察记录,可以清晰地呈现保育员在实际工作中卫生管理涉及的相关具体工作。

表 2-2　保育员一日生活各环节卫生情况观察记录表

活动类型	基本要求		有/无	具体情况说明
生活活动	入园	做好幼儿生活的各项准备工作,确保环境整洁、空气流通,保证物品及饮用水安全	有	早上到班后先开窗通风,开饮用水机并放走水,用消毒水清洗,戴手套擦拭桌子,擦睡室,将毛巾架拉至班级门口晾晒
		可引导个别幼儿做好值日生工作	有	引导先到班级的小朋友摆放桌椅
		指导幼儿有序摆放个人物品、整理班级环境	有	提醒小朋友更换并摆好鞋子,摆好书包
	饮水	做好饮水前的准备工作:清洁、消毒水桶和水杯,提供足量温度适宜的饮用水	有	取出消毒柜里的水杯,放在小朋友的柜子里,同时也引导中班的小朋友自己取放水杯。饮水机为恒温水机,会先开好水机并放走前面的水
		保持地面干爽,及时清理水渍,防止幼儿摔跤	有	为厕所地板铺上防滑垫,及时拖走小朋友洗手后甩出的水
	餐点	清理消毒进餐用品	有	小朋友早餐的盘子和勺子都放在消毒柜里。小朋友午点的盘子清洗后也放进消毒柜里消毒
		确保所提供的食物温度适宜,放置位置安全	有	将早餐放在固定的放早餐的桌子上
		指导值日生做好餐前准备和餐后整理工作	有	提醒值日生清理餐后残余垃圾
	如厕	保持厕所通风,及时清洗便池、便盆,定期消毒,做到清洁、干爽、无异味	有	每天中午和离园后清洗两次,平时地上有积水也会拖干
		准备好卫生纸,方便幼儿取用	有	厕所门口有准备卫生纸,卫生纸是幼儿能够取到的高度
	盥洗	清洁、消毒盥洗室及盥洗用品,确保幼儿盥洗用品专人专用	有	及时清洗幼儿早餐后的餐具并放进消毒柜进行消毒。幼儿离园后会清洗幼儿的毛巾、水杯并进行消毒
		保持地面清洁、干爽	有	
	午睡	每天定时清洁、消毒睡室	有	早上到班后会消毒睡室,擦拭灰尘等
	离园	全面做好班级清洁、消毒工作	有	离园后会拖地消毒,清理睡室
	说明	最后离开教室者关好门窗、水电	有	

从上表可以看出,保育员在实际工作中扮演与建构着班级卫生管理者的角色,多数保育员能够根据《指引》及园方关于保育员卫生工作的角色期望执行该角色的义务即根据幼儿园一日生活各个环节的卫生要求,认真完成一日卫生工作,并且保育员会关注到许多卫生细节,例如保持地面干爽,及时清理地面水渍防止幼儿摔跤。

(二) 保育员是幼儿一日生活的照料者

保育员是幼儿一日生活的主要照料者,在一日生活的各个环节对幼儿进行照料,管理幼儿的安全,密切关注幼儿的身体健康与情绪状态。在幼儿的安全教育上,保育员要和教师一起将安全教育渗入一日生活的环节之中,关注幼儿在活动和过渡环节中的安全,例如注重培养幼儿正确的坐姿,提醒幼儿吃饭不要说话,在活动中提醒幼儿不要推拉、拥挤。此外,保育员要更加注重细节,注重幼儿细节的安全。而对于幼儿安全问题的处理,保育员应视幼儿的受伤程度而定,是否需要送往医务室,以及注重与家长的沟通。另外,随着幼儿自理能力的提高,保育员的照料程度会不同,大班的保育员会更注重提醒与督促,注重幼儿的常规与小学相衔接。表 2－3 为《指引》上有关保育员在一日生活各个环节的照料要求以及某园保育员实际照料情况观察记录,我们可以看到保育员在实际工作中的具体工作呈现。

表 2－3　保育员有关幼儿一日生活照料观察记录表

活动类型	基本要求		有/无	具体情况说明
生活活动	入园	观察幼儿情绪及身体状态,如有需要,协助教师处理	有	一位男孩发脾气,生活老师安慰小朋友,并提议小朋友一起打扫卫生,小朋友情绪安定下来
	饮水	照顾身体不适幼儿,根据需要提醒幼儿增加饮水次数	有	
	餐点	了解班级幼儿进食情况,分餐时照顾有特殊需要的幼儿,防止幼儿食用汤泡饭	有	有小朋友上火,提醒小朋友多喝水
		指导幼儿文明进餐,及时纠正个别幼儿进餐的不良习惯	有	让小朋友吃饭不要说话,坐姿正确。让小朋友慢慢吃不要噎到
		提醒幼儿餐前洗手,餐后擦嘴、漱口和洗手	有	提醒小朋友早餐后漱口,拿毛巾擦嘴
	如厕	看护幼儿如厕,确保幼儿安全如厕,帮助自理有困难的幼儿	有	提醒幼儿注意如厕姿势,不要脚踩空
		及时为遗尿、排便时弄脏衣物的幼儿更换、清洗衣物	有	发现幼儿裤子湿了,及时协助幼儿更换
		观察幼儿大、小便情况,发现异常及时通知教师,与家长沟通		

(续表)

活动类型	基本要求		有/无	具体情况说明
	盥洗	指导幼儿正确盥洗,照顾个别需要帮助的幼儿	有	协助幼儿提高袖口,引导幼儿按照“六步洗手法”来洗手
		密切观察幼儿盥洗后的衣物情况,必要时予以更换	有	
	午餐	每天定时清洁、消毒睡室	有	早上到班后会消毒睡室,擦拭灰尘等
		指导幼儿起床后穿衣、整理	有	协助幼儿进行睡衣更换
		如保育员看护幼儿午睡,参见教师的基本要求	有	会每隔15分钟左右测查幼儿体温是否存在异常
体育活动	集体活动/自选活动	观察幼儿的运动情况,指导和帮助个别有困难和不专心的幼儿	有	部分幼儿不敢尝试运动,鼓励并帮助幼儿一起完成户外活动
		发现幼儿受伤或者身体不适,及时报告教师并送往保健室	有	有幼儿被蚊子咬,及时帮幼儿涂上药膏
		活动后,提醒幼儿洗手、饮水,适当增添衣物	有	提醒小朋友运动后喝水
	早操或课间操	做操后,提醒幼儿饮水、擦汗和增减衣物	有	提醒幼儿回班后先洗手,然后喝水、擦汗、更换衣服
自主游戏活动	自主游戏活动	熟悉班内幼儿身心特点,注意照顾有特殊需要的幼儿	有	
	活动实施	关注幼儿学习过程的安全问题,协助教师处理突发事件	有	
		适当引导或纠正个别注意力不集中、坐姿不规范、倾听习惯不好的幼儿的行为	有	协助教师管理秩序

从上表可以看出,保育员在实际工作中扮演与建构着幼儿一日生活照料者的角色,多数保育员能够根据《指引》及园方关于保育员是幼儿一日生活照料者的角色期望执行该角色的义务,认真关注幼儿在一日生活过渡环节与各项活动之间的照料需求,及时关注幼儿的身体与情绪状态,提醒幼儿洗手、更衣,并照顾不适的幼儿,能够胜任该角色的要求。

(三) 保育员是教师组织教育活动的协助者

保育员要协助教师组织教育活动,因为是园方有要求,教师也会期望保育员能够参与协助,并且保育员表示要在完成自己卫生工作的前提下参与到教师的活动中,协助教师开展活动。

1. 户外活动中，协助幼儿秩序的引导

户外活动保育员要协助教师准备与收拾器械，并与教师共同照看幼儿活动中的情况，参与到活动中与幼儿一起玩耍。

2. 集体教学活动环节的常规引导

在集体教学活动环节，保育员也要在完成自己的工作后，协助教师管理活动的秩序，比如提醒部分坐姿不良、注意力不集中的幼儿。

可以看出，保育员要具有教师活动的协助者的角色扮演意识，能够根据幼儿园和教师对保育员在该角色的期望，在完成自己卫生工作的前提下参与到教师活动中进行协助，这些协助是多方面的，在设施的摆放、秩序管理、活动安全等方面进行协助，保育员这些行为模式都在建构着处在其特定班级地位上的教育活动协助者角色，并执行该角色的义务。

（四）保育员是教师教育的合作者

保育员在幼儿园或多或少得都有参与到幼儿的教育中，对幼儿出现的行为问题进行引导，并且注重与教师的教育方式保持一致。保育员对孩子的教育主要集中在一日生活各个环节对孩子照料上，以及幼儿自理能力与良好行为习惯的培养。保育员要熟悉班上幼儿的基本情况，了解幼儿在饮食、游戏上的偏好。每一个幼儿都有自己的特点，要根据不同幼儿的不同特点进行引导，这也充分体现了保育员观察者与随机教育者的角色。

1. 与班级老师保持教育一致性

班级中的幼儿每天面对三位老师，这要求班级老师在幼儿的教育理念、教育方式上保持高度一致，才能更好地促进幼儿的教育和发展。如果老师之间在教育上产生分歧，会让幼儿觉得无所适从，不知道要听谁的，陷入培养的误区。

2. 做好班级工作的衔接

班级中的老师通常会因为工作原因临时不在岗，因此保持工作的衔接性非常重要。通过工作记录的形式，让班级老师及时了解工作缺位时的班级状态，能够更有效地处理班级工作，也避免造成工作推诿或出现工作失误。

保育员具有教师教育合作者的角色扮演意识，这种角色扮演意识表现在保育员能够在一日生活中扮演随机教育者的角色，对幼儿的一日常规习惯进行随机引导。此外保育员的合作者扮演还表现在能够根据教师对于教育行为的期望，对幼儿进行一致的教育，并与教师具备一定的默契。

二、保育员的角色失调

保育员在实际工作中的角色失调是指保育员与不相符的角色期望发生冲突的情境，即保育员不能执行角色提出的要求就会引起冲突的情境。保育员对于自己专职的保育工作通常会执行得比较到位，在教育工作和家长工作中，会陷入角色扮演的困惑中，具体表现为：

（一）幼儿园教育工作中保育员的角色失调

1. 教育工作的承担超出工作范围

保育员的岗位制度指出，保育员积极参与教师教学活动，积极配合教师制作玩教具和体育活动材料，认真制定幼儿游戏计划。幼儿教师希望保育员能够提高教育的参与度，更多参与到教育教学中来，为幼儿活动出谋划策，共同参与环创等。相对于保育员来说，每天负责的保育工作繁重，完成卫生工作、幼儿照料工作已经非常疲惫，参与教学给她们增加了额外的工作量。然而，保育员既要协助管理教育活动，又要管理班级卫生，有时候总会出现分身乏术的情况。

有些保育员认为自身角色负担过重，表现在不同角色之间时间空间有冲突难以协调(例如又要打扫班级卫生，又要参与到教师活动中)、角色工作量太大(既要照料幼儿，又要参与教学)，许多保育员对于角色工作的负担存在一定的不满，这在一定程度上影响了她们工作的积极性与内在学习动机。这也提醒幼儿园和班级老师在分配保育员工作时，尤其涉及教学工作的协助，要适度、适量。

2. 教育专业性不足带来的负面影响

保育员的入职门槛和教师不同，缺乏相应的教育专业能力和水平，在对待幼儿的教育上，难免会造成一些负面影响。有教师反映有些保育员的指导会带上个人的情绪，有时甚至比较粗暴直接，容易给孩子贴标签。而保育员接受的幼儿园保教培训也偏向于卫生保健工作，关于幼儿教养方式的培训较少，这也导致保育员在教育幼儿方面，会心有余而力不足。

教师们认为保育员在角色扮演上，尤其是教师教育活动的协助者、教育的合作者角色上存在专业性不足的问题，而保育员由于自身学历的客观原因以及角色负担过重存在内在学习动机不足的主观原因，在教育角色上专业性达不到教师的角色期望。

（二）幼儿园家长工作中的角色失调

1. 家园沟通角色被忽略

从家长的角度来看，保育员的角色定位在对孩子一日生活的照料以及班级卫生管理上，对于幼儿教育方面的沟通更加选择与主班或副班进行沟通。一些家长由于社会负面信息对保育员存在不信任，另外有的家长对保育员的定位还局限在“保姆”，与《指引》上有关保育员家长沟通中的角色期望存在冲突，这都直接导致了保育员家长工作交流者、指导者的角色缺失。

2. 教育者角色不被信任

家长对于保育员的教育者角色期望与幼儿园、教师对于保育员的教育者角色期望存在偏差，许多家长较少意识到保育员对于孩子的教育者角色，而只注重保育员的照料者角色，希望保育员能照顾好孩子、善待孩子即可，保育员的教育者角色不被家长重视，甚至不被信任。

三、保育员角色适应的策略

(一) 明确保育员岗位职责与考核奖惩制度

幼儿园对保育员的岗位职责要有明确界定,这也体现了管理者的管理理念,对保育员的岗位职责要严格依据社会政策对保育员工作职责的规定,既注重保育员"保"的角色,又注重"教"的角色,更不能忽视保育员在家园工作中的角色。此外,幼儿园要明确保育员的考核与奖惩制度,注重保育员工作的全面考核,在考核中明确保育员需要具备的角色,善于利用考核提高保育员的角色意识并辅以相应的奖励与惩罚,从而提升保育员工作的积极性。

(二) 促进班级三人团队建设,为保育员"减负"

幼儿园要积极开展班级三人团队建设,提高教师之间与保育员的协调分工能力,促进教师与保育员之间"保教一体",许多幼儿保育工作不单由保育员完成,许多教育工作不单由教师完成,利用有效的三人分工协作,提高保育员与教师的工作效率,三者合理合作,相互分担,真正实现保教一体,也为保育员的工作"减负",减少保育员工作的倦怠感。

(三) 改进家长观念,提高保育员在家长工作中的角色作用

幼儿园要积极开展家长工作,例如开展开放日、家长助教、家长会等活动,让家长亲自观摩与体验保育员在班级的工作,体验保育员与幼儿一日生活之间的教育契机,理解保育员的教育作用,改善观念。此外,积极推进保育员在幼儿保教上的指导,提高保育员在家长工作中的交流参与度,给予保育员更多与家长沟通交流的机会,如家长会让保育员就幼儿一日生活的照料问题发言,提高保育员在家长中的威信,促进保育员在家长工作中的交流者、指导者的角色建构。

(四) 完善保育员学习机制,提高保育员教育角色的专业性

幼儿园要积极为保育员提供培训,促进保育员之间互相观摩学习,其中不仅要涉及幼儿保健知识、幼儿安全管理等基本方面,还要关注保育员的教育协助者角色,关注保育员对幼儿的教育指导,为保育员提供幼儿发展规律、幼儿教养方式等相关培训,以促进保育员对幼儿的理解,提高保育员在幼儿教育指导上的专业性,促进保育员进行教育者的角色建构。此外,园方还可开展相应保育员工作的讲座,提升保育员对于自身角色的全面认识。

无论是主班老师、配班老师还是保育员,三人团队在班级管理工作中是缺一不可的,既分工又合作。唯有三人各自角色定位清晰了,才能促进班级工作的健康发展。

第四节 新教师的角色定位

对于每位新入职的幼儿教师来说,初入班级会遭遇对职业角色认知与适应的各

种矛盾冲突和困惑,同时会给班级管理工作带来一定影响。了解新教师的职业角色困惑,有针对性地去解决和帮助新教师进行角色适应,能更迅速地推动班级管理工作的顺利开展。

一、新教师的角色扮演困惑[①]

每位新入职的幼儿教师,都有着将学到的专业知识,应用到实际工作中的跃跃欲试,在学生到教师角色的转变过程中,他们会遭遇各种困惑。在本书中,作者根据《幼儿园教师专业标准(试行)》,从专业理念与师德、专业知识和专业能力三个维度,选择了6位新入职教师进行深入访谈,从访谈结果可以看到新教师的角色困惑主要聚焦在以下几方面:

(一) 入职初期:理念 VS 实践

【案例】

入职初,对理论如何与实操结合比较困惑。虽然在学校已经学习了基本的专业理论知识,也知道如何进行教学活动设计,但在学校学的理论知识在实操中会有很大的差别,运用比较难。就算小朋友只是在简单地玩,也需要用自己之前所学会的理论知识去和小朋友交流。并且还要根据孩子的实际情况,以及整个教学流程来引导。

新入职教师在入职初期,最大的角色困惑是在校学习的理论知识如何与实际工作中遇到的问题有机结合。很多新教师刚入职场,遇到各种问题后,发现学过的各种理论无法有效指导自己去解决实际当中遇到的各种问题,从而会对学习的经历产生质疑,并对自己的专业自信产生怀疑。

(二) 班级管理:控制 VS 协商

【案例】

刚开始到班上的时候,孩子们都不怕我,很难“hold住”班级。过了一个学期逐渐树立了威信才慢慢上手,下个学期学生才听从我的安排。刚入职的时候什么都不大懂,不知道用什么方式聚集小朋友活动,刚开始用铃鼓,但是铃鼓用多了比较刺耳,后来用音乐律动,即规定好这个音乐是做什么的,另一个音乐是做什么的。多听几遍,习惯之后就可以了。

还有小朋友很会看老师脸色,观察老师有什么特点,也很懂见机行事。如果他知道哪怕我调皮这个老师也是很温柔的,就会很皮,都不怕你。如果他知道他不听话时这个老师会很严肃,他就在这个老师面前收敛很多。

(大班新入职教师)

新入职教师在学校学习的是要尊重儿童、理解儿童,到了班级日常工作中,会突然发现,平时去实习、跟岗的时候可爱、“听话”的小朋友全部不见了,自己完全没法掌

---

① 本部分所选案例由华南师范大学学前教育系2016级本科生江景滔、姚婵娟、秦子茵、刘丽玲、许枫然、吴巧学习小组提供。

控班级的常规。是继续保持微笑,做一个亲和的老师,还是板起脸做一个严肃的老师? 这是很多新入职教师经常纠结的一个问题。

(三) 同事相处:同龄人 VS 老教师

【案例】

就职的幼儿园会提供教职工住宿,新招的同事都很年轻,容易沟通。但是和她的主班老师的相处中有一些困惑。主班老师年龄比较大(40～50 岁),又是年级级长。她不太看得起新进来的老师,觉得她们只懂理论,实践、技能又都不好。

新入职的老师年轻、有活力、思念活跃,积极汲取各种前沿信息,但在幼儿园内已工作多年的老教师来看,年轻教师有优点,但在实际工作中不具有竞争实力。新教师面对来自老教师的低看,自信心会大受打击。如何在一个群体当中,做好人际关系的调适,这也是新教师面临的一大考验。

(四) 家长沟通:坚持 VS 妥协

【案例】

班上有两个小朋友,在小班的时候就有一些过节,双方家长也都是很冲动的,在孩子读小班的时候就因为孩子而产生了矛盾。现在到了大班,两个孩子闹事情了,其中一个家长就想去为自己的孩子讨公道,直接去打了对方孩子。我劝不下去,主班老师也劝不了,最后闹到了幼儿园领导那里去,还是幼儿园领导解决的。作为新手老师,在面对这些冲动不理智的家长的时候很难处理好,也不懂用什么方法去处理,家长也觉得你就一个老师,还不足以说服我。

新入职教师最头疼的是如何与家长沟通。入职初期,专业的权威还尚未建立,家长对新老师是否称职还在观望当中。新教师在遇到家园之间的问题时,缺乏沟通经验,常常会无所适从,在坚持与妥协之中挣扎。

(五) 身份认同:学生 VS 教师

【案例】

在学校的时候自己是学生的身份,比较轻松,不用考虑很多事情。但是就职之后,每天面对那么多的孩子,每时每刻都要盯紧他们,很紧张,又觉得任务艰巨。在这个从学生到教师的身份转变的前期,刚开始还不是很适应,觉得每天都好忙好累,连吃饭的时间都不够。后来慢慢适应了就好多了,同时也觉得自己多了一份责任感。

从学生身份突然进入教师身份,烦琐的工作内容和面对幼儿的责任,都会让新教师对新的身份认同产生困惑。如何有效地安排手头的各项工作,如何做好幼儿教育的同时关注幼儿的安全,这都是新教师需要去面对和解决的问题。

二、新教师的角色失调

新教师在入职的第一年,会遭遇来自教育教学、团队合作、师幼交往、家长工作、班级工作等方面的一些共性问题,面对这些角色失衡,新教师需要主动积极地去面对问题和解决问题。新教师在角色适应过程中常会遇到以下六种情况,下面我们将根据新教师的工作反思,以实际工作中的案例作为示范,来逐一了解当新老师遇到这六种情况的时候,如何去处理。

(一)不知所措的角色适应,你可以做什么?

新教师虽然大都经历过实习或是跟岗学习阶段,了解了幼儿园的常规工作流程。但这个阶段的角色,更多的是一位参与的观察者或是非参与性的观察者,就如同过滤掉一切杂质的纯净水,你看到的是班级老师的各项管理工作组织游刃有余,孩子们常规培养得很好,三位老师之间的工作配合默契。一旦自己成为班级三人团队中的一员时,新教师初始往往是茫然不知所措的,对于自己的角色定位并不清晰。我们来看看这位新教师的描述:

【案例】

我成了一名幼儿教师,虽然也是老师,但是在面对孩子时一点都不风光,只要他们一哭一闹,我就得立马过去哄着,生怕他们有半点闪失。每天都提心吊胆的,跟以前无忧无虑、独来独往的生活一点都不一样。刚开始第一周的时候,经常觉得迷茫,觉得这跟我实习的幼儿园一点都不一样,可能是之前上面有两个老师顶着,现在什么事都得自己来了,开始不习惯了,但是却必须慢慢习惯起来。因为,从现在开始,我已经是一名老师了,还是一名幼儿教师,我的肩上承担着许多孩子的人生基础。

前三周与幼儿相处的时光,让我觉得当一名幼师可真不容易。幼儿的一日活动需要老师好好安排,确保每个幼儿在幼儿园都能健康快乐成长。一开始我什么都不知道,只会傻站着看主班老师和生活老师忙得团团转,自己却无从下手。到现在我学会每日晨间幼儿来园时,迎接家长幼儿,跟幼儿问好;学会什么时候给幼儿垫汗巾,什么时候提醒幼儿洗手喝水;学会在幼儿离园前帮他们整理书包,整理衣裳;学会在幼儿日常的细小事情中跟他们交流,了解他们的真实想法;学会离园时与幼儿家长好好道别……这些都是细节,可是细节决定成败,一个老师不是会开展教学活动就可以的,我还需要了解幼儿的性格特点、做事习惯、相处方法等,这些都要我去仔细留意他们的一日活动,观察幼儿一日活动是最直观了解幼儿的方法。

(摘自郑敏童老师 2018 年 3 月 18 日的周工作反思)

从这位新教师的周工作反思,我们可以看到,初入工作实践中,会经历一段角色适应的茫然期。这种状况就像突然不知道自己要做什么,也不知道要如何去做。在这个过程中,新老师首先要调整心态,让自己归于平静,这样才能认真地去思考,问题在哪里,如何去克服。案例中的老师给了一个很好的示范,那就是从工作细节中去认真观察,吸取他人的经验,慢慢改善当前的状况。

(二)同来的小伙伴离开了,你还要坚持吗?

新教师进入一个集体中,通常会有一批同时入职的员工,这其中不乏毕业于同一个学校的教师。面对新的环境和新的工作,不同的人有不同的坚守。工作几个月后,有些新老师扛不住工作的压力,会辞职而去。此时,会对同一批入职的新教师产生冲击力——我还需要坚持吗?下面这个案例,真实地反映了一位新教师的心路历程。

【案例】

最近的三周，我的周围弥漫着离职的气息，婷婷提交离职申请了，琳琳也要离开了，周围朋友做出的离职决定，多少会对我造成影响。我忍不住去想，也许我也不适合这个职业，小孩太顽皮，总是忍不住生气。感觉我已经在忙碌的工作中迷失了前进的方向，我尝试去调整自己的心态，但屡屡失败。好几次当我前一天晚上想着要放弃，第二天看到孩子们天使般的面容，我觉得自己是个罪人，像个抛弃自己孩子的母亲。

有句话叫："不忘初心，方得始终。"回想起当初填报志愿时，担心一本的学校录不到学前教育专业，就选了二本院校。我的志愿只填了一个：* * 大学学前教育专业，周围的人都觉得我是个傻子，拿着一本的分数来读二本的学校，可是除了这个专业，其他的我都不想读。大学四年，我从未对自己当初的决定有过一丝后悔。如果我在此刻选择了放弃，那是不是意味着，放弃了自己坚持了 4 年的职业规划，重新规划谈何容易呢？

我才刚入职，就开始迷茫，开始怀疑自己不适合这个职业。一个优秀的幼师，就像一所优质的幼儿园，需要岁月的积累和沉淀。所以我应该沉住气，我也相信每个教师都有怀疑过自己职业的时刻，不过不坚持一下哪能看见未来那个优秀的自己呢？也许你也有宣讲自己教学观念的那一刻！

（摘自李巧瑞老师 2018 年 12 月 25 日的周工作反思）

这是一位新教师坚持初心在实践工作中遇到的冲击和困惑。当工作并非像你所想象的那样美好，当周围的小伙伴放弃坚持，选择离开的时候，对于新教师来说，的确是职场生涯的一次考验。李老师的反思里描述了自己的怀疑和对工作的不适应，谈到了小伙伴相继离开给她带来的影响。幸运的是，她回望了自己选择这个专业时的初心，并用自己看到的和听到的忠告，重新树立了自己的目标，坚守在了工作岗位上。

每位新教师在初入职场时，可能都会遇到对自己的选择是否需要继续坚持的怀疑，有些人会选择放弃，有些人会选择留下。个体其实都是在不断地否定和坚持中进行自我成长的，不要轻言放弃，当你越过这个阻碍，教师的自我成长又迈上了一个新的台阶。

（三）坚持两个月后的自我怀疑，如何度过瓶颈期？

新老师刚开始的两个月，对于工作尚处在了解的前期，即使遇到困难，也会想着这是初期，对工作还不熟悉，咬牙坚持下去，过一段时间熟悉了就好了。两个月之后，他们的适应并不会如预期般顺利，甚至开始出现新问题，此时的坚持和耐心也开始到达底线，于是开始自我质疑。下面的案例是一位新入职的教师在适应两个月的工作后，产生的自我怀疑。

【案例】

1. 对待幼儿的耐心似乎"不够"了

刚开始的我，总觉得对孩子就是"捧在手心怕融了，含在嘴里怕化了"，加上小花老师和菜菜老师都是温柔型教师，我受到她们的感染，所以每次孩子一有错误或者不恰当行为,我们三位老师都是耐心地、“苦口婆心”地将他们哄回来。例如朝朝小朋友,坐不住凳子、不吃饭、喜欢自己在书包柜玩、不参加集体活动……刚开始我会利用他喜欢的“大萝卜”和“小黄狗”跟他聊天,转移他的注意力,让他真正开心后再跟他商量回到集体活动中。可是最近,我却发现,这样的方法已经没用了,加上他还是一味地离开座位,不愿意参加集体活动,让我觉得十分“烦恼”,我自己也不想去哄他,是不是我的耐心真的渐渐“不够”了呢?

2. 都相处了两个多月,怎么孩子还是“不听我的话”?

总觉得小孩喜欢“慈师”,不喜欢“严师”,于是从刚进入小三班到现在,我一直是温柔、低声,以朋友般口吻与孩子们交流,觉得这样才能得到孩子的喜爱,后期管理班级才不会那么累。在前段时期,不少幼儿向我表示“爱意”。“小童老师我喜欢你。”“我超级喜欢小童老师的。”“小童老师陪我睡午觉吧。”诸如此类的话从越来越多的孩子口中说出,那段时期让我感觉自己是成功的,已经“俘获”了不少孩子的心,那么他们对我肯定就会“言听计从”。但这种成功的感觉,在5月17号那天的半日活动观摩中,给了我重重的当头一棒。在我组织活动时,孩子们说话的说话,乱跑的乱跑,并没有把注意力放在我这个他们“超级喜欢的小童老师”身上。这次半日活动观摩也给我自己敲了个警钟:是否因为平时跟孩子“太好说话了”,一点“老师”该有的姿态都没有了,才会导致孩子们这么“无法无天”,那么究竟怎么去做一个让孩子“喜欢到听话”的老师呢?

3. 同样的活动,怎么我组织起来就不行了呢?

我发现同样是晨谈环节,也是“点名、聊天气、聊人数、聊日计划”等,怎么小花老师的晨谈小朋友都是安安静静在发言举手回答,我的晨谈就是乱糟糟的,小朋友都自己说自己的呢?怎么同样是组织半日活动,小花老师的排队小火车整整齐齐,我让小朋友排队小火车都差点出“车祸”了呢?怎么看起来每天要做的事情都一样,但是不同的老师组织起来的效果就不一样呢?甚至在半日活动观摩前,小花老师还特意开班级会议将流程与组织要点都“传授”于我了,怎么我组织的半日活动还是“不尽如意”呢?

我需要自己去慢慢领悟,毕竟每个老师有每个老师的教育方式,而我现在要做的就是将重点放在“怎么样去组织好全班活动”,而不只局限于关注个别幼儿了。

(摘自郑敏童老师的2018年7月4日的周工作反思)

(四)半日活动的组织,如何有序而不忙乱?

新教师进入工作岗位一段时间后,幼儿园会安排半日活动的组织,借以考核新教师的活动组织能力。对于新教师来说,半日活动的组织是一种综合能力的考验,这当中涉及团队合作、师幼交往、常规培养、活动组织以及活动环节的转换。半日活动组织能力通常也是考量一位新教师是否已胜任幼儿教师岗位的重要参照。尽管在带班的过程中,新教师已无数次参与和观摩过主班或其他教师的半日活动,但轮到自己独立组织的时候,还是会遇到一些突发的问题。下面的案例讲述的就是一位新教师在第一次组织半日活动中的遭遇和反思。

【案例】

活动当天幼儿的进餐情况良好,餐后阅读时情绪比较稳定。由于晨间谈话时我没有把户外的一些规则强化,致使在户外用过多时间讲解规则和玩法。幼儿从在户外场地时的情绪高涨、异常兴奋到注意力涣散,没有听清楚老师的要求,对于游戏规则玩法也不了解,整个户外活动效果不明显。虽然活动用的东西准备好了,但是在音乐播放这一环节出了点意外,导致活动的流畅性受到影响。

通过这次活动,我的反思是:首先,要提前准备好活动器械和辅助工具(音乐等),避免在开展活动时浪费过多的时间。若没准备好,则会影响整个活动的流畅性和效果,幼儿的激情、户外的氛围也没办法调动起来。其次,老师在讲解活动规则和玩法时,一定要明确,直接进入主题,避免用时过长,否则幼儿因等待的时间过长而失去了兴趣,便无法集中思绪听讲。游戏玩法要层层递进,增加难度,才能引起幼儿的兴趣和好胜心。最后,要注意团队的合作。在活动前要和其他老师说一下活动的流程,以便能够获得更好的协助。活动过程要充分发挥幼儿的主观能动性,让幼儿自己探索,不要只是老师一直在说,要把时间还给幼儿,做到真正意义上的锻炼。

经过这次的活动组织,再次深刻地感受到了班级三位老师的重要性,配合默契以及各自的分工,都是环环紧扣的,一个环节若是出了纰漏会直接影响下一个环节的开展。教师在开展活动前,要自己要熟悉流程。

(摘自严惠瑜老师 2018 年 9 月 17 日的工作反思)

通过上述新教师的反思,我们看到,新教师第一次组织半日活动,会由于缺乏经验或对生成性的问题估计不足,导致活动整个流程不够顺畅,这是教师专业成长中的正常遭遇。严老师在事后进行了深刻反思,对出现的问题以及今后努力的方向,提出了明确的自我指引。正是有了实践中的摸索与探讨,新教师才能够在工作中不断总结经验,不断提升专业能力。

(五) 准备充分的教学活动,出现问题怎么办?

教学活动的设计与组织,相对来说,对新教师的挑战性不大。学校对于教学活动设计的培养是比较充分的。然而,在实际的操作当中,新老师们会发现准备得很充分了,还是会出现各种问题。下面这个案例是一位新老师在班级组织区域活动中遇到的一些问题以及她自己的思考。

【案例】

问题一:准备了许多材料,孩子们却不理会,或操作马虎。出现这种现象,其原因可能是活动本身缺乏趣味性,单调枯燥,操作活动难度大(或过于简单)。我们尝试增加活动的趣味性,适时地调整活动材料,除了考虑教育的需要外,幼儿兴趣及发展的需要也不能忽视,通过与幼儿共同商量,更新丰富材料,让幼儿感受到自己是区域活动的主人。当然,区域活动的材料还应具有层次性和探索性,材料的投放要顾及幼儿的个体差异。

问题二:可能由于指导不当,或急于指导,让孩子自主探索的机会悄然流失,使区角活动丧失了应有的价值。要解决此类现象,首先应树立幼儿是区域活动主体的观念,只有在自主活动的过程中,幼儿才能充分体验自身的存在价值,更好地获得发展。在区域活动中,活动的整个过程主要是一个幼儿自发生成、自由想象、积极创作、大胆表现的过程,要给幼儿留出充分探索、质疑的时间和空间,在活动中给予积极的期望。

问题三:孩子们每次都选自己最喜爱的区域,对其他区域不感兴趣。要解决此类现象,首先做计划时可以介绍每个区好玩的玩具;其次观察和统计幼儿进区情况,利用同伴合作的方式引导幼儿尝试其他区域游戏,并记录幼儿和同伴游戏的结果,发展他们在区域的社交、沟通能力。

(摘自王爱平2018年5月12日的工作反思)

区域活动是幼儿自主学习的一种主要形式,也是班级中的常规教学方式。王老师反思中总结的三个问题——操作材料的投放、教师的干预、孩子的兴趣,是区域活动教学中的常见问题,作为新教师要灵活处理。

(六) 意外伤害发生了,新教师的你如何应对?

每位老师都不希望孩子发生意外伤害,幼儿园的安全工作时刻都是摆在首位的。新教师进入幼儿园后,对于安全工作也是如履薄冰。但不管你如何防范,意外总是不经意间就发生了。叶老师是一位毕业半年后做了主班的新教师,开学后的第三个月,她遭遇了第一次幼儿的意外受伤事件。

【案例】

事情的前因:

乔治是班上比较活泼的孩子,平时比较多动,对于一切事情都很好奇,控制力较弱,平时跟小朋友的相处过程中,喜欢与其他小朋友有肢体上的碰撞,喜欢通过肢体的接触与小朋友达成共识。为了改善这个问题,我经常单独找他谈话,但效果依然不显著,他并没有意识到"行为"背后存在着安全的隐患,这也是我们一直头疼的地方——如何让其有意识地控制自己的行为,以及保护好自己。

事情的发生:

周三离园之前,我安排孩子们在建构区玩,女孩子相对比较文静,拿着玩具坐在地板上拼搭,而个别男孩比较兴奋,拿起水管玩具拼起枪,开始玩游击战游戏,其中就包括了乔治小朋友。我提醒孩子不能跑,要坐着玩,同时我没收了他们手上的玩具。有个孩子婆婆过来接孩子,我过去打了个招呼,就在这个时候,意外发生了,乔治和权权撞到一起倒在了地上。后来看监控才发现是乔治往前跑,权权转身中,脑袋对着脑袋撞出了血,乔治的眉骨处撞裂。

事后的处理:

发现流血后,我立马让配班老师把乔治带到保健室进行伤口处理,我继续看着还没有离开的幼儿,安排生活老师带着权权去医务室,整个安排我用了不到1分钟的时间。等两位老师都去了医务室后,我边照看孩子,边回忆这个过程中的细节,以便跟家长沟通。不一会乔治妈妈来了,我先跟妈妈稍微说了乔治受伤的事,并告诉她已安排配班老师带孩子到保健室处理伤口了,并让妈妈也跟着过去。配班老师回来后,我让她对接离园工作,我去保健室跟进处理情况。看到配班老师很慌张一直发抖,我跟她说:“没事的,不要紧张,事情会过去的。”她点点头,心里放松了不少,其实当时,我自己也很慌,但是想想我要冷静,如果我都不冷静,那其他老师就会更加害怕,家长和孩子都会慌张,那事情就会变得更加复杂和难以解决。到保健室后,看见权权含着眼泪,害怕地躲到保健医生的怀里。他是看到乔治流血,感到恐惧和不安。我先走到权权面前告诉他,老师知道你们两个是不小心撞到一起的,所以没关系,下次要小心一点,不然还是会受伤。他点点头,我抱了一下他,我不想因为这件事给孩子留下心理阴影,他的眼神充满了无助和恐慌,怕大家都批评他、责怪他,我想我的话和拥抱会让他的心里变得有安全感。这个时候,我找到生活老师,她也是很慌,一直说怎么办?怎么这么严重?那时两个孩子都在里面,于是我走到生活老师面前,拍拍她的背,并对着她点点头,让她先回去。生活老师也接到我的讯号,心里放心了不少。处理完这些事,乔治伤口也处理得差不多了,C医生说要送去医院。我立马回去拿着包,跟着乔治妈妈去医院,刚开始妈妈自己也慌,又带着两个孩子很不方便。我告诉乔治妈妈安心开车,我带着乔治和哥哥。在车上我详细跟妈妈说了事情发生的过程,车上我一直跟孩子玩游戏,乔治也没有表现出哭闹现象,好像忘记受伤的事情,他妈妈也安心下来。到医院处理完一切已是晚上九点多。在缝针的过程中我一直在旁边,看着孩子在手术台上,我自己心疼得掉下眼泪,当时我按着乔治腿的手也在抖。回到宿舍后,回想这几个小时发生的事情,我终于忍不住发抖了,整个人没有力气地倒在床上,所有的害怕和不安都涌现出来,自己还要给关心的老师说一下情况,还要嘱咐家长注意事项等。

事后的反思:

经过这个事情,我们班级开展了一次会议,并力求在以后的工作中做到以下几点:

1. 安全教育不容忽视,利用晨谈或其他时间,与孩子进行1～2次安全教育。
2. 离园高峰期,尽量两个老师同时看孩子。
3. 在游戏过程中,提前与孩子做好沟通,需要注意哪些事情。
4. 离园期间,我们要让孩子做一些相对比较安静的活动。
5. 对于个别比较活泼的孩子,给予更多的关注。
6. 老师要时刻把安全放在首位,不应忽视安全。

个人的反思:

1. 经过这件事情,让我有了更深的体会,作为一个班的主班老师,更要有冷静的头脑和随机应变的能力,如果发生意外后自己都不冷静,何况是其他两位老师。这时的你就像一颗定心丸,你的沉着冷静,将会影响其他老师和家长,让大家都以一个平常心对待这件事情。

2. 幼儿的事,无小事。作为一名幼儿园教师,我们要比别人更加细心,关注到孩子的每个细节。

3. 在与园长的交流中,我明白了沟通技巧的重要性,怎么让家长听了不反感而又能够接受我们的理念,我想就是要从孩子身上出发,我们应该多看多听。

(摘自叶鳞花老师2019年6月4日的工作反思)

在这起安全事件中,可以看到,班级中的意外伤害有时是防不胜防的。伤害事件发生后,作为老师,沉着、冷静是第一步;及时处理、及时沟通是第二步;做好应对措施,坦诚沟通,取得家长的理解和信任是第三步;事后的反思是第四步。唯有在反思中看到问题,并采取相应措施,才能真正解决问题。叶老师在整个意外事件的处理中,无疑是值得借鉴的,尤其有几点她做得特别到位:(1) 在最短时间内安排工作,有序而不忙乱。(2) 安抚团队成员的不安情绪,稳定团队。看到团队成员情绪不安,及时安抚,以便集中处理好各项工作,不至于因为意外事件,而打乱正常的班级工作。(3) 关注幼儿的情绪。叶老师从同理心去安慰幼儿,减少幼儿内心的不安和紧张。同时她也很有智慧地通过游戏来转移家长和孩子的注意力,舒缓成人和孩子的焦虑。(4) 管理好自己的情绪。在事件处理过程中,叶老师本人也是害怕的,但出于她对自己职业角色的定位,她掩饰了自己的不安和害怕,并在外表现出了自己的沉着和冷静。(5) 深入的反思。事后对于班级管理和个人工作的深刻反思,能够让团队和个人在以后的工作当中,避免同类事件的发生,在不断的反思中,叶老师的专业能力也获得提升。

以上的六种情况,并不能详尽地包含新教师在入职初期遭遇的所有角色适应情况。在各种案例的分享中,我们可以借鉴曾经经历过的新老师的经验,以积极主动的态度,去面对问题和解决问题。当一个一个问题都能够突破的时候,新教师便已摘下了新教师的标签,开始进入下一阶段的专业发展之路。

三、新教师的角色定位

经历了职业角色的困惑以及职业角色的失调阶段,作为一名新教师,到底要如何定位自己的角色?这是一个值得探讨的问题,总体来说,新教师进入幼儿园应做好以下角色定位。

(一) 学习者

虽然我们强调终身学习,意味着每个阶段都需要学习。然而对于新教师而言,学习者的角色定位更为明显。从学生到教师的身份转变,从旁观者到实践者的角色转变,都需要新教师抱有一种谦虚的学习态度,不断调整和转换新的角色。作为一名学习者,新教师应从两个方面入手:一是向他人学习。“三人行,必有我师。”在工作实践中,新教师应不耻下问,向园内的其他老师学习。对于遇到的问题,积极向他人探讨,找到解决的方案。二是从实践中学习。经过了几年的学校教育,新教师很多的经验停留在理论学习上,还无法将理论与实践有效地融合。在工作实践中,新教师应以一种科学的怀疑精神,将学校学到的理论运用到工作实践当中。三是向书本学习。阅读能够帮助人站得更高、看得更远,不拘泥于眼前的视野。新教师进入工作一线后,也要保留阅读的好习惯,从他人成熟的经验中吸取教训,从而转化为对自己有用的知识体系。

(二) 合作者

新教师进入工作实践,通常是以配班的身份进入。一是新教师要清晰自己作为一名配班的角色定位，与主班教师、生活老师紧密配合。新教师要清晰班级管理工作的细节，了解班级的孩子，了解孩子的年龄特点。在各个环节中，要知晓自己的职责和分工。二是既要做到不越位，又要做到能够及时补位。在班级管理中，三人的职责分工是相对的，新教师要明确自己的职责范围，同时在主班缺位或生活老师缺位时，要能够及时补位。幼儿园的工作并非总是三人同时在班，有时因为外出学习、个体身体原因、园内临时工作安排等，会出现其中一个人不在班的情况，这个时候，新教师不能抱着做好自己的工作就好，他人的工作我就不操心的态度。及时的补位，能够让自己熟悉更多的角色工作，不断充实自己的专业能力。

(三) 师者

新教师从学校到幼儿园，最重要的是从学生到教师角色的转换。新教师要非常清晰作为师者应有的行为示范。因为你的一言一行都将对孩子产生影响。在这个过程中，新教师要注意以下几个方面：一是控制好自己的情绪。曾有位刚毕业的老师因为早上与男朋友吵架，情绪一直未能释放，结果在工作中，直接跑到班级洗手间失声痛哭，让班上的孩子不知所措。这样的情绪失控，是新教师必须要注意的行为。新教师应管理好自己的情绪，踏入幼儿园的第一步，就要把不良的情绪隐藏起来，将积极的情绪带入工作中。二是注重个人言行。幼儿是可塑性非常强的个体，教师的权威对幼儿来说，有着极强的影响力。新教师进入工作岗位要非常注意自己的言行，在与幼儿交流过程中，懂得尊重儿童。在与家长交流中，学会换位思考，斟酌合适的话语。三是钻研教学。教师的角色最重要的是如何教育孩子，新教师进入工作岗位后，要刻苦钻研教学，不断将学到的理论知识和科学的教育理念与实践工作相结合，产生迁移。只有不断提升自己的专业能力和水平，才能与教师的角色相匹配。

新教师作为一个特殊阶段的特殊群体，在角色定位中，要有其侧重，做好以上三点，坚持度过角色适应的磨合期后，新教师将会进阶到另一个职业阶段。

四、新教师角色适应的策略

对于新教师在入职初期出现的各种问题，我们需要积极应对，帮助新老师顺利度过适应期。我们可以从外到内、从宏观到微观构建有效的新教师支持体系，有针对性地制定新教师入职支持方案，有计划地引导新教师做好专业能力的提升。

(一) 预热的职前培训和跟岗学习

幼儿园应为新入职教师提供完善的职前培训和跟岗学习机会，让新教师在正式进入岗位之前，有一段完整的职业适应期。职前培训的课程设置应从新教师角色适应过程中的问题入手，设计课程模块。表 2－4 呈现的是幼儿园的新教师入职培训课程模块，针对新入职教师最为薄弱的工作内容进行设计。经过多年的实践表明，该课程模块可以帮助新教师更快地适应岗位。

表 2－4　幼儿园的新教师入职培训课程模块

<table>
<tr><th>培训模块</th><th>培训专题</th></tr>
<tr><td rowspan="2">教师素养</td><td>1. 幼儿教师的职业素养</td></tr>
<tr><td>2. 幼儿教师公共礼仪及行为规范</td></tr>
<tr><td rowspan="2">专业发展</td><td>1. 品牌办园理念解读</td></tr>
<tr><td>2. 幼儿园园本课程的开发与建构</td></tr>
<tr><td rowspan="3">班级工作</td><td>1. 三人团队建设</td></tr>
<tr><td>2. 6S 管理在幼儿园中的实践应用</td></tr>
<tr><td>3. G 省幼儿园一日活动指引(生活活动部分)解读</td></tr>
<tr><td>家长工作</td><td>家长工作的开展策略</td></tr>
</table>

除了职前培训,有效的跟岗学习也是帮助新教师快速适应岗位的措施。幼儿园在新教师正式入职之前,安排 1～2 个月的跟岗学习,进入班级一线,跟班全面了解幼儿园班级工作。通过制订有计划的跟岗学习方案,有针对性地帮助新教师在实践中快速适应岗位。

(二) 有效的园内新教师培养方案

每个幼儿园应制定针对新教师专门的培养方案,利用幼儿园现有资源,让新教师尽快熟悉工作岗位,顺利完成角色过渡。表 2－5 为幼儿园制定的新教师园本培训方案。

表 2－5　幼儿园新教师园本培训方案

<table>
<tr><th>日期</th><th>园本培训</th><th>主题活动</th><th>园本活动</th><th>备注</th></tr>
<tr><td>8 月</td><td>常规的建立
“6S”管理</td><td>无</td><td>新学期各项准备工作
(环境、表格等)</td><td rowspan="2">完善各个游戏区域
落实“社区文化”环创</td></tr>
<tr><td>9 月</td><td>家长工作绘本</td><td rowspan="5">班本主题＋
小班:爱上幼儿园
中班:一起去旅行
大班:牙齿咔咔咔</td><td>开学周系列活动:
班本主题活动的各项准备</td></tr>
<tr><td>10 月</td><td>户外活动的组织外出学习</td><td>阅读文化节系列活动:
开幕式、自制绘本小书、图书漂流
跳蚤市场＋重阳节活动</td><td></td></tr>
<tr><td>11 月</td><td>外出学习</td><td>阅读文化节系列活动:
“故事月”、读书沙龙
感恩系列活动</td><td></td></tr>
<tr><td>12 月</td><td>学习分享会</td><td>阅读文化节系列活动:
闭幕式</td><td></td></tr>
<tr><td>1 月</td><td>无</td><td>第三届“童心童话”
故事戏剧会演</td><td></td></tr>
</table>

通过园本培训、园本课程和园本活动相结合,幼儿园让新教师在有序的园本支持

方案中,逐步熟悉幼儿园的课程与教学。除了园本培训方案,幼儿园还专门制定了半日观摩活动。具体安排如下:

【案例】 半日活动观摩

要求:根据本学期重点工作"一日活动的优化和常规的建立",跳出传统思维,以班级为单位,共进行12次一日活动的展示,即一个班级1天,观摩内容包括:三人团队、各个环节活动的组织、常规情况、师幼关系等(常态),其余班级老师合理安排出班观摩学习,每次观摩进行记录并总结反馈,在直观的互相学习中,逐步提高教师一日活动的组织能力及班级管理能力,使工作越来越轻松有效,和孩子共享童真快乐。

(以上摘自幼儿园2019—2020学年第一学期教学工作计划)

园内的支持和培养,是有效促进新教师专业成长的途径。一是因为更有针对性,能够贴合幼儿园工作的实际。二是做中学,学中做,更容易让新教师理解、消化和吸收。

(三) 新教师自身的自我成长

除了外在的支持,新教师自身要加强自我学习和自我成长。在自我成长的过程中,新教师可以从以下方面着手:

1. 学会换位思考

当遭遇到工作中的不顺与无所适从的时候,新教师要学会换位思考。就像下面这位案例中老师的反思,她用"如果我是孩子""如果我是家长"来进行换位思考。

【案例】

如果我是孩子

如果我是孩子,我希望老师喜欢我,表扬我。

在实际的工作上也确实遇到麻烦,有的孩子的确是会"欺负"新老师,有的孩子一看不到就哧溜跑到门外,还有的孩子得不到想要的东西就会耍脾气。这些天我都处于"水深火热"之中,想想自己连几个小孩子都斗不过,气自己没底线,又气自己太笨。

这一天我几乎是以旁观者的身份去观察,主班S老师经常会把"我喜欢你、我表扬你、请你……、为什么不能做……"挂在嘴边,组织各项活动都是井然有序的。孩子们上课都是安安静静的,孩子们都在聚精会神地看着,小耳朵都是竖起来的。竟然连午睡孩子们都早早地安静地睡了。我把S老师的话语应用到了小四班,真的是超级灵验。就连之前我觉得难搞的孩子都变了样,瞬间幸福感油然而生。希望我自己和其他老师不要"吝啬",要大胆地表达出你的爱。如果我是孩子,我希望老师喜欢我,表扬我。

如果我是家长

如果我是家长,我希望孩子可以拥有一个美好而快乐的童年。

快乐是什么?快乐是看见孩子茁壮成长;最初来到二幼时觉得活动很多,后来在活动中看到的,感受到的,直接否定了我之前的想法。现如今,很多的家庭都是由爷爷奶奶、保姆来照顾孩子,大多数父母陪孩子的时间越来越少了。也正是因为幼儿园的亲子活动家长有机会可以陪陪孩子,又可以进一步拉近和老师的关系。也正是在一次一次的活动中增加了家长与幼儿园沟通的机会,从而更好地促进孩子们的全面发展。如果我是家长,我希望孩子可以拥有一个美好而快乐的童年。

(摘自解笑艺老师2018年4月28日的工作反思)

在教师的换位思考中,解老师找到了和孩子有效沟通的钥匙,理解了家园工作的重要性。

2. 学会观察思考

新教师进入工作岗位,对于具体的工作的熟悉与了解,更多来源于工作中的观察学习。如观察主班如何培养孩子的常规,如何与孩子交流,如何处理孩子之间的矛盾等。在观察的过程中,新教师同时要学会思考,不能只是拿来主意,一定要想明白,为什么要这么做,为什么同样的事情自己做出来和别人做的会有差距。

新教师从理论到实践,会有一个磨合的过程,善于观察和思考的人,会在这个当时迅速成长。遇到困难和问题,只有想办法去解决,才能获得成长。

3. 学会调整心态

在刚进入幼儿园工作的几个月,新教师最容易出现的就是放弃和抱怨。对职业选择的怀疑,对未来的迷茫,这可能是每位新教师都会经历的。新教师应调整自己的心态,给自己加油鼓劲,正确看待工作中的得失。

在班级中,不管是主班、配班、生活老师还是新教师,每个人都要清楚地知道自己的角色定位。在角色适应的过程中,始终抱着积极主动的态度去面对问题和解决问题,在不断的反思、实践中提升自我。当每个角色各安其位,形成良性的互动关系,班级管理工作则会顺利推进。

知识拓展:

《幼儿园教师专业标准(试行)》

第三章　关系互动:班级中的关系链

> 人们的一切互动都发生在一定的情境之中,其中至少包括由两个人组成的际遇(encounter)。
>
> ——兰德尔·柯林斯

【学习目标】

1. 了解班级中教师群体之间的合作关系;
2. 正确看待班级三人之间的分工与合作;
3. 了解师幼互动常见问题及解决策略;
4. 了解并掌握教师与家长的有效沟通;
5. 了解并掌握如何建立信任的家园关系。

班级中的社会关系是在班级中的角色之间产生的,主要有幼儿教师之间的群体关系、幼儿教师与幼儿之间的师幼关系,以及幼儿教师与家长之间的家园关系。这儿对关系在班级的情境中,发生着各种互动。柯林斯曾指出:小范围的、即时即地发生的面对面互动,是行动的场景和社会行动者的基点。① 因此,在班级中发生的互动,也推动着班级管理工作的运作,良好的互动关系将助力班级管理工作的提升。

第一节　基于合作的教师群体关系

在社会心理学领域,群体是指两个及以上的相互依赖、相互交往的个体所组成的集合体。一个人员集合体要想成为"群体",必须具备以下特征:首先,要有共同的目标;其次,彼此存在沟通;再次,有一组规范性的期望;另外,有集体认同感;最后,彼此间的人际关系是稳定的。② 教育部 2013 年颁布的《幼儿园教职工配备标准(暂行)》指出:"全日制幼儿园每班配备 2 名专任教师和 1 名保育员,或配备 3 名专任教

---

① 兰德尔·柯林斯.互动仪式链[M].苏国勋译.北京:商务印书馆,2009:前言.

② 郑全全,俞国良.人际关系心理学[M].北京:人民教育出版社,2011:372-373.

师。”[①]幼儿园班级中的主班教师、配班教师和保育员共同构成“两教一保”的班级教师群体。班级中的教师群体关系是以班级为单位的,主班教师、配班教师和保育员所组成的教师共同体在日常保教过程中所形成的人际关系。[②] 基于合作的教师群体关系,在班级管理中主要涉及以下工作内容的合作:生活活动、教学活动、户外活动。

一、生活活动中的合作关系

幼儿园的生活活动主要包括幼儿入园、用餐、喝水、盥洗、如厕、睡眠、离园等活动,是幼儿园一日生活的重要组成部分。[③] 生活活动的各个环节,班级的教师群体之间会产生各种合作。

幼儿园班级生活活动按《中国托幼机构教育质量评价量表(第 H 版)》子量表二保育部分的维度对生活活动进行划分。主要包括:(1) 晨间入园活动,包括晨间接待和晨间信息;(2) 卫生活动,包含如厕、饮水、洗手环节;(3) 进餐活动,主要涉及餐前活动组织、进餐的组织和护理、餐后活动组织;(4) 午睡活动,主要涉及睡前准备、睡中护理、睡后整理活动;(5) 离园,包含离园前的整理环节、离园中的接待环节、离园后的教师梳理环节。[④] 接下来,我们将按照这 5 个活动环节和过渡环节分别展开,来看看教师群体的合作关系。

(一) 入园活动的合作

入园环节中,通常的分工是主班负责接待家长和幼儿、配班负责检查幼儿身体状况、是否带不安全小物品、进班是否洗手等,保育员负责登记幼儿用药情况并进行餐前准备。

1. 把握幼儿入园的理想状态

教师需要把握幼儿入园环节的理想状态能体现以下方面价值[⑤]:

(1) 能让幼儿有积极、主动、愉快的情绪体验,喜欢上幼儿园,有安全感和归属感。

(2) 能愉快地与家长告别,与教师、同伴问好。

(3) 愿意和轻松地接受保健医生的晨检。

(4) 能自主选择入园环节时间段活动,如区域活动等。

(5) 有自我服务和服务他人的欲望和能力。

2. 营造良好的入园氛围

班级应营造良好的入园氛围,教师群体之间需要做好相对明确的分工:

---

① 教育部.幼儿园教职工配备标准(试行),20130108.

② 李辉.班级场域中幼儿教师群体关系研究[D].武汉:华中师范大学,2015.

③ 杨磊.图示法在幼儿园生活活动中的运用[J].学前教育研究,2000(3):34.

④ 赵东群.幼儿园班级生活活动质量提升行动研究[D].杭州:浙江师范大学,2016.

⑤ 陈丽苗.浅谈幼儿入园环节的优化组织策略[J].教育理论研究,2019(8):18-24.

保育员要提前15分钟到班上做好开窗外通风、清洁卫生等常规工作，为幼儿营造舒服卫生的环境，同时准备好已消毒的生活物品，如口杯、毛巾等。

主(配)班教师(很多幼儿园会采取轮岗制度，来确保主班和配班均有机会接待家长和幼儿)在活动室门口迎接幼儿和家长。对于小班的幼儿，老师要主动问好，可以给予拥抱，让幼儿消除入园焦虑。中大班的幼儿，老师更多地等待幼儿的主动问好，并能给予积极回应。老师也可用语言进行鼓励。如对小班的幼儿，可以表扬幼儿的具体行为："＊＊小朋友今天是自己背着书包走到教室门口的，真的很棒！"对于中大班的幼儿，老师可以与幼儿沟通："今天＊＊小朋友心情看上去不错，能告诉老师有什么开心的事情吗？"

3. 把好入园的晨检与安全关

幼儿回到班上，需要接受"二次晨检"，有经验的主(配)班教师会通过抱抱、摸摸(从额头向头顶摸过去)等方式，了解孩子的情况，在自然的状态下完成"二次晨检"。

为了保障幼儿的安全，幼儿园都会要求不带不安全物品到园，很多时候需要班级老师进行把关和防范。在入园初期，主(配)班教师可以通过集体教学活动的形式，让幼儿了解哪些不安全物品不能带入幼儿园，会引发什么伤害。老师可以在班级入口以图示法提醒幼儿自觉对照，自我检查，帮助幼儿养成好习惯。对于少数喜欢带物品入园的幼儿或是观察有异样的幼儿，班级老师要额外关注，密切观察幼儿的书包或衣服口袋，及时提醒。

4. 树立幼儿的服务意识

教师要注重培养幼儿的自我服务和服务他人的意识。老师可以通过值日生的形式，让幼儿参与班级管理。根据不同年龄段，制定不同的值日生服务内容，鼓励幼儿通过为他人服务，体验帮助他人的乐趣，提升自我管理能力。

(二) 卫生活动的合作

卫生活动包含了如厕、饮水、洗手环节，通常这三个环节是同时进行的，因此这个阶段的三人分工合作显得尤为重要。一位老师要在厕所门口关注幼儿如厕情况，避免发生拥挤或打闹。同时当幼儿如厕完毕，要提醒幼儿即时洗手，不要玩水。一位老师应在喝水区域，引导幼儿排队喝水，小班的幼儿会要求及时在喝水记录单上进行记录。第三位老师要在活动室区域关注已完成各个环节的幼儿，引导他们安静就座，避免打闹发生意外。

1. 对幼儿如厕的管理

幼儿如厕的管理主要在小班年龄段，主(配)班教师可通过教学活动，教育幼儿如何正确在大便完后擦屁股。在幼儿小班第一学期，教师可制订每周的幼儿大便记录表，记录幼儿在园大便情况，可张贴在活动室外面，方便家长了解。

当孩子有大小便需求时，保育员要做好陪同，随时帮助有困难的幼儿。比如帮着幼儿脱下裤子、提拉裤子等。

小班幼儿常会出现尿裤子、尿床的情况，遇到这种现象，保育员需要帮幼儿清洗裤子和被子。教师也要认真统计了解幼儿尿床的情况,并研究对策,采取有效措施避免这类现象的持续发生。

【案例】

开学第一个礼拜,涵涵小朋友在上厕所方面及行为、语言表达方面,与其余小朋友有着比较明显的差异。经过观察,发现涵涵小朋友不愿意上厕所,原因是不知道该怎么正确尿尿,在跟家长沟通后发现,涵涵原来在家里上厕所是需要把着的,所以每一次都会尿湿裤子,之后在家里和在幼儿园虽然学会站着尿尿,但哪怕老师已经帮他把裤子脱了下来,还是会尿湿裤子。面对涵涵小朋友出现的不会尿尿的情况,班级老师及时与家长进行了多次沟通,家长也在家中进行配合,班级中也开展了相应的教育活动。通过家园共育,涵涵已经慢慢学会怎么正确上厕所,只是偶尔还是会尿湿裤子。

(摘自许乐贤老师2019年9月26日的幼儿观察记录)

2. 让幼儿养成有序喝水的习惯

教师应在班级的喝水区域进行规划,划分出接水区、喝水区、等待区等。在饮水机前的排队区域,可用小脚丫等图例提示幼儿的站位,避免发生拥挤。在适合幼儿高度的喝水空间的墙上张贴喝水流程图,通过不同区域环境的暗示引导,如:喝水不打闹、喝水打闹容易出现的危险等,逐步帮助幼儿建立有序的喝水习惯。喝水版面的布置要体现幼儿的主要参与,让版面上传递的信息更容易被幼儿理解和接受。充分利用好"今天你喝了几杯水?""宝贝爱喝水"这样的互动版面,让幼儿正确评价自己。同时,教师及时跟进,不要让互动墙流于形式。另外,还要注意幼儿喝水的一些习惯的培养。比如:通过一口一口慢慢喝、小口杯怎么用等活动教会幼儿正确的饮水方法。通过多种渠道让幼儿养成良好的喝水习惯。①

3. 让幼儿养成洗手的习惯

2008年10月15日被联合国儿童基金会确定为首个世界洗手日,源于全球平均每天约有5 000名5岁以下儿童死于与腹泻有关的疾病,而只要养成饭前便后用肥皂洗手的习惯这些儿童中的一半就会得救。

(1) 幼儿园的洗手标准②

根据"甲型H1N1流感预防干预措施应用技术指南(试行)"中的洗手要求,正确的洗手方法包括以下5个步骤:

① 湿:在水龙头下把手淋湿,包括手腕、手掌和手指均要充分淋湿。

② 搓:双手擦肥皂或洗手液,搓洗双手的手心、手背、手指、指尖、指甲及手腕,最少洗20秒。

---

① 蒋静.怎样让幼儿园喝水环节更高效[J].中国教育报,2014-09-21:002版.

② 王中满.幼儿园教师洗手认知情况调查[J].中华预防医学会石油系统分会第六届预防医学会学术交流论文集,2019(10):220-221.

③ 冲:用清水将双手彻底冲洗干净。

④ 捧:捧水将水龙头冲洗干净,或用擦手纸包着水龙头关闭。

⑤ 擦:用擦手纸或干净毛巾将双手擦干。

整个洗手的过程至少持续 30 秒才能达到有效的清洁。

(2) 幼儿的洗手指征①

根据儿童特点确定洗手指征如下:

① 饭前饭后;便前便后。

② 在室外玩耍之后。

③ 接触公用物件如扶手、门柄后。

④ 接触玩具后。

⑤ 儿童之间手拉手活动后。

幼儿洗手过程中,教师要关注幼儿洗手是否按照要求完成,并及时制止幼儿在洗手区域玩水、打闹。在人多的情况下,要引导幼儿排队等待,同时提醒幼儿控制洗手时间,避免长时间冲洗,导致其他幼儿排队时间延长。洗完手后,教师要引导幼儿回到活动室坐回椅子等待或去喝水区域排队等候。

(三) 进餐活动的合作

进餐活动按照时间顺序可分为餐前活动、用餐活动和餐后活动,餐前、餐后活动我们通常归为过渡环节,在下面的过渡环节中会谈到,这里不做展开。用餐环节的组织包括了组织幼儿取餐、为幼儿介绍食物、组织幼儿进餐。

1. 组织幼儿取餐

通常每个班级入口处会有专用的分餐台或桌子,用餐的时候用来摆放食物和餐具,餐前会由保育员到厨房将当天的食物取回班上。分餐时一位老师分米饭,一位老师分菜和汤,第三位老师负责整体观察和调控用餐情况。对于小班的孩子,老师会将食物分放到幼儿的桌上,中大班的孩子会自取米饭和菜,汤考虑到温度、容易倒洒,会由老师分到桌上。这当中会涉及一个聚餐路线的问题。聚餐的时候,老师会要求幼儿排队有序拿取食物,为避免孩子拥挤和碰撞,老师可在幼儿取餐来回的路线上做一个规范。

2. 为幼儿介绍食物

为激起幼儿的食欲,教师应向幼儿介绍食物,通过夸张的语言和表情,用充满想象力的语句,激发幼儿对食物的向往。只要得法,通过给幼儿介绍食物这个环节,可以有效引导幼儿健康的饮食习惯。

3. 组织幼儿进餐

在组织幼儿进餐的时候,要避免常见的几个问题:一是催促幼儿用餐。这是一个

---

① 王中满.幼儿园教师洗手认知情况调查[J].中华预防医学会石油系统分会第六届预防医学会学术交流论文集,2019(10):220-221.

普遍存在的问题。幼儿园的生活活动环节的切换,通常会有时间表,如果幼儿用餐时间过长,会影响接下来活动开展或是清洁工作。于是常常在班级幼儿大多数吃完后,老师们便会开始催促:“快点吃!你看看大家都吃完了,就剩下你们俩了,动作快点!”二是为幼儿喂饭。对于一些吃饭速度慢的孩子,老师有时会忍不住去喂饭。对于小班的孩子,如果确实有吃饭速度过慢的孩子,老师可以视情况进行帮助,而对于中大班的孩子,则不建议老师喂饭。三是把握添加食物的度。通常对于第一次盛饭菜,老师们都不会盛太多,这样能整体把握孩子的用餐量,同时让孩子容易有成就感,能够再挑战添加食物。这个环节老师们对食物的添加要把握度。曾有位中班幼儿,平时不喜欢吃青菜,老师为了鼓励他吃青菜,每次会给他加一些,结果这位幼儿有次为了获得老师的表扬,最后吃到吐,让家长颇有意见。因此,老师在添加食物的时候需要视幼儿的情况,把握好度,切不可盲目添加,对幼儿造成不必要的伤害。

4. 进餐活动的分工

在进餐活动期间,三位老师有分工与合作,以午餐为例,具体安排见表3-1:

表3-1 幼儿午餐活动及保教人员工作程序要求表

进餐活动的班级三人分工要求	
时间	内　容
11:00—11:10	生活老师去厨房取餐
11:10—11:15	生活老师分放午餐,主(配)班老师组织幼儿进行洗漱和如厕环节
11:15—11:35	生活老师去用餐
11:25—11:40	配(主)班老师开始进行分餐活动,主(配)班老师组织幼儿搬椅子回座位上
11:30—11:40	主(配)班老师组织幼儿来取餐
11:40—11:55	生活老师回岗,主(配)班老师去用餐,配(主)班老师负责看幼儿进餐
11:55—12:10	配(主)班老师去用餐,配(主)班回到班级看外面的幼儿进行看绘本活动以及厕所的小朋友,生活老师在等待还没吃完的小朋友
12:15—12:25	生活老师进行班级卫生打扫并把餐桶还回厨房,主(配)班老师组织幼儿进行散步环节
12:30—12:40	主(配)班老师在卫生间看幼儿的安全,配(主)班在外面看还没上厕所的小朋友
12:40—12:45	检查幼儿的身体状况和物品,幼儿准备午睡,主(配)班老师讲绘本,配(主)班观察幼儿的举动以及被子的铺放

进餐期间明确的分工,能够让三位老师各司其职,忙而不乱,同时又能兼顾到幼儿的需要。

(四) 午睡活动的合作

午睡是幼儿一日生活中不可或缺的环节,一般幼儿在餐后简单的活动之后,就会进入长达两小时或两个半小时的午睡。午睡环节同时也是班级老师轮休环节,要合理安排三人的轮休时间，保障午睡的轮值和幼儿的安全。

1. 合理安排三人的轮值

午睡的安全工作是非常重要的，因此在安排教师轮休时，既要合理又要有充足的人员保障。表 3－2 是某幼儿园的午睡期间的教师作息时间安排。

表 3－2　某幼儿园教师作息时间表（节选）

岗位＼时间	上午工作时间	午餐时间	中午值班时间	下午工作时间
主班	7:40—11:30	11:30—12:00	12:00—13:00	14:30—17:30
配班	7:40—12:00	12:00—12:30	12:30—13:30	14:30—17:00
保育员	7:40—11:00	11:00—11:30	11:30—12:30 13:30—14:30	14:30—17:00

从表中我们可以看到，在每个时间段，幼儿园都保障有 2 位老师在岗值班，同时保障到每位老师合理的休息时间。

2. 午睡值班要有高度的安全意识

很多时候，老师们会认为孩子们都睡着了，不用操什么心，可能会看看手机或是顺便自己也打个盹休息一下。午睡环节的安全工作是不容忽视的。一是要在睡前认真检查孩子身上是否有携带小物件，避免发生事故；二是要随时巡查幼儿午睡过程中是否有异样，发现问题及时处理。

3. 建立合理的午睡管理制度①

（1）建立入寝流程

午睡前十分钟要提醒幼儿做完自己所有的事情，如吃药、上厕所、漱口、洗脸、喝水等，以便去除生理上对午睡的干扰。幼儿园幼儿入寝的流程是：做完以上事情—换鞋—脱衣服—铺被子—睡下。日复一日，幼儿入寝就非常有条理了。

（2）实施安全检查制度

建立“一摸二看三问四查”午睡管理制度，幼儿排队进入睡室时，老师逐个摸额头，看看是否发烧生病，检查幼儿是否带危险物品，如尖硬物、小珠子等，幼儿睡下后全面巡查幼儿午睡情况，发现问题及时处理，杜绝安全隐患。

（3）规定衣物的摆放位置

幼儿的鞋子、衣服、袜子要在规定的地方放好，否则就会出现找衣服、丢袜子的现象。我们要求幼儿的鞋子整齐摆在床底下，脱下的衣服叠好后放在枕头边，袜子统一塞在褥子下面。

（4）纠正幼儿的不良睡姿

幼儿的睡姿正确与否，关系到幼儿睡眠的质量与身体健康。例如趴着睡和左侧

① 卢来娣. 提高幼儿午睡质量的几点策略[J]. 少年儿童研究，2012(10)：36－38.

睡都会压迫心脏,使血液循环受到影响,所以教师必须培养幼儿仰睡或者右侧睡的正确睡姿。老师除了在入睡前给幼儿讲解正确的睡姿,还要做示范。入睡后老师要来回巡视,发现幼儿趴睡、蒙头睡、弓睡等不良睡姿后马上纠正。持之以恒,才能让幼儿逐步养成正确的午睡姿势。

(五) 离园活动的合作

离园环节属于开放时间,主班教师通常会利用这个时间与家长沟通交流幼儿一日的在园状态,也会针对个别幼儿的情况与家长进行单独的深入沟通。当主班教师与家长沟通的时候,配班教师和保育员要密切关注其他仍在班上的幼儿,避免因疏忽而产生不必要的安全隐患。

1. 离园前的谈话和整理

对于小班的幼儿,离园前的谈话和整理是不可忽视的环节。主(配)班教师离园前的谈话,宜选择当天发生的有意义的事情来谈,并做出积极的评价,内容要具体、生动,谈话要简短、明了。

【案例】

周老师:请今天的值日生上来说一说你今天负责了什么值日工作吧。

蕊:我今天负责喝水的区域,每个小朋友都喝了满满的一杯水。

洋:今天每个小朋友洗手我都有请他们用七步法,但是有……(指出玩水的小朋友)

周老师:那今天的值日生特别棒,各自的区域都负责得很好,现在是我们的颁奖时刻(周老师为每个值日生小朋友发贴纸,李老师播放颁奖典礼的音乐)。

周老师:那我们有什么话要对今天的值日生说呢?

小朋友:谢谢值日生,值日生辛苦了!

(摘自郑楚莹老师 2019 年的观察记录)

这类谈话宜以正面鼓励为主,对于一天当中幼儿好的言行给予表扬,对于存在的不足,给幼儿指出来。老师要让幼儿知道,怎么做是合适的,哪些行为是不适合的。谈话的同时,配班教师和保育员可以检查、整理孩子的衣着,看看鞋子是否穿反,裤子是否穿对,内裤是否提上来了,衣服领子翻好了没有等细节。

2. 开展多样的教育活动,稳定幼儿情绪

离园时间,教师可以开放班级区域活动,让幼儿自主学习,教师也可根据周计划工作安排,有针对性地开展教育活动,见表 3-3。

表 3-3 幼儿园一周离园活动安排

班级	星期一	星期二	星期三	星期四	星期五
小四班	儿歌串烧	绘本分享	手指游戏	桌面玩具	整理书包
中三班	绘画	桌面玩具	区域游戏	绘本阅读	活动总结
大三班	音乐律动	绘本分享	区域记录	手工剪纸	活动总结

表 3-3 展示的是幼儿园小、中、大三个年龄段一周内开展的离园活动,小班注重

离园前的整理和教师引导的离园活动,中大班更注重个体的自主学习。

3. 关注幼儿心理状态

离园时,总有一个幼儿是最后一个走的,在等待家人来接的漫长过程中,主(配)班教师要善于发现和捕捉幼儿的心理变化,针对不同年龄段的幼儿,可采取不同的方法。小班幼儿以平行游戏为主,在和班上幼儿相处时,大多喜欢一个人把玩某件物品,当单独剩下一个幼儿时,其情绪会明显出现异常,这个时候,教师应尽量安抚幼儿的不良情绪。中班幼儿喜欢有伙伴陪伴,在家长未来之前,幼儿自由活动宜采取伙伴游戏,有同伴的陪伴,幼儿能够安心玩耍,等待家长来接,教师也可充当幼儿同伴的角色,陪伴幼儿玩耍。大班幼儿虽然独立,但是喜欢合作游戏,在剩下最后一名幼儿时,教师应充当沟通交流者的角色,与幼儿多进行沟通,或合作完成一项任务。①

4. 把好最后一道关

幼儿离园时,教师要把好安全关,有接送卡的幼儿园,教师需要检查家长带的接送卡。如果遇到家长委托他人接送的,需要有书面委托书,并同时打电话确认。当幼儿离园时,教师要要求幼儿主动与同伴和老师道别,养成良好的礼貌习惯。

5. 做好整理工作

当幼儿都离开后,主(配)班教师应清点班级的物品,并准备好第二天教学活动的材料,整理好自己的教学物品和教育设施,保育员做最后的班级清洁工作。

(六) 过渡环节的合作

过渡环节是在幼儿的一日生活中,从入园到离园之间起着衔接作用的必不可少的环节,包括入园过渡、课间衔接、餐前餐后、午睡前后、清洁整理等。

1. 过渡环节的两种极端状态

过渡环节存在两种极端状态:一是通过整齐划一的集体行动(如:排队或休息)或带有指令性语言的强制措施(如:请安静,我们现在要……)来提高转换的效率,完全忽略了幼儿的兴趣和需要。转换过程中幼儿较为被动,像提线木偶一样被教师控制。二是部分教师重视过渡环节中幼儿的自主活动与自由转换,但是缺乏对过渡环节的组织和对幼儿的合理引导,使得幼儿无所事事或嬉笑打闹,教室里杂乱无章,幼儿过度放松以至于难以进入下一个活动。②

2. 过渡环节中的合作与分工

看似随机的过渡环节,需要班级三人团队间有分工、有合作,而不是一种随意状态,若不然,过渡环节便会陷入一种手忙脚乱的状态。

---

① 陈思,陈航.幼儿离园活动的观察与思考[J].基础教育研究,2014(8)上半月:59－60.

② 秦晴,孙民从.幼儿园过渡环节中教师指导的研究[J].泉州幼儿师范高等专科学校学报,2017(3):1－5.

【案例】

老师们的站位一定要清晰,过渡环节多数是在厕所、喝水中度过,少数在走廊和户外。首先,主班老师组织总体幼儿,在教室时可以组织一些游戏活动,在户外时可以边走边和幼儿说说上下楼梯和户外的安全。其次,配班老师在教室的主要任务是引导幼儿好好喝水,喜欢喝水。在户外时配班老师多数在队伍的后面,时刻看着幼儿有没有单独离开队伍的,如有及时告知可移动的生活老师。最后,生活老师主要在厕所看着幼儿,注意幼儿的安全,及时处理地板积水以免幼儿摔倒。在户外活动时,生活老师可以说是一个移动人,在队伍的中间提醒幼儿跟上队伍,随时配合主班老师和配班老师。

(摘自林杜棉老师2019年10月5日的工作反思)

上述案例表述的是过渡环节中班级老师的合作分工,甚至细致到站位的明确,才能保障过渡环节不出纰漏。这个案例提醒我们,在班级的过渡环节中,教师和保育员之间要分工明确,既分工又合作,共同完成过渡环节的各项工作,见表3-4。

表3-4　过渡环节中教师与保育员的合作与分工

过渡环节	主班	配班	保育员
活动间的过渡	主班老师组织一部分小朋友进行轻松有趣又吸引小朋友注意力的小游戏、手指游戏,或者小律动等(主配班可互换)	配班老师组织幼儿有序喝水,补充水分,注意细心观察小朋友,抓住过渡环节中的教育契机(主配班可互换)	保育老师在卫生间引导幼儿有序如厕、洗手
午餐前后	**午餐前:** 组织幼儿做好餐前准备 **午餐后:** 1. 先吃完的小朋友可以自主阅读绘本;大部分小朋友吃完后,带领小朋友去散步 2. 散步、如厕后,进行午检、讲绘本、准备午休	**午餐前:** 分批组织幼儿如厕、洗手 **午餐后:** 1. 小部分的小朋友吃完后,带着小朋友与主班老师汇合,一同散步 2. 散步后组织幼儿如厕、整理鞋子,所有幼儿完成后,进入睡室与主班老师共同引导幼儿午休	**午餐前:** 向幼儿介绍午餐,进行分餐、添餐 **午餐后:** 1. 引导尚未吃完的小朋友继续用餐 2. 擦桌子、洗勺子、清洁地面等卫生消毒工作
离园前	1. 和小朋友进行一日活动回顾与总结 2. 进行桌面游戏或者画画、剪纸、折纸等	1. 组织幼儿离园最后的如厕、喝水 2. 组织幼儿进行换鞋,整理衣服、书包	1. 检查幼儿的鞋子、衣服是否打湿、尿湿,是否穿着正确 2. 检查幼儿有无发烧

上述表格明确了几个主要过渡环节教师与保育员的分工,一方面避免了大家对于工作内容的模糊,二是能够有序推进各个活动间的衔接,避免过长的消极等待现象的存在。

过渡环节的活动组织,教师可以利用班级现有资源,根据不同年龄段幼儿的特点,开展丰富多元的活动。比如大班的幼儿在午睡后,动作快的幼儿可以帮助动作慢的幼儿;也可以打破年龄班,由大班级的幼儿去帮助小班级的幼儿。充分利用过渡环节做好教育,一日生活皆课程在实践当中,才会体现得更为完善。

二、教学活动中的合作关系

教学活动主要由主班老师和配班老师来实施,当其中一位老师进行教学活动时,另一位老师和保育员在教学过程中进行配合。因此,作为一名合格的教师,要具备基本的教学能力,熟悉掌握五大领域的课程设计,按照教学计划开展教学活动。

(一) 主配班教师的合作

主配班教师是教学活动的主要承担者,许多具体的教学事宜都需要二人共同合作完成。

1. 明确教学主题

主题活动是指在一定时间内,围绕一个中心内容开展以幼儿各领域和谐发展为目标的幼儿园教育教学活动的集合体。基于主题活动实践的角度,主题活动的设计是幼儿园在活动实施前或实施中,立足幼儿动态的生活经验,根据本园资源对环境的创设与材料的选择,包括对主题活动目标、实施与评价的安排,它可以是具有一定时间跨度的。主题活动的实施则是教师根据活动方案的设计,以幼儿为主体,为达成教育目标不断调整生成的实践。主题活动的评价是依据幼儿的教育目标,运用多元评价方式对幼儿的发展进行全方位判断的过程。它包括对主题活动理念、目标、内容、实施的多方评价。①

幼儿园大多数开展主题教学,目前国家对幼儿园没有统一指定的教材,市面上的教材虽多,质量参差不齐,很多幼儿园会自己建构主题活动。选择主题的出发点可以从四个方面进行考虑:一是课程目标;二是幼儿的兴趣和需要;三是幼儿的已有经验;四是幼儿园现有的课程资源。

主题的来源可以从多方面考虑:一是学科或领域,如以语言领域的绘本作为主题;二是幼儿感兴趣的生活事件,如由生活中经常见到的交通工具,生成“轮子转转转”的主题;三是幼儿近期感兴趣的话题,如有的大班幼儿对宇宙空间特别感兴趣,老师便生成了“太阳系”这个主题;四是幼儿经历的环境变化,如小班初上幼儿园,会选择“我上幼儿园”这个主题;大班第二个学期,很多幼儿园会选择“我要上小学”作为主题;五是重大节日和纪念日,如在重阳节的前后开展“九九重阳”主题活动等。

主班老师和配班老师根据幼儿的年龄特点以及兴趣爱好,结合幼儿园的课程资源,明确本学期班级开展什么主题活动,并在主题下形成主题网络。下面这个案例呈现的是一个幼儿园开展以绘本为主题的小班主题活动设计。

【案例】

幼儿园从开园初始,就明确了将阅读文化与主题活动相融合,利用绘本开展主题活动,涵盖社会、科学、语言、艺术、健康五大领域。如小班9—10月的主题“爱上幼儿

---

① 王乐.幼儿园主题活动的实施现状、问题及对策研究[D].湖北师范大学,2019.

园”，结合的是《幼儿园的一天》《幼儿园日记》《爱上幼儿园》等绘本（见图 3 - 1），并在这个主题下形成绘本主题网络图（见图 3 - 2）。

图 3 - 1　“爱上幼儿园”主题所结合的相关绘本

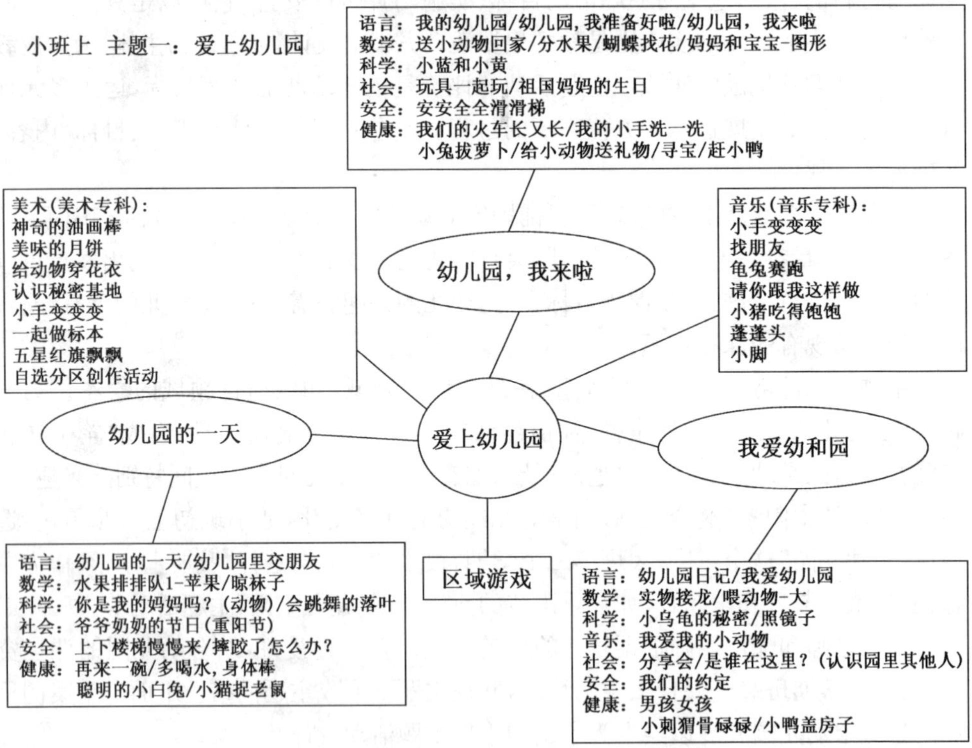

图 3 - 2　小班绘本主题“爱上幼儿园”网络图

明晰的主题网络图，可以让主班老师和配班老师有计划地开展教学活动，推进教学进度。

2. 教学的实施——周工作计划的制定

主配班老师每周五需要确定下一周的工作计划,并在教学活动的组织上做好分工与合作。表3-5、表3-6、表3-7所显示的是幼儿园小班、中班、大班周的工作计划。

表3-5　幼儿园小一班周工作计划

第十四周计划

班级\教师:小一班　曹艺艺　刘莹莹　丘治萍　　**时间:**2019年12月2日—12月6日

<table>
<tr><td>周发展目标</td><td colspan="5">1. 理解物体之间的里外关系;
2. 了解蝴蝶的外形特征,并感知不同花纹和图案的蝴蝶;
3. 选择戏剧表演的角色,并能愿意大胆地去表演。</td></tr>
<tr><td>主题活动</td><td colspan="5">我喜欢我的小毯子</td></tr>
<tr><td>家长工作</td><td colspan="5">1. 坚持让孩子准时参加幼儿园的晨锻炼、早操;
2. 天气转凉,协助幼儿准备衣物、汗巾并做好姓名标记,提醒幼儿在家多喝水。</td></tr>
<tr><td>内容
星期</td><td>一</td><td>二</td><td>三</td><td>四</td><td>五</td></tr>
<tr><td>晨间锻炼</td><td>户外自由活动</td><td>体能循环</td><td>独木桥</td><td>体能循环</td><td>拍球小能手</td></tr>
<tr><td colspan="6">营养早餐</td></tr>
<tr><td colspan="6">餐后自选活动</td></tr>
<tr><td>集体/分组活动</td><td>1. 绘本戏剧排练
(9:00—9:45)
(组织教师:曹艺艺)
2. 音乐专科活动
(15:00—15:30)
(组织教师:曾宝玲)</td><td>1. 通向数学:圣诞节的礼物(B组)
(9:00—9:30)
(组织教师:曹艺艺)
墙面乐高(A组)
(9:00—9:30)
(组织教师:刘莹莹)
2. 体育游戏
(15:00—15:30)
(组织教师:鸟窝老师)</td><td>1. 通向数学:圣诞节的礼物(A组)
(9:00—9:30)
(组织教师:曹艺艺)
墙面乐高(B组)
(9:00—9:30)
(组织教师:刘莹莹)
2. 篮球专科
(9:40—10:10)
(组织教师:海林哥哥)</td><td>1. 绘本戏剧排练
(10:10—10:45)
(组织教师:刘莹莹)
2. 美术:蝴蝶穿花衣
(15:00—15:40)
(组织老师:刘莹莹)</td><td>1. 绘本戏剧排练
(15:00—15:40)
(组织教师:曹艺艺)
2. 一周总结
(15:40—16:10)
(组织老师:曹艺艺)</td></tr>
<tr><td>快乐锻炼</td><td>小蚂蚁运粮
(10:10—10:50)
(外围操场区)
(组织教师:刘莹莹)</td><td>金鱼吹泡泡
(10:30—11:10)
(外围操场区)
(组织教师:曹艺艺)</td><td>亲子游戏:好玩的海绵棒
(15:10—15:40)
(组织教师:曹艺艺)</td><td>小猫钓鱼
(一楼操场2区)
(9:10—9:40)
(组织教师:刘莹莹)</td><td>小猫捉老鼠
(外围滑滑梯区)
(10:20—11:00)
(组织教师:刘莹莹)</td></tr>
<tr><td>区域/自主游戏</td><td>无</td><td>班级区域活动
(9:40—10:10)
(组织教师:刘莹莹)</td><td>班级区域
(10:30—11:10)
(组织教师:曹艺艺)</td><td>无</td><td>混班区域
(9:15—10:00)
(组织教师:曹艺艺)</td></tr>
<tr><td>离园活动</td><td>桌面游戏</td><td>绘画</td><td>绘本分享</td><td>手指游戏</td><td>周总结</td></tr>
<tr><td>日常重点</td><td colspan="5">1. 认真跟老师进行做操、听令、站队;
2. 学会倾听,不随意插话,积极主动地回答问题;
3. 洗手时主动挽起袖子,洗完后主动关紧水龙头,用毛巾擦干手。</td></tr>
<tr><td colspan="6">离园</td></tr>
</table>

表 3-6　幼儿园中三班周工作计划

第十二周计划

班级\教师:中三班　毛荣锦　江晓茵　罗　媚　**时间:**2019 年 11 月 18 日—11 月 22 日

周发展目标	1. 在区域活动后需要和同伴一起收拾全部玩具再离开; 2. 整体感知《海鹦就是海鹦》的故事情节并尝试复述; 3. 尝试感知平面图形的角的特点。				
主题活动	我们不一样				
家长工作	1. 及时关注一周活动计划,协助孩子做好各项活动准备; 2. 及时带回亲子单和阅读存折。				
星期 内容	一	二	三	四	五
晨间锻炼	升旗仪式	障碍跳	体能循环	拍球	体能循环
营养早餐					
餐后自选活动					
集体/分组活动	1. 语言活动: 《海鹦就是海鹦》汇总 (9:10—9:40) (组织教师:毛荣锦) 1. 英语专科活动 (10:30—10:55) (组织教师:D 老师)	1. 美术活动: 《爱吃的鱼》 (9:05—9:35) (组织教师:毛荣锦) 2. 户外自然活动 (外出) (15:00—16:00) (组织教师:鸟窝老师)	1. 通向数学 A 组: 《贪吃的鱼》 (9:15—9:45) (组织教师:江晓茵) 2. 图书阅览室 (B 组) (9:15—9:45) (组织教师:罗媚)	1. 通向数学 B 组: 《贪吃的鱼》 (9:05—9:35) (组织教师:江晓茵) 2. 墙面乐高 (9:05—9:35) (组织教师:罗媚) 3. 音乐专科活动 (15:40—16:10) (组织教师:曾宝玲)	1. 戏剧角色选择 (11:10—11:25) (组织教师:毛荣锦) 2. 班级大扫除 (15:05—15:30) 3. 一周总结 (16:05—16:15)
快乐锻炼	1. 沙包大作战 (15:10—15:45) (二楼跑道区) (组织教师:江晓茵)	1. 跳绳、跨绳 (10:10—10:50) (一楼前院区) (组织教师:毛荣锦)	1. 停止与前进 (10:25—11:00) (一楼操场区 2) (组织教师:江晓茵)	1. 平衡大作战 (10:10—11:00) (外围操场区) (组织教师:江晓茵) 2. 外出认识大班区域 (15:05—15:30)	1. 纸卡来运动 (10:30—10:50) (四楼草坪区) 2. 散步 (一楼操场区 1) (15:45—16:00) (组织教师:毛荣锦)
区域/自主游戏	无	无	班级区域活动 (15:00—15:50)	无	中大班区域游戏 (9:15—10:15)
离园活动	桌面游戏	户外总结	绘本时间	画画	绘本时间
日常重点	1. 继续检查幼儿洗手情况并学习整理床铺; 2. 持续关注孩子的在园状态,引导幼儿对戏剧角色的认识与选择。				
离园					

表 3－7 幼儿园大三班周工作计划

第十二周计划

班级\教师:大三班 郑敏童 陈慧琪 黎 菓 李美珍 **时间:**2019 年 11 月 18 日—11 月 22 日

周发展目标	1. 进行消防演习,掌握应急逃生知识; 2. 跟着律动、故事情节大胆创编动作; 3. 感知立体图形的空间感,尝试动手操作拼搭立体物品。				
主题活动	看牙医、我的蔬菜朋友——秋				
家长工作	1. 联系家长义工,通知户外自然活动事项; 2. 公布本学期童话剧小演员名单,家长与幼儿共同制作道具; 3. 及时关注掌通、微信群聊信息。				
内容 星期	一	二	三	四	五
晨间锻炼	升旗仪式	花样跳绳	彩虹伞	东南西北跑	袋鼠跳
营养早餐					
餐后自选活动					
集体/分组活动	1. 绘本表演——第一幕(萝卜队) (10:30—11:10) (组织教师:郑敏童) 2. 英语专科活动 (15:00—15:30) (组织教师:D老师) 3. 绘本馆阅读 (15:40—16:10) (组织教师:郑敏童)	1. 绘本表演——第二幕(莲藕队) (10:30—11:10) (组织教师:郑敏童) 2. 半日活动总结 (11:20—11:30) (组织教师:陈慧琪)	1. 社会活动:看牙医 (10:30—11:00) (组织教师:陈慧琪) 2. 音乐活动:蔬菜歌 (15:10—15:40) (组织教师:陈慧琪) 3. 守护菜园 (15:50—16:20) (组织教师:陈慧琪)	1. 通向数学:做盒子 1(分组) (9:10—9:50/15:10—15:50) (组织教师:郑敏童) 2. 绘本表演——第三幕(喊口号) (15:10—15:50) (组织教师:郑敏童) 3. 一日活动总结 (16:00—16:20) (组织教师:郑敏童)	1. 中大班混龄区域活动 (9:15—10:05) (组织老师:全体老师) 2. 区域游戏记录 (10:30—11:00) (组织教师:郑敏童) 3. 语言活动:我的蔬菜朋友(秋) (15:10—15:40) (组织老师:郑敏童) 4. 一周总结 (15:50—16:20) (组织教师:郑敏童)
快乐锻炼	户外活动:百变篮球 (9:10—10:00) (二楼后阳台区) (组织教师:郑敏童)	户外自然活动 (9:10—10:00) (组织教师:唐秋萍、鸟窝老师) (星河社区)	户外活动:沙池城堡 (9:10—9:50) (组织教师:陈慧琪)	户外活动:大型积木建构区(分组) (9:10—9:50/15:10—15:50) (四楼操场 1) (组织教师:黎菓)	无
区域/自主游戏	无	班级区域活动 (15:10—16:00) (组织教师:陈慧琪)	无	无	混龄区域 (9:15—10:05) (组织教师:郑敏童)
离园活动	涂鸦创想	区域记录	手工剪纸	桌面游戏	桌面游戏
日常重点	1. 坚持做好小值日生的职责,维护好班级约定; 2. 教导幼儿勤洗手,爱护个人卫生; 3. 照顾好班级公共区域,例如植物角、菜园、小乌龟。				
离园					

在上述表格显示的一周教学活动安排中,主班和配班老师每天会各自负责一个教学活动,自行设计教学方案,或是共同备课。在有些幼儿园,会采取分组教学的方式,保障小班化教学。分组教学意味着主班和配班老师将同一个教学活动对不同的幼儿组织两次教学。表格形式是幼儿园常会采用的呈现方式,每个班级会将周工作计划表张贴于班级活动室外墙的家园联系栏,这样能同时让家长掌握了解班级每周的教学动态。

3. 教学反思

教学活动的设计是每位教师必须具备的专业能力,教师要根据不同年龄幼儿的身心发展特点,依据《3—6岁儿童学习与发展指南》的发展目标进行活动设计。教师在教学活动设计中不断反思,才能不断提升自身的专业水平。

有时候教师会就某个具体的教学活动进行反思,每个环节存在什么问题,应该如何处理,这种反思更深入。

【案例】 公开课反思——中班科学活动《昆虫的保护色》

一、预设目标

在写预设目标时犯了两个低级错误:

(1) 主语不统一。在写预设目标时,犯了主语不统一的低级错误,因为太多心思花在活动内容上,忽略了对目标的认真揣摩,其实目标才是整个教案的最核心的东西。

(2) 活动目标不具体。技能目标的表述太范,应该具体到操作活动中应该达到的技能目标,将“发展幼儿细心观察的能力”修改为“能够帮助昆虫找到与自身颜色相似的躲藏处”。

二、基本部分

首先总结一下细节中做得好的地方,一个是做到了尊重回答问题的小朋友,在他们表述完以后再次将问题重复一遍,另一个是关注到没有集中注意力和不太积极回答问题孩子。其次是不足之处,在对“保护色”进行阐述时,遗漏了关键的小结部分(昆虫利用保护色藏在和自己身体颜色相似的地方,就能不被敌人发现),导致在操作环节,孩子不知道藏哪,因为讲述时以螳螂躲在树叶上为例,操作时有一个孩子把所有的昆虫都藏在绿色的树叶图上。反映出还是对教案不够熟悉。

三、操作环节

(1) 音乐的播放。原本设想的是在第二部分结束时,突然嵌入音乐,给孩子一种不同的体验,但由于时间很赶,就忘了和配课老师交流。

(2) 材料的介绍。首先是图片,一共四幅图,小朋友的是正反面都有,由于没有说,操作时有部分孩子不知道背后还有。其次是小鸟头饰,做出来就应该跟孩子介绍它的用途,最先完成的三个小朋友可以扮演小鸟,这样能够让幼儿在操作时加快速度。

(3) 规则的强调、习惯的培养。在操作前,应该理清操作时的注意事项,如本次活动在操作时要达成的目标(帮助昆虫躲在与自己颜色相似的环境中)、操作时固体胶的使用、完成后材料的归置。只有规则介绍清楚了,孩子在操作时才不会一团乱,老师也不会手忙脚乱,渐渐地孩子还能形成良好的操作习惯。

(摘自李巧瑞老师2018年11月21日的工作反思)

上述案例是一位中班教师在公开课结束后，对自己的教学活动的各个环节进行的深入剖析，既有对自己的肯定，也有对不足的思考。这种细致深入的反思，能够让教师客观分析自己教学活动中的优点和不足，总结经验，吸引教训，在下次的教学活动中不断完善。主班和配班老师要养成反思的习惯，经常性的反思，有助于迅速提升教师的专业水平。

(二) 三人团队的合作

教学活动的开展，虽然由主班和配班老师负主要责任，但很多工作需要三个人一起配合完成。

1. 主题环境的创设

班级明确了学期开展的主题活动后，需要三人团队齐心协力做好主题环境创设。在这个过程中，由主班进行基本的主题框架的搭建，定好色调，然后一起分工合作创设主题环境。图 3－3、图 3－4、图 3－5 展示了班级在开学初完成的主题墙环境创设(局部)。

图 3－3　小班主题墙“爱上幼儿园”

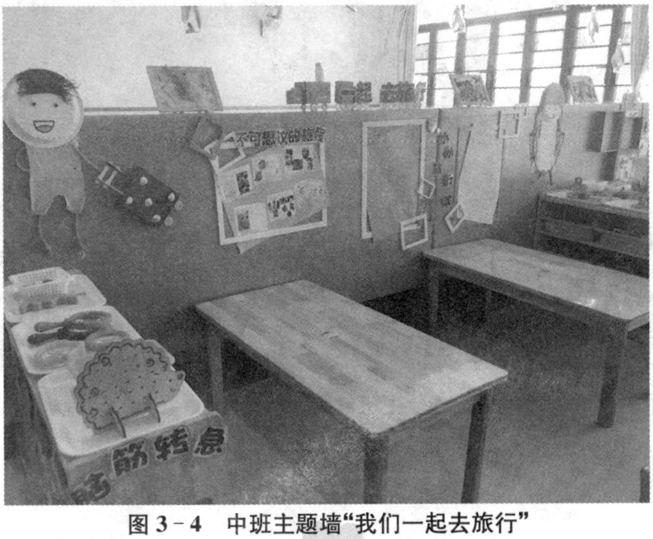

图 3－4　中班主题墙“我们一起去旅行”

图 3-5　大班主题墙“牙齿咔咔咔”

关于如何进行环境创设,在第四章社会空间中将会详细叙说,这里就不做展开。

2. 自制教玩具的投放

班级中的区域除了购买的教玩具,还需要根据主题和幼儿的发展需要,投放自制教玩具,这需要三人共同合作完成。有些幼儿园会在期末进行自制教玩具评比,分教师组和保育员组,作品是来自已投放使用的自己制作的教玩具,任选一个作品参赛。图 3-6 至图 3-8 分别是幼儿园小班的主班、配班、保育员的参赛作品。

作品介绍

图 3-6　主班自制教玩具“过滤器”

作品介绍

图 3－7　配班自制教玩具“人体飞行器”

图 3－8　保育员自制教玩具“奇异书”

“奇异书”利用不织布、毛线、拉链、纽扣、小夹子等材料制作，给娃娃扎头发、编辫子；给小外套拉拉链；给衣服扣扣子；晾晒衣物等，创设与孩子生活经验紧密关联的自理小游戏。

3. 教学活动的指导

当主班或配班教师开展教学活动时,需要其他两位老师的配合,这样能更好地完成教学活动。因此,每次教学活动前,负责组织教学的老师要提前将教学活动方案发给其他两位老师,同时将教学当中需要配合的工作简单告知,比如教学材料的发放、教学记录的回收等。在教学活动开展过程中,另外两位老师要负责幼儿的常规提醒,并关注到个别走神或不配合的幼儿,给予提醒。在教学活动操作环节,三位老师要兼顾到所有幼儿,这个时候,需要三人默契配合,可提前协商好,每个人负责哪几个组的幼儿。这要求三位老师都要熟悉教学目标,才能给予必要的指导,既不能越俎代庖,也不能听之任之。三位老师要做好观察者、支持者的角色,让幼儿成为学习的主体。

4. 区域活动中的指导

当开展区域自主游戏活动时,三人更是需要分工明确,进行分组指导,图 3-9 是班级区域教学活动时,三位教师的合作。

图 3-9　班级区域教学活动中的三人合作

三、户外活动中的合作关系

根据《3—6 岁儿童学习与发展指南》中的具体要求,幼儿每天户外活动时间不低于 2 小时。户外活动是一日生活中的一部分,也是幼儿学习与发展的一部分。户外活动包括晨锻、早操、户外自主游戏、饭后散步、户外体育游戏、春游秋游等,户外活动可以让幼儿在呼吸大自然的天然氧气的同时,用身体的各个部位来感知太阳、空气等自然气息带来的各种好处。[1] 本书中的户外活动主要涉及晨间户外活动、早操、户外自主游戏和户外体育活动。

---

① 戴慧群.幼儿园户外自主游戏活动开展的多角度分析[J].教育现代化,2019(5):237-249.

教师要重视幼儿的年龄特点与发展水平，制订户外活动的目标和计划，既要制订“保”的目标（如依据年龄段，中班幼儿能够在老师的提醒下增减衣服、大班幼儿能够自己根据冷热增减衣服等），也要制订“教”的目标（如各年龄段幼儿在平衡能力、力量、耐力的目标），使户外活动有目的、有计划地展开，让幼儿除了得到身体素质的提高外，在自我服务、人际交往、团体合作等其他方面也能得到发展。① 由于户外活动在活动室之外进行，涉及的不可控因素很多，面对增大的空间、复杂的环境、情绪兴奋的幼儿，班级三人团队需要密切配合，才能顺利将这每天两小时的户外活动顺利开展。

（一）安全摆在首位

户外活动的特殊性，将安全问题摆在了首位。活动安全是户外活动的基础，只有在确保幼儿安全的基础上，活动才能顺利开展，才能实现预期的教育效果。户外活动场地一般都比较开阔，幼儿的大肌肉动作和身体素质也处于发展状态，因此，教师在开展户外活动时，一定要全面、认真地做好幼儿的安全保护工作，为幼儿创设安全的活动环境。安全防范工作包括活动场地、活动材料的检测，检查有无安全隐患、有无忽略的地方，思考运动项目是否适合幼儿、运动内容需要幼儿注意哪些事项、运动规则是什么等。如在追逐跑的活动中，教师要提前告知幼儿活动规则：追的那一个捉到就放手，被追的被碰到就停下。要避免出现一个扯住不放、一个被扯住急于挣脱的情况，提高幼儿规则意识与自我保护意识，使户外活动安全、高效地开展。② 下面的案例展示的是K幼儿园制定的户外活动的管理制度，也是作为教师在组织户外活动时一个需要遵守的准则。

【案例】　户外活动

1. 提前为幼儿做好场地、运动器械等准备工作。

2. 为幼儿做好户外活动前的必要准备，如：如厕、增减衣物、整理装束、系好鞋带等。

3. 照顾因身体不适等特殊原因不能参加活动的幼儿。

4. 户外活动时加强对幼儿的照料，所有孩子时刻在老师视野范围内，做到“眼中时时有孩子，事事有孩子”，及时排除不安全因素，保障幼儿安全。

5. 户外活动后组织幼儿及时擦汗、洗手、如厕、喝水以及安静休息。

（摘自幼儿园《幼儿生活管理制度》）

上述管理制度呈现的是工作的常规要求，并未明确具体的分工和责任，这需要主班教师根据活动需要，灵活安排三人的分工，确保幼儿的活动安全。这里需要班级三人团队注意以下几个环节：

---

① 谭淑允.保教结合在幼儿园户外活动中的运用与实践[J].新课程研究，2019(6)：129-130.

② 谭淑允.保教结合在幼儿园户外活动中的运用与实践[J].新课程研究，2019(6)：129-130.

1. 从活动室到户外的转换

幼儿园通常的户外活动时间为上午 10:00—11:00,正好是室内集体活动结束后,经过生活活动的过渡,从活动室迁移到户外。在空间转换的过程中,三位老师一定要有明确的站位分工。比如,在去到户外指定活动地点的过程中,主班老师会组织幼儿排好队有序前往,在这个过程中,主班老师在队伍前列,配班老师要站在队伍的最后,保育员则在队伍中间(各人位置可灵活调换)。尤其在下楼的转弯处,三人更要有默契,保证在可能产生视觉死角的地方有人能够前后兼顾到。

2. 活动过程中

户外活动开展过程中,由于空间较大,幼儿时刻处于运动状态,主班或配班老师要提前根据活动的内容,对活动中的各自的站位和分工进行安排,避免只关注到一部分人而忽略另一部分人。图 3－10 呈现的是幼儿园一个班级在开展户外活动过程中三位老师的站位。

图 3－10　幼儿园户外活动中三位老师的站位

3. 活动结束后

活动结束后,主班或配班教师带领幼儿整好队伍,并在离开户外活动场所之前,及时清点人数,确保没有遗漏。关于这一点,幼儿园是有惨痛教训的。曾经有所幼儿园的班级老师在户外活动结束后没有及时清点人数,导致有位幼儿在管道式的滑梯中衣服被滑梯内的突出物勾住,教师未能即时发现幼儿不见并寻找,等到进入班级用餐时才发现该名幼儿不见了。再去户外寻找,已错过了抢救时机。因此,活动结束后的人数清点极为重要,是必不可少的一个环节。在返回的过程中,三位老师同样要分工明确,各自明确自己的位置,确保安全返回教室。

(二) 晨间户外活动的组织与合作

晨间户外活动幼儿园晨间户外活动是发生在幼儿入园后至进入活动室开始早点

或集体活动之间的,由教师有计划、有组织地安排幼儿或幼儿自由进行的室外活动。

1. 晨间户外活动的安排

为了确保每天户外活动时间不小于2小时,幼儿园都会有计划地安排晨间户外活动。因此作为主班和配班老师首先要做的是设计好一周的晨间户外活动,每个年龄段的幼儿培养目标不同,侧重点也不同,因此小中大班的晨间户外活动在教育目标和教育形式上会不区别,表3-8为幼儿园小中大三个年龄班的某一周的晨间户外活动的安排。

表3-8 幼儿园小中大班某周的晨间户外活动安排表

年级	周一	周二	周三	周四	周五
小班	升旗仪式	桌面玩具	走一走	桌面玩具	吹泡泡
中班	升旗仪式	玩转彩虹伞	体能循环	魔力羊角球	体能循环
大班	升旗仪式	花样跳绳	彩虹伞	东南西北跑	袋鼠跳

2. 晨间户外活动的组织与实施

做好设计安排后,每天的晨间户外活动需要三人团队紧密配合。晨间户外活动具体由主班和配班老师组织实施,保育员会留在班级引导到园的幼儿去到指定的晨间户外活动地点,并开始做早餐前的准备。为避免保育员去拿早餐,不同时间段来的幼儿可能会遇不到人,有些幼儿园会在班级门口张贴指示,告知到园的幼儿去到某个地点参加晨间户外活动。而对于具体活动的组织者,主班老师和配班老师除了认真设计组织活动,也要经常反思,探讨活动的新形式,不断提升晨间户外活动质量。

(三) 早操的组织与合作

早操是户外活动的主要形式之一,幼儿园早操的内容一般包括体操、排队和变换队形、律动、基本动作等。① 早操因其特殊的内容,很多幼儿园会强调自编早操。这就要求主班和配班教师要挑选适合的音乐,根据所在班级幼儿的年龄特点、考虑幼儿的运动量等因素来进行早操的编排。早操通常会以年级为单位组织教师共同合作完成。

1. 早操的内容、结构和时间②

(1) 内容

小班:以徒手操和模仿操为主;

中班:以徒手操和轻器材操为主;

大班:以徒手操和轻器材操为主。

① 袁俪宁.幼儿园早操个性化[J].当代学前教育,2018(冬):16-19.

② 幼儿园早操的编排和教法[EB/OL].https://zhuanlan.zhihu.com/p/84530554,2019-11-18.

(2) 结构

以前,一般为了达成一定的运动量,按照运动生理指标的要求,将早操分成三部分:准备部分、运动部分和放松部分,形成典型的三段式的早操结构;现在考虑到早操与幼儿体能之间的关系、早操与幼儿参与运动的兴趣之间的关系等因素,在经过研究探索的基础上,逐步形成了五个基本环节:

热身运动。如走、跑和变速跑等全身运动,达成热身的目的。

队列变化。在小、中和大班,通过队列变化训练,可提高幼儿在团体中了解与认识自身与团体的关系,增进幼儿的团体意识,并发展幼儿理解指令的能力。同时,队列变化与训练,也是热身运动的一种积极的延续,为幼儿的早操活动做好充分准备。队列与队形变化包括:速度的变化;切段分队走或左右分队走,如四路变二路,二路变四路等。

操节。操节是早操的主要部分。在早操训练中,不仅要达成幼儿开始一天幼儿园生活时身体机能唤醒的目的;同时,早操也是幼儿运动的一种类型,需要通过一定的运动量,使幼儿在每日的早操中,逐步实现幼儿运动能力与体能的不断提高。

体能活动。利用身体或器材练习走、跑、平衡、跳和钻等动作,发展幼儿的基本动作的协调性和运动能力。在早操创编过程中,体能活动环节需要注意的是:第一,早操与体能活动和训练的相结合。在早操中运用器材,也是为了达成一定的运动量的目的。第二,需要有机地将八大动作融入早操之中去。

放松阶段。在早操的放松阶段,充分的放松可以使幼儿以良好的身体与精神面貌,开始一天的幼儿园生活;反之,如果早操的放松阶段没有做好,则可能会影响幼儿在早操后的活动。例如,过量的运动可能使幼儿产生疲劳或亢奋,影响到正常的幼儿园每日的教学活动的安排。

(3) 时间

小班:8～10 分钟;

中班:10～12 分钟;

大班:12 分钟。

2. 早操与幼儿年龄特征

小班:早操宜简单、易学和富有趣味性。

中班:要求做操时,动作统一、规范和整齐。中班的幼儿,已经具备一定的运动能力和自我控制能力,因此,要求幼儿在做早操时,要能够做到动作有力与动作整齐划一,如伸臂动作要求伸直等。由此,不断促进幼儿大动作技能的发展与提高幼儿的运动能力。

大班:要求活泼,且动作有一些变化。大班幼儿的运动能力与自我控制能力相对而言,要比小中班幼儿强,因此,可以通过早操动作编排一些必要的变化,进一步发展幼儿的运动能力以及有效促进幼儿大动作技能的发展。图 3－11 至图 3－13 为幼儿园小、中、大三个年龄班的早操图片。

图 3－11 幼儿园小班早操

图 3－12 幼儿园中班早操

图 3－13 幼儿园大班早操

早操的实施过程通常需要主班和配班老师分别在队列前面和后面领操，有时保育员也会一起加入领操，但更多时候，保育员还是主要负责关注幼儿早操的身体状况和投入状况，及时做出提醒和应对。

(四) 户外体育游戏的组织与合作

体育游戏是一种以大肌肉的肢体运动为活动方式的游戏，走、跑、跳、攀、爬、投等基本动作构成身体运动,以动作的协调力、肌肉的控制力、肌体的平衡力以及力度和耐力所带来的运动器官的快感为满足。① 由于体育游戏的专业性与特殊性,需要教师在活动设计和活动组织过程中,多加用心。为让教师更为明确地把握体育活动的目的,有幼儿园根据《3—6 岁儿童学习与发展指南》所提到的幼儿进行体育活动的目的和任务,总结归纳出各年龄段的教学大纲,见表 3-9。

表 3-9 幼儿园体育教学大纲②

	小班	中班	大班
第一学期	1. 会跑走交替和在指定范围内散跑。 2. 学在 15～20 厘米斜坡上走上走下。 3. 会两手膝着地向前爬行和攀架上爬下。 4. 会听口令,看齐、齐走走、跑步走、立定。 5. 初步学会拍皮球。 6. 会双腿站立,由高 15～25 厘米往下跳,并会双腿向前行进跳。	1. 原地纵跳触物(物体距离幼儿高举的手指尖 15～20 厘米)。 2. 双脚立定跳远,距离不少于 30 厘米。 3. 原地转一至三圈,闭眼向前走 5～10 步。 4. 左右手拍球。 5. 以徒手操为主,并选学一至二套轻器械操(哑铃操、花操、旗操、棍棒操)每套五至四节动作。	1. 听信号变换方向,一对一对整齐地走。 2. 快跑距离 20～30 米。 3. 跑走交替距离不少于 40 厘米。 4. 双脚立定跳远的距离不少于 40 厘米。 5. 助跑跨跳 30～40 厘米。 6. 练习跳绳或跳橡皮筋。
第二学期	1. 听信号向指定方向走,能一个跟一个走。 2. 能沿着场地周围跑。 3. 在老师带动下,能跑走交替,距离为 100 米左右。 4. 互相滚接皮球,学会拍大皮球。 5. 以模仿操为主,并学习徒手操一至二套,每套三至四节动作。 6. 一个跟着一个走成形队。	1. 在一定范围内四散地追逐跑。 2. 快跑距离为 10～20 米。 3. 在高 29～32 厘米、宽 15～20 厘米的平衡木上走。 4. 练习肩上挥臂投物(投纸标、小皮球、重二三十两的小沙包)。 5. 学会听口令,立正、稍息、看齐、原地踏步、齐步走、跑步走。	1. 两臂侧平举,单腿站立 5～10 秒钟。 2. 在高 30～60 厘米宽 20～15 厘米平衡木上变换手臂动作(叉腰、侧平举、前平举、上举等)走。 3. 边走边拍球,边跑边拍球。 4. 以徒手操为主,并选学一至二套轻器械操,每套六至八节动作。

1. 设计体育游戏,投放体育器材

走、跑、跳、投掷、钻爬等基本动作是人体最基本的活动能力,也是学前儿童体育活动的主要内容。基本动作是身体素质发展水平的外在表现,按照全面发展、上下肢协调等原则,以相对应的基本动作技能为练习主体,有针对性设计幼儿园体育活动内容。

体育游戏的开展离不开准备充分的教学设计和器材投放。在体育游戏的设计

① 华爱华. 幼儿游戏理论[M]. 上海:上海教育出版社,2001:270.

② 转引自:张茹. 临汾市尧都区私立幼儿园体育活动开展现状研究[D]. 互联网文档资源. 幼儿园各科教育大纲[OL].

中,要考虑每个年龄段幼儿的身体发展目标,有针对性地设计适宜幼儿开展的各项体育游戏活动。在优育器材投放的过程中,把握几点:第一,为幼儿准备多种类的体育器械,如平衡类、钻爬类、操控类等,同时鼓励老师利用废旧材料制作适合幼儿的体育器械。如图 3－14 为幼儿园老师利用废旧材料为幼儿制作的体育器械。第二,根据游戏目标投放体育游戏器材。各班老师要根据不同年龄段幼儿的身体发展需求,设计相应的体育游戏活动,投放适宜的体育游戏器材。第三,在促进幼儿身体发展的同时,促进幼儿的智力发展,提供幼儿一物多玩的低结构玩具。

图 3－14　幼儿园教师自制的体育器械"投掷架"

2. 关注幼儿需求,实施有效指导

为保障活动户外体育游戏活动的有效性,教师要关注幼儿需求,实施有效指导。(1) 满足不同年龄段幼儿的身体发展需求,开展有针对性的户外体育游戏。小班幼儿平衡感差、动作协调性不够好,需要提供一些平稳的器械。中大班的幼儿协调、平衡能力有了很大的发展,也愿意挑战一些有难度的项目,可以设计一些有挑战性的户外游戏。

(2) 关注个体差异性。同一年龄段的幼儿,发展水平也会处在不同水平,在游戏设计上要有层次性,能够让不同发展水平的幼儿均能成功挑战适宜他们发展水平的游戏目标。

(3) 注重动作的规范。体育游戏强调动作的规范性,以避免造成身体伤害。老师在动作示范时,要保障幼儿充分理解和掌握,游戏活动中要密切观察幼儿的行为,提醒幼儿动作的规范操作。

(4) 保障活动开展的有序性。户外体育游戏活动,由于空间大,幼儿情绪较为兴奋,较为容易发生伤害意外。活动开始前,教师要与幼儿详细说明游戏的活动区域、游戏的规则等,对于竞争性的活动环节,要预见到可能发生的碰撞,提前设计好路线。

(五) 户外自主游戏的组织与合作

户外自主游戏是幼儿和教师根据场地的特点划分区域,以年龄段为单位开展的混班活动。根据各年龄段幼儿动作发展目标投放各种材料,幼儿在与材料的互动中获得动作的发展和体能的锻炼，强调的是幼儿的自主性，即幼儿自己选择游戏、与同伴合作、自主创设运动情境、创新游戏玩法，在游戏中不断发展运动协调能力、解决问题的能力，提高社会交往能力以及激发幼儿潜在的想象能力和创造能力。① 户外自主游戏有几个明显的特征：一是充足的户外空间；二是丰富的低结构的材料；三是幼儿自主学习为主；四是混龄活动。

1. 户外自主游戏的活动设计

户外自主游戏是混龄活动，因此，在活动方案中，会涉及不同班级间的合作，以下案例展示的是K幼儿园的户外混龄自主游戏方案。

【案例】 户外混龄自主游戏的方案

一、活动背景

《指南》指出，幼儿阶段是儿童身体发育和机能发展极为迅速的时期，也是形成安全感和乐观态度的重要阶段。强健的身体、愉快的心情和协调的动作是幼儿身心健康的重要标志，也是其他领域学习和发展的基础。

二、活动目标

1. 自选游戏活动，自选玩具和伙伴。
2. 掌握玩具材料的基本玩法并能变换创新玩法。
3. 玩具材料随用随取，不用放回原处，随时保持现场整洁有序。
4. 爱护玩具，使用小心，随时拾起地上散落的玩具材料。
5. 能与伙伴友好交往，共同游戏，积极进行言语交流，能协调相互行为。
6. 专心游戏，一件事做完再做一件事。
7. 不大声喧哗、乱跑动，不影响别人，行为文明礼貌。
8. 注意游戏中的卫生安全。
9. 及时结束游戏，并将玩具按类收放整齐。

三、活动时间

2019年12月27日(星期五)。

四、活动内容

幼儿自主选择活动区域及活动内容，遵循不同区域活动要求。每个区域安排相对应负责的老师进行指导观察，活动以幼儿为主体，以幼儿自主学习，与同伴自由探索发现，快乐地自由游戏为旨意。

四、活动过程

活动内容创设、幼儿自主选择、幼儿自主游戏、活动整理评价。

六、摄影人员

宋石慧。

七、音乐播放

---

① 温智慧，廖聪瑜. 分析幼儿园户外自主游戏的安全管理策略[J]. 广州广播电视大学学报，2017(6)：80－83.

黄家玉。

八、注意事项

1. 活动时间于9:10—10:00，请各区域小组老师提前做好准备。

2. 活动的照片请老师及时放进共享。

3. 活动结束后，物品归位。

户外自主游戏中，幼儿可自主选择游戏区域，遵守游戏规则，并在不同的游戏设置区域获得相应的发展。

2. 户外自主游戏中幼儿的发展

户外自主游戏给幼儿提供了探索周围环境的机会，通过丰富的材料投放，也向幼儿提出了关于运动和心智能力的各项挑战。有研究者梳理了某幼儿园教师在2月到12月的游戏案例，提炼了关于幼儿发展的游戏案例及框架，见图3-15。

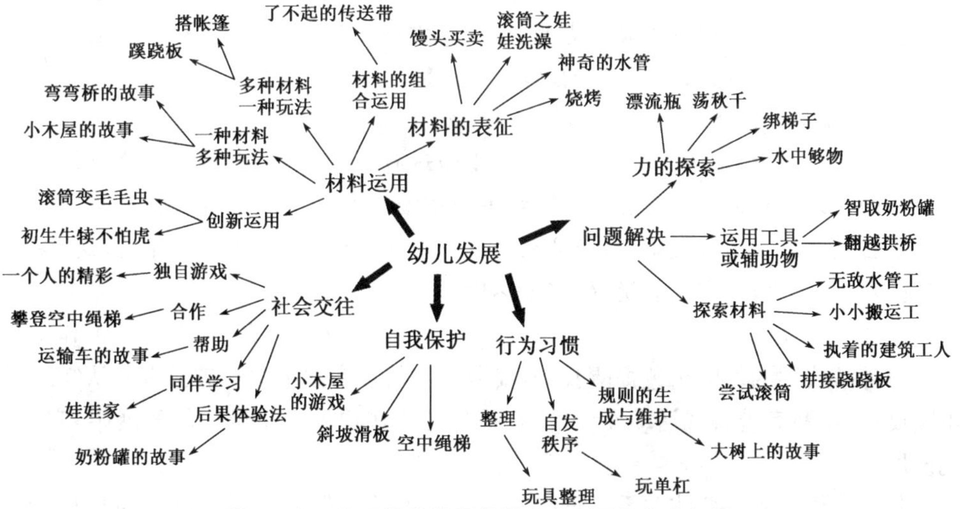

图3-15　关于幼儿发展的游戏案例及框架分析①

通过图3-15所呈现的幼儿发展框架，幼儿在材料的运用中，学会问题解决，培养良好的行为习惯，并在游戏中学会自我保护，与同伴之间进行社会交往，促进幼儿的全面发展。

3. 户外自主游戏中教师的角色

户外自主游戏的设计与组织中，教师要充分把握自身的角色，既要放手，又要及时引导，有教师总结了教师在户外自主游戏中的五种角色：观察者、参与者、引导者、倾听者、评价者。

【案例】

1. 观察者的身份

在幼儿游戏的过程中，我们要细心观察，适合介入，及时帮助。我们老师应该观

① 赵奇. 基于幼儿园户外自主游戏的教师专业发展研究[D]. 上海：华东师范大学，2016.

察什么呢?我认为可以是游戏的情节、材料的投放、幼儿的行为发展等。将看到的情况、问题进行思考,理解幼儿的游戏行为,分析幼儿行为背后的原因,最后进行针对性的指导,促进幼儿在原有水平上的提升。

2. 参与者的身份

我们应该掌握好指导的智慧,以观察和了解幼儿的想法,并参与幼儿游戏,通过游戏角色对幼儿进行引导,减少过多的干预。

3. 引导者的身份

当幼儿在游戏中出现纠纷与行为问题时,教师应灵活转变自己的身份,平等地引导幼儿思考,借助游戏的语言或行为,丰富幼儿的表达和表现能力,提升幼儿游戏水平。

4. 倾听者的身份

不管是活动中还是活动后,教师都应该多听听幼儿的想法,让幼儿讲述活动,表达感受。教师在活动中应以倾听者的身份,尊重幼儿的表达,突出幼儿的主体性,为幼儿创设一个愿意说、敢说、爱说的环境。

5. 评价者的身份

在每次游戏中,班级三位老师可以分小组进行观察,然后在集体评价中,三位老师引导幼儿以多种方式分享自己在游戏中的体验。同时,在评价中,我们要为幼儿营造一个自然而温馨的聊天氛围,同伴之间是平等的,教师和幼儿是平等的,这是一个"想说、敢说、喜欢说、有机会说"的宽松环境。

(摘自宋石慧老师2019年的工作反思)

户外游戏中的教师角色提醒我们,要敢于在教学实践中去突破已有的认知局限,不断反思、不断完善游戏活动设计,让教师与幼儿在户外自主游戏的开展中,实现共同发展。

基于合作的教师群体关系是班级管理工作的前提保障,教师群体之间的分工与合作贯穿于班级工作的方方面面。只有处理好各个环节中的合作关系,才能推动班级管理工作的正常运转。

第二节　基于互动的师幼关系

师幼互动是指师幼关系的基础上,在幼儿园一日活动的整个过程中,教师与幼儿之间形式多样的双向交流行为。师幼互动发生在幼儿园的一日活动中,互动的主体是教师和幼儿。班级管理中,基于师幼关系的互动,无处不在。

一、师幼互动的主题

刘晶波(2006)根据不同施动者提出的十八种师幼互动的主题,主要分为教师发起和幼儿发起，见表3－10、表3－11。[1]

表3－10　教师发起的师幼互动主题

发起者	师幼互动主题	操作性定义	举例
教师	约束纪律	教师根据幼儿园日常生活或是教学活动中的普遍性的行为规范，或是教师自行制定的、限于本班内执行的某一项规则，制止、改变或是鼓励、强化幼儿的某种行为	教师发现某幼儿在区域活动中大喊大叫，对其进行制止
	指导活动	教师为了向幼儿传授某种知识、技能，提供某项信息、建议，或是帮助、知道幼儿达到教学、游戏、生活中的某一项目标而开展的活动	教师在上美术活动剪纸时，指导一些不会做手工的幼儿如何剪纸
	照顾生活	教师为了关心、照料幼儿的餐饮、排泄、卫生、冷暖、安全等方面的情况而发起的互动	教师在户外活动回到课室时，摸幼儿的后背是否有汗，让幼儿换干衣服
	抚慰情绪	教师在幼儿的情绪处于悲伤、恐惧、忧郁等不良状态的时候，给予他们安慰、爱抚	幼儿入园时哭闹，教师对其进行安慰
	提问	教师针对某一生活常识或者是其他先前教过的某种知识、技能向幼儿询问，以调查幼儿掌握的情况	教师在教学活动中，提问幼儿前一天唱过的儿歌怎么唱
	让幼儿帮助做事	教师让幼儿帮助自己做某些他们力所能及的事情	教师让幼儿帮忙拿杯子过来喝水
	共同游戏	教师以伙伴的身份参与幼儿的某一项游戏活动，分担游戏角色，共享游戏中的快乐	幼儿在娃娃家进行角色扮演时，教师以某种角色进入到幼儿的游戏中
	表达情感	教师只是单纯地向幼儿表达自己对他们所怀有的情感，而不带有任何别的如指导活动、约束纪律、照顾生活等目的	教师在幼儿入园时，很开心地向幼儿打招呼说早上好，表达自己愉悦的心情
	询问	教师在指导、教育幼儿的间隙开启的以询问幼儿在幼儿园内或园外生活中的某些经历、感受的活动	教师在周一的时候问幼儿周末去游乐园玩得开不开心

[1] 刘晶波．社会学视野下的师幼互动行为研究——我在幼儿园里看到了什么[M]．南京：南京师范大学，2006：68－72．

表 3-11　幼儿发起的师幼互动主题

发起者	师幼互动主题	操作性定义	举例
幼儿	寻求指导与帮助	幼儿为自己在生活活动或游戏活动、教学活动等场景中遇到的某一问题、麻烦向教师发起的以求得教师的帮助	幼儿在美术活动中,不会画树枝,举手提问教师怎么画
	告状	幼儿为自己在日常生活中受到同伴的某一方面的侵犯,或者是发现同伴的某一项行为不符合教师要求而向教师控告同伴,旨在让教师组织或者纠正同伴的行为	幼儿 A 在和幼儿 B 进区游戏时,被幼儿 B 抢了自己的工具,幼儿 A 就去告诉教师
	表述情况	幼儿向教师陈述自己在幼儿园中或在幼儿园外的某项行为的情况或者是自己的某一个经历、所见所闻的活动,目的是要向教师传递某种信息,并非要求教师对自己进行指导和帮助	某幼儿跟教师说自己在游乐园玩耍的事情
	请求	幼儿为做某件事而事先去向教师报告自己的想法,以征得教师的同意	幼儿在进行活动时,举手去上厕所
	发表见解	幼儿针对某一现象试图表达自己的看法、观点的活动	幼儿 A 对幼儿 B 的画进行评价
	寻求关注与安慰	幼儿为了吸引教师注意到自己,或者因为受到某种伤害、遇到某个挫折而向教师求得抚慰、关照的活动	某幼儿划伤了手指,就哭着跟教师说自己受伤了
	询问	幼儿基于对教师的兴趣而对教师个人的某一方面的情况或者是幼儿园中某一项活动的具体安排向教师进行询问	某幼儿在吃水果的时候,问教师接下来要去哪里进行户外活动
	帮助教师做事	幼儿不需要教师的吩咐就去主动帮助教师做一些他们力所能及的事,这种活动有时会带有一定程度的讨好教师的倾向	教师在剪纸的时候,某幼儿主动走过来帮教师把桌面上的纸碎扔去垃圾桶
	与教师共同游戏	幼儿主动邀请教师参与自己的某项游戏活动,与教师分享游戏经历及其中的体验	幼儿在沙土区进行游戏,教师走过来以后,某幼儿问教师要不要买他们新鲜出炉的饺子

二、常见师幼互动的指导策略

在一日生活中,师幼互动非常频繁,在此将呈现工作中常见的师幼互动案例,结合案例来了解具体的指导策略。

(一) 如何处理孩子间的打闹

孩子间发生打闹是班级中的常见问题,教师如何介入处理,既要客观、公正,又要让幼儿学会自我处理。下面的案例,较好地总结了当孩子发生打闹时的情况以及处理对策。

【案例】

如果幼儿之间出现打闹这种问题,如何去处理?

1. 冷眼静观,放手让幼儿自主解决冲突

当幼儿间发生冲突时,教师应信任幼儿自己有能力处理好,并冷静、客观地观察与了解。教师可不动声色地观察他们的言行,或者从侧面了解他们发生冲突的原因,不要急于介入和干预,要试着让幼儿自己去解决矛盾。做到既关注幼儿的冲突,又尽量不进行干预,而是让冲突自然地发展,自然地解决。

2. 适时介入,帮助幼儿正确对待冲突,学习解决冲突的策略

当幼儿间发生冲突,自己解决不了又有可能导致局面恶化,或幼儿间发生较大问题的冲突,当幼儿要求家长或教师介入,我们应适当地以平等的身份介入,以同伴的角色调解。不能单纯地禁止,而应使双方幼儿平静下来,先让他们说说各自的理由,再让幼儿互换角色想一想,"如果你是××,你觉得这样做对吗?"从中引导幼儿理解双方。

3. 教给幼儿一些解决冲突的知识与技能

要解决行为问题,首先要解决认识问题,就是要让幼儿懂得应该怎么做,以及为什么这么做的道理。单纯地给幼儿讲道理,不容易让幼儿明白。因此,家长和教师要适当、适时地运用幼儿身边发生的实例或者通过角色扮演或者向幼儿发问让他们自己去讨论。

(摘自曹艺艺老师 2018 年 6 月 29 日的工作反思)

当幼儿之间发生冲突或打闹问题时,教师要了解情况后,再进行干预。在这个过程中,教师要把握的是,既不能事事都干预,又不能置之不理。对于中大班的幼儿,教师应更多地让幼儿学会处理纷争;对于小班的幼儿,教师应以引导为主。

(二) 如何面对寻求关注的孩子

每个班级总会有个别孩子有些让教师操心,他们不太跟随集体活动的步伐,喜欢我行我素,会通过各种行为来引起你对他们的关注。寻求关注的孩子表现形式不同,老师要采取不同的策略来解决。

1. 同理心和适当示弱

面对寻求关注的孩子,教师要选择孩子接纳的方式进行引导,一味的批评可能收不到效果。因此在决定采取措施之前,需要对幼儿好好分析,根据他们行为产生的原因"对症下药"。老师适当采取同理心和示弱的方式,向幼儿表达对他的关心和担心,让幼儿能够直观理解和接受。

2. 达成家园共识

【案例】

我们班有个聪明的"小酷哥"——澎澎,可他的一对小拳头几乎成了他的全部语

言，只要是他想要的玩具，不管在谁的手中他都要马上占有，谁要是不服从，就会遭到他的"拳击"。

后来，我从家长那儿了解到了一些情况：家长对澎澎的这一行为也很伤脑筋，父母工作忙，平时很少和孩子沟通，他不听话也就常常会挨奶奶打。他的许多破坏或出格的行为是一种特殊的表达方式，传递着他寻求关注的信息，是内心缺乏爱的表现。

我和家长达成共识：对待澎澎，我们要给予他多一点理解、多一份尊重、多一些宽容，善于发现孩子的闪光点。在幼儿园中我更多地接近他、帮助他，利用一切机会给予他特殊的关心和照顾。每次排队我都会主动把手伸向他和他牵手；每次午睡前，我都走到他的小床旁边轻轻摸摸他的脸，帮他盖好被子；每次活动后，我总是把他拉在怀里和他说说悄悄话；在日常生活中，我创造各种机会请他帮我做一些小事，当他完成以后我又及时肯定和表扬他……就这样，他成了我的小影子。而同时，家长也实现了他们的承诺，不再打骂孩子，还常陪着儿子一起玩。

在家长和老师爱的感召下，他的破坏行为改变了许多，也不再随便打小伙伴了。

（摘自何意文老师 2018 年 6 月 30 日的工作反思）

面对用简单粗暴的方式解决问题的孩子，这位老师并没有简单处理，而是通过与家长的沟通，找到孩子出现问题的原因，并与家长达成共识，共同改善对孩子的教养态度和教养方式，取得了明显的效果。这位何老师最后总结了她的几点做法：首先应帮助幼儿找回被爱的感觉。成人应该用欣赏的眼光、尊重的态度、鼓励性的语言与幼儿交往，慢慢成为他的知心朋友，耐心聆听幼儿的心声，让幼儿产生亲切感，帮助幼儿找回被重视与被爱的感觉。其次是改变高压政策，让孩子找回自信。成人应创造一个无压力的宽松环境，家园合作，共同引导孩子遇到问题先把想法说出来，而不是随便动拳头。善于寻找孩子身上的长处和进步，及时给予表扬和鼓励，以增强孩子的自信心。同时，还要为孩子提供合理的情绪宣泄机会，并将他的注意力吸引到他感兴趣的事情上。再者是引导孩子积极应对挫折。生活在集体中，遭受挫折是不可避免的，如受到同伴的冷落、交往需要得不到满足等，有的孩子会因此而造成心理创伤，以至产生暴力行为。成人既要注意促进这些顽皮孩子良好人际关系的形成，又应帮助他们分析被人冷落的原因，引导孩子主动介入集体活动。①

（三）如何面对告状的幼儿

幼儿之间发生矛盾，总会有人找老师告状，寻求帮助。面对告状的孩子，老师既不可置之不理，亦不可介入太深，要因事而异。

【案例】

周五下午因为丰丰妈妈有事情，所以比较晚来接他，于是离园时让他继续在益智区玩玩具，刚开始说好每组选一筐玩具玩，丰丰很喜欢磁铁，结果别的组先选了，他就跑来找我："老师他抢玩具！"并试图去把玩具抢回来，眼见抢不回来，他就哭了出声，

---

① 摘自何意文老师的 2018 年 6 月 30 日的工作反思.

并且大声号哭,我便过去制止,把他带来一边,对他说:“刚才是事前说好先坐好的先去选玩具的,你刚才没有坐好,所以慢了,人家并不是抢,而是先选了,你不能再去拿的。”丰丰声音变小了:“可是我想玩这个。”我:“但是这是说好的,不可以想玩什么就非要拿。你可以选其他的,下次如果遵守规则了,你就可以先选择拿它来玩了,你先擦干眼泪,现在还可以再去选择其他的,要不等下别的小朋友又先选了。”接着丰丰停止了哭泣,擦了眼泪,然后选了新的玩具去玩,过了一会,他拿了一个做好的玩具过来给我看:“老师,你看这是我做的大怪兽!”最后妈妈来接的时候,走得非常快,我便提醒他:“丰丰你得收拾玩具。”丰丰想走,我叫住了他,最后还是把玩具收好了。

(摘自毛荣锦老师 2019 年 4 月 20 日的工作反思)

案例中的老师面对幼儿的告状,在了解了情况后,将幼儿单独叫到一边,进行解释和引导,让幼儿能够认识到自己在交往过程中的问题,同时引导幼儿遇到相似情况应该如何处理。在老师的介入中,幼儿明白了为什么不可以这么做,应该怎么做,同时对于幼儿表现的改正行为,进行正强化,给予鼓励和肯定。

(四)如何面对有攻击行为的孩子

班级中教师可能会遭遇有攻击行为的孩子,简单的批评教育似乎并不奏效,遇到这种倾向的孩子,教师又要如何去处理呢?

【案例】

“老师,青青打我!”安安抹着眼泪来到我的身边。“别哭,告诉我是怎么回事。”我安慰着安安,随之把目光转向青青,只见他正聚精会神地看着涵涵的绘本,好像什么事情也没有发生。安安说:“我在看书,他想抢我的书,我还没看完,他打我,我不跟他坐在一起了。”说完,安安大哭起来。

近期总是听到小朋友投诉青青,不是打人就是抢东西,当我跟他讲道理时,他总是不以为然,凭老师的直觉,他的问题不是单纯的社会性与攻击性行为的问题,为此我和青青妈妈进行了沟通,后得知:孩子在三岁前是妈妈带去公司上班带大的,缺少社会的交往,不懂得与同伴交往。妈妈近期生了二胎,重心放在了妹妹身上,减少了对他的照顾,这使他缺乏安全感。青青在幼儿园近期出现频繁的攻击行为也源于此,一是通过攻击他人发泄自己积累在心中不安的情绪;二是想以此来引起他人的注意与关心。但是,他没有想到,他的攻击性与发泄却引起了周围小朋友的排斥、家长和老师的责备。这就使他心中委屈、不安的情绪愈加高涨,于是他的行为也越演越烈。

在这件事上我也进行了反思:

1. 给孩子多些关爱

平时不管我有多严厉批评他,他还是每天早上早早来园,让我心中对他有些内疚。老师应给他多一些关爱,例如抱一抱,多鼓励他,让他切实感受到老师对他的关爱,有意识地为他创造帮助同伴和老师的机会,让他在一日生活的各项活动中和同伴一起享受成功的快乐。

2. 给幼儿发泄情绪的机会

每个孩子的“非正常”行为表现都是面对环境变化的“正常”反应,当幼儿发泄情绪时,实际上是在向我们表达自己的内心世界,是在想我们寻找理解与帮助。面对这种情况,我们应给孩子多些耐心,改变方式,或者转移注意等方法平复幼儿情绪,并慢慢引导他学会表达自己的情绪及情感。

在幼儿成长的路上,我们是孩子的一盏明亮的灯,为他们指引着未来的方向,同时也在坚持自己的初心。

(摘自宋石慧老师 2018 年 3 月 18 日的工作反思)

师幼之间良好的互动,源于老师对孩子的爱和理解。一味地责怪幼儿的不当行为,不去找出问题根源,就无法真正有效地解决问题。案例中的主班教师,面对幼儿的攻击性行为,反思了之前的无效互动方式,与家长积极沟通,了解幼儿产生问题行为的原因,并采取爱和理解的方式,引导幼儿正确表达情绪,最终获得较好的互动效果。

(五) 如何在鼓励幼儿交流与遵守规则之间寻找平衡

幼儿在相互熟悉了之后,会有交流的欲望,有时候幼儿的交流可能会影响到其他环节的正常进行,这个时候,需要教师的积极干预,既不打击幼儿交流表达的积极性,同时引导幼儿自觉遵守规则。

【案例】

最近一个月来,我发现班级幼儿上厕所的次数明显增多,而且待在那里徘徊很长时间,经常需要老师亲自去“请”。有一次,我悄悄地走到卫生间门口,听到了几个小女生叽叽喳喳的声音,原来是围着思思小朋友的衣服在讨论。见此情景,本想要请她们尽快上完厕所洗手喝水的我,止住了向前的步伐和将要说出口的话。等幼儿全都坐到自己的位置上时,开始晨间点名之前,我先请了思思小朋友上来,让小朋友们观察一下她身上的衣服有什么特点,幼儿乐此不疲地举手发言,艺凡小朋友还小心翼翼地去摸了摸这些亮晶晶的闪片。

老师应捕捉孩子的兴趣点,抓住教育契机,哪怕是一件小小的事情,也能让幼儿有空间来表达更多的内容,老师也可以倾听到幼儿小脑袋里潜藏的有意思的话语。

(摘自严惠瑜老师 2019 年 3 月 17 日的工作反思)

案例中的老师看到孩子们的交流行为,并未简单粗暴地制止,而是利用合适的时间,给予幼儿更充分的交流。同时从这个行为延伸思考,如何去促进幼儿语言能力的发展。由此及彼,引导幼儿大胆表达,增进了师幼之间的感情。

(六) 如何促进教学中的有效互动

良好的师幼互动能够促进教学目标的达成,教学过程中,老师们会遇到由幼儿发起的各种生成性的问题,智慧的老师善于引导,从而达成教育活动目标。

【案例】

在第一周的周三晚上我便着手准备剪纸活动的材料,由于孩子们是第一次接触剪纸,所以第一次活动的主要目标是让幼儿了解剪纸和体验剪纸的乐趣。第二天组织活动,我先从盒子里掏出一张红纸,再掏出一个漂亮的剪纸作品,孩子们惊讶极了,所有的目光都集中在我的手上，而且有部分孩子说出我手里拿着的是窗花，我想我已经成功了一半，趁着这股热劲儿我赶紧提问："小朋友们想一想，一张正方形的红纸，是怎么变成窗花的呢？会用到什么工具？""用剪刀！"创创大声地回答，紧接着我又问："是直接用剪刀随意去剪吗？"聪明的小原立马回答："要用铅笔先画线。"原来他在元宵节那天去学了剪纸，所以知道要怎么做，如果直接告诉他们要怎么做，一定会有三分之一的孩子不会认真听，但是由小朋友来回答，就能带动大部分孩子去积极思考。之后我给孩子们示范了一下，告诉他们操作的规则和注意事项，他们都能安静地倾听。然后我又请了堂堂来给其他孩子示范，他们已经迫不及待想自己动手做了，在操作时一个个小眼睛盯着手中的材料，因为他们记住了一定要沿着线条剪，生怕剪歪了，不一会儿，就有孩子小心翼翼地打开剪好的纸，惊讶地拿着成品呼唤我，我也是满心欢喜，本学期的第一个活动组织得非常成功。活动结束后，我将孩子的剪纸作品贴在教室的墙面上作为装饰。

（摘自李巧瑞老师 2019 年 3 月 16 日的工作反思）

教学活动虽然会有预设性的目标，但在实际操作中，会出现很多生成情况。案例中的李老师针对小班幼儿的特点，思考如何正确引导又不强制灌输，通过正确的语言引导和幼儿自己的展示，达成了教育目标。教学中师幼的有效沟通是一个复杂的问题，案例也仅是一个个案呈现，更多时候需要教师借助教育智慧，去解决各种生成性的问题，不断总结经验，推动教学活动的开展。

（七）关注自身言行对幼儿的影响

在工作中，有些老师在与幼儿互动中，会有一些不自知的言行影响了幼儿。老师们要时刻提醒自己，作为教师要注意与幼儿交往的一言一行，老师对于幼儿的行为示范是非常深刻的。我们来看下面这个案例：

【案例】

一天午睡起来后，我正在给宣宣小朋友梳头发，小朋友睡觉起床都是从后门进出的，这时有一位小朋友想要从前面的过道下来，宣宣小朋友突然很严肃地大声说："出去！老师说起床是要跟后门出去的。"说话间还扬起了她的右手。这个语调以及扬手的姿势，某一瞬间让我觉得如此的熟悉。想起了这几天的午睡检查前，如果小朋友没有耐心等待，仍然大声喧哗，就会听到老师说"出去"。两个简单的字，同样的语气，当从小朋友的口中说出来时，才发现语言是那么的生硬。之后开始反思对幼儿的说话方式，当有小朋友仍然喧哗时，老师便说："请你出去，等学会安静等待了再进来。"

几天下来后，我惊奇地发现，有的小朋友说话也开始在前面加"请"字了，比如值日生小朋友，当他们看到有小朋友在教室里跑的时候，他们会提醒："请你在教室慢慢走。"当有小朋友没去喝水时，他们会提醒："请你先去喝水。"

（摘自严惠瑜老师 2019 年 4 月 16 日的工作反思）

好模仿是幼儿的天性，尤其是来自老师的言行，更是幼儿争相模仿的对象。案例中的老师，意识到了自己的不当言语给幼儿带来的影响，并进行了纠正。同时老师利用幼儿喜欢模仿的特点，对幼儿的言行进行引导，收到了意想不到的效果。

基于互动的师幼关系,是班级管理工作中的核心,有效的师幼互动,能够推动各项教育活动的顺利开展,促进幼儿的身心健康发展。教师在建构互动的师幼关系时,要根据不同的情境、不同的幼儿,采取不同的策略。教师尤其不要简单地对某个幼儿的言行做出判定,要基于多方了解,采取合适的言语去沟通交流,方可达到有效互动的目的。

第三节　基于交换的家园关系

家园关系是幼儿园班级管理中需要面对的重要关系链。《幼儿园工作规程》第四十一条指出,幼儿园教师对本班工作全面负责,其中的一条主要职责即"(四)与家长保持经常联系,了解幼儿家庭的教育环境,商讨符合幼儿特点的教育措施,相互配合共同完成教育任务。"在幼儿园班级中,教师与家长的交往构成人与人的关系。乔治·齐美尔指出:人们之间的所有接触依赖于给予和回报等值这一模式。[①] 这种社会交换在家园关系中表现得尤为明显。

埃默林明确指出交换理论的三条核心假设:(1) 交换理论关注的焦点是人们在社会互动中的成本和收益。(2) 各种物品的价值是可变的,但是它们全部遵循边际效用递减的简单原则。(3) 个体在社会互动中得到的收益取决于个体向他人提供的利益。[②] 交换理论的核心假设提醒我们,基于交换的家园关系,可以简化为"各取所需"的一种交往方式。表 3-12 简单罗列了家长和教师各自的主要需求。

表 3-12　家长和教师的需求列表

家长的需求	教师的需求
教师对幼儿关心	家长支持班级工作
幼儿在园能够学习与发展	家长与教师保持教育一致
教师专业性强	家长能够客观看待孩子的发展

在上述列表中,我们可以看到不同的角色的需求角度不同,但最终都会集中在幼儿这个教育对象上。作为班级教师,要在满足家长需求的基础上来达成自己的需求,通过信任、对话和引领三个方面来满足各自的需求,从而促进家园关系的和谐发展。

一、信任:如何呈现幼儿园工作

个体们彼此之间的吸引力以及作为一个整体的群体对个体们的吸引力越大,特别是如果交往对他们的内在吸引力引起了共同的认同,那么这个群体就越凝聚。[③]

① 彼得·M. 布劳. 社会生活中的交换与权力[M]. 李国武译. 北京:商务印书馆,2012:35.
② 彼得·M. 布劳. 社会生活中的交换与权力[M]. 李国武译. 北京:商务印书馆,2012:74.
③ 彼得·M. 布劳. 社会生活中的交换与权力[M]. 李国武译. 北京:商务印书馆,2012:74.

家长和教师因为幼儿所在的班级形成一个群体，相互之间有着各自的需求，需要通过各种途径来引起共同的认同。在班级家长工作中，教师与家长首先要建立信任关系，基于各自的需求，尤其是家长的需求，信任关系建立的核心在于，如何呈现幼儿园的工作，让家长更深入更全面地了解幼儿在园情况、教师专业能力以及幼儿园的教育教学质量。班级常见的家长工作形式有家长助教、家长开放日、亲子活动。

(一) 家长助教

家长助教活动的开展是家园共育合作方式的积极探索，是幼儿园充分挖掘利用家长显性和隐性教育资源，通过家长走进课堂，直接参与幼儿园一日保教活动的方式，构建一个教师、家长共同参与，幼儿园、家庭、社会形成合力并共同发挥作用的教育环境，为幼儿发展营造积极的家园共育氛围。① 幼儿园普遍会在班级中开展家长助教活动，通过家长的视角来呈现幼儿园的工作，更能获得家长的支持与信任。

1. 家长助教的类型②

(1) 专业助教。即发挥家长的专业特长优势，参与幼儿园的课程活动，既弥补教师专上的缺陷，同时也能调动家长热情，展现家长风采。

(2) 技能助教。即依据幼儿园课程需求，邀请具有一技之长的家长走进孩子的活动，如指导并参与器乐、棋类、绘画阅读等活动。

(3) 德育助教。即通过家长们讲述与分享自己的生活工作经历，对孩子进行道德启蒙教育。

(4) 习俗助教。通过讲述和演示春节、元宵节、清明节、端午节、中秋节、重阳节等传统节日的风俗习惯和节庆典礼，感受传统节日的气氛和情趣。

(5) 生活体验助教。围绕家长的职业特长和资源优势，让幼儿体验社会的各行各业。如“地铁爸爸”带领幼儿乘地铁、走进地铁操控室，了解地铁的运行知识。

2. 参与式助教的安排

有些幼儿园为了能够让家长全方位体验和了解幼儿园的教育教学工作，会面对家长开展全天的参与式助教活动。具体的活动安排见表 3－13。

表 3－13　参与式助教活动安排

时间	工作内容	备注
7:00～7:35	入园，吃早餐(开窗通风)	可直接带孩子来园，7:35 前用完早餐
7:35～7:40	做好孩子来园的准备(各自到岗/晨间运动器械)	
7:40～8:30	接园/晨间运动/生活活动(如厕、洗手、喝水)	

① 黄美蓉．幼儿园家长助教的实施与思考[J]．陕西学前师范学院学报，2019(10)：79－83.

② 黄美蓉．幼儿园家长助教的实施与思考[J]．陕西学前师范学院学报，2019(10)：79－83.

(续表)

时间	工作内容	备注
8:30～8:50	早餐/餐后活动	
8:50～9:10	点名/晨谈	
9:10～11:20	户外活动/区域活动/专科活动(生活活动、过渡环节的贯穿)	
11:20～11:35	餐前准备	
11:35～12:05	午餐	教师轮流用餐
12:05～12:40	餐后活动:散步/自主游戏	
12:40～14:40	午睡	教师轮流值午睡/轮流午休
14:40～15:15	生活活动/午点	
15:15～15:55 15:15～16:00	教学活动(集体/分组)/户外游戏/生活活动	
15:55～16:10 16:00～16:20	离园前总结/离园活动	
16:10～17:00 16:20～17:00	离园/送园	
17:00～17:30	家长工作/班会总结\其他工作	

为了活动的顺利开展,需要向家长提出几点要求①:

(1) 家长助教提前和自己的孩子做好沟通,以便更好地体验"助教老师"的工作,也让孩子感到自豪与骄傲,提高自信心;

(2) 活动参与过程中,可以根据具体的情况进行拍照,建议在活动结束后,经过整理再分享到班级群;

(3) 家长助教需自己带餐具、水杯,在园用早餐、午餐;

(4) 家长助教当天请着适宜服装(方便活动,长头发需扎起);

(5) 家长助教需注意角色的转换(助教老师),积极配合、参与到班级的一日活动中;

(6) 担任家长助教的当天(离园后)与班级老师当面进行反馈总结,并将担任助教的感受、发现及时与班级家长分享交流(班级群)。

3. 活动后的反馈与宣传

家长助教活动最重要的是活动后的反馈与宣传,从而让更多的家长了解幼儿园的工作以及班级的教育教学工作。家长的亲身体验与直接反馈,能够更形象而直观地让其他未参与的家长感受到幼儿园班级工作的点点滴滴。由于是家长自身的视

① 摘自K幼儿园2018年4月家长助教活动方案。

角，也更容易获得其他家长的信任和认同。

（二）家长开放日

1. 家长开放日的定义

《教育大辞典》（第2卷）指出，幼儿园家长开放日就是“幼儿园定期或不定期邀请家长来园参观教育活动日。如让家长观看上课、游戏、幼儿作品展览或进行半日参观活动。可增进家长对幼儿园工作的了解；在与同龄儿童的比较中，了解自己子女的发展水平；了解并学习幼儿园教师的教育方法和教育艺术。”①李生兰认为幼儿园家长开放日是幼儿园在特定的时间里向家长开放园内外的各种教育活动。这种开放，从时间上讲，包括每天开放、每周开放、每月开放、每学期开放。② 每个学期幼儿园至少会面向家长举行一次家长开放日，让家长通过班级半日活动观摩，深入了解幼儿在园情况以及教师的教育教学情况。

2. 家长开放日的组织

家长开放日确定之后，每个班级需要制定具体的家长开放日工作方案，内容包含活动目的、活动时间、活动地点、活动准备、活动流程、注意事项等。具体的方案制定可参考下面这个案例：

【案例】　幼儿园大一班家长开放日工作方案

一、活动目的

1. 了解幼儿在园的学习生活情况。

2. 促进家园联系，增进家长与老师之间的沟通，更好地了解幼儿在园情况。

3. 通过家园互动，达到家园共育的良好效果。

二、活动时间

2019年12月5日。

三、活动地点

大一班。

四、活动准备

1. 发放活动通知函，通知家长开放日的时间。

2. 提前在微信群告知活动当天相关注意和配合的事项。

3. 活动当天的教学活动，准备好教案、教具。

4. 家长意见反馈表、签到表。

五、活动流程（详见附表）

1. 家长来园后把小孩送到班上，再集中与主班老师开一个短会，悉知活动当天的流程。

2. 观摩教学活动：通向数学《小企鹅捉鱼》A组（黄燕妮）、B组户外活动“呼啦圈

---

① 教育大辞典编纂委员会.教育大辞典（第2卷）[M].上海：教育出版社，1990：172.

② 李生兰.幼儿园家长开放日活动的研究[D].上海：上海师范大学，2007.

过河”。

3. 观摩生活活动。

4. 观摩教学活动:通向数学《小企鹅捉鱼》B组(黄燕妮)、A组户外活动“呼啦圈过河”。

5. 半日观摩活动结束,家长离园。

六、注意事项

1. 为了不影响幼儿的注意力,在活动期前,请家长将手机调为静音或震动状态。

2. 提醒家长,幼儿活动时,家长之间不要互相交谈;活动中幼儿操作时,家长不要大声喧闹,孩子的事情尽量让他们自己去做;老师没有邀请参与,请家长不要介入。

3. 小班幼儿由于年龄特点,情绪不稳定,注意力不集中,活动当天可能出现一些与平时不同的情况,请家长正确评价孩子,注意纵向比较(与孩子个人过去的表现比较)。如个别幼儿情绪不稳定,闹得很厉害,在老师提醒下,家长先带自己的孩子悄悄地离开,等孩子情绪稳定了,再参与活动。

4. 家长来园时先在班级签到,活动后领取《家长开放日活动反馈表》,并于当天离园时填完交回给班级老师(自备一支笔)。

5. 老师当天穿园服,保持良好的精神状态和礼仪。

6. 活动环节之间的衔接要以游戏或律动来组织,避免孩子和家长消极等待。

附:具体工作安排

<table>
<tr><th colspan="2">时间</th><th>活动内容</th><th>负责人</th><th>协助人</th><th>备注</th></tr>
<tr><td colspan="2">11月30日</td><td>活动方案策划</td><td>黄燕妮</td><td></td><td></td></tr>
<tr><td colspan="2">11月30日</td><td>教学活动选定</td><td>黄燕妮</td><td></td><td></td></tr>
<tr><td colspan="2">11月29日</td><td>活动邀请函发放</td><td>郑苏倩</td><td>黄燕妮</td><td></td></tr>
<tr><td rowspan="5">12月5日</td><td>7:40~8:30</td><td>孩子入园、生活活动
早操</td><td>黄燕妮</td><td>邹婵/朱晓杰</td><td></td></tr>
<tr><td>8:30~9:00</td><td>幼儿使用早餐、点名字、生活活动</td><td>邹婵</td><td>朱晓杰</td><td>家长短会(黄燕妮)
组织吃完早餐的幼儿晨间阅读(邹婵)</td></tr>
<tr><td>9:00~9:10</td><td>谈话活动</td><td>黄燕妮</td><td>邹婵</td><td></td></tr>
<tr><td>9:10~9:50</td><td>教学活动(一):
数学:小企鹅捉鱼A组
户外:呼啦圈过河B组</td><td>黄燕妮
邹婵</td><td>朱晓杰、
见思源</td><td>维持幼儿活动时的秩序(黄燕妮)
维持家长观摩秩序(朱晓杰)</td></tr>
<tr><td>9:50~10:10</td><td>生活活动+水果餐</td><td>朱晓杰</td><td>黄燕妮、邹婵</td><td>组织吃完水果的孩子上厕所,准备上教学活动</td></tr>
</table>

（续表）

<table>
<tr><th colspan="2">时间</th><th>活动内容</th><th>负责人</th><th>协助人</th><th>备注</th></tr>
<tr><td rowspan="5">12 月
5 日</td><td>10：10～10：50</td><td>教学活动（二）：
数学：小企鹅捉鱼 A 组
户外：呼啦圈过河 B 组</td><td>黄燕妮
邹婵</td><td>见思源
朱晓杰</td><td></td></tr>
<tr><td>10：50～11：05</td><td>生活活动</td><td>朱晓杰</td><td>黄燕妮
见思源
邹婵</td><td></td></tr>
<tr><td>11：05～11：20</td><td>餐前讲故事＋午餐播报</td><td>黄燕妮</td><td>见思源
邹婵</td><td></td></tr>
<tr><td>11：20～11：30</td><td>餐前准备</td><td>邹婵</td><td>见思源</td><td>组织幼儿洗手，安静等待用餐</td></tr>
<tr><td>11：30</td><td>午餐</td><td>朱晓杰</td><td>见思源
邹婵</td><td>组织家长有序离园（黄燕妮）</td></tr>
</table>

（三）亲子活动

1. 亲子活动的定义

幼儿园亲子活动是家园共育的一个重要途径和组织形式，是由幼儿园创造一定的条件，以教师为主导，让教师与家长共同参与组织幼儿活动的一种教育方式。① 亲子活动作为一种家长深度参与的教育活动，也是家长和教师建立信任关系的非常有效的途径。

2. 亲子活动的分类

根据不同的开展空间，分为室内和室外的亲子活动；根据不同的组织形式，分为专门设计和自由组织的综合亲子活动；根据不同的活动目的，分为游戏型、探索型、节日型亲子活动。②

3. 亲子活动的实例（以游戏型亲子活动为例）

中一班春游方案

一、活动目标

1. 让孩子走进自然，亲近自然，感受春天的美景，感受生活，在与大自然的接触中感受人与自然的和谐；

2. 在幼儿、家长、老师的互动游戏活动中，获得情感交流，体验快乐；

3. 激发幼儿热爱大自然的情感，增强环保意识。

二、活动时间

2018 年 4 月 27 日（周五）8：00～15：00。

---

① 缪晨露. 幼儿园亲子活动的现状分析及对策研究[J]. 课程教育研究，2019(9)：8－9.

② 胡耀岗，葛东军. 幼儿园综合亲子活动的特点、类型及过程[J]. 教育导刊，2013(6)下半月.

三、活动地点

坪山聚龙山公园。

四、参与人员

中班级幼儿以及家长。

五、活动相关策划

活动方案负责人:***

邀请函:***

活动温馨提示:***

应急方案负责人:***

大巴车、保险负责人:***

签到表负责人:***

幼儿奖品负责人:***

后勤协助:无

六、协助人员

曾老师(中二班)

七、物品准备

大巴车、相机、应急药品、垃圾袋、音响、小蜜蜂、班级花名册、幼儿奖品、班牌、游戏道具。

八、活动准备

1. 提前了解天气预报及查看春游场地(踩点时间4月18日),保障活动顺利进行。

2. 4月23日各班发放春游邀请函,统计参与人数。

3. 各班提前出通知,详细交代春游时家长为孩子准备的必需品:园服、水杯、隔汗巾、零食、水果等。

4. 向幼儿介绍海边的景点,让幼儿对地点有初步的认识,激发幼儿外出活动的兴趣。

九、活动流程及事项相关安排

时间	活动内容	负责人	备注
4月23日	发放春游邀请函	***	
4月24日	回收邀请函的回执单,并统计好参加活动的人数	***	
	修改并完善春游活动方案	***	
	向幼儿介绍海边景点	***	
	再次确定活动当天的大巴、保险、流程等相关事宜	*** ** ***	

(续表)

<table>
<tr><th>时间</th><th colspan="2">活动内容</th><th>负责人</th><th>备注</th></tr>
<tr><td rowspan="4">4月25日</td><td colspan="2">外出活动的安全教育</td><td>***</td><td></td></tr>
<tr><td colspan="2">完成幼儿奖品购买</td><td>***</td><td></td></tr>
<tr><td colspan="2">幼儿姓名贴</td><td>***</td><td></td></tr>
<tr><td colspan="2">1. 家长、幼儿车辆安排名单
2. 发放外出温馨提示</td><td>***</td><td></td></tr>
<tr><td rowspan="10">4月26日</td><td colspan="2">摄影</td><td>***</td><td></td></tr>
<tr><td>7:45～7:55</td><td>操场集合,签名</td><td>***</td><td></td></tr>
<tr><td>7:55～8:00</td><td>组织家长带领孩子排队上车就座(班主任做好带队工作,配班老师和生活老师做好引领和清点人数工作)</td><td>***
***
***
***</td><td></td></tr>
<tr><td>8:00～9:00</td><td>前往目的地</td><td>***
***
**
***</td><td></td></tr>
<tr><td>9:00～10:30</td><td>1. 拍集体照
2. 亲子律动
3. 亲子游戏
4. DIY 风筝</td><td>***
***
***
***</td><td></td></tr>
<tr><td>10:30～11:30</td><td>野餐、休息</td><td>家长及队长
*** 爸爸
*** 爸爸
*** 爸爸
*** 爸爸</td><td></td></tr>
<tr><td>11:30～14:00</td><td>自由活动</td><td>家长</td><td></td></tr>
<tr><td>14:00～14:30</td><td>集合</td><td>班级老师</td><td></td></tr>
<tr><td>14:30～15:00</td><td>返园—离园</td><td>班级教师、行政</td><td></td></tr>
</table>

十、注意事项

1. 各班于活动前一天发放活动温馨提示,告知家长集合时间、集合地点及活动安排与注意事项,要求具体,细致周到,强调纪律性和组织性。

2. 整个活动由各班级家委会协助老师完成,配合老师分工协作,包括小组负责人、摄像、安全、游戏奖品等。

3. 加强管理和监督措施:对合个环节安全防范措施做到层层落实、责任到人(班主任为班级安全工作第一责任人,全面负责幼儿出游安全工作;副班教师负责配合班主任组织好幼儿活动,维持好活动纪律;生活老师负责照顾好幼儿出游护理工作)。

除此以外各班级增配行政人员保障出游安全工作。

4. 活动前,班级教师要加强对幼儿进行春游活动安全教育,增强幼儿安全防范意识和自我保护能力。

5. 保健医生、生活老师携带好急救用品,及时关注需要帮助的幼儿及家长。

6. 春游活动期间一切行动听从指挥,准时出发,随时清点人数。

7. 活动过程中,请家长引导幼儿保护环境,将垃圾收集好放到垃圾桶。

8. 活动当天教师(夏季粉色园服)、幼儿统一穿夏季礼服来园。

9. 各班级老师提前做好三人团队的分工,并做好图片资料的收集和整理工作。

2018 年 4 月 25 日

亲子活动结束之后,班级老师应及时进行反思,总结经验,发现不足,这样才能在下次的活动中不断完善。下面这个案例展示了一位主班老师在亲子活动之后对活动的反思,非常地全面,值得大家借鉴。

【案例】

一、活动前期的工作

本次活动的地点我们选在了惠州大亚湾霞涌黄金海岸,活动的前一周,小班级老师与各班的家委代表开车前往目的地踩点,查看地形,如洗手间的位置、场地的选用、如何在沙滩上开展活动、可以开展哪些活动等。踩点的当天,老师与家委们一边查看路线,一边捡贝壳、挖螃蟹等,于是就有了当天的孩子们捡贝壳,挖螃蟹、堆沙堡的活动。去年黄金海岸在经过整改后,环境也十分好,特别干净,一路往回走,家委们都说这是一个很好的地方,孩子们也肯定特别喜欢。回园后,所有老师召开会议,讨论本次活动的具体方案与行前提示。

二、班级开展情况

本次活动本班参与人数 20 人,5 位幼儿因感冒不能参与,另外 5 位幼儿因为家庭情况不能参加。活动前一天,召开班级会议,了解当天的活动流程,明确各老师的工作职责,做好各项准备工作;给家长们发放行前温馨提示,提前将活动的家长分成四组,每组一位小组长,并告知家长一定要准时来园,为春游做好准备工作。

三、不足之处

1. 班级教师的配合。班级老师对自己的分工都很清楚,但在细节的地方还需注意,比如上下车的安全、排队整队的配合都需在以后更加努力,形成一种默契。

2. 游戏的选择。以上的两个游戏中,第一个游戏比较合适,家长和幼儿会有亲子的互动,增进了亲子之间的情感。但在组织时,只是介绍了游戏规则,没有规定违规者该怎么样。第二游戏的选择有些不适合,没有考虑到家长的参与性。

(选自何意文老师 2018 年 5 月 8 日周工作反思)

二、对话:如何有效沟通

人们渴望社会对他们的决定和行动、他们的观点和建议表示赞同。[①] 在家园关系中,家长和教师都会提出各自的需求,并希望能获得对方的支持和赞同。我们将家园沟通中的提出方不同,分为基于家长的需求和基于教师的需求两类。我们来看看在实践工作中,这两类需求各自集中在哪些方面。

(一) 基于家长的需求及策略

基于家长需求的四个方面的具体表现如下:

1. 建议反馈

家长方提出的涉及班级的建议反馈主要集中在幼儿健康、幼儿园教学两个方面。

(1) 幼儿健康

对于家长来说,幼儿在园的健康状况是头等大事,因此也会极为上心。在家长的建议反馈中,涉及较多的就是幼儿健康的话题。

(2) 幼儿园教学

每个幼儿园有自己的教育教学方式和课程内容,教学与幼儿的学习与发展紧密相关,家长自然也会关注多些。H幼儿园地处客家聚集地,在园本课程建构上,基于本土文化,构建了客家文化课程,对此,有些家长提出了自己的疑问:

【案例】

琪琪妈妈在班级群里问班主任P老师:"这个礼拜发的亲子作业单要求写客家童谣,这个……我们不是本地人,不懂客家话,怎么写呀?"有几个家长也随声附和。很快,群里的P老师出来回复了家长的疑问:"琪琪妈妈,家家童谣属于客家文化,客家文化也是幼儿园的园本文化,我们生活在Y这个客家聚居地,这个亲子作业单的目的是想让孩子了解自己所生活的地方的文化,同时培养孩子热爱家乡的情感。客家童谣朗朗上口、趣味性强简单易学,平时在幼儿园老师也会组织学习客家童谣以及将客家文化渗透到一日活动中。家长们可以向当地的人们学习一些,也可以通过网络学习,然后简单地向孩子讲解和念读童谣,让孩子了解当地的文化。"

对于幼儿园的教学和课程,家长常常会提出自己的疑问,作为主班老师要即时从专业的角度进行回应,消除家长的质疑,同时争取家长对教育教学工作的支持。

2. 寻求帮助

在教师与家长的沟通中,另一类比较集中的由家长发出的需求就是寻求帮助。这类需求主要集中于两个方面:幼儿冲突、教养方式。

(1) 幼儿冲突

在班级中,幼儿之间难免会发生一些小小的冲突,家长往往也特别担忧幼儿之间的冲突给自己孩子带来的伤害。

---

① 彼得·M.布劳.社会生活中的交换与权力[M].李国武译.北京:商务印书馆,2012:115.

【案例】

小一班的进进在班上和东东打闹时,脸上被抓伤,因为不是特别明显,当天班上的老师并未发现。于是进进爸爸晚上10点向主班老师D老师发微信提出质疑。对此,D老师对进进爸爸的问题进行了回应:"进进爸爸,很抱歉,对进进这次受的伤,老师很心疼,明天会找两位小朋友好好了解情况。刚刚也和东东妈妈联系了,妈妈表示了歉意,希望能及时解决两个小朋友之间的问题。另外,在老师平常的关注中,几个男孩是玩得挺好的,除了一些游戏时的小打闹,一直都很友好,东东也的确有时会招惹其他小朋友,但从来都没有恶意伤人的行为。进进一直是很善良大度的孩子,小朋友们都喜欢他,所以爸爸放心,也希望谅解老师的这次疏忽,待明天了解情况后,再详细跟你聊,也辛苦爸爸妈妈转达老师对进进的爱和问候,放心来幼儿园,有任何事情和困难来找老师帮忙。"

孩子之间发生了冲突,一方孩子受了伤,家长发来短信,这位主班老师处理得很好。首先对工作中的疏忽做了道歉,同时表示会跟踪了解情况,也向爸爸介绍了孩子之间的交往会有些小的矛盾,但总体是在正常范围内,缓解家长对孩子冲突事件的焦虑。

(2) 幼儿教养

在班级中总会有那么1~2个孩子会表现得比较特殊,比如不太合群、攻击性行为比较多、注意力难以集中等。对于这类孩子,家长通常也会焦虑,不知道要如何正确引导教育孩子。有些家长出于对教师专业能力的信任,会向班上的老师寻求帮助。

对于来自家长的求助,教师自身需要具备扎实的专业水平,能够从专业角度去解答家长的教养困惑。在沟通交流的过程中,教师和家长能够进一步建立信任和理解,达成家园一致。

3. 冲突矛盾

在家园沟通中,避免不了冲突和矛盾,各自的角度不同,对教育的理解不同,常见的冲突矛盾集中于教育活动形式、意外伤害两个方面。

(1) 教育活动形式

幼儿园每年会举办各类形式的教育活动,对于活动形式,不同的家长会有不同的看法和异议,有些反馈会非常尖锐,遇到这种情况,如何沟通?我们来看下面的这个案例:

【案例】

幼儿园每年会在园内举行童话戏剧表演活动,随着班级的增加到11个班,童话剧分为了上午和下午两场进行。当上午场的活动结束后,中一班的一位妈妈立马在班级群发出质疑的不同声音:"感觉童话剧的表演,不是给家长看的,孩子们成了表演的工具。位置太靠后,同时位置也不够,根本看不到,请那么多领导干什么?为什么不去租一个大场地,或者去大剧院?而且分上下午场对孩子来说是一个遗憾。"

中一班的主班D老师随即在家长群,对家长质疑的几个问题一一进行了回应:

"(1) 场地问题。为什么选择在幼儿园而不是其他地方?因为幼儿园是孩子熟悉的地方,在熟悉的环境下,孩子能更自如地去表现和发挥,同时也避免因为场地不在幼儿园的路途奔波和安全问题。

(2) 分场问题。一共11个节目,每个节目平均8分钟,孩子的注意力时间和成人不同,同时,分上下午场每个孩子又都可以尝试表演者和欣赏者两种角色,全身心表演后,以更好的精力和状态去欣赏他人,不管上午还是下午,都有家长和孩子共同参与。

(3) 嘉宾领导问题。幼儿园的发展离不开每一位家长的支持和配合,同样需要社会各界人士的支持,这次邀请的嘉宾一共只有两排,前面都是5个班孩子的位置。

(4) 位置不够的问题。在演出前老师对于一个孩子来多个家长的情况也都进行了沟通交流,位置会不够,希望大家理解,互相照顾协调。

(5) 坐在后面看不到。坐在后面看不到的问题,老师在这里也表示很抱歉,但是我想在我们班后面还有小班的家长,也考虑到这点,幼儿园特别请了摄影师拍摄视频,我们班也请了可倪爸爸给孩子们拍照。

这次的童话剧也的确是存在不足,有瑕疵,相信经历过我们会一次比一次更好。看到每个孩子在舞台上就像小精灵一样,用自己的方式演绎着喜欢的角色,对于四岁的孩子来说,是多么难能可贵的经历和成长。很多时候,我们是不是可以换个角度,去发现一件事情中更幸福更重要的元素。”

上面这个案例中,家长的质疑非常尖锐和不友好,对于刚刚结束的活动组织者和参与者来说,是全面的否定,而且在班级群这样的公共平台,更容易引起其他家长的附和。针对家长的质疑,主班老师梳理了5个问题,并一一有理有节地进行了回应,既阐述了幼儿园的教育初心,阐明了活动的价值,也厘清了家长的不理解。这样的回复,值得大家借鉴和学习。

(2) 意外伤害

幼儿在园中难免会有些磕磕碰碰,有些小磕碰,有时可能也不一定是在幼儿园发生的,如果遇到这种情况,我们又该如何沟通呢?

【案例】

晚上8:22,幼儿园小一班的泽泽妈妈在家长群发了2张泽泽脖子被抓伤的照片,有家长问:“怎么了?”泽泽妈妈回复:“在学校抓的。”接下来泽泽妈妈与班上三位老师(主班老师P老师、配班老师F老师和保育员M老师)展开了以下交流对话。

泽泽妈:今天不是都在玩吗? 怎么会抓成这样?

P老师:泽泽妈妈,今天早上泽泽爸爸在活动开始了才送宝贝过来,活动结束后我们老师就发现宝贝脖子上的伤。当时老师问他,说是在家跟妹妹玩弄到的。我们每周一都会检查小朋友的指甲,本周一才把所有小朋友的指甲都剪短。在这里也请各位家长在百心之中抽出时间来为自己的宝贝修剪指甲,在保护自己的同时也不伤害到同伴。幼儿园是集体生活,同伴之间交往难免发生摩擦,谢谢大家的配合!

泽泽妈:他妹妹已经回家一个月了,昨晚上我刚给她剪了指甲。

M老师:泽泽这几天有点喜欢和小朋友们打闹,我们每次也会提醒他。

泽泽妈:我能理解,因为他是比较淘气,有时也不听指挥。有那么多小朋友要照看,还要不让他们受伤,也真是太为难你们几位老师了。谢谢你们对他的付出,真的很感谢!

F老师:他其实很懂事的,我们都很喜欢他。他也会经常跟我们表达说,他很喜欢我们,我们都会开心。

M老师:我们会尽心尽力对班上的每位宝贝,有时做得不周到的地方,家长能理解,就是我们再累也值得。

F老师:虽然我们时刻关注着宝贝们,孩子们天性活泼可爱,难免有些磕磕碰碰,谢谢您的理解!每个孩子都是父母的心肝宝贝,作为他们的老师,我们同样很爱他们,宝贝们每天在幼儿园开开心心、平安健康就是我们最大的心愿和安慰,谢谢您!

M老师:可能是跟其他小朋友玩的时候弄到,老师发现了他又不敢说,泽泽宝贝也是很聪明的孩子。

P老师:对呀,泽泽宝贝是个非常机灵的孩子,今天早上检查他衣服有没有汗湿的时候,我也看到了。下次会及时跟您沟通,跟进宝贝的情况,泽泽妈妈!

泽泽妈:谢谢老师的关心,给你们添麻烦了。

一场可能发生的冲突,在班级三位老师的参与交流下,从事情的原委、老师在这个过程中的关注以及对孩子各方面的反馈,打消了家长的疑惑,并在最后大家达成教育共识。

4. 肯定支持

对于班级和幼儿园的工作,家长也并非一味地挑剔和有意见,他们对于幼儿园和班级工作,也会发自内心地肯定和支持。

【案例】

刚过去的六一活动,幼儿园没有像其他园所举办文艺汇演,而是举办了一场亲子运动会,活动结束后,家长表示肯定和支持。果果妈妈特意针对这个活动在微信中发了个朋友圈:"许多家长可能疑惑,为什么幼儿园不像其他幼儿园一样,给孩子化美美的妆,选一个大大的礼堂,在舞台表演,这样孩子也不晒,家长也不累,幼儿园还省事。后来跟班上宝妈聊天,才知道幼儿园的理念。虽然在大太阳底下,宝贝们家长们个个晒得汗流浃背,可是,孩子们更真切地感受到爸爸妈妈那种最直接表达爱的方式,抱着孩子往上抛,讲着我力气好大。通过家长与孩子的亲密互动与游戏,让孩子感觉父母的爱,我们重视他们的节日,而不是在他们节日那天,表演几个排练了几个星期的节目给家长看,就算度过了他们的六一!爱,在于陪伴!果果说她更喜欢妈妈爸爸陪着一起开心地玩!"

下面有家长评论:"说得好!我们虽然没有表演,但亲子活动却能够让宝贝们真实地感受爸爸妈妈的爱。如果是表演,我想小朋友和老师从3月开始就要思考,然后不断地排练节目了,孩子们私下排练的累,只有老师和孩子们才能体验到。六一本来就是孩子的节日,让孩子快乐地玩快乐地过节才是最实在的。"

六一儿童节是孩子和家长最在意的节日,幼儿园的教育理念决定了节日活动的形式,好的家园沟通能够让家长体会幼儿园的用心与教育的用意。

(二) 基于教师的需求及策略

在班级管理工作中,教师也会需要寻求家长的支持,主要集中在教学支持和家园共育。基于教师发出的需求,我们又要如何有效沟通,去获得家长的支持呢?

1. 教学支持

幼儿园的教学不仅仅发生在幼儿园中,也会延伸到家庭当中,需要家长的积极配合和支持。

【案例】

幼儿园中二班有主班S老师在家长群发了一条信息:"大家好!我们中二班要开展'小小养蚕员'活动了!小朋友们将轮流带蚕宝宝回家照顾,第二天早上带回幼儿园,需要保护好蚕宝宝哦。请家长引导幼儿做好观察记录(幼儿口述,家长帮助记录或者幼儿自己以图画的方式记录)并与大家分享。我们也欢迎家长们给我们提供桑叶哦。今天轮值照顾蚕宝宝的小朋友是＊＊＊,谢谢大家的支持与配合。"

同时S老师将蚕宝宝的照片发到了群里,很快群里的家长积极表示支持。

这是一个需要家长配合的,延伸到家庭中的教学活动,主班老师在群里进行了清晰的表述,并对家长需要配合的事情,写得简单明了。很容易让家长理解,并获得家长的支持。

2. 家园共育

当班上的孩子出现了教养问题,仅仅依靠幼儿园一方,很难从根本上解决问题,这个时候,班上的老师需要寻求家长的配合,共同努力来促进孩子的发展。

【案例】

最近幼儿园大一班的其其在班上喜欢扰乱秩序,主班D老师决定单独和其其妈妈在微信上沟通,寻求家长的支持。

D老师:豆豆妈,不好意思,这么晚打扰了,豆豆最近了还是比较喜欢故意去捣乱,有时候甚至还会影响正常的班级活动开展,所以要辛苦爸爸妈妈多陪伴其其。豆豆是可以管理好自己的,目前我们也在寻找合适的方法。单独和豆豆在一起的时候,非常好,在集体生活中,就不行了,我们很需要爸爸妈妈的力量。

豆豆妈:我明白,我和他爸爸一直出差,我们对这个结果必须承担责任。我们陪伴其其的时间太少了。现在还没找到有效办法。

D老师:我们一起加油!

豆豆妈:我上次带他去医院做检查,医生的诊断是,他的智力没有问题,就是能力还停留在四五岁。

D老师:嗯,有这方面的原因,但是一直以来,老师都非常爱他,对他的关注度很高,相信豆豆会越来越有进步的。

豆豆妈:应该说辛苦你们了。我们一起期待这棵慢慢长的黄花梨。

D老师与家长的沟通,从共同的关注点孩子出发,以同理心,表达对孩子的关心,同时明确提出对家长共同教养的需求,获得了家长的认同和理解。

(三) 日常沟通的交流策略

家园关系的日常沟通，需要掌握以下几个策略：

1. 即时反馈

在上面的几个案例当中，当家长发出需求或质疑时，老师不能回避问题，而是需要即时反馈、释疑，消除家长的疑惑，并取得家长的认同。

2. 关注需求

在日常沟通中，不管是教师发出的需求还是家长发出的需求，我们都要读懂和了解对方的需求点在哪，从哪个角度去切入话题，才能更好地达成家园一致。在下面的两个案例中，我们采用对比的方式，进行呈现，如何关注需求，有效沟通(见表 3－14、表 3－15)。

表 3－14　教师如何寻求家长支持

一位刚入园的幼儿生活自理能力很弱，教师与家长的对话	
教师：你的孩子什么都不会，吃饭、穿衣、大小便都要人帮忙。这样的孩子将来怎么办？ 家长(听了很生气)：我孩子要什么都会还来幼儿园干什么？	教师：你的孩子很聪明，融入班级也快。 家长：是呀，我也感觉孩子挺聪明的。 教师：像吃饭、穿衣、大小便这些小事，这么聪明的孩子肯定学得又快，做得又好。 家长：孩子生活方面能力有些弱，还要靠老师帮助提高。 教师：那以后我们一起努力来提高孩子的生活自理能力！

表 3－15　教师如何读懂家长需求①

一位家长因为孩子跳舞事情来找老师沟通	
教师：你好，我能为你做点什么？ 家长：你怎么就不让我家佳佳跳舞？她回家说每次跳舞老师都让她坐着。(想要) 教师：我问她是不是不想跳，她说，是的。我这才让她坐在旁边看的。(自己的立场) 家长：你知不知道她每天回家就嚷着要跳舞给我和她爸爸看？(重复想要) 教师：可她确实是这样回答我的呀。(坚持自己的立场) 家长：那么喜欢跳舞的孩子，你说她在幼儿园不想跳舞谁相信？(愤怒) 教师：我尊重孩子的意愿有什么错？(指责) 家长：你……什么老师？……(冲突爆发)	教师：你好，我能为你做点什么？ 家长：你怎么就不让我家佳佳跳舞？她回家说每次跳舞老师都让她坐着。(想要) 教师：哦，佳佳很喜欢跳舞吗？(关注—探究需要) 家长：是呀！她每天回家就嚷着要跳舞给我和她爸爸看。(感到被聆听、重视) 教师：这么说，她真的喜欢跳舞，希望在学校也能跳舞。 家长：是的。(感到被理解) 教师：我问她是不是不想跳，她说，是的。(自己的立场)我们怎样做才能让她家园一致呢？(确认—邀请一起解决)

---

① 案例摘自有效沟通[EB/OL]. (2020－8－2)[2019－4－13]. https://ishane.iask.sina.com.cn/f/6rNQv1q1HmH.html.

(续表)

	家长:我想她可能在学校跟不上其他同学,就不愿意讲真话,如果给孩子更多的鼓励和信心就好了。(解决方案) 教师:我工作疏忽了,明天就让她和同学一起跳。我们一定要多联系,共同促进孩子健康的发展。谢谢你们! 家长:也谢谢你们,辛苦了!(双赢)

通过上述案例,我们可以看到,读懂需求,是有效沟通的前提。两个案例中,对于同一件事情,不同的沟通方式会产生截然不同的沟通效果。

3. 共情共鸣

在家园沟通过程中,坦诚相待非常重要。哪怕工作中出现一些瑕疵,能够正确面对,取得家长的认同,沟通会顺畅很多。

【案例】

幼儿园大三班主班教师Z老师第一次组织家长会,面对家长会中自己的不足之处,Z老师在会后在家长微信群中发了一条信息。

Z老师:感谢各位家长的到来,也感谢各位家长一直以来对老师的信任与理解,有点紧张,有很多地方讲得过于书面话,很多家长可能不是那么理解,在今后的工作中也可以随时与老师沟通交流,老师也会继续耐心、仔细、认真地培养孩子们各方面的能力,让孩子们顺利有效地完成幼小衔接。也希望家长和老师家园共育一起合作,保持有效沟通,积极关注班级微信群。也真心希望我们大三班的每个宝贝每天进步一点点,健康快乐地成长!

很快有家长在群里回应了Z老师:下午Z老师的发言都说到我们家长的心坎上了,特别是我们家长们最担心的关于幼小衔接的问题,诠释得特别全面和深入,包括后续学期计划的内容都是以幼小衔接为主,这也正是我们家长所期望的!谢谢Z老师、L老师和Y老师的辛勤付出!

Z老师发自内心的话语,直面家长会的不足,也向家长提出了家园共育的需求,获得了家长的反馈与回应。

4. 有理有节

在家园沟通过程中,由于各自角度不同、信息不对称等原因,会造成家长有疑义需要解答,这个时候需要教师有理有节地进行回应。

【案例】

1. 孩子回来说饿

家长:孩子每次回到家都说饿?是因为在幼儿园没吃东西或者没吃饱吗?

老师:一般孩子在幼儿园中午11:20开饭,下午2:30加餐,牛奶、面包,粗粮等都是不限量的,晚上回家吃饭正好。食物在胃里4个小时就消化了,一般到家感觉到饿也是实属正常。另外,孩子在园也是有运动的,当运动量比较大的时候也自然消耗了一定的体力,所以消化也就快了,别说是小孩,就算是大人也该饿了。

2. 孩子为什么没有书本

家长:为什么小孩没有书本?没有书,那他们学的到底是什么?

老师:本园的课程是有计划、有目的地组织与实施,并贯穿于一日生活之中,是与孩子的年龄特征,学习特点相适应的系统学习,它与其他年龄段的教育既有着密切联系,又有很大差异,我们幼儿园教育是保教结合的教育,学科划分为五大领域,分别是健康、语言、社会、科学、艺术,这些领域也就是现在我们小朋友正在学习的五大领域。在整合课程实施过程中,我们把健康、语言、社会、科学、艺术等五大领域有机融合在每个活动当中,从而使孩子的身心得到更加全面和谐的发展。

幼儿园的教育不同于其他教育,我们的教育教学是依据《幼儿园教育指导纲要》和《3~6岁儿童发展指南》来指定的,每个活动安排为20分钟,活动里动静结合,让孩子在游戏中学习,在学习中游戏。

案例中两个家长质疑的问题,是幼儿园中经常会遇到的。作为教师,一定要基于扎实的专业知识和科学的教育理念,结合幼儿园的办园理念进行阐述,获取家长的理解和信任。

(四) 网络交流平台的管理

随着互联网技术的发展,家园沟通的形式发生了巨大改变,通过网络交流平台来实现家园沟通与交流,成为当前家园工作的主要沟通方式。然而新的方式,也会带来新的问题,在网络平台中,信息的发布与传播非常迅速,不可避免会造成信息发布的泛滥以及监管的失控,最终导致极大削弱了交流平台应有的功能,并可能带来负面影响。在网络平台中,充分调动家长积极性与主动性,参与平台交流的管理,会收到事半功倍的效果。

【案例】

为解决家长微信群信息发布混乱,真正的通知容易被刷屏的问题,K幼儿园小四班的家长,通过商议制定了一个小四班微信群公约:

1. 家长以幼儿实名制入群:** 妈妈、** 爸爸,非直系亲属不进群(特殊情况和老师私下沟通)。

2. 微信群方便家园之间的沟通交流,仅供家长们分享育儿经验、教育心得等,老师分享相关信息或发布重要紧急通知(正常情况下,通知和幼儿在园剪影等信息会发送至信息平台,请大家下载平台家园家长端App)。

3. 群内若发布重要内容,除特别说明,不用空泛回复。

4. 不在群里传播不利于班级氛围的内容,请保持宽容的心态,不针对个人,不争吵,不进行人身攻击和影响班级团结。

5. 班级教育教学管理中存在的任何问题或宝贝的个别私人问题,请家长和班级老师直接面对面沟通或电话联系或微信私聊。

6. 理解老师的延迟回复,为了保障教学质量和安全,带班期间老师不上微信和接听电话,若有特殊紧急事情,请拨打幼儿园办公室电话 ****** 转达班级老师。

7. 为了维护班级群的良好氛围,请勿在群里传播各种带有广告、营销性质,消极负面的软文、链接、图片或未经证实的消息。

希望小四班的每一位大朋友共同遵守我们的约定,营造良好的班级氛围,和老师一起携手共育,和孩子们一起享受快乐的幼儿园时光!

家长共同制定的微信群公约,较好地防范了在网络平台交流时容易出现的各类问题,同时由于是家长自行商议制定,执行力度也更有保障。

三、引领:如何实现家园共育

在家园关系中,教师作为专业的教育工作者,具备专业的教育理念和专业知识,因此也承载着引领家长的重要职责。家长期望能够获得更多科学的教育理念和专业的教育方式,教师也希望家长能和自己保持教育一致性,真正实现家园共育。为促进家园共育的顺利开展,在班级中开展的常规工作形式有家访和家长会。随着互联网技术日益渗透到幼儿园管理的各个领域,有些幼儿园会利用微信公众号平台开设亲子电台等新形式。接下来,我们主要介绍的是常规的家访以及家长会这两种工作形式的组织。

(一) 家访

1. 家访的含义

家访是联系家庭和幼儿园的重要纽带。通过家访教师可及时了解幼儿在家的习惯以及学习情况,倾听家长对幼儿园工作的建议,取得家长对幼儿园和教师的理解和支持,共同促进孩子健康发展。①

家访可以让家长感受到老师对孩子的关心和爱护,在家访中我们走进家庭将近期幼儿的表现反馈给家长,同时感受幼儿的成长环境了解家长的素质和家庭教育状况等。

2. 家访的形式

幼儿园常见的家访形式主要是到家访问和电话访问。(1) 到家访问主要有针对小班新生的家访和针对特殊儿童的家访。(2) 电话访问主要有针对未出勤幼儿的电话沟通和发生意外事件后与家长的电话沟通。

3. 家访工作的开展

对于班级老师来说,到家访问是家园沟通过程中必须把握的工作形式,也是需要沟通艺术和提前规划的工作。因此,接下来要介绍的是到家访问中最常见的新生家访工作。

每位老师进行家访之前,一定要制定详细的家访工作方案,包含了活动目的、活动准备、活动内容、注意事项以及家访安排表。具体的操作方案可参见下面这个案例:

---

① 徐凤玲.幼儿园家访的主要形式[J].宁夏教育,2017(1):22-23.

【案例】

幼儿园小四班家访工作方案

一、活动目的

1. 通过家访,了解到幼儿在家的生活习惯、行为习惯及特点,力争对每幼儿做到心中有数,为家园共育打好基础。

2. 通过开学的适应期反馈幼儿在园情况,让家长了解幼儿在园的生活情况,为家长解除后顾之忧。

3. 通过交谈了解幼儿家里的文化,及在家里谁是最关注孩子的,具体关注孩子的哪个方面。

4. 请家长一起合理安排幼儿入园后的作息时间,做到家园共育。

二、活动准备

1. 提前电访和家长约定好时间进行家访工作。

2. 向家长了解具体的家庭住址,在同一片区住的,集中家访,提高工作的效率。

3. 准备好家访的调查表和园服的尺码统计表。

4. 分工合作,班主任进行交谈,副班老师做好记录,保育老师和孩子一起玩。

三、活动内容

1. 介绍班级的老师给家长认识。

2. 了解孩子在家的生活习惯和作息时间。

3. 了解幼儿饮食习惯和爱好。

4. 了解幼儿是否有特殊习惯(如:睡觉抱公仔)。

5. 了解幼儿有没有过敏的食物和药物。

6. 向家长提出入园后的注意事项和要求(如:入园后调整幼儿的作息时间,早点入园晨练,在家多鼓励幼儿来幼儿园,不要拿老师威胁孩子,早点来幼儿园接孩子)。

7. 填写家访调查表,填写完后请家长过目后确认签名。

8. 填写好幼儿的园服的尺码统计表请家长过目后确认签名。

9. 拍照合影留念做档案。

四、注意事项

1. 注意衣服的搭配,选择比较舒适的衣服。

2. 注意言行举止,态度温和,礼貌问好。

3. 教师根据家访情况如实填写家访调查表,方便以后对孩子的观察及家园共育。

4. 三位老师约定好时间集合,规划好家访的路线。

附:家访安排表

时间	幼儿姓名	联系方式	住址	时间	备注
9月2日					
9月3日					
9月4日					

（续表）

时间	幼儿姓名	联系方式	住址	时间	备注
9月5号					
其他					

2019 年 8 月 25 日

（二）家长会

每个学期，班级都会召开家长会，传统的家长会基本是单向的信息反馈型，即主班老师向家长介绍本学期工作重点和幼儿的教育目标。这种传统的形式，能够有效快速地传递信息，但属于一人主导，缺乏互动和家长的参与。近些年，幼儿园意识到传统形式的不足，开始拓展新的家长会形式，体验式家长会应运而生。

1. 体验式家长会

体验式家长会是让家长身临其境投入到老师精心设计的每个流程中去，在老师的启发下能将参与游戏后的感受与现场的每一位家长进行分享和交流，用心感悟游戏背后深刻的教育意义。还可通过观看一些与家长会主题相吻合、具有教育价值的视频，在观看视频之后进行深入的讨论和分享，使老师和家长共同达到反思自己教育观念和教育行为的目的。① 与传统的家长会形式相比，体验式家长会强调家长的参与，强调教师与家长的关系是平等、尊重。

2. 体验式家长会主题的确定

体验式家长会的主题选择，可以根据不同年龄段家长的需求来确定主题。如小班第一个学期，考虑到家长们互相不认识，可以开展“沟通从心开始”的主题。大班家长关注幼小衔接，可以开展“健健康康上小学”主题。在确定主题的同时，教师要寻找到与主题相关的资源，如游戏、视频、话题等。表 3－16 是幼儿园小中大班的体验式家长会主题。

表 3－16　体验式家长会主题

年级	上学期	下学期
小班	我们是一家人	家园因您而精彩
中班	一块地总有一粒种子适合	相遇不是用来生气的
大班	带着憧憬上小学	感恩有您

3. 体验式家长会流程

体验式家长会的精华流程可分为：游戏、视频、讨论和分享话题。通常在环节和

① 匡欣. 图解幼儿园体验式家长会实战[M]. 上海：华东师范大学出版社，2017：11.

时间安排上可参与以下程序:(1) 欢迎新朋友(10 分钟),家长相互介绍。(2) 欣赏班级相册(10 分钟),老师呈现幼儿在园的生活照片。(3) 家长亲身体验游戏(30 分钟),老师可将家长分成若干组,共同参与游戏。(4) 话题讨论(40 分钟),根据事先确定的话题,组织家长进行讨论分享。(5) 观看视频或数字故事(15 分钟),视频由老师制作提供。(6) 成果检视,家长会结束后,邀请家长进行反馈,收集家长感受和建议。①

基于交换的家园关系,并非简单的付出与等值回报的关系,教师要了解家长的真正需求,同时了解班级、幼儿园的需求,在各取所需的情况下,建立信任、对话,并加以引导。

班级中的各种角色在班级的情境中会产生各种互动关系,厘清班级中和几种主要互动链,能够帮助教师提升班级管理工作的效率。互动关系是发生在一定的情境中,班级管理同样需要放到具体的社会空间中去审视。接下来,我们将进一步探讨班级管理中的社会空间。

---

① 匡欣.图解幼儿园体验式家长会实战[M].华东师范大学出版社,2017:14.

第四章　空间解构:班级中的空间分析

空间基本上是一个物体同感觉它的人之间产生相互关系形成的,它具有一种内在的心理力度,吸引和支持着人的活动。

——芦原义信①

【学习目标】

1. 了解并掌握班级中的物理空间构成;
2. 了解活动室交往空间中的两种主要活动,掌握如何正确引导这两种活动的交往;
3. 了解并掌握班级中的规则制订;
4. 了解并掌握不同年龄段的班级常规教育。

列斐伏尔认为空间并非社会关系演变的静止“容器”或平台,而是社会关系的产物,产生于有目的社会实践。空间的结构化和建构性特点被强调,人们既是空间性的生产者,又是空间性的产物,他强调空间的辩证性,即空间是社会的产物,是“第二自然”的一部分,它转化了物理空间和心灵空间,同时又是社会行动与关系的中介和结果、前提与表现。②

空间是社会的产物,意味着空间是被生产出来的。在班级的社会空间中,它是班级产生之初的产物。班级的社会空间同时意味着在每一个班级组织中,会生产它自己的空间,也即每一个班级的社会空间与它的社会关系是相一致的。班级的社会空间也是一个历史的过程,在班级形成之初到班级成长,具有一定的积累过程。

第一节　班级中的物化空间

班级的空间布局与功能建构可直接影响幼儿知识接受、技能塑造和情感态度形成的实际效果。在对班级空间进行解构时,我们先要了解的是班级中的物化空间构成。

① [日]芦原义信.外部空间设计[M].尹培桐译.北京:中国建筑工业出版社,1985:35.

② 张江龙,章晓.从单一静态到多维动态——空间理论的发展脉络[J].智库时代,2018(38):257-258.

一、班级空间的构成

根据住建部2019年修订的《托儿所、幼儿园建筑设计规范》条文，幼儿园的生活用房包括婴幼儿班活动单元、多功能活动室和为婴幼儿特殊活动的公共活动室等供幼儿使用的一切用房其他空间。幼儿生活单元包括活动室、寝室、卫生间、衣帽储藏间等基本空间。幼儿园生活单元房间的最小使用面积不应小于表4-1的规定：

表4-1　幼儿生活单元房间的最小使用面积

房间名称		房间最小使用面积
活动室		70
寝　室		60
卫生间	厕　所	12
	盥洗室	8
衣帽储藏间		9

（一）活动室

活动室作为幼儿的主要活动单位，一般是按照大、中、小班幼儿年龄设置，每个年龄班的门口都会有家园联系栏、周计划或班级通知栏等（见图4-1）。幼儿园通常会将活动室根据不同年龄段幼儿的发展需要，指向幼儿发展的五大领域设置活动区域，提供给幼儿自主学习和游戏。

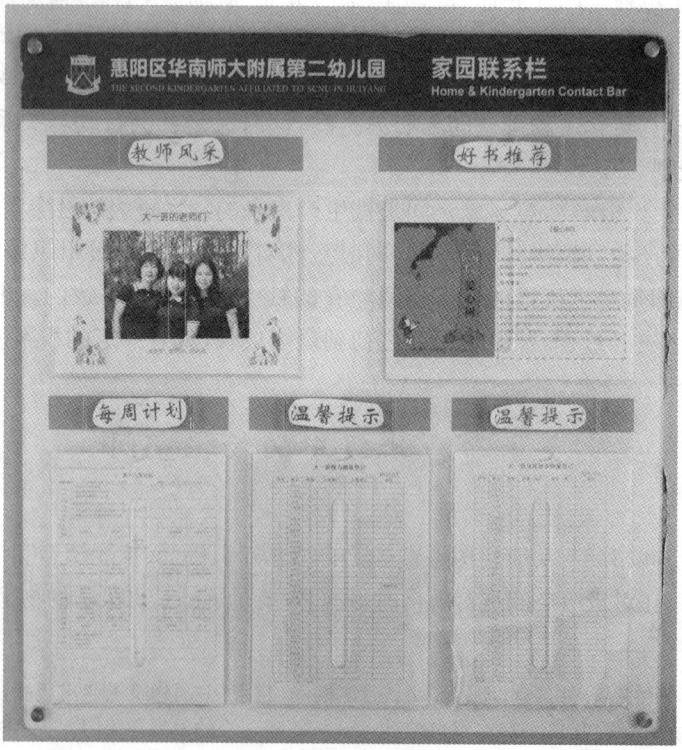

图4-1　家园联系栏

为进一步规划幼儿园的设计，教育部和住房城乡建设部 2019 年公布了《幼儿园标准设计样图》，对幼儿园建设规模、建设标准提出了具体要求。对于班级的空间布置，也提供了参考样图，图 4－2 至图 4－5 展示的是四种班级空间样图。①

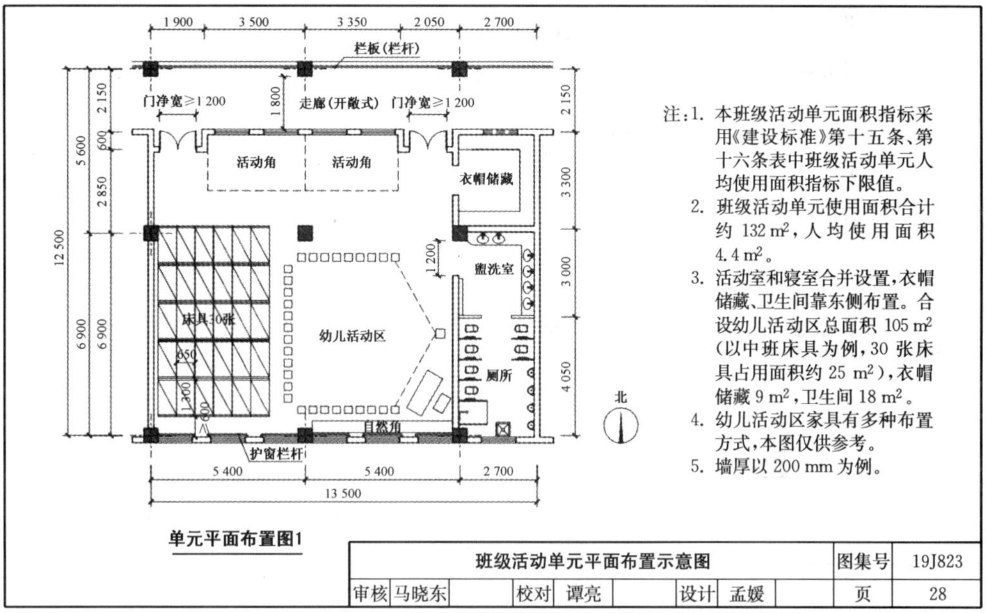

图 4－2　班级活动单元平面布置示意图 1

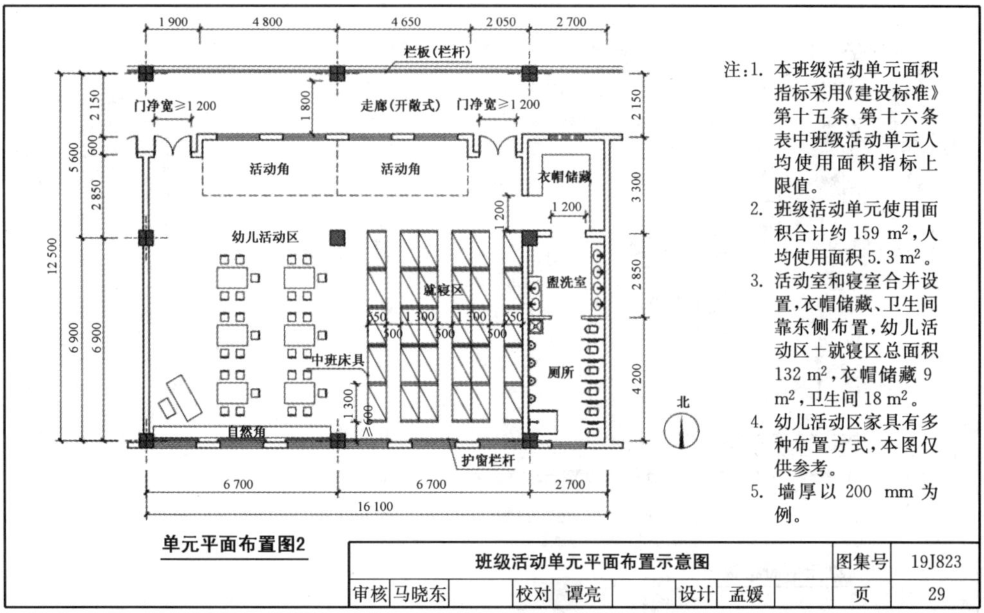

图 4－3　班级活动单元平面布置示意图 2

① 教育部住房和城乡建设部，教发函[2019]1 号，教育部住房和城乡建设部关于印发《幼儿园标准设计样图》的通知。

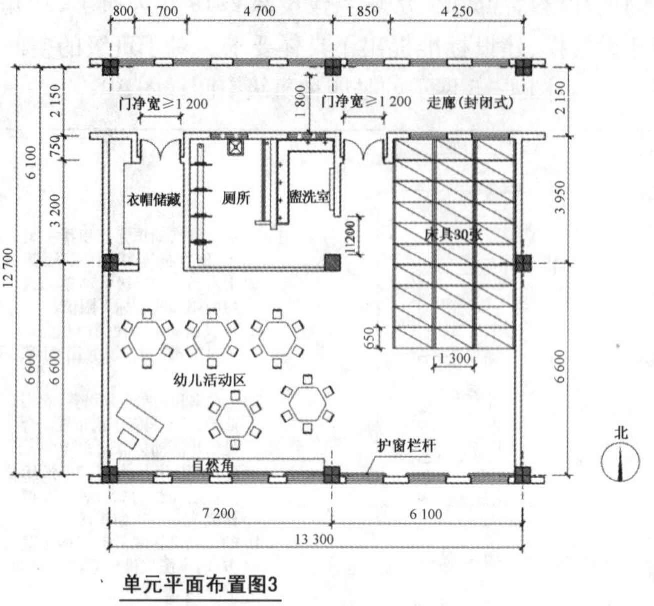

注：1. 本班级活动单元面积指标采用《建设标准》第十五条、第十六条表中班级活动单元人均使用面积指标下限值。

2. 班级活动单元使用面积合计约 132 m²，人均使用面积 4.4 m²。

3. 活动室和寝室合并设置，衣帽储藏、卫生间靠北侧布置。合设幼儿活动区总面积 105 m²（以中班床具为例，30 张床具占用面积约 25 m²），衣帽储藏 9 m²，卫生间 18 m²。

4. 幼儿活动区家具有多种布置方式，本图仅供参考。

5. 墙厚以 200 mm 为例。

班级活动单元平面布置示意图						图集号	19J823
审核	马晓东	校对	谭亮	设计	孟媛	页	30

图 4－4　班级活动单元平面布置示意图 3

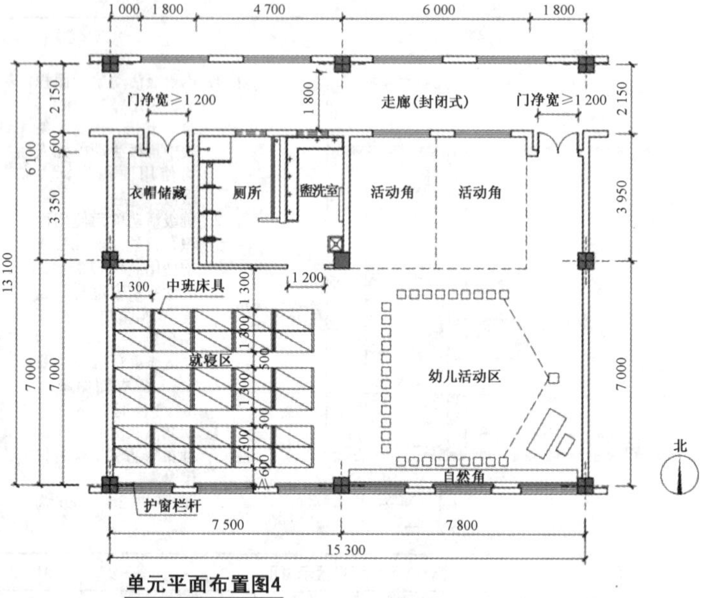

注：1. 本班级活动单元面积指标采用《建设标准》第十五条、第十六条表中班级活动单元人均使用面积指标上限值。

2. 班级活动单元使用面积合计约 159 m²，人均使用面积 5.3 m²。

3. 活动室和寝室合并设置，衣帽储藏、卫生间靠北侧布置。幼儿活动区＋就寝区总面积 132 m²，衣帽储藏 9 m²，卫生间 18 m²。

4. 幼儿活动区家具有多种布置方式，本图仅供参考。

5. 墙厚以 200 mm 为例。

班级活动单元平面布置示意图						图集号	19J823
审核	马晓东	校对	谭亮	设计	孟媛	页	31

图 4－5　班级活动单元平面布置示意图 4

(二)寝室

寝室作为幼儿午间休息的重要场所,其环境质量要求是非常高的。一般幼儿园会根据具体环境把它设置在相对安静的区域,并保持足够的通风和新鲜空气。寝室应保证每一幼儿设置一张床铺的空间,不应布置双层床。

此外,幼儿床的选用也是根据不同年龄阶段幼儿的身体比例来设置的,提供的床上用品要舒适、温暖并与整个房间的颜色相协调。① 寝室的设计分为活动室与寝室一体使用和活动室与寝室分离使用两种,图 4-6 为半分隔的活动室空间布置图。

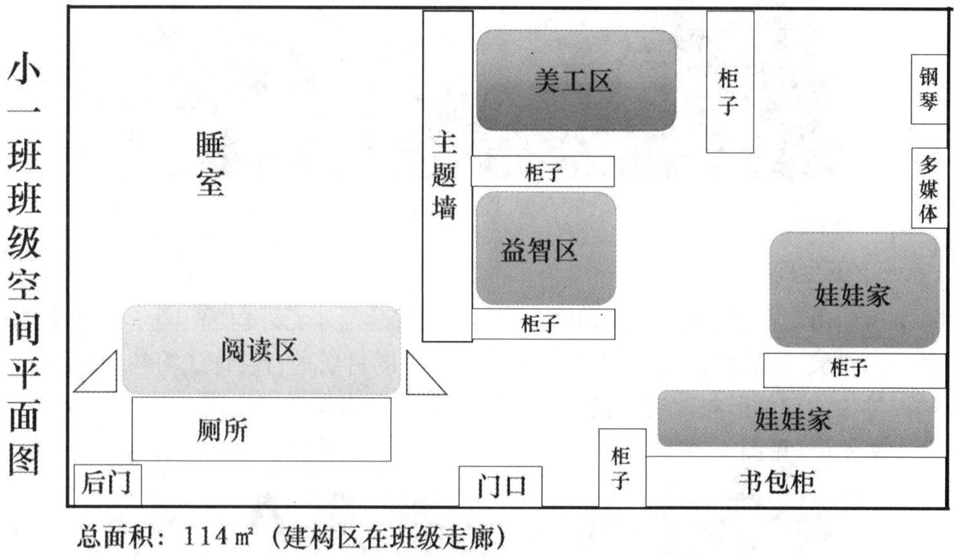

图 4-6　幼儿园班单元平面布局②

现在幼儿园多偏向于与活动室合为一体或是半开放式的空间设计,既能保障一定的独立空间,又能相对连通,合理利用。如图 4-7 所示为幼儿园半开放式的寝室。

① 秦秀丽.幼儿园室内环境空间的设计特点及存在的问题研究[J].西部皮革,2019(20):5-7.

② 本图由华南师范大学教育科学学院 2016 级学前教育学本科生刘鑫鸣绘制。

图 4－7　幼儿园半开放式的寝室

(三) 卫生间

卫生间由厕所、盥洗室组成，并宜分间或分隔设置。无外窗的卫生间，就设置防止回流的机械通风设施。选用自然的色彩和自然的材质进行装饰成简约的风格。或者搭配抽象的动物形象，结合自然的元素，创设干净明亮的卫生间，卫生间的趣味性定会大有不同(见图 4－8)。

图 4－8　幼儿园卫生间①

① 本图由华南师范大学附属深圳雅宝幼儿园提供。

在教育部与住房建设部2019年共同发布的《幼儿园标准设计样图》中，提供了两种卫生间的设计样图（见图4－9、图4－10）。①

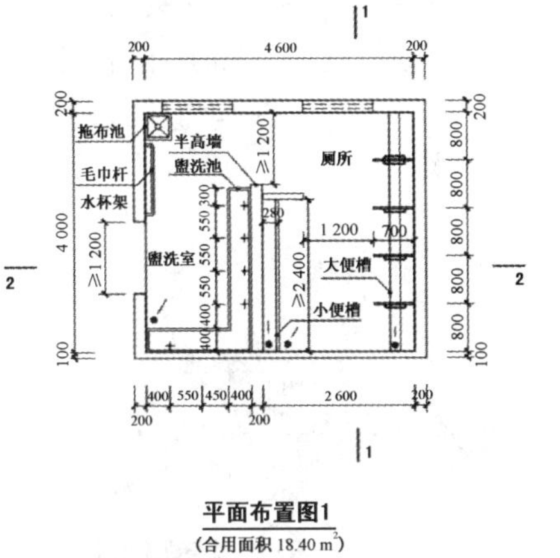

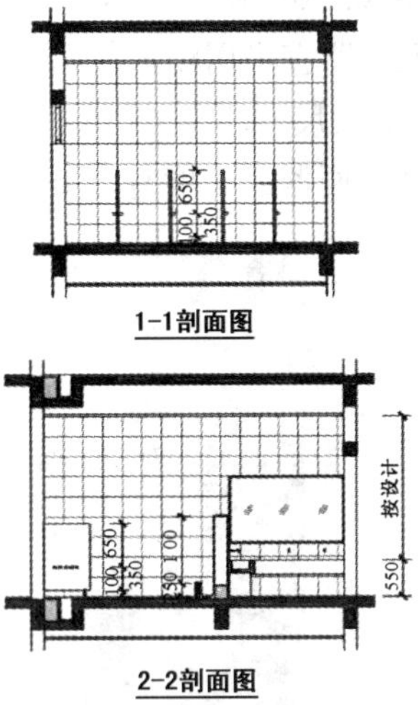

注：1. 本图为学生用卫生间平面布置示例，可供幼儿园1个班使用，使用人数约30人。
2. 管井的位置和大小按工程设计。
3. 卫生间隔断内的卫生纸盒、挂衣钩、门挡、门锁、门拉手等均为成品，或为隔断生产厂家的配套产品，由设计选用。
4. 卫生间的地面应防滑、不积水。

幼儿卫生间平面布置示意图						图集号	19J823
审核	马晓东	校对	谭亮	设计	孟媛	页	32

图4－9　幼儿园卫生间平面布置示意图1

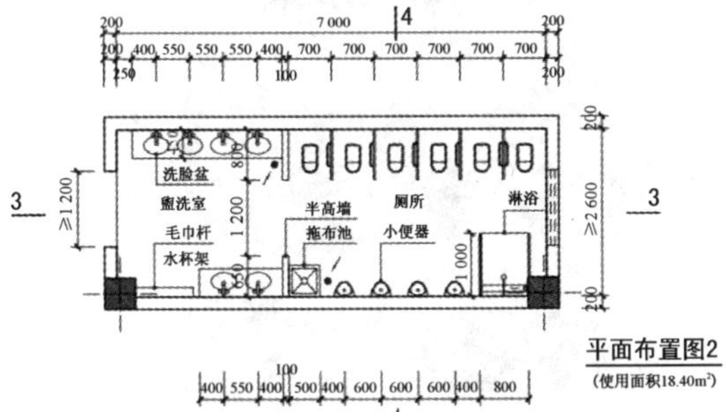

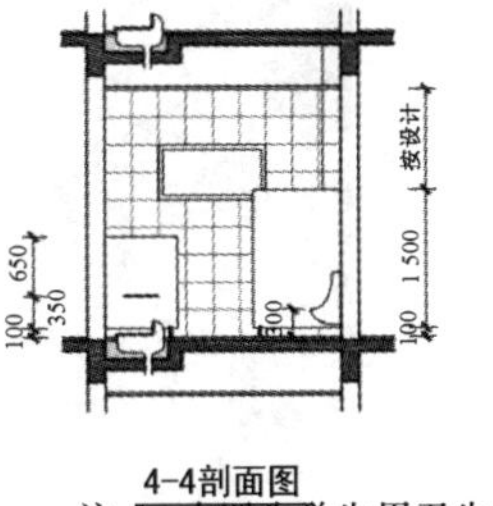

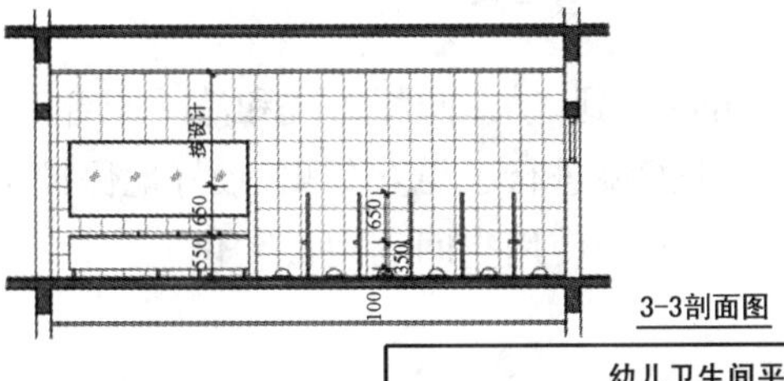

注：1. 本图为学生用卫生间平面布置示例，可供幼儿园1个班使用，使用人数约30人。
2. 管井的位置和大小按工程设计。
3. 卫生间隔断内的卫生纸盒、挂衣钩、门挡、门锁、门拉手等均为成品，或为隔断生产厂家的配套产品，由设计选用。
4. 卫生间的地面应防滑、不积水。

幼儿卫生间平面布置示意图						图集号	19J823
审核	马晓东	校对	谭亮	设计	孟媛	页	33

图4－10　幼儿园卫生间平面布置示意图2

① 教育部住房和城乡建设部，教发函［2019］1号，教育部住房和城乡建设部关于印发《幼儿园标准设计样图》的通知。

根据《托儿所、幼儿园建筑设计规范》,卫生间所有设施的配置、形式、尺寸均应符合幼儿人体尺度和卫生防疫的要求。卫生洁具布置应符合下列规定:盥洗池距地面的高度宜为0.50～0.55米,宽度宜为0.40～0.45米,水龙头的间距宜为0.55～0.60米;大便器宜采用蹲式便器,大便器或小便槽均应设隔板,隔板处应加设幼儿扶手;厕位的平面尺寸不应小于0.70米×0.80米(宽×深),沟槽式的宽度宜0.16～0.18米,坐式便器的高度宜为0.25～0.30米(见图4-11)。①

图4-11 卫生间

从图4-11的卫生间照片我们可以看到,幼儿园将盥洗和洗手间合二为一,盥洗区域放在入口处,洗手间利用1.3米高的墙进行了男女分厕,较好地保护了孩子的隐私。教师卫生间放置在最里面,使得幼儿的使用空间利用最大化。

(四) 衣帽储藏间

按照设计规范要求,衣帽储藏间要有9平方米,用来放置幼儿的衣服、鞋子和书包等用品。为便于空间的流动,很多幼儿园会将衣帽储藏间与活动室相连,设计成开放式的空间。如图4-12中,在活动室入口处设计开放式的衣帽储藏间,幼儿在衣帽

① 住建部.托儿所、幼儿园建筑设计规范,2019.

间放下书包和相关物品，可以直接进入活动室，空间相对独立，互不影响。

图 4－12　衣帽间

（五）班级的过渡空间

幼儿园室内外过渡空间，就是幼儿园室内功能用房与室外场地之间的衔接空间（一个模糊不清的介乎两种空间之间的地带，或称为灰空间）。幼儿园的门厅及外走廊就是这样的空间。① 相对于班级的过渡空间，主要指的是与班级相连的走廊。目前幼儿园班级的走廊主要分为封闭型和开放型两种，图 4－13 为幼儿园常见的开放型走廊。

① 潘洌．心理．环境．行为——幼儿园交往空间的构成模式分析[D]．重庆：重庆大学，2005.

图 4-13　班级的开放式走廊

《托儿所、幼儿园建筑设计规范》中第 5.1.15 条规定:建筑走廊宽度不应小于表 4-2 中的规定:

表 4-2　走廊最小净宽度(米)

房间名称	走廊布置	
	中间走廊	单面走廊或外廊
生活用房	2.4	1.8
服务、供应用房	1.5	1.3

二、班级空间结构的设计趋势

(一) 教育空间与游戏空间的整合

幼儿园的活动室空间基本采取区域划分的结构进行建构,将集体教学活动空间与自主学习的区域活动空间融为一体。教师可以根据教育需要,在空间中随意切换。如图 4-14、图 4-15 分别呈现的是同一活动室中的集体教学和区域活动。

图 4－14　幼儿园活动室的集体教学

图 4－15　幼儿园活动室的区域活动

（二）边界的相对开放性和封闭性

与传统的活动室与寝室相互独立、衣帽储藏间与活动室相互独立的设计不同，现在幼儿园的设计偏向于活动室与寝室设计成半开放式空间，用区域柜来进行空间的间隔。衣帽储藏间设计成开放式的，与活动室相连。这样的边界相对开放，同时有一定区隔，又相对封闭。在空间的使用上，能够做到利用最大化。图 4－16 是在半开放式寝室空间中设立的阅读区。

图 4－16　幼儿园半开放式寝室空间中的阅读区

（三）儿童尺度的普遍运用

儿童尺度（child-scaled）指以儿童的生理和心理特点为出发点进行物理空间的布局与设计。“要使儿童感觉到自身的能力和影响力，环境必须是‘儿童尺度’的。”儿童身高低于成人，视线和行动范围都与成人差异较大，其关注的范围多在成人视线以下。[①] 幼

① 黄进．中美幼儿园游戏空间的比较研究[J]．比较教育研究，2019(1)：92－99.

儿园的空间均会注意儿童视线范围所及来进行空间布局与设计。无论是游戏规则、操作墙面、桌椅和区域柜，高度均在 1 米左右。图 4－17 中幼儿在与自身身高相匹配的空间区域中活动。

图 4－17　幼儿在与身高相匹配的空间区域中活动

三、班级环境的创设

了解了班级空间的构成后，在班级管理中，有一项很重要的工作便是班级环境的创设。班级环境与课程紧密相关，环境创设也并未单独为创设而创设，需要体现课程主题，需要关照幼儿身心发展特点，也需要兼顾审美的需求。

(一) 班级区域的划分

班级教学活动主要可以分为两类：集体教学活动和区域活动。集体教学活动是指在老师的带领下，以老师为中心，儿童们环绕而坐或者向心聚拢，老师通过预设教学方案，组织开展教学活动。区域活动活动是指幼儿自主选择活动区域和活动内容，三到五人为一组进行游戏活动的方式。

活动室内的区域活动空间主要根据班级老师的主题活动，结合各年龄段儿童身心发展的特点，根据《幼儿园教育指导纲要(试行)》以及《3—6 岁儿童学习与发展指南》，指向儿童发展的五大领域进行设置。目前美国幼儿园中普遍开设的区域有戏剧游戏区、科学区、小肌肉或操作区、大肌肉区、图书区、艺术区、积木区、电脑区、沙水区。此外还有些机构开设有音乐区、泥塑区、木工区、实验区、烹调区、劳动区等区域活动。①

① 黄珍. 文化学比较视角下的幼儿园区域活动研究[D]. 桂林：广西师范大学，2014.

我国幼儿园的班级区域空间划分,依据《幼儿园教育指导纲要(试行)》指向科学、语言、艺术、健康、社会五大领域,有学者将幼儿园活动区按功能划分为表演性活动区(装扮区、表演区、建构区、表演 R)、探索性活动区(益智区、科学区、沙水区、种植饲养区)、运动性活动区(固定运动器械区、可移动运动器材区、自然游戏区)、欣赏性活动区(阅读区、展示区)。[①] 幼儿园班级中通常会创设语言区、益智区、美工区、建构区、角色游戏区、表演区等(见图 4 - 18、图 4 - 19)。

图 4 - 18　活动室与寝室一体的区域空间划分[②]

图 4 - 19　活动室与寝室分隔的区域空间划分

---

① 李季湄,冯晓霞.《3—6 岁儿童学习与发展指南》解读.北京:人民教育出版社,2013:253 - 254.

② 本图由华南师范大学附属深圳雅宝幼儿园提供。

(二) 区域材料的投放

通过以上空间布局,我们可以大概了解在班级的区域空间的整体划分。具体到每个区域,则会有不同的创设要求以及材料的投放。

1. 阅读区

阅读区是设置在幼儿园班级中供幼儿阅读图书的专门区域,是一种典型而有效的早期阅读环境,是现代幼儿园教育环境不可或缺的板块,是国内外幼儿园课程的有机组成部分。①

阅读区的位置应选在班级空间中相对安静的地方,通常会在班级内靠窗的位置,有些会选在寝室区域。李小琴(2017)将阅读区的材料分为主体材料和辅助材料两种,结合幼儿园的实际,我们来看看阅读区的材料投放。

(1) 主体材料

主体材料主要指的图书,可根据幼儿的年龄特点和主题相关性,投放幼儿喜欢的读物。

(2) 辅助材料

辅助材料是指对区域活动起辅助作用,能够使活动更加丰富、完善的材料。为了让阅读区更为舒适、温馨,我们通常会在阅读区投放一些便于阅读的软装饰材料,如地毯、靠垫、抱枕、布偶等。根据不同年龄段儿童的发展需求,阅读区也会投放一些工具类的操作材料,如剪刀、纸、笔、颜料等。为了便于书籍的取放,阅读区会放置一些小书架或是布艺图书插袋。阅读区的辅助材料有三类:一是存放材料,如小书柜、书架、图书插袋;二是柔软材料,如地毯、靠垫、坐垫、泡棉、布套、软枕、小沙发、布偶等柔软玩具;三是操作材料,如纸、笔、剪刀、卡片、磁带、随身听。图 4-20 至图 4-22 为幼儿园小、中、大班的阅读区的环境创设和材料投放。

图 4-20 小班阅读区的环境创设和材料投放

① 王亚萌.幼儿园阅读区的多维建构与指导研究[D].济南:山东师范大学,2017.

图 4－21　中班阅读区的环境创设和材料投放

图 4－22　大班阅读区的环境创设与材料投放

2. 益智区

有学者将益智区定义为在区域中投放一些能促进幼儿观察、比较分析、推理判断能力发展，启发幼儿积极动脑思考的材料供幼儿进行操作的区域。[①] 益智区的材料以购买为主，少数为教师利用废旧物品自制教玩具。

小班级的益智区可以投放以下材料（见图 4－23）。

(1) 有关排序材料

系列智能学具：按颜色、形状、材料进行分类。

① 李桂花. 幼儿园益智区活动开展现状的个案研究[D]. 福州：福建师范大学，2018.

圆圈分类:按圆圈的大小进行分类,比较每组数量多少。

几何形状分类:按形状进行分类。

几何柱排序分类:按颜色、形状、高低进行排序。

(2) 有关数概念的材料

以形状分类嵌通与形状模型、各种宾果游戏卡(如颜色、动物、数字、文字、几何图形等)。

(3) 拼摆材料分类

各种形体拼折组合:在拼摆中认识正方体、长方体、球体、三角体,进行创造性拼摆,发展想象创造力。

各种图案的拼图:投放一些块数不同、画面不同的拼图,发展幼儿观察力和动手能力。

图 4 - 23　小班益智区的环境创设及材料投放

中班级益智区的材料可以分为有关感知的益智类材料、有关拼摆的材料、有关分类排序的材料,以及益智区中的棋类活动(见图 4 - 24)。

(1) 感知类:各种形状的组合(圆形、正方形、三角形、几何图形)、走迷宫、点数配对、可连接立方体、可连接毛毛虫(数字 1～10)。

(2) 拼插类:包括各种形体的拼折组合、图形片的拼摆(七巧板)、各种图案的拼图、雪花插片、小鱼插片、小木块。

(3) 分类排序:包括练习按照几何柱体的颜色、形状、大小进行分类排序的几何形状;练习按照颜色、高低进行排序的几何体。

(4) 棋类活动:常见的有飞行棋、配对棋,到了大班可增设跳棋、五子棋、象棋、围棋。

图 4－24　中班益智区的环境创设及材料投放

大班级的益智区可以投放以下材料（见图 4－25）。

（1）成品的玩教具或者材料，例如：数字穿绳、拼图、七巧板、棋类玩具、纸牌玩具、垃圾分类、乐高组合玩具等。

（2）教师自制的玩教具，例如：动物电影院（找座位）、送小球回家（手眼协调合作运球）、潘多拉宝盒（数字的加减变化）、能干机器人（年月日的变化）等。

（3）与幼儿学习活动相关的材料，例如：幼儿在老师组织下应用通向数学材料进行教学活动，那么在活动后，可将材料投放到区域，供幼儿平时区域活动玩耍。

图 4－25　大班益智区的环境创设及材料投放

3. 建构区

建构区会根据幼儿的年龄特点提供各种大小、形状各异的积木，同时也会根据主题需要，提供一些纸板、纸盒等给幼儿用来组装、拆卸的物品。图 4-26 至图 4-28 为小、中、大班的建构区环境创设及材料投放。

图 4-26 小班的建构区环境创设及材料投放

图 4-27 中班建构区的环境创设及材料投放

图 4－28　大班建构区的环境创设及材料投放

4. 美工区

美工区主要提供各种可供幼儿用以表达的艺术材料，涉及幼儿美术教育的绘画、手工、欣赏等。常见的材料投放种类包括以下几种：

(1) 剪纸区

剪刀、水彩笔、固体胶、正方形彩色折纸、大红纸(可以分裁成不同尺寸规格的方形)、平底托盘(用于装碎纸屑)、厚实的卡纸。

(2) 线描区

彩色水笔、油性笔、蜡笔油画棒或者重彩油画棒、水彩纸、素描纸、卡纸、牛皮纸。

(3) 综合手工区

剪刀、固体胶、剪刀、透明胶、双面胶、羽毛、扭扭棒、棉绳、纸绳、麻绳、玉米粒、方形小卡纸、纸盘、纸杯、纸片(废弃彩色小碎纸)、树枝、小树叶等。

(4) 泥塑区

超轻彩泥、陶土、彩泥工具、小方卡片、纸盘、纸杯、珠子、纽扣、铁丝、剪刀、扭扭棒、树枝、树皮。

(5) 水粉区

水粉颜料、丙烯颜料、各种型号的尼龙笔刷、各种规格尺寸的水彩纸、素描纸、卡纸、水桶、颜料盘、水彩颜料、刮刀。

(6) 涂鸦区

粉笔、笔擦、墙膜。

不同年龄班级美工区的区域设置和投放的材料可以有所侧重，小班可以尝试以下区域(见图 4－29)。

(1) 绘画

小班幼儿常把绘画当作游戏,在区域活动中不应在技能上有过高的要求,要让幼儿在自己涂鸦的过程中逐步学会使用简单的绘画工具和材料,逐步学习控制手的动作。尽量用软笔、棉签棒、各种拓印材料等丰富幼儿对色彩的感知和想象。尽量不要用硬笔,以免对幼儿造成伤害。

(2) 泥工

小班幼儿在美工区的泥工活动中主要是认识泥工的简单工具和材料,通过自己的操作感知泥是柔软的、可塑的。小班幼儿泥工活动的主要技能要求有团圆、搓长、压扁等。美工区的泥工材料要软硬适中,另外,还可以在区域中投放一些陶泥、各色橡皮泥、面团等。

(3) 纸工

小班幼儿在区域中的纸工活动主要是玩纸、撕纸和粘贴。小班幼儿喜爱玩纸和撕纸,区域内可事先准备一些颜色各异、质地不同的纸让他们撕着玩,在玩纸、撕纸的过程中体验纸的不同特性,发现各种形状的变化,并初步撕出一些简单的形状。如"球""太阳""饼干"等。还可以提供一些简单的,仅需要对边折、对角折的狗头、牛头等折纸的示意图,以及简单的图形粘贴画和轮廓清晰可以用手撕的图形。

图 4-29　小班美工区的环境创设和材料投放

中班级会更注重幼儿的手工操作能力,在工具类会比较丰富,同时在材料上也会有更多原始材料进行创作(见图 4-30)。

(1) 绘画材料:油画棒、水彩笔、水粉颜料、图画纸。

(2) 手工材料:卡纸、蜡光纸、折纸、超轻泥、模具、筷子、纸杯、吸管、木棒等。

(3) 工具材料:双面胶、海绵胶、白乳胶、剪刀、固体胶、各式压花机等。

(4) 立体材料:乒乓球、羽毛、彩色纱、扣子、豆子等。

(5) 废旧材料:各类盒子、树叶、牛奶杯、鸡蛋壳、奶粉桶、饮料瓶子、瓶盖、贝壳等。

图 4－30　中班美工区的环境创设及材料投放

大班的幼儿想象力和创造性更为突出,在材料投放上可以更为丰富(见图 4－31)。

(1) 材料要有层次性,从低结构材料到高结构材料,满足不同儿童的发展能力,例如:一次性的纸杯、泡沫盒、塑料瓶、玉米粒、珠子等。

(2) 材料要有动态性,实时投放,满足儿童的兴趣。例如:这段时间以彩纸为主,那么可以是折纸、剪纸、画纸等,接下来投放贝壳或木块,可以是木块的线描画、装饰、拼贴等。

(3) 也可以在美工区投放与主题活动相关的材料,例如:班本活动《一园青菜成了精》,那么材料可是不同蔬菜的横截面,用来作画或者拓印。

5. 角色游戏区

每个班级会根据各自的需求,创设不同的角色游戏区。角色游戏是幼儿通过扮演角色,通过模仿、想象,创造性地反映现实生活的一种游戏。角色游戏一般由主题、角色、材料、情境、规则等组成,它包括角色的扮演、对物品的假想、游戏动作、情境的假设、游戏的规则、主题。①

在小班年龄段,为缓解幼儿的入园焦虑,均会创设与幼儿生活环境相似的娃娃家,

① 闫婷.角色游戏中幼儿教师观察能力的现状研究[D].昆明:云南师范大学,2019.

图 4-31　大班美工区的环境创设及材料投放

中大班则会根据主题活动内容创设相应的角色区。图 4-32 是小班的娃娃家,在材料上准备了日常家居的沙发、小床、小桌子、小推车、公仔等,幼儿在这个家庭情境中,可以进行角色扮演。图 4-33 是中班创设的与绘本主题相关的理发店角色区,在材料上投放了迷你的洗头躺椅、废旧材料自制的热水器,各种头饰、假发、梳妆台、收银台等,幼儿在一个几近仿真的理发角色区,体验生活中的职业角色。图 4-34 是大班根据绘本主题创设的一个水果小厨房角色区,提供了制作果汁的榨汁机、各类清洗水果的用具、水杯、各种水果等材料,幼儿可以在这个角色区进行果汁制作和接待客人的角色扮演。

图 4-32　小班娃娃家的环境创设与材料投放

图 4－33　中班创设的与主题相关的角色游戏区与材料投放

图 4－34　大班角色游戏区的环境创设与材料投放

6. 表演区

表演区是幼儿自发地进行故事表演和歌舞表演的游戏场所。表演区的材料可以分为打击乐器、吹奏乐器、服装道具、自然材料、废旧材料、常见材料。

(1) 打击乐器:大鼓、小鼓、沙锤、铃鼓、双响筒、拍板、响铃、木琴、蛙鸣器。

(2) 吹奏乐器:竖笛、口琴、小喇叭。

(3) 服装道具:自制头饰、自制服装、特定服装、假发、发箍、发卡、帽子、丝巾。

(4) 自然材料:故事所需自制的材料,例如贝壳、沙丘、城堡等(根据每一个表演故事来定,材料自制一般情况下会选在区域活动或者美术活动完成)。

(5) 废旧材料:纸盒、纸筒、玻璃瓶、铁盒音响。

(6) 常见材料:绘本、故事、歌曲、自制手偶、指偶。

表演区由于场地要求相对空间要大,班级中的空间可能无法创设相应的表演区,有些幼儿园会在公共区域创设共享的表演区,[①]图 4-35、图 4-36 是幼儿园在多功能室的角落创设的一个共享的表演区。

图 4-35 表演区的环境创设及材料投放

图 4-36 在表演区自主游戏的幼儿

虽然不同的区域对于材料的投放有不同的要求,整体而言,材料投放要把握以下几个原则:

第一,高结构材料与低结构材料的结合。

高结构材料通常由幼儿园采购,结构固定,玩法和规则较为明确,比如益智区经常投放的五子棋、飞行棋等,生活区中投放的各种规格的开锁装置。低结构材料没有固定的玩法,比如老师在美工区投放的各种材料的纸张、收集的各种树叶等,表演区投放的各类发饰或是可用来装饰的布条等。不同结构的材料相结合,可以有针对性地促进幼儿的全面发展。

第二,与活动主题结合。

区域活动作为教学活动的延伸,区域材料的投放要与活动主题相契合。比如小班在开展“我上幼儿园”的主题活动期间,可在阅读区投入相关缓解入园焦虑的绘本。在开展主题活动期间,可以创设相应的角色游戏区(见图 4-37)。

第三,考虑不同层次幼儿的需求。

同一个年龄段的幼儿有不同的发展水平,老师在投放材料时,要考虑满足不同发展水平的幼儿需求。如大班的数学区,低水平阶段的孩子,可以让他们比大小,中水平阶段的孩子可以进行 10 以内的加减法,高水平阶段的孩子可以让他们做数的分解。

① 周国花.幼儿园表演区环境创设的个案研究[D].长沙:湖南师范大学,2018.

图 4-37　中班创设的与绘本主题活动相关的角色游戏区

第四，材料投放随着主题的开展逐渐丰富。

区域活动的材料投放与主题活动内容密切相关，也会随着主题课程的开展不断充实。在这个过程中，教师应不断引导幼儿积极思考，自主探究，成为区域材料投放的主人。

第五，材料投放空间分布合理性。

在区域材料的投放中，要考虑空间分布的合理性。比如不同区域的材料投放数量是否均衡，空间是否兼顾了动静分开、场地相对的分隔，材料的堆放是否是否存在安全隐患，通道是否明晰等。

（四）班级区域活动空间的优化设想

1. 美国班级区域活动空间的借鉴

由美国总务管理局（U. S. General Services Administration）出版的《儿童保育中心设计指南》（*Child Care Center Design Guide*，2003）中第七章节针对幼儿活动室、教室的细节设计提出要求：教室当中应该设计由家具围合限定的功能区域，这些区域应适合三到五个孩子和一个成年人一起学习活动。此外活动室还应有团体聚会活动空间，并强调需要有独处空间（“get away” areas），以此让孩子有更小规模的团体，教室内应当有垃圾回收设施等。对于每个班级内部，要求具备开放、无限制的活动区（open unrestricted activity area）、艺术区（art sink）、戏水区（water play area）等。① 相对于美国的区域空间设计，国内的区域设计未强调独处空间的设置，班级中不会设置戏水区，但

① 张彬宏. 幼儿园活动室内区域空间活动设计研究[D]. 西安：西安建筑科技大学，2018.

是在幼儿园的整体规划中，会有戏水区的规划要求。

2. 有效利用活动室和寝室的空间

目前国内幼儿园很难做到 20 人左右的小班化教学，平均班级人数在 30 人左右。新的幼儿园建筑标准，将幼儿园活动室的面积从 60 平方米调整到 70 平方米，活动室和寝室合一的要求面积不少于 120 平方米。在现有条件下，只能有效利用现有的空间来拓展区域活动空间。一是充分利用寝室空间，将阅读区或建构区设置在寝室区域。二是充分利用班级走廊空间，可将益智类或生活类的区域空间设置在走廊空间领域。三是利用夹层，在活动室层高允许的情况下，可适当设置夹层来拓展区域活动空间，如将阅读区设置在夹层。有些幼儿园在充分保障消防安全的基础上，将寝室设置在夹层，夹层下用来创设生活区或美工区。

（五）班级走廊空间的利用

作为过渡空间的班级走廊，衔接着班级活动室和外部空间，属于一个开放式的空间。充分利用好这块空间，能够拓展活动室空间的不足，拓展区域空间划分不够的问题，同时在幼儿主动学习活动开展时，能有效分流幼儿，避免拥挤在活动室有限的空间范围内。幼儿园可根据幼儿不同的年龄段，创设相应的空间教育环境。

1. 拓展的功能区域

有些幼儿园会充分利用走廊区域创设大的功能区域，如建构区（见图 4－26 至图 4－28）、植物角（见图 4－38）。

图 4－38　班级走廊的植物角

2. 空间的充分利用

幼儿园也会利用走廊的墙面来作为幼儿的作品展示区域（见图 4－39），有的则作为图书漂流区(见图 4-40)。

图 4-39 走廊区域的幼儿作品展示区

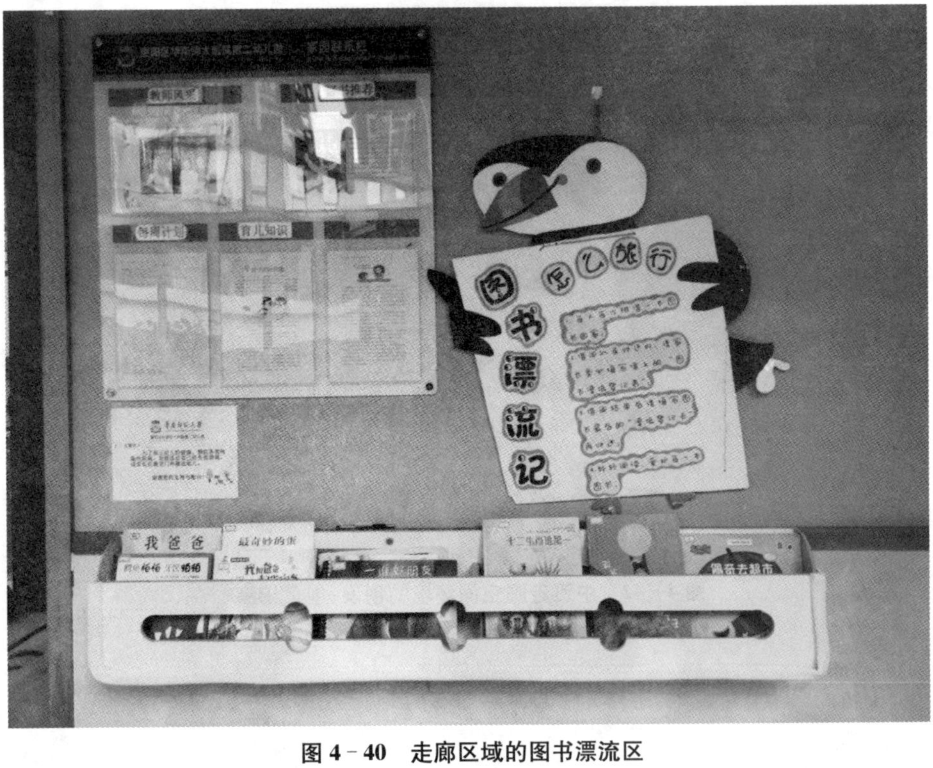

图 4-40 走廊区域的图书漂流区

3. 针对不同年龄段的区域创设

幼儿园也会针对不同年龄段,有针对性地创设一些区域,用来促进幼儿的发展,图 4-41 至图 4-44 分别为小班、中班和大班走廊空间环境的创设。

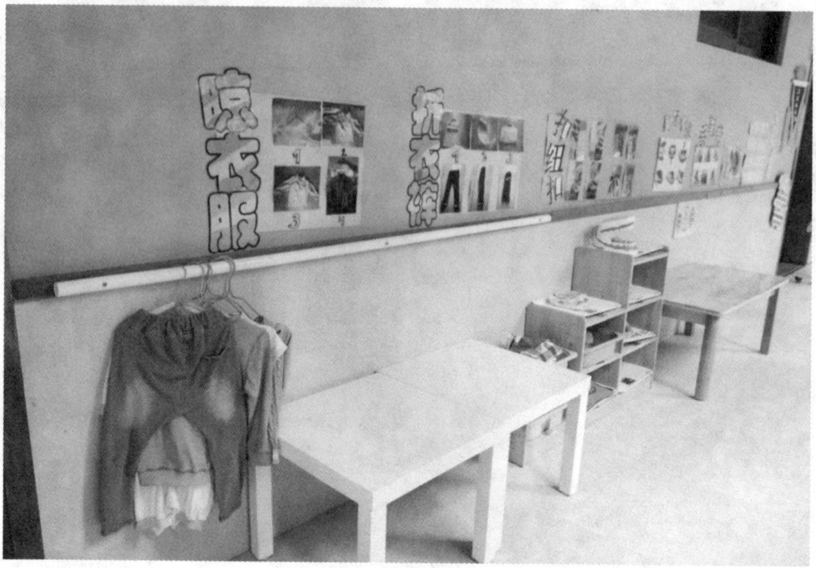

图 4-41　小班走廊空间环境的创设:生活自理区

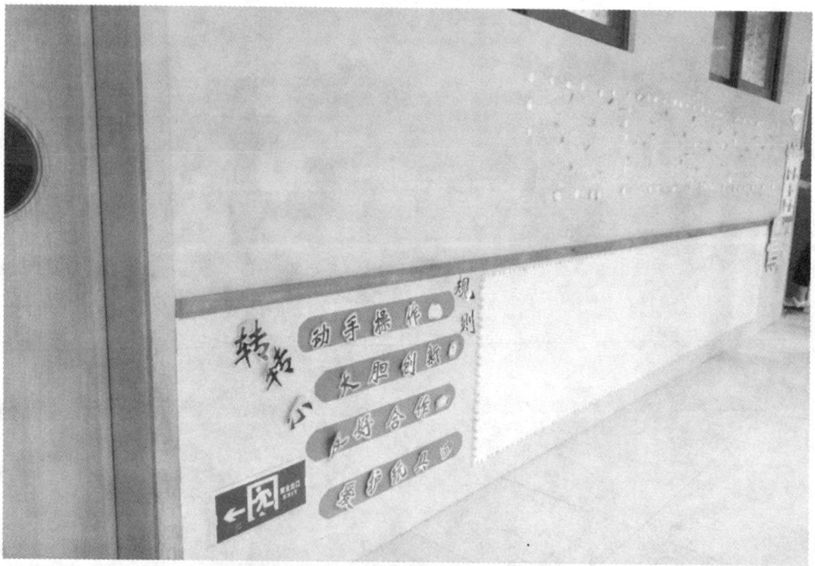

图 4-42　中班走廊空间环境的创设:创意乐高

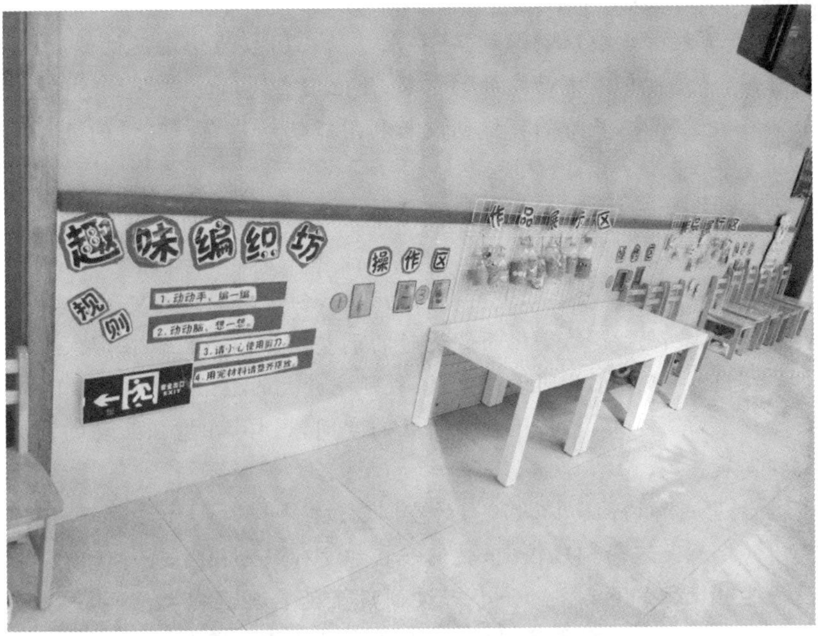

图 4-43　大班走廊空间环境的创设：编织区

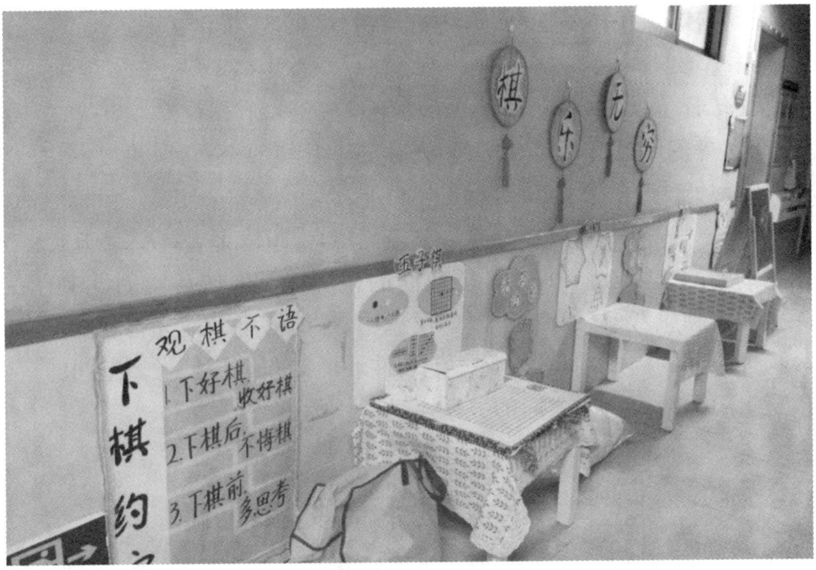

图 4-44　大班走廊空间创设：棋类活动

走廊空间环境根据不同的年龄段进行创设，能够最大限度地发挥过渡空间的教育价值。

作为教师，要对班级环境进行反思，不断挖掘环境的教育价值，思考环境创设的意义，才能不断地提升专业水平。下面这个案例展示的是一位级长兼主班老师对于班级环境创设的思考。

【案例】 创设有效的环境

《幼儿园教育指导纲要(试行)》明确要求,“幼儿园应为幼儿提供健康、丰富的生活和活动环境,满足他们多方面发展的需求,使他们在快乐的童年生活中获得有益于身心发展的经验。”可见,良好的环境创设与利用能使幼儿在与环境的互动中获得各方面能力的发展。

通过幼儿园两次的环境创设评比,我对环境创设又有了新的思考:

1. 环境体现幼儿的参与性

幼儿园环境创设不仅仅要体现主题活动资料,创设的墙饰更要蕴含其教育价值。环境应具可变性,要随主题的变化而做适时的调整,同时,不仅仅在形式上要强调师生共同参与,即教师与幼儿共同设计完成,教师完成大的框架,幼儿参与其中的制作,教师还要给孩子留有空白,给孩子创作想象的空间,这样,在增强互动的同时幼儿的潜力也得到发展。

2. 善于利用走廊墙面、吊顶、阳台的空间创设

幼儿园的走廊及墙面都比较大,我们一直都没有好好利用,下学期我们可以分年龄段创设一些可操作的区域,例如小班级创设生活自理区:“能干的小手”“我会洗澡”,通过操作纽扣、拉链、鞋带等材料,让孩子在游戏中培养幼儿的生活自理能力和动手能力,激发幼儿的活动兴趣,让幼儿在区域活动中体验活动的快乐。中大班级可考虑材料的操作性,例如粉笔区、立体墙面乐高、编织区、下棋区等。

3. 继续丰富区域材料,合理规划空间

我们对如何科学合理地创设班级环境学习不够,研究不足。如:在活动区设置上,没有充分利用班级现有的活动空间,充分思考目标的全面性、均衡性,每个区域设置的空间大小、位置不够科学合理,材料不够丰富。

(摘自宋石慧老师 2019 年 12 月 21 日的工作反思)

上述案例中的老师,对于班级环境空间的拓展以及区域环境创设中存在的问题进行了深入分析和思考。只有在不断的反思中,才能够不断地完善环境创设。

班级物理空间的构成,展示的是一个硬件环境的布局与创设。空间的有效利用,能够促进班级中的社会角色之间的关系互动。

第二节　班级中的交往空间

交往空间是行为的载体,它需要反映的是身处其中的不同交往对象在不同交往内容里的行为特征。儿童的交往步骤所形成的交往空间形态则是幼儿园各个环境里不可或缺的元素,它们的构成关系对幼儿园各个交往空间的具体构成有直接影响。至于儿童的空间领域则是容纳儿童交往行为的具体空间形态的体现。① 因此,我们

① 潘洌.心理.环境.行为——幼儿园交往空间的构成模式分析[D].重庆:重庆大学,2005.

首先要了解幼儿的行为模式特点与空间的关系，接下来在具体的空间中，我们主要探寻班级内的活动室、卫生间以及户外的交往空间。

一、幼儿行为模式与空间

班级的交往空间要考虑幼儿的行为模式特点，根据幼儿的特点创设相应的交往空间。

(一) 幼儿行为特征

1. 好模仿

幼儿天生好模仿，他们会模仿自己身边的亲人、老师、同伴，也喜欢模仿在公共媒体或图书中的一些人物。父母和老师更是他们喜欢模仿的对象。

2. 充满好奇心

幼儿对外在的环境和新鲜的事物充满好奇心，他们喜欢尝试，喜欢亲身体验。也正是因为强烈的好奇心，幼儿想要去认识外在的世界。

3. 喜欢游戏

游戏是幼儿学习的基本形式，通过各种游戏形式，幼儿学会与人交往，学会学习。在角色游戏中，幼儿学会认识社会，促进社会交往能力的发展。在规则游戏中，幼儿学会如何把握规则与自由的度，学会合作。不同的游戏形式，带给幼儿不同的体验。

4. 视觉感知的局限性

幼儿由于其身高的限制，他们的视觉感知具有局限性。因此在空间设置上，要在幼儿的视觉范围内去进行空间的设计，比如环境布置的高度，最好在 1.3 米以下。空间的范围也要考虑幼儿的身形大小，不可太空旷，空间更多时候是成人的缩小版。

(二) 幼儿的游戏形式

根据幼儿的身心发展特点，幼儿园以游戏为基本活动形式，根据 Iwanaga(1973)的分类，幼儿的游戏形式见表 4－3①。

表 4－3　幼儿玩耍的形式

游戏类型	表现形式
独立游戏	在游戏中没有同伴的参与
平行游戏	有同伴，但彼此没有区分角色；各个扮演自己的角色和别人不相关
互补游戏	有分化的角色分配，各人扮演自己的角色，有一些合作行为产生，但每个儿童玩自己的活动，只对别人的行动给予配合

① [美]约翰逊等. 游戏与儿童早期发展[C]. 华爱华等译. 上海：华东师范大学出版社，2006：69.

(续表)

游戏类型	表现形式
整合游戏	有互动的角色融入游戏情节,对别人的存在有相当的意识,调整自己的行为以配合他人角色的完成

(三) 交往空间的注意事项

根据幼儿的行为特征和玩耍形式,在交往空间的创设上要充分考虑几个因素:

1. 安全因素

幼儿园的空间设计以安全为首要前提,在保证幼儿安全的前提下,提供舒服的空间环境。

(1) 空间界面的安全

空间界面安全主要是指室内地面和墙面安全。地面承载了幼儿在园内最多的行为活动。[①] 幼儿园的班级地面通常建议采用木地板或防滑的PVC地板,盥洗室由于经常会有水滴落,建议采用防滑地板砖,同时保育人员要随时清洁地面的积水。有些幼儿园的洗手间设有台阶,建议在台阶处贴上颜色鲜明的警示条,避免摔跤。

墙面不要装饰尖锐突出物,对于所有空间中的墙柱要进行圆角处理或包裹软饰(见图4-45、图4-46)。

图4-45 对于瓷砖和墙面的凸起部位的处理

① 钟丽.基于幼儿日常行为的幼儿园室内安全设计研究[D].长沙:中南林业科技大学,2017.

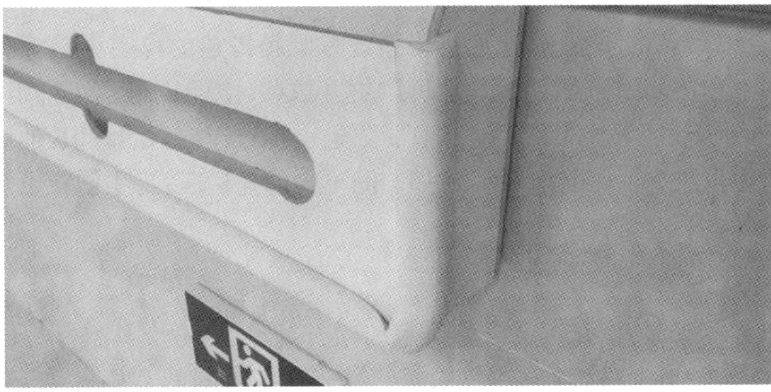

图 4-46　对于墙面突出物的软饰包裹

(2) 家具的安全

班级中的家具要符合幼儿的身高，摆放稳固，避免幼儿去攀爬柜子或推倒家具造成伤害。家具的边角位置要做圆角处理或装上防撞护角。班级中的柜子尽量采用开放式的，便于幼儿取放物品，尽可能不使用带柜门的家具，避免幼儿在使用过程中发生夹手等意外伤害。家具的材质保证其环保性，避免幼儿在接触过程中产生过敏等伤害(图 4-47、图 4-48)。

图 4-47　开放式的柜子(一)

图 4-48　开放式的柜子(二)

(3) 玩具的安全

班级中会给幼儿提供各种玩具，玩具的安全尤为重要。我们需要综合考虑以下方面：一是玩具材料的环保性。玩具材料要环保，不会造成过敏等不良反应。二是玩具设计合理，避免过于尖锐或锋利的边角，以免割伤幼儿。三是小班的玩具避免过于细小的零件组合，以免造成误食的危险。四是户外的玩具设施要定期专人负责检查维修，避免因为松动或部件脱落带来伤害风险。

2. 儿童因素

空间设计要充分考虑儿童的好奇心和求知欲的特点，在空间和环境创设中要能够调动幼儿的想象力和创造力。以儿童为主体，充分体现儿童的参与性。空间设计需要考虑不同年龄段幼儿的需求。小班的幼儿自我意识较强,分享意识较弱,班级中可创设一些相对私密的小空间,比如小帐篷或是纸箱搭建的秘密小屋等。中班的幼儿有了初步的合作意识,区域的设计上可以更开放些,空间也可预留得稍大些,尤其是益智区、角色游戏区等。大班的幼儿有了更进一步合作探索的意识,他们乐于在更具挑战性的空间里去尝试解决问题,比如空间更大的建构区、自主创新更强的表演区等,可以提供一些复合性的空间。

3. 教育因素

班级空间环境的创设在考虑审美需求的同时,需重点考虑其教育价值。空间应充分体现趣味性和可变性,激发幼儿探索的欲望。在空间的利用上,充分考虑天花板、墙面和地面的三维立体空间。在空间的呈现上,充分考虑幼儿的视觉、触觉等多种感知觉的体现,让幼儿在一个提供充分教育成长机会的空间中自主游戏、相互学习,促进幼儿的发展。

二、活动室的交往空间

活动室的交往空间,主要发生在教学活动和区域活动中。

(一) 教学活动

教学活动指以教学班为单位的课堂教学活动。它是学校教学工作的基本形式。教学活动是一个完整的教学系统,它是由一个个相互联系、前后衔接的环节构成的。教学活动的基本环节就是指教学活动中一个个各具不同功能的阶段。幼儿园教学活动,则是针对幼儿开展的教学活动方式。[①] 在教学活动的交往空间中,主要体现的是教师和学生之间的交往过程。在教学活动的交往中,教师往往占了主导权,要特别避免以下的几种交往互动情况。

1. 对预设环节的刻板坚持

【案例】 中班戏剧活动“老狼,老狼,几点了”

一、导入活动:谈话导入

师:在绘本《老狼,老狼,几点了》中,白天的时候老狼发生了许多事情,那你们知道他都遇到哪些小动物,发生了什么事情吗?现在请小朋友们来讲一讲。(师幼共同回顾故事情节)

二、基本活动:进入故事高潮部分,情节创编,合作表演

1. 对老狼疲惫睡着的场景进行创编;

2. 对小动物进入钟表店调闹钟的场景进行创编;

3. 对小动物齐声吓唬老狼的场景进行创编;

4. 先由教师扮演老狼与幼儿一起进行创编表演;

---

① 张璐璐. 中班幼儿教学活动中师幼互动的表现及策略研究[D]. 沈阳:沈阳师范大学,2019.

5. 再由幼儿尝试轮流当老狼,师幼共同进行创编表演。

三、结束活动:我为老狼想办法

如果你是老狼,你被小动物们吓醒之后,你会做什么事情呢?请你帮帮老狼出主意,帮他想想办法。

反思:

1. 在开展本次戏剧活动之前,班级幼儿对该绘本已经是相对比较熟悉了解的了,在此基础上,当老师在讲到某一个画面时,幼儿们已经能完整地联想到下一个场景并且讲出来,无需像原教案中从那么多细节去创编,这样只是"教师问、幼儿答,教师做、幼儿模仿"而已,并没有体现幼儿主动思考和创作的过程,形式过于刻板、强硬。

2. 活动设计环节,小动物们静悄悄地进入钟表店,在这里老师只是将头饰发给幼儿,并没有让幼儿对自己所扮演的动物怎么样静悄悄进入钟表店进行创编,这部分更像教师在自导自演,教师说了流程后,自己做了一遍,幼儿又跟着做了一遍,幼儿只是在模仿,并没有进入到角色中。

(摘自郑敏童老师 2018 年 12 月的教学活动设计和反思)

在这个教学案例中,我们可以看到教师倾向于遵循自己的预设程序,对于自身的角色定位也限定在指导者和主导者,未能充分尊重幼儿的个体差异性和学习主动性。这也是在常规的教学活动中,经常会发生的状况。教师有预设的活动目标和方案是需要的,但不可刻板遵循,应有足够的教育机智去应对教学实践中幼儿的各种学习反馈,积极回应,才能促进幼儿在最近发展区的成长。

2. 流于形式的互动反馈

【案例】　小班绘本活动"肚子饿的小猪"

师:等会老师会扮演一只小猪,你们要认真观察小猪的动作、声音,肚子饿的小猪它会做什么呢?

师:原来小猪肚子饿了会摸摸肚子,肚子还会发出声音呀。

师:如果请你扮演一只肚子饿的小猪,你会怎么做呢?请幼儿模仿不同姿态肚子饿的小猪。(摇摇尾巴、扇扇耳朵、闭着眼睛等)

现在我们和音乐宝宝一起玩游戏,当音乐开始时,我们扮演肚子饿的小猪;当音乐停止时,我们保持动作,站在原地。(定格图片作简单分享)

师:肚子饿的小猪会去做什么呢?幼儿答。(寻找食物)

师:绘本中的小猪是怎么拿着铲子的?(请小朋友模仿小猪拿铲子小跑的画面)

师:除了小手拿铲子,还可以怎样拿铲子呀?(扛着、夹着)

师:现在小猪拿着工具准备去寻找萝卜啰。(开心走在路上)

师:找到萝卜的小猪怎么样?

反思:教案的流程都是预先设想的,在实际操作中往往与计划有所不同,由于过于注重每个环节的时间及环节的递进,很多时候小孩较感兴趣的环节会不进行就直接进入下一阶段,比如游戏到活动的介入。而又因为太过于拘泥教案的流程和事先设定好的环节和语言,与幼儿交谈时,也较为生硬。往往是回应了符合我问题的幼儿而容易忽视其他幼儿的奇思妙语。在模仿阶段,幼儿只是在跟着老师做动作,老师的动作的趣味性也有待提高。整个活动更多的是在走流程。

(摘自严惠瑜老师2019年10月11日的教学反思)

在这个案例中,老师与幼儿对互动仅仅是流于形式地引导幼儿表达,很多时候甚至越俎代庖,直接剥夺了幼儿表达的机会,教师在事后的反思中也意识到了这个问题。对于教师来说,自身首先要对各个领域的教学目标有深入的领会,在教学活动实践当中,才能指向教学目标,正确引导幼儿,促进幼儿在某个领域的发展。

3. 教师的自导自演

某些时候,教师貌似提供了材料供幼儿操作,却并未给幼儿进行分享表达的机会。某些环节成了教师的自导自演过程,幼儿的主体未能得到尊重,幼儿的主动参与性未能得到激发。

在教学活动的交往过程中,老师们通常会存在几个共性的问题:

第一,对幼儿已有知识经验缺乏了解。有些教学活动在设计的时候会存在教学目标过低或过高的问题,这是对幼儿的已有知识经验缺乏了解,不能有效地促进幼儿最近发展区的发展。

第二,对五大领域教学目标和内容理解不透彻。《3—6岁幼儿学习与发展指南》对于五大领域的教学目标和内容有基本的指引,具体到教学活动设计中,需要教师进一步明确活动目标和内容。尤其在科学领域的活动中,强调幼儿的自主探索和发现,但实际操作过程中,老师们还是容易陷入主导性过强,幼儿缺乏自主探索和发现的机会。

第三,预设性过强,限制幼儿主动性。教学活动设计存在一定预设性,但在教学实践过程中,教师会遇到很多生成性的问题。有智慧的教师会灵活调整,将生成性问题与预设环节有机结合,缺乏经验的老师会强行将幼儿带回自己的预设环节,从而限制了幼儿学习的主动性。

(二)区域活动

区域活动,在国外也称为学习中心、游戏区等。区域活动自20世纪70年代从美国引进以来,在我国得到迅速的发展。① 区域活动是目前幼儿园普遍开展主动学习的活动形式,幼儿的主动学习是幼儿作为学习的主体,在与物互动、与人交往的过程中能动地建构知识的过程。② 因此,在区域活动的交往空间,主要体现的是幼儿个体、幼儿之间的交往学习过程。

---

① 刘焱.儿童游戏通论[M].北京:北京师范大学出版社,2006:608.

② 李玟蒂.昆明市Y幼儿园大班学习性区域活动中教师支持幼儿主动学习的个案研究[D].昆明:云南师范大学,2019.

1. 主动探索的学习过程

【案例】

在区域活动开始后，远远选取了“垃圾分类”的材料就回座位开始操作起来。

初次尝试：将垃圾全部随意丢进垃圾桶里。

再次尝试：当教师关注到幼儿的操作后，及时到幼儿的旁边进行简单的沟通。

老师：远远，你完成了这份材料吗？

远远：完成了，我已经将全部垃圾放进去了。

老师：那你能告诉我蓝色的垃圾桶放的是什么垃圾吗？

远远：不知道，我就把垃圾全部倒进去了。

老师：那我们一起先来认识一下垃圾桶好吗？

远远开始认识不同颜色的垃圾桶，老师引导幼儿发现托盘里的提示单。

远远：老师，这份单子里每个颜色的垃圾桶都有垃圾哦。

老师：那你能看出来是哪个小卡片吗？我们先把小卡片对一对再来投放，可以吗？

随后，远远在将近30分钟的时间里，都在认真探索操作这份材料。在活动结束前我去检查的时候，虽然分进去垃圾桶的只有几个，但都是分对了的。

（摘自廖碧丽老师2019年10月23日的区域观察记录）

案例中的小班幼儿在老师的引导下，通过自主的探索，找到了正确的垃圾分类方法。在区域活动空间中，我们可以看到，老师的干预非常小，更多的是幼儿自己去体验和发现。

2. 协商解决突发事件的过程

在区域活动中，幼儿之间会发生一些突发事件，需要幼儿主动去思考并解决。在必要的时候，老师可以适当引导，让幼儿在事件处理的过程中，学会解决冲突。

3. 相互合作的促进过程

幼儿的游戏由各自游戏发展到合作游戏，他们在协商的过程中达成了合作的局面。区域的交往空间，提供了充分的时间和空间环境，让幼儿之间能够在活动中促进合作的发生与发展。

在区域活动空间中，除了幼儿自主学习发生，教师的指导和观察也是非常重要的支持。自主学习并不意味着学习的随意性，而是在教师有针对性的指导下促进幼儿的发展，在教师有目的的观察记录中，不断完善区域活动的组织。

1. 观察记录的形式

余旸（2019）将教师在区域活动中的观察记录分为三种：现场观察、现场观察并记录、事后记录。教师可以根据自己的工作需要灵活选择记录的方式。幼儿园也可统一设计区域观察记录表格，提供给教师在区域游戏时进行观察记录（见表4－4）。

表 4-4　幼儿区域游戏观察记录表

日期		班级		观察记录者	
被观察幼儿姓名、性别		游戏时间段		游戏区	
观察实录（图文形式）					
总结分析					

2. 观察记录的实施步骤

有学者将观察记录观察记录步骤拆解为明确观察目的；确定观察内容、对象、时间地点；选择观察方法；制定观察提纲；选择观察工具和辅助材料；实施观察；通过观察记录收集资料；分析整理观察资料并进行反思，共 8 个环节。① 结合表 4-4，教师可以在记录的过程中完善各个实施步骤，并不断积累经验，将观察与反思，反馈到区域活动的设计中。

3. 观察记录的要点维度

区域活动需要观察什么内容？教师们可参考表 4-5 的内容。

表 4-5　区域活动观察维度大类②

一级维度	观察记录内容	理论参照
基本信息： 区域中的儿童 区域中的材料与环境 区域中的教师行为 区域中的作品	关于时间、地点、人物的基本信息： 儿童的活动过程、情绪、行为、表现等信息 区域环境布置与材料投放的效果 对教师介入、指导、师幼互动等 幼儿在游戏中完成成果，如搭的积木、自制的图表	Carole Sharman、林丽娟、黄娟娟、丁海东、翟理红等学者的观点

① 孙海霞. 如何有效开展区域观察记录[J]. 福建教育，2014(46). 14-18.

② 徐旸. 幼儿教师区域活动观察记录的现状与支持策略研究[D]. 上海：华东师范大学，2019.

有效的观察记录，能够帮助教师了解幼儿自主学习的个体发展水平，了解区域材料投放与环境创设的有效性，并反思教师的指导行为。

三、卫生间的交往空间

卫生间的交往空间，是教师平常比较忽略的空间。然而，对于幼儿来说，洗手间具有神奇的魔力，吸引着他们长时间地待在卫生间，在集中教学时频繁地去喝水、上厕所，并在其间玩得不亦乐乎。

（一）自由的交往“后台”

幼儿喜欢尽可能长时间地待在卫生间，老师不催促，就不愿意回活动室，这是在幼儿园常见的现象。在这里，幼儿能够避开老师的视线，自由活动，成为他们交往的“后台”空间。

（二）避开枯燥的集体教学

如果集体教学活动过于乏味，这时，只要一个幼儿说要上厕所，其他幼儿就会出现跟风现象。表 4－6 呈现的集体活动时幼儿如厕的情况。

表 4－6　集中活动时幼儿如厕的人数调查情况①

调查人数	30		
时间	男孩	女孩	总人数
9:45～10:15	6	6	10
15:15～16:00	0	1	1

从表 4－6 中我们发现，幼儿的集体如厕现象在上午的教学活动时间较为明显。由于上午的活动时间较长，且以教学活动为主。如果教师的教学活动又较为无趣的话，便会造成幼儿想逃离教学现场的举动。而下午的安排基本以户外活动和游戏为主，幼儿的兴趣比较高，所以表现得就比较正常。

（三）自然的性别教育

根据研究者的调查，幼儿喜欢长时间待在卫生间的另一个原因，在于男孩女孩之间会互相探寻对方身体的奥秘。

【案例】

又到了上卫生间的时间了，有个男孩子和他的同伴说：“为什么女孩子是蹲着尿尿？而我们是站着尿尿？”这个小朋友笑着说：“因为我们是男孩子，她们是女孩子呀，肯定不一样啦。”男孩子又说：“那为什么老师的厕所也在我们男孩子这边？难道老师也是男孩子？”另一个小朋友大声说：“老师怎么可能是男孩子，是女孩子呀。”说完，两个小朋友哈哈大笑起来。

（摘自江晓茵老师 2019 年的观察记录）

① 杨礼彬. 盥洗室的魔力—浅析幼儿盥洗室的行为表现及原因[J]. 幼儿教育研究，2017(2)：46－49.

幼儿在厕所互探身体奥秘,是由一种强烈的好奇心所致。虽然现在幼儿园的卫生间的设计都强调男女分厕,但并非绝对意义上的隔离。男女还是在一个空间范围内,用隔板或是半隔离的墙进行分隔,因此这个阶段的幼儿对不同性别之间的身体产生好奇也就不奇怪了。教师要正确引导幼儿认识自己的身体,帮助幼儿形成性别认同感。

四、户外的交往空间

班级的交往空间不仅局限于班级活动室空间,还会涉及户外的交往空间,比如晨间活动、早操、户外体育活动、户外自主游戏等在户外空间中发生的交往。在第三章中,我们从教师群体的合作关系角度,分别对几种户外活动中的教师合作进行了阐述。在空间解构这一章中,我们主要以户外自主游戏的交往来进行分析。

(一) 户外自主游戏的指导

户外自主游戏由于是以幼儿自主学习为主,因此教师的介入指导显得尤其重要,如何介入?何时介入?是教师们在组织和实施户外自主游戏时需要掌握的。

1. 选择合适的时机

当幼儿游戏中出现下列三种情形时,教师可以介入幼儿游戏:(1) 当幼儿并不投入自己所安排的现象或虚构的游戏时。(2) 当幼儿产生难以与其他同伴一起相处的游戏时。(3) 当幼儿进行想象或虚构的游戏时,想一直重复自己玩过的情节,或是将游戏延续下去有困难时。而当出现下列四种情形之一时,教师则最好介入幼儿的游戏:(1) 不想与幼儿玩的时候。(2) 感觉到自己在干扰幼儿的时候。(3) 以为介入游戏是一种对幼儿好的责任时。(4) 不能从中享受到乐趣或感受到有心事或太劳累时。[①] 我们来看看实践当中老师的操作:

【案例】

在做了几次小鬼当家的负责老师之后,我渐渐发现来这个游戏区的男孩子越来越多了,在老师的指引下,他们都能尝试分配角色,配合工作。这一次澎澎来这个区域了,姚姚最先拿到厨师的勺子,他便开始充当厨师给我这个客人做饭。澎澎一看到姚姚拿着勺子,他也特别喜欢,便什么也不说,直接上去就要抢过来。我上去问他:"姚姚已经选择厨师了,那你觉得这个勺子应该给谁用呢?"澎澎想了一会说:"是厨师做饭用的。"我接着说:"那我们就把勺子还给厨师吧,不然我这个客人要饿肚子了哦!"之后他就松手了,一时间,他不知道该玩什么?于是我走到石磨旁,一边推动石磨,一边大声说:"有没有哪个力气特别大的小朋友,愿意来帮帮我呀?我特别想喝豆浆。"澎澎听到后,立即走过来表示要帮忙。

(摘自郑敏童老师 2019 年 4 月 3 日的区域观察记录)

在上述的案例中,教师的第一次介入以提问的方式帮幼儿解决角色分配的问题。

① 王春颖.幼儿园户外自主游戏中教师有效介入研究[D].济南:山东师范大学,2017

教师的第二次介入,以提供材料和语言引导的方式,让幼儿在角色游戏中找到了自己喜欢的角色,收到了较好的教育效果。因此,在介入指导的时机上,教师不可操之过急,同时要摆正支持者的角色位置。

2. 选择适当的方式

教师可以以自身为媒介,以材料为媒介,作为旁观者、引导者进行动作、语言的提示或者提供材料等方式进行介入,也可以作为参与者,鼓励支持、解决问题。①

【案例】

大型建构区要求几个小朋友一起合作搭建,并一起搬材料,这时孩子都开始自由组队。洛欣在老师说可以开始游戏后没有动,站在原地看着别的孩子。这时星潼走了过来,想去牵洛欣的手,洛欣转过了身没有回应,星潼看向了老师。

我拿了一块积木过去问星潼:"星潼,你打算邀请洛欣用这个制作什么呢?"星潼拿过我手里的积木,摆在了一块砖头上,说:"我还不知道呢,想问一下洛欣。"我于是走到洛欣身边蹲下问道:"洛欣,星潼想要邀请你一起搭积木,你想制作什么呢?"洛欣过了一会说:"我喜欢船。"星潼过来对洛欣说:"那我们一起做个船吧。""走,一起去拿木头。"再次去牵洛欣的手,这次牵住了,并和星潼一起去取材料了。

(摘自毛荣锦老师 2019 年的户外游戏观察记录)

案例中的教师是以提供材料和语言提醒的方式介入幼儿的自主游戏,通过引导,让幼儿相互合作,使得游戏得以继续进行。

(二) 户外活动避免出现的问题

户外活动作为实现健康领域目标的重要活动形式,各幼儿园均高度重视,在户外活动设计与实施过程中要避免出现下列常见问题。

1. 活动缺乏趣味

户外活动设计要充分考虑幼儿的年龄特点,既要遵从幼儿的已有经验,又要具有一定挑战性和趣味性,充分调动幼儿的兴趣和积极性。

【案例】

户外活动安排跳绳,孩子们到了活动场地很开心,聊得很嗨,热身运动做的也不够认真,当老师向孩子介绍今日户外活动的材料(跳绳)及玩法、规则时亦是没有仔细听,心不在焉,导致到后面孩子学不会跳绳。后来三位老师分工,分组教学,试着鼓励孩子,可是效果甚微,一节活动下来,大部分孩子还是掌握不了基本的方法,不太会跳。

活动过后老师在想,为什么大部分孩子学不会跳绳呢?老师总结认为:活动内容和形式单一,缺乏趣味性;活动材料不够丰富,缺乏多样性;活动投入的材料不太适合本班孩子,孩子的能力水平不够。老师根据本班孩子的现有能力发展水平,加上孩子第一次玩跳绳活动的经验,组织了第二次活动。

---

① 王春颖.幼儿园户外自主游戏中教师有效介入研究[D].济南:山东师范大学,2017

这一次,老师不让孩子每人一根跳绳,而是让孩子轮流合作玩长一点的跳绳。刘老师和大李老师负责甩绳,小李老师负责带着孩子玩,先让孩子观察老师在绳子晃到什么程度的时候跳进去的,如何根据绳子甩的高度来断定落脚的频率……“老师,我来,我来”“老师,我会跳”一个跳完接着下一个,没想到孩子对这一次活动很感兴趣,也很认真地在观战。到后来,老师拿出8根绳子,4个小朋友为一组,孩子们自发地寻找伙伴积极合作,直到活动结束。活动过后,孩子表示下一次还要玩,挑战更高难度的。

(摘自李思慧老师2019年的户外活动反思)

两次活动设计,完全不同的活动效果,教师的及时反思与总结,提高了活动的趣味性;更好地实现了户外活动的教学价值。

2. 时间安排计划性不强

户外活动要求不少于2小时,未有具体的限制,散落在各个活动中相加就可以了。这也导致在教学设计过程中,教师对于时间的把握会比较难以控制。教师在组织户外活动时,随意性比较强,多数时候凭主观判断来确定活动的时间长短。这种随意性,会导致幼儿整体户外活动的教育价值大打折扣。及时的总结和调整活动内容,能够为今后的活动组织提供借鉴。

(三) 户外活动中的指导策略

户外活动同样需要主班老师和配班老师提前设计教学活动,根据自己班幼儿的年龄发展目标,设计相应的教学活动。在活动开展过程中,老师要进行有效的指导,避免出现一些常见问题,比如在观察指导的过程中,特别要注意,老师们不能一味从预设目标出发,发现幼儿一旦偏离设计目标,立马阻止或叫停幼儿。还有些老师认为户外自主游戏就是让幼儿自由玩耍,缺乏计划性和目标性,只要确认幼儿是安全的,就不加以指导,这种随意性就导致户外活动走向另一个极端,过于地放任。户外活动中教师要把握合适的指导策略,才能达到教学设计的目标和价值。

1. 用语言和身体示范相结合

幼儿所处的阶段,直观体验是最适宜的学习方式。在户外活动中,会涉及很多的肢体动作的学习,如果仅凭语言说明或是仅做动作示范均不能达到好的理解效果。这个时候,需要教师采取语言和身体示范相结合的方法,则能达到预期目标。

【案例】

姚姚:他们老是闯红绿灯,我提醒他们了……

老师:你们觉得呢? 小司机们有什么想法想对交通警察说的吗?

幼1:我每次骑车过去,交通警察都没有站在那里呀!

幼2:对,而且他举红绿灯总是变得很快,一会红一会又绿,我总是看不清。

老师:(看向交通警察)小司机们建议交通警察在指挥交通时的位置要固定,显示红绿灯要明显(拿着红绿灯牌举直向上),并保持一定的时间,就像我们平常过马路那样子。

姚姚:可是这个不是电子的呀,没有显示。

幼1：那你可以自己数数呀，从1念到10那样！

老师：（看向交通警察，把红绿灯交给他）我觉得这个方法你可以尝试一下，当然，你还可以制定相应的规则，比如违规的小司机要怎么处理。

姚姚：违规的小司机就不能开车了，要到那边坐一会！

老师：好，小司机们听好了，这是违规的处罚，交通警察也要记得小司机刚刚提的建议，现在请你们继续回到你们的岗位吧。

（摘自郑楚莹老师2019年11月22日的户外游戏观察记录）

案例中的教师在户外体育游戏中，针对幼儿存在的问题，采取语言和身体示范相结合的方式，让幼儿能够回归游戏主题，协商解决问题。

2. 学会尊重与支持孩子

在户外活动中，会涉及一些基本的动作技能的掌握，很多时候教师会特别关注技能掌握的结果，用机械重复的方式来达成教学目标。然而任何一种教学活动的教育本原和前提还是尊重孩子，在学习过程中支持孩子。

【案例】

每天户外活动的时间又到了，这是孩子们每天最放松和享受的时刻。今天，我们要拍球，按照以往的惯例，做好热身操后，孩子们开始自由活动，每次都会发现有的孩子拿着球开始自己的玩法，不会去拍，这时候老师便会去干涉，提醒孩子要好好练习拍球，一分钟内拍多少下才能达到体能标准。这次，我决定放手让孩子去发现篮球的秘密，孩子要爱上这个球，才会和这个球玩游戏，而不是老师让我怎样做。于是，我开始站在一旁静静等候。

一开始，几个女孩一堆，还是和往常一样，拍球数数，“我们来比赛吧，我都能拍好多好多下了。”“好啊，那就开始比赛吧。”

大概5分钟后，瞳瞳跑来找我：“段老师，你看，我可以这样。”说完，把球往下一拍，在球弹起来后用屁股往下一坐，竟然坐在了球上！这可是一个难度很高的动作。

“哇！瞳瞳，这是你发现的新玩法吗？看起来很有难度呢！”

“是啊，我刚刚自己发现的，我和小贝在比赛，然后累了，我就坐在球上休息，休息好了，我和小贝就开始玩游戏，发现可以这样来玩。”

“真的很厉害，要不段老师也和你们一起来玩，好吗？”

“好啊，好啊，我们一起来。”于是，周边的几个孩子也一起来了，我尝试了几次后，发现比想象中还要困难一些，球的弹起高度、方向，坐下的时间、方向可都是很难把握的，每一次我都要小心翼翼的，不然就会一屁股坐在地上，女孩们就哈哈大笑，瞳瞳和小贝每次都能成功，有几个女孩也和我一样会坐在地上，球跑得远远的。

“段老师，你不要害怕，你要轻轻地把球拍下去，太高就坐不到了”。瞳瞳开始当起了小老师，于是，我和另外的几个女孩开始轻轻地拍球，的确，成功的次数明显增加了，但是有几个女孩还是坐不到。

“贝贝，你不要害怕，头不要看下面，你看像我这样。”瞳瞳发现了旁边的贝贝每次都坐不到，原来贝贝总是低着头去找球，这样坐下去的时间就会比球停下慢一拍，自然就坐不到了。在瞳瞳的建议下，贝贝开始尝试不去找球，果然，坐在了球上，虽然马上就倒下去了，但是贝贝非常满意。

“段老师，你看，我也可以了，瞳瞳教我的。”于是，勇敢地挑战起来，成功了！贝贝是一个敏感害怕自己做不好的孩子，所以每次对新事物的挑战需要很长一段时间的准备，这次的大胆和自信给了我大大的惊喜。

“段老师，快看，我们还可以这样。”爔爔坐在地上拍起球来，引来了女孩们的注意，大家又开始了新的挑战。

“段老师，我也发现好玩的，用大腿拍球，你看。”可倪说完开始把脚交替抬起，像高抬腿那样，球在大腿上一上一下，虽然只能连着两三次，但是在孩子们看来这是非常了不起的。

时间很快过去，将近50分钟的玩转篮球时间结束了，孩子们意犹未尽，满头大汗，脸上却是灿烂的笑容。

这次的放手对我来说是一次宝贵的经验，对孩子来说是一次全身心的享受和挑战，合作、坚持、自主、独立、勇敢、自信、创新、接受挑战，这些宝贵的学习品质比孩子们能在一分钟内拍70下球要有意义得多，这些才是孩子需要的。

（摘自段彩云老师2016年4月15日的工作反思）

关注孩子的需要，尊重孩子的想法，支持孩子的行动，案例中的老师用这样的方式，关注幼儿的学习品质的培养，真正做到深入了解和倾听孩子的心声。

班级角色在一定的空间中，发生各种相互关系，产生各种交往互动。在班级的交往空间中，直观地呈现了班级室内空间和户外空间发生的交往活动。

第三节　班级中的制度空间

空间是物质运动的存在方式。离开运动着的物质，空间就是空洞的、神秘的、不可思议的东西；真实的、实在的空间只能是也必然是运动着的物质的存在方式，因此空间和物质具有一致性，制度作为一种客观的存在，也必然具有空间的物质性。被认同的制度就能够得到很好的遵守，反之，制度就会失去权威性，就会没有生命力，就会变成一纸空文。[①] 班级中的制度空间涉及班级的各个空间领域，从班级常规到区域规则到一日生活作息安排，贯穿幼儿在班级中的空间场域。班级的制度按照对象，可以分为针对班级教师和针对班级幼儿的制度。

一、针对班级教师的工作制度

针对班级教师的工作制度，主要涉及一日常规工作规范和卫生消毒规范。执行者包括了班级教师和保育员。这类工作制度，会以图片或文档的形式张贴于班级区

① 张荣军.制度认同的空间之维[J].创新，2014(4)：34－37.

域的墙面上，一是提醒各位老师严格遵守各项工作制度；二是便于教师对照制度进行规范操作；三是起到互相监督的作用。

（一）日常清洁、消毒制度

班级中每日需要进行常规的清洁和消毒工作，主要由保育员负责。为了规范操作流程，便于相互监督，幼儿园会将工作流程与操作规范图文化，如图 4－49 至图 4－51，分别为保育员的常规清洁、消毒制度，包含了桌面、擦手巾、水杯清洁消毒以及呕吐物的处理，并张贴在相应的工作区域，如卫生间的墙面，便于老师在需要的时候能够随时按照流程规范来操作。

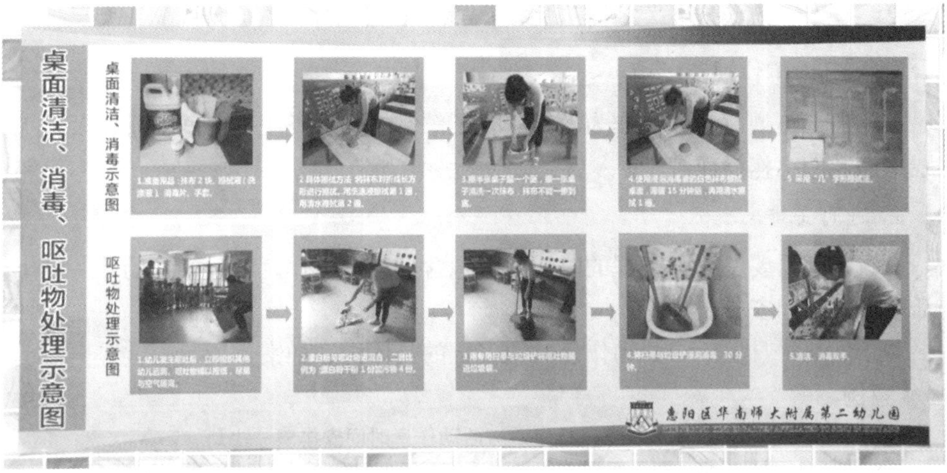

图 4－49　桌面清洁消毒与呕吐物的处理示意图

图 4－50　擦手巾清洁消毒示意图

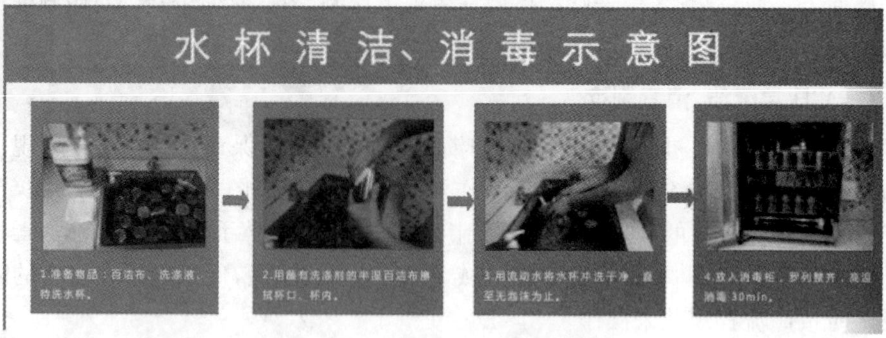

图 4－51　水杯清洁、消毒示意图

(二) 日常工作规范

日常的工作规范包含了作为教师需要了解掌握的各类工作时间安排以及在工作实践中涉及的工作操作规范。

1. 时间安排表

班级老师需要了解和掌握的时间安排包含了教职工作息时间表和幼儿一日生活与活动作息时间安排表。

关于幼儿一日生活与活动作息时间安排的具体内容如案例所示：

【案例】

表 4－7　幼儿一日生活与活动作息时间安排表—小班

时间	具体安排	教师工作要求	备注
7:30～7:40	开窗、通风、消毒	在幼儿来园前开窗通风,做好卫生清洁和消毒工作	
	入园接待;晨间活动准备	微笑接待家长和幼儿;观察幼儿身体状况;摆放晨间活动器械,晨间室内活动准备	
7:40～8:20	晨间活动	将幼儿带到活动场地;有序组织晨间活动	
8:20～8:30	生活活动:如厕、洗手、喝水(分组)	有序进行生活活动,注意幼儿安全、喝水量、洗手问题	
8:30～8:50	早餐;餐后活动	引导幼儿安静用餐;用餐完毕自主活动(阅读等)	
8:50～9:00	点名;生活活动:如厕、洗手、喝水(分组)	了解幼儿出勤有序进行生活活动情况及状态	
9:00～9:15	早操	幼儿、老师以良好的精神状态和面貌进行早操活动	

（续表）

<table>
<tr><th>时间</th><th colspan="2">具体安排</th><th>教师工作要求</th><th>备注</th></tr>
<tr><td>9:15～9:35</td><td colspan="2">教学活动</td><td>根据具体情况进行分组或集体教学活动</td><td rowspan="17">各班根据具体情况适当合理调整每日活动安排，确保环节之间顺通流畅、丰富有趣，幼儿无消极等待的时间。
需特别注意：1. 教师要密切关注每位幼儿，细心做好班级安全工作；2. 幼儿在园一日的户外活动时间（晨间、户外运动、散步等）不低于2小时；3. 五大领域活动的组织形式以分组、集体相结合；4. 充分利用各功能活动室的资源，组织相应的活动</td></tr>
<tr><td rowspan="2">9:35～9:45</td><td colspan="2">生活活动：如厕、洗手、喝水（分组）；水果餐</td><td>有序进行生活活动；幼儿自主享用水果餐</td></tr>
<tr><td colspan="2">户外活动前准备</td><td>提醒幼儿上厕所；准备好活动所需材料及用品</td></tr>
<tr><td>9:45～10:35</td><td colspan="2">户外活动</td><td>根据具体情况进行分组或集体的体育户外活动；注意安全和对孩子的关注</td></tr>
<tr><td>10:35～10:50</td><td colspan="2">生活活动：如厕、洗手、喝水、换衣服（分组）</td><td>有序进行生活活动，注意幼儿安全、喝水量、洗手问题</td></tr>
<tr><td>10:50～11:20</td><td colspan="2">区域活动（功能室/班级、公共游戏区分组）</td><td>幼儿自主进行区域活动；做幼儿的观察者和引导者；注意记录，全面观察每位幼儿</td></tr>
<tr><td>11:20～11:35</td><td colspan="2">餐前准备</td><td>组织幼儿进行安静的餐前活动，做好用餐准备</td></tr>
<tr><td>11:35～12:05</td><td colspan="2">午餐</td><td>引导幼儿养成良好的用餐习惯；观察幼儿用餐情况</td></tr>
<tr><td>12:05～12:40</td><td colspan="2">餐后活动：散步；自主游戏</td><td>组织幼儿散步或进行自主操作游戏</td></tr>
<tr><td>12:40～14:40</td><td colspan="2">午睡</td><td>做好睡前检查；引导幼儿安静入睡；坚持巡视，做好午睡观察记录</td></tr>
<tr><td>14:40～15:15</td><td colspan="2">生活活动：如厕、洗手、喝水，叠被子；午点</td><td>分组进行生活活动；引导幼儿养成良好的生活习惯：快速整齐叠好被子；观察幼儿用餐情况</td></tr>
<tr><td>15:15～15:50</td><td colspan="2">户外游戏；教学活动</td><td>根据具体情况组织相应的活动，保证活动的游戏化、趣味性</td></tr>
<tr><td rowspan="3">15:50～16:10</td><td colspan="2">生活活动：如厕、洗手、喝水</td><td>有序进行生活活动，注意幼儿喝水量、安全问题</td></tr>
<tr><td rowspan="2">离园活动</td><td>小结</td><td rowspan="2">总结幼儿在园的一日生活与学习情况；引导幼儿整理收拾个人物品；组织好离园前活动</td></tr>
<tr><td>自主游戏</td></tr>
<tr><td>16:10～16:30</td><td colspan="2">离园</td><td>微笑接待家长，根据幼儿具体情况和家长进行个别交流，和幼儿说再见</td></tr>
<tr><td colspan="4">1. 请注重幼儿习惯、自主自理能力的培养，用心安排组织孩子在园的每一个环节，使各活动更具趣味性及丰富性；
2. 建议将班级幼儿分成固定的两组的形式，对部分教学活动或绘本阅读、班级区域、公共游戏区采用分组进行。</td></tr>
</table>

表4-8　幼儿一日生活与活动作息时间安排表—中班

时间	具体安排	教师工作要求	备注
7:30～7:40	开窗、通风、消毒	在幼儿来园前开窗通风,做好卫生清洁和消毒工作	各班根据具体情况适当合理调整每日活动安排,确保环节之间顺通流畅、丰富有趣,幼儿无消极等待的时间。需特别注意:1. 教师要密切关注每位幼儿,细心做好班级安全工作;2. 幼儿在园一日的户外活动时间(晨间、户外运动、散步等)不低于2小时;3. 五大领域活动的组织形式以分组、集体相结合;4. 充分利用各功能活动室的资源,组织相应的活动
	入园接待;晨间活动准备	微笑接待家长和幼儿;观察幼儿身体状况;摆放晨间活动器械,晨间室内活动准备	
7:40～8:20	晨间活动	将幼儿带到活动场地;有序组织晨间活动	
8:20～8:30	早操	幼儿、老师以良好的精神状态和面貌进行早操活动	
8:30～8:40	生活活动:如厕、洗手、喝水(分组)	有序进行生活活动,注意幼儿安全、喝水量、洗手问题	
8:40～9:00	早餐;餐后活动	引导幼儿安静用餐;用餐完毕自主活动(阅读等)	
9:00～9:20	点名	有序进行生活活动;了解幼儿出勤情况及状态	
	户外活动前准备;生活活动:如厕、洗手、喝水	提醒幼儿上厕所;准备好活动所需材料及用品	
9:15～10:15	户外活动	根据具体情况进行分组或集体的体育户外活动;注意运动量、安全和对孩子的关注问题	
10:15～10:40	生活活动:如厕、洗手、喝水、换衣服(分组)	有序进行生活活动,注意幼儿自理能力、喝水量、洗手问题	
	水果餐	幼儿自主享用水果餐	
10:40～11:05	教学活动	根据具体情况进行分组或集体教学活动	
11:05～11:15	生活活动:如厕、洗手、喝水(分组)	有序进行生活活动	
11:15～11:35	餐前活动及餐前准备	组织幼儿进行安静的餐前活动,做好用餐准备	
11:35～12:05	午餐	引导幼儿养成良好的用餐习惯;观察幼儿用餐情况	
12:05～12:40	餐后活动:散步;自主游戏	组织幼儿散步或进行自主操作游戏	
12:40～14:40	午睡	做好睡前检查;引导幼儿安静入睡;坚持巡视,做好午睡观察记录	
14:40～15:10	生活活动:如厕、洗手、喝水,叠被子;午点	分组进行生活活动;引导幼儿养成良好的生活习惯,快速整齐叠好被子;观察幼儿用餐情况	

（续表）

时间	具体安排		教师工作要求	备注
15:10～15:50	区域活动（功能室/班级、公共游戏区分组）		幼儿自主进行区域活动；做幼儿的观察者和引导者；注意记录，全面观察每位幼儿	
15:50～15:40	生活活动：如厕、洗手、喝水		有序进行生活活动，注意幼儿喝水量、安全问题	
15:40～16:00	户外活动		合理组织户外活动，加强幼儿体格锻炼，增强体质	
16:00～16:20	离园活动	生活活动	总结幼儿在园的一日生活与学习情况；引导幼儿整理收拾个人物品；组织好离园前活动	
		小结；自主游戏		
16:20～16:40	离园		微笑接待家长，根据幼儿具体情况和家长进行个别交流，和幼儿说再见	
1. 请注重幼儿习惯、自主自理能力的培养，用心安排组织孩子在园的每一个环节，使各活动更具趣味性及丰富性； 2. 建议将班级幼儿分成固定的两组的形式，对部分教学活动或绘本阅读、班级区域、公共游戏区活动采用分组进行。				

表 4-9 幼儿一日生活与活动作息时间安排表—大班

时间	具体安排	教师工作要求	备注
7:30～7:40	开窗、通风、消毒	在幼儿来园前开窗通风，做好卫生清洁和消毒工作	
	入园接待；晨间活动准备	微笑接待家长和幼儿；观察幼儿身体状况；摆放晨间活动器械，晨间室内活动准备	
7:40～8:30	晨间活动	将幼儿带到活动场地；有序组织晨间活动	
8:30～8:40	早操	幼儿、老师以良好的精神状态和面貌进行早操活动	
8:40～8:50	生活活动：如厕、洗手、喝水（分组）	有序进行生活活动，注意幼儿安全、喝水量、洗手问题	
8:50～9:10	早餐；餐后活动	引导幼儿安静用餐；用餐完毕自主活动（阅读等）	
9:10～9:20	点名	有序进行生活活动；了解幼儿出勤情况及状态	
	户外活动前准备；生活活动：如厕、洗手、喝水	提醒幼儿上厕所；准备好活动所需材料及用品	

（续表）

<table>
<tr><th>时间</th><th colspan="2">具体安排</th><th>教师工作要求</th><th>备注</th></tr>
<tr><td>9:20～10:20</td><td colspan="2">户外活动</td><td>根据具体情况进行分组或集体的体育户外活动;注意运动量、安全和对孩子的关注问题</td><td rowspan="16">各班根据具体情况适当合理调整每日活动安排,确保环节之间顺通流畅、丰富有趣,幼儿无消极等待的时间。
需特别注意:
1. 教师要密切关注每位幼儿,细心做好班级安全工作;2. 幼儿在园一日的户外活动时间(晨间、户外运动、散步等)不低于2小时;3. 五大领域活动的组织形式以分组、集体相结合;4. 充分利用各功能活动室的资源,组织相应的活动</td></tr>
<tr><td rowspan="2">10:20～10:40</td><td colspan="2">生活活动:如厕、洗手、喝水、换衣服(分组)</td><td>有序进行生活活动,注意幼儿自理能力、喝水量、洗手问题</td></tr>
<tr><td colspan="2">水果餐</td><td>幼儿自主享用水果餐</td></tr>
<tr><td>10:40～11:10</td><td colspan="2">教学活动</td><td>根据具体情况进行分组或集体教学活动</td></tr>
<tr><td>11:10～11:15</td><td colspan="2">生活活动:如厕、洗手、喝水(分组)</td><td>有序进行生活活动</td></tr>
<tr><td>11:15～11:35</td><td colspan="2">餐前活动及餐前准备</td><td>组织幼儿进行安静的餐前活动,做好用餐准备</td></tr>
<tr><td>11:35～12:05</td><td colspan="2">午餐</td><td>引导幼儿养成良好的用餐习惯;观察幼儿用餐情况</td></tr>
<tr><td>12:05～12:40</td><td colspan="2">餐后活动:散步;自主游戏</td><td>组织幼儿散步或进行自主操作游戏</td></tr>
<tr><td>12:40～14:40</td><td colspan="2">午睡</td><td>做好睡前检查;引导幼儿安静入睡;坚持巡视,做好午睡观察记录</td></tr>
<tr><td>14:40～15:10</td><td colspan="2">生活活动:如厕、洗手、喝水,叠被子;午点</td><td>分组进行生活活动、扎头发等;引导幼儿养成良好的生活习惯,快速整齐叠好被子;观察幼儿用餐情况</td></tr>
<tr><td>15:10～16:10</td><td colspan="2">区域活动(功能室/班级、公共游戏区分组)</td><td>幼儿自主进行区域活动;做幼儿的观察者和引导者;注意记录,全面观察每位幼儿</td></tr>
<tr><td>16:10～16:20</td><td colspan="2">生活活动:如厕、洗手、喝水</td><td>有序进行生活活动,注意幼儿喝水量、安全问题</td></tr>
<tr><td rowspan="2">16:20～16:30</td><td rowspan="2">离园活动</td><td>生活活动</td><td rowspan="2">总结幼儿在园的一日生活与学习情况;引导幼儿整理收拾个人物品;组织好离园前活动</td></tr>
<tr><td>小结;自主游戏</td></tr>
<tr><td>16:30～16:50</td><td colspan="2">离园</td><td>微笑接待家长,根据幼儿具体情况和家长进行个别交流,和幼儿说再见</td></tr>
<tr><td colspan="4">1. 大班请注重幼儿习惯、自主自理能力全面的培养,用心安排组织孩子在园的每一个环节,使各活动更具趣味性及丰富性;
2. 建议将班级幼儿分成固定的两组/三组的形式,对部分教学活动或绘本阅读、班级区域、公共游戏区活动采用分组进行,注重培养幼儿思考、解决问题的能力,提高保教效率和质量,与孩子之间建立彼此尊重、默契信赖、亲密良好的互动关系。</td></tr>
</table>

2. 工作操作规范

班级教师有严格的卫生规范，比如洗手，幼儿园要求幼儿按照“七步洗手法”进行规范洗手，作为班级教师，同样要掌握规范的洗手流程，如图 4－52、图 4－53 是针对班级教师的洗手规范图示：

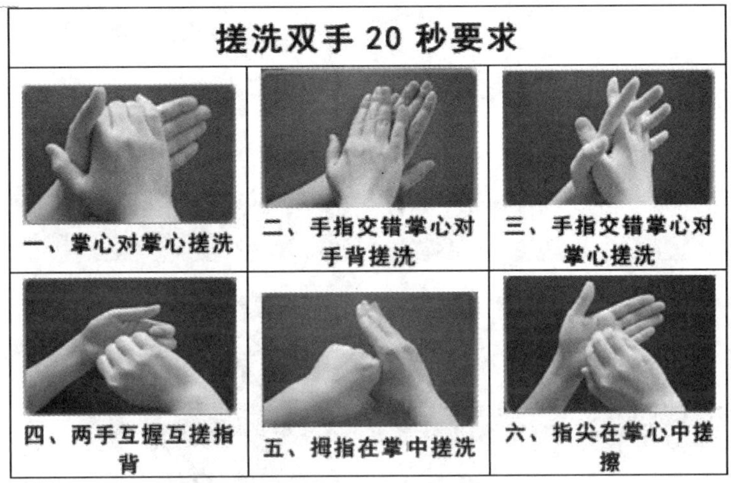

图 4－52　班级教师的搓手要求

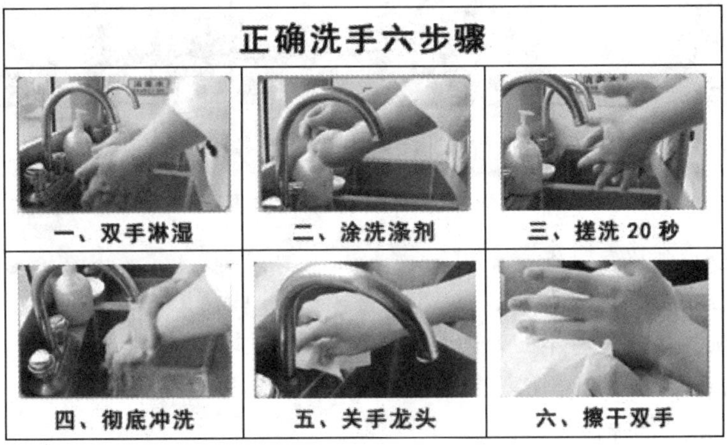

图 4－53　班级教师的洗手六步骤

按照一日生活流程的安排，需要对幼儿进行晨(午)检(见图 4－54)、睡眠组织工作(见图 4－55)进行规范操作。

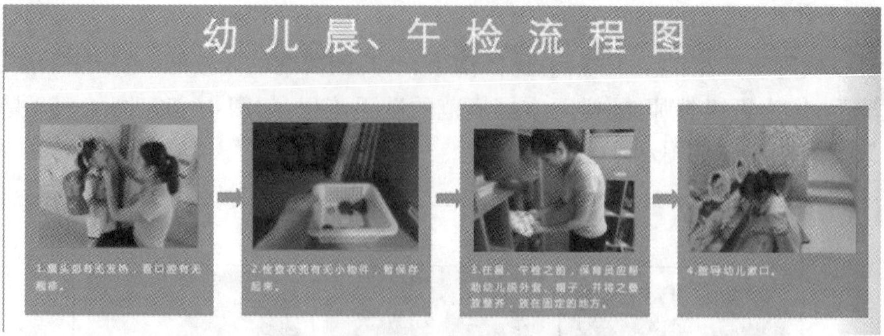

图 4 - 54　幼儿晨、午检流程图

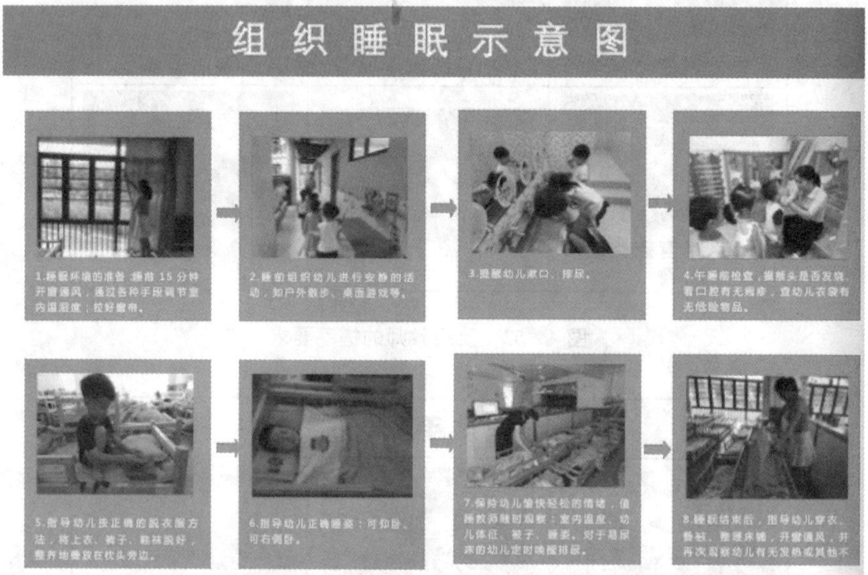

图 4 - 55　组织睡眠示意图

3. 幼儿意外伤害的处理

在幼儿园经常会发生幼儿的意外伤害,对于一些常见的、需马上处理的意外伤害,班级教师需要掌握基本的处理方法。为了让老师们能够处变不惊,操作规范,幼儿园将需紧急处理的意外伤害的以图文并茂的形式,张贴在班级墙面,包含了惊厥处理、异物入喉、头部摔伤等(见图 4 - 56)。

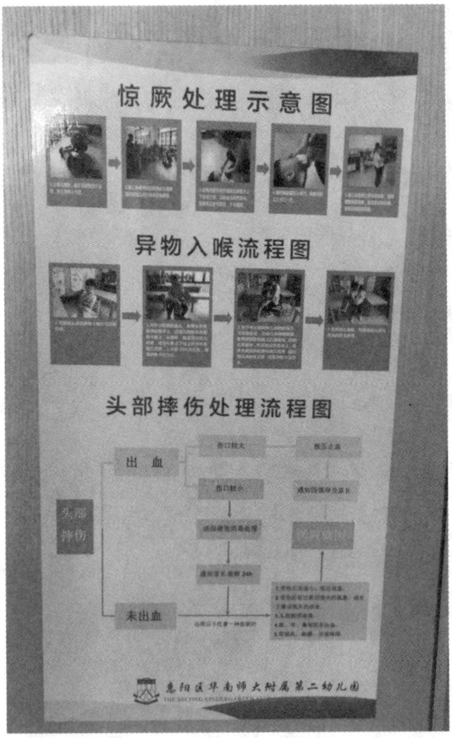

图 4－56　幼儿常见意外伤害处理示意图

4. 其他的温馨提示

在班级中，对于一些细节的操作，幼儿园也可以相应的区域以文字的形式进行提醒（见图 4－57）。

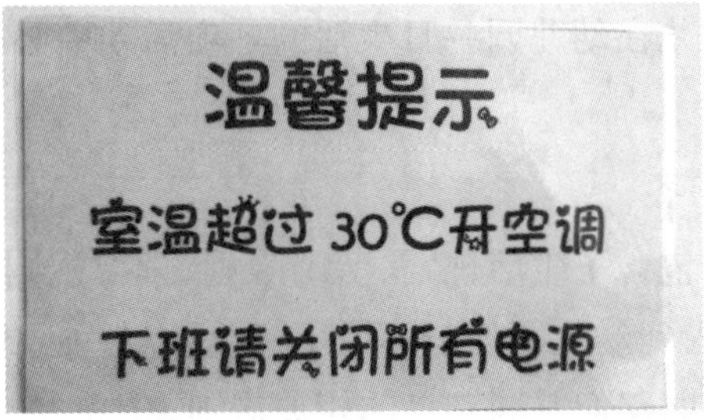

图 4－57　关于开空调和关闭电源的提示

还有一些针对家长的工作提醒，放置于班级门口处，利用小黑板进行专门提示（见图 4－58）。

图 4-58　针对家长的工作提示

二、针对幼儿的班级规则

幼儿园规则是指幼儿在幼儿园一日生活的各项活动中必须遵守的具体的行为规范和准则。

(一) 常见的规则内容

幼儿园的规则主要包含了生活规则、活动规则、学习规则和交往规则等,尤其对于小班的幼儿来说,进入到幼儿园的新环境,需要适应各种规则。我们来看看下面这个案例中小班老师和小朋友们共同制订的相关规则。

【案例】　我们的约定

＊生活小约定

1. 男女分组如厕,要求切勿拥挤;
2. 小手袖子挽起来,我们会用七步洗手法洗手;
3. 排队拿杯子喝水,喝水完毕时将杯子放在贴有自己照片的杯架上;
4. 用餐时小嘴巴吃饭不讲话;
5. 碗宝宝、桌子弟弟、地板哥哥都要保持干净;

6. 午休时,小鞋子摆摆好,袜子放在鞋子里,一个接着一个排队给老师检查;
7. 睡醒时请老师帮忙穿衣服,或请小朋友帮忙,自己穿袜子、穿鞋子。

*户外小约定

1. 听着音乐,跟着节奏,做热身操;
2. 根据天气适当增减衣物,垫汗巾;
3. 小耳朵认真听老师讲游戏规则,游戏时保护好自己和游戏同伴;
4. 游戏时排队按顺序玩,不拥挤、不打闹、不追逐;
5. 听着音乐,跟着节奏,做放松操;
6. 排队时,不推不挤不单独跑出去。

*学习小约定

1. 标准坐姿,腰挺直,眼看前方,小手小脚放放好;
2. 小眼睛看前方,小耳朵认真听,小小手举起来,小嘴巴请回答;
3. 小小材料动脑筋,眼看手操作;
4. 认真听老师、小朋友发言,尊重每一个同伴和老师。

*交往小约定

1. 见面主动说声你好(大胆向同伴先打招呼);
2. 我的玩具我们一起玩呀(大方和同伴分享自己喜欢的玩具);
3. 遇到事情我们不吵架、不打架;
4. 你有困难大家一起来帮助。

*区域小约定

1. 每天来园到吃完早餐选择区域;
2. 今天我们一起做计划;
3. 小耳朵竖起来,认真听音乐拍着小手有序进区;
4. 你演爸爸,我演妈妈,他演小宝宝,幸福的一家开始了;
5. 玩区时,不打扰其他群的小朋友,不到处乱闯;
6. 悄悄告诉你:我们讲话的声音要和音乐一样;
7. 收区音乐响了,快把玩具宝宝送回家;
8. 小手拍拍坐回位置,听他分享精彩的区域游戏。

(摘自林杜棉老师 2019 年 9 月 30 日的周工作反思)

(二) 区角规则

区角规则是幼儿在进行区角活动过程中应该遵守的安全规则、进区规则、人际交往规则等方面的行为规范和要求,是保障区角活动顺利开展的重要前提,规则的客观性决定了规则在区角活动中的重要性。幼儿园区角规则包括规则建立主体、规则内容、规则呈现方式三个板块。[①] 我们结合幼儿园的实例来看看区角规则如何制定。

---

① 刘念念. 昆明市 M 幼儿园中班区角规则及其执行研究[D]. 昆明:云南师范大学,2019.

1. 区角规则的制定

区角规则的制定按照制定主体的不同,可分为教师制定、师幼共同制定和幼儿制定三种形式。教师制定和师幼共同制定的规则较为普遍,幼儿自行制定,是在区角活动中生成出来的。

(1) 幼儿协调制定的规则

随着幼儿年龄的增长,他们可以协商制定相应的区域规则。我们来看看下面的案例中,大班的幼儿如何制定各个区域的规则。

【案例】

大班第一学期的开学周,老师让幼儿一起回忆与讨论,每个区都有哪些材料,应该制定怎么样的区域规则。在讨论过后,让幼儿分组画出不同区域规则的图片说明。他们认为:图书区是阅读的地方,我们应该保护好书籍;建构区有许多搭建的材料,但在活动中要小心带尖角积木的使用,保护自己、保护他人;美工区的材料非常多,但也特别零散,每次活动时我们要保持整洁,不要让彩笔找不到它的笔帽;益智区有许多高难度的玩具,不妨叫上自己的好伙伴一起合作完成吧;特色区是新的区域,里面都是"真材实料",使用电器或刀具时要小心,使用材料时不能浪费。

(摘自郑敏童老师 2020 年区域活动反思)

案例形象地呈现了幼儿在区角活动中,对于生成的问题,自行想办法协商解决。这也提醒老师,在区角活动中,要给予幼儿充分的机会,让他们学会自己解决问题,同时要信任幼儿,在学习实践中,具备自我解决问题的能力。

(2) 教师引导下的幼儿自行制定规则

由幼儿作为主体的规则制定,有时需要教师有针对性地引导,就某个区域的某项内容进行集中的探讨,这样可以让幼儿聚焦于某个主题,集思广益,让幼儿在研讨过程中获得多方面的发展。如下面这个案例是幼儿在教师有意识的指导下,引发的关于角色游戏区的规则制定。

【案例】

理发区是孩子们喜欢的角色游戏区,开展活动的时候也会发生一些冲突:

幼1:老师,我想帮忙洗头发,可是大成拿着花洒不让我洗。

幼2:老师,我也想穿这个服装,扮演理发师,可是没有衣服了(一脸委屈)。

老师:你们尝试一下,轮流扮演,可以吗?

幼1:大成不让。

幼3:这个是我先拿到的衣服。

鉴于上一次区域活动中小矛盾还未解决,在下一次进区前开展了理发店规则的协商谈话:

老师:小朋友们进入理发店可以做些什么?要遵守什么规则呢?

培培:爱护玩具,不乱扔。

珊珊:要收拾玩具,放回原位。

老师:那小朋友们想扮演什么角色呢?

宇泽:老师,我要扮演客人。

馨瑜:老师,我想帮忙洗头。

馨霖:老师,我想扮演收银员。

老师:小朋友们进入区域想要设计什么样的发型呢?

卓忻:老师,我要设计彩虹发型。

语童:老师,我要设计汽车发型。

……

老师:小朋友都讲得很好,进入理发店需要遵守的规则,例如:爱护玩具、把用具放回原位;还要提前构思好设计怎样的发型,选好扮演的角色,那扮演客人的小朋友进入理发店之后可以怎么做呢?

卓忻:告诉理发师要做的发型。

老师:是的,理发师和小客人们还需要做到有礼貌哟!上一次小朋友还未能做到自由协商好角色,老师相信这一次,小朋友们进入理发店之后能做到商量扮演哪种角色并遵守规则。

馨瑜:大成,今天你来洗头,下一次我来好吗?

大成:好的,没问题!

(摘自李思慧老师2020年的区域活动观察记录)

2. 区角规则的内容

区角规则的内容按照区角活动的进程划分,可以分为进区前、活动中、活动结束三类规则。

进区前的规则:

(1) 活动前与幼儿一起聊一聊今天你想去哪个区、想和谁玩、怎么玩、注意的事项等,大家一起讨论分享,做出区域小计划;

(2) 听老师介绍游戏规则,开放的区域和材料及使用事项;

(3) 听音乐有序进区，插上进区卡；
(4) 自主选择角色或者与同伴合作交流，分配角色，共同完成。
进区中的规则：
(1) 自主选择材料操作；
(2) 游戏过程中，小声交谈，使用礼貌用语；
(2) 爱护玩具，有序拿取材料，保持桌面干净；
(3) 游戏时大胆地创作，和同伴交流合作；
(4) 遇到困难，尝试自己想办法解决，或者寻求同伴和老师的帮忙。
活动结束后的规则：
(1) 听到结束音乐响，主动收拾玩具并归类摆放整齐；
(2) 将进区卡放回原处；
(3) 主动分享自己的区域小故事；
(4) 认真倾听他人说话；
(5) 记录我的区域故事。

3. 区角规则的呈现

区角规则按照表现形式分为口头规则和书面规则。口头规则主要通过口头语言表达，带有一定随机性。比如老师示意幼儿保持安静时，用口头语言和肢体动作提醒幼儿。书面规则属于提前制定好的，张贴于各个区角显著位置的规则。通常分为纯文字、纯图画、图文并茂几种。接下来我们看看各个区域的规则在不同年龄段如何进行呈现：

(1) 阅读区
图 4－59、图 4－60、图 4－61 展示的是小班、中班、大班阅读区的区角规则。
(2) 建构区
图 4－62、图 4－63、图 4－64 展示的是小班、中班、大班建构区的区角规则。

图 4-59 小班阅读区规则

图 4-60 中班阅读区规则

图 4－61　大班阅读区规则

图 4－62　小班建构区规则

图 4-63　中班建构区规则

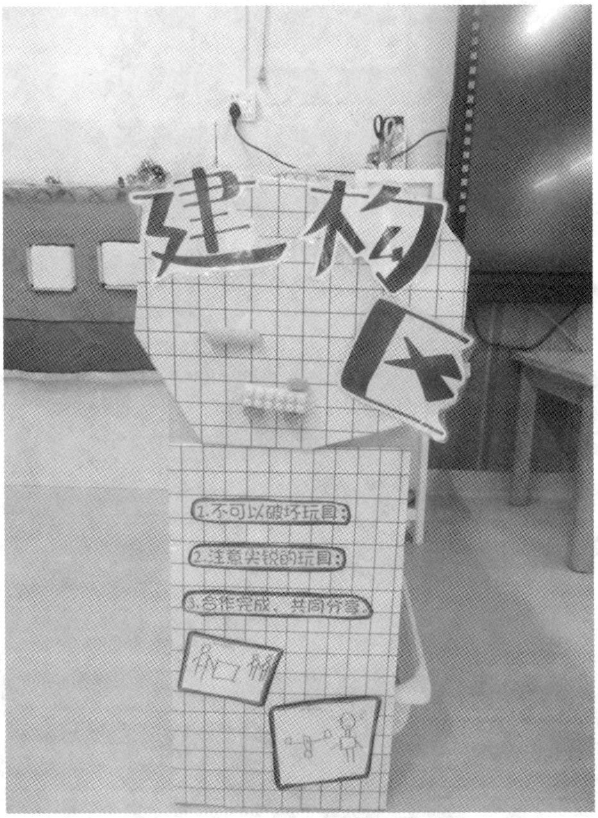

图 4-64　大班建构区规则

(3) 益智区

图 4－65、图 4－66、图 4－67 展示的是小班、中班、大班的区角规则。

图 4－65　小班益智区规则

图 4－66　中班益智区规则

图 4－67　大班益智区规则

(4) 美工区

图 4－68、图 4－69、图 4－70 展示的是小班、中班、大班美工区的区角规则。

图 4－68　小班美工区规则

图 4-69　中班美工区规则

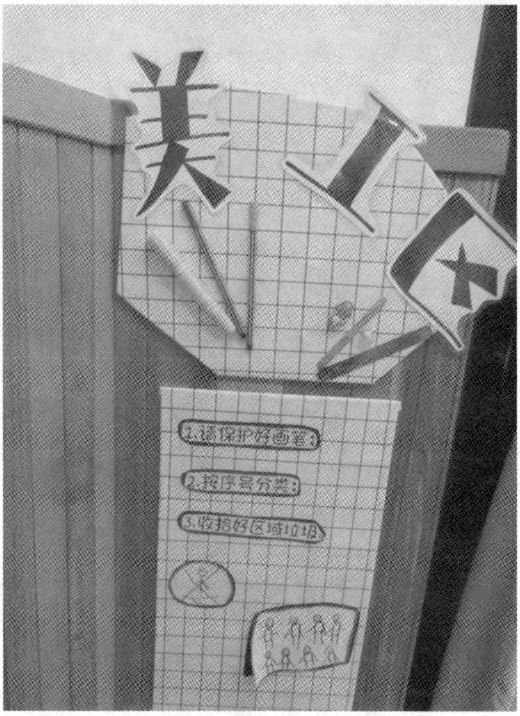

图 4-70　大班美工区规则

(5) 角色游戏区

图 4-71、图 4-72、图 4-73 展示的是小班、中班、大班角色游戏区的区角规则。

图 4－71　小班角色游戏区规则

图 4－72　大班角色游戏区规则

图 4－73　大班角色游戏区规则

在以上各个区角规则的展示中，我们会发现几个特点：

第一，考虑不同年龄阶段的身心发展规律。

小班的规则呈现基本以图画的形式，中班倾向于图文并茂，大班则基本以文字为主。不同年龄段认知发展水平不同，因此呈现形式不同。

第二，规则呈现在区角显著位置。

所有的区角规则基本会呈现在区角入口的显著位置，可以让进区的幼儿一眼看到，便于规则的执行。

第三，规则呈现设计上兼顾童趣特征。

规则的呈现均考虑了幼儿的童趣特点,如规则摆放并非一行一行,中规中矩,而是在排列上有变化,色彩上也会有些多元,并会使用一些小的饰物进行装饰,显得活泼而富有童趣。

三、班级的常规教育

幼儿园常规教育主要是卫生习惯、行为习惯和学习习惯的培养等,教育目的是帮助幼儿在集体生活中有秩序地生活,发展幼儿的自理和自控能力。[①] 我们需要明确的是,常规培养是一个过程而不是结果,是冲突—协调—建立规则—冲突—调整规则—建立规则……这样一个动态的过程。[②] 在幼儿常规教育中,我们首先要了解的是幼儿产生常规问题的原因,有研究者归纳了以下几点:[③]

(1) 幼儿的心理需要没有得到适当的满足;

(2) 幼儿的自我控制能力差;

(3) 幼儿认知上的错误;

(4) 幼儿原有不良习惯的影响;

(5) 幼儿有意无意的模仿;

(6) 常规要求超出了幼儿的能力;

(7) 幼儿的沟通协调能力欠缺;

(8) 幼儿神经系统功能发育不完善;

(9) 某些常规违背幼儿的身心发展特点;

(10) 教师在幼儿面前没有应有的威严。

了解了问题的原因,可以让教师在常规培养中有针对性地采取相应方式方法。

(一) 常规教育的实施方式

班级常规教育中,教师常采用的实施方式有口头语言、体态语言、图标提示等。

1. 口头语言

口头语言指教师通过口头语言的方式传达遵守规则的要求给幼儿,或用口头语言对幼儿的违规行为进行纠正。常用的口头语言方式有表扬、安慰、提醒、批评、警告和禁止。[④] 这几种方式前三种属于正面引导,后三种属于负面引导,在实际工作中,教师尽可能地运用正面引导,注意自己的行为示范。

【案例】

一天午睡起床,有一位小朋友想要从前面的过道下来,子萱小朋友突然很严肃地大声说:“出去!老师说起床是要从后门出去的。”说话间还扬起了她的右手。这个语

---

① 王永杰.小班幼儿生活常规习得研究[J].南昌师范学院学报(社会科学),2019(8):137-140.

② (美)匡欣,宋仁静等.幼儿常规建立的道与法[M].北京:中国农业出版社,2012:3.

③ 莫源秋,韦凌云等.幼儿常规教育指导手册[M].北京:中国轻工业出版社,2013:10.

④ 王沐.幼儿园规则教育的实施现状研究[D].大连:辽宁师范大学,2019.

调以及扬手的姿势，某一瞬间让我觉得如此的熟悉。想起了这几天的午睡午检前，如果小朋友没有耐心等待，仍然大声喧哗，就会听到老师说“出去！”两个简单的字，同样的语气。当从小朋友的口中说出来时，才发现作为老师，语言如此生硬。之后我开始反思对幼儿的说话方式，当有小朋友仍然喧哗时，我会说：“请你出去，等学会安静等待了再进来。”接下来几天，我惊奇地发现，有的小朋友说话也开始在前面加“请”字了。比如值日生看到有小朋友在教室里跑的时候，他们会提醒：“请你在教室慢慢走。”当有小朋友没去喝水时，他们会提醒：“请你先去喝水！”

（摘自严惠瑜老师2019年4月16日的周工作反思）

案例中的老师发现自己的语言示范有问题后，及时进行调整，通过正确的语言示范，有效地引导幼儿在常规教育当中，如何有效地遵守相应的规则。

2. 体态语言

体态语言方式是指教师通过身体动作的方式传达遵守规则的要求给幼儿，或用身体动作对幼儿的违规行为进行纠正。体态语言方式分类为目光提醒、手势提醒和强制动作。①

【案例】

离园前的读书活动，A老师拿出一本绘本给小朋友们朗读。悦悦小朋友在座位上一直看着窗外开始走神。A老师注意到后停了下来，静静地看着悦悦，小朋友们也都齐齐看向他。悦悦察觉到老师和同伴的目光，把目光从窗外收了回来，开始听老师朗读。没坚持多久，悦悦忍不住和旁边的同同小声说话，老师再次停下来，用手指放在嘴唇上，示意悦悦保持安静。悦悦自己也觉得不好意思，不再说话。

案例中的老师对于走神的幼儿，采取了目光提醒和手势提醒的方式，在目光提醒短暂有效又失效后，再次用手势提醒，让幼儿正视老师的提醒，并开始跟随课堂节奏。在实际运用过程中，既可选择单一的方式，也可两种方式结合，比如在目光提醒的同时给予手势的提醒，教师可以根据当时的状况进行选择实施。

3. 图标提示

图标提示是指教师通过符号、图片、主题墙等静态图示的方式对幼儿提出规则的要求。② 图标提示根据提示的内容可以分为生活习惯的图示、卫生习惯的图示、行为习惯的图示、学习习惯的图示等。

（1）生活习惯的图示

每天适当的水量的摄取是幼儿健康的保障，为了让幼儿养成良好的喝水习惯，班级会以各种图标提示来提醒幼儿，如图4-74、图4-75、图4-76分别展示的是小班、中班、大班的喝水提醒。

---

① 王沐．幼儿园规则教育的实施现状研究[D]．大连：辽宁师范大学，2019．

② 王沐．幼儿园规则教育的实施现状研究[D]．大连：辽宁师范大学，2019．

图 4 - 74　小班的喝水提示

图 4 - 75　中班的喝水提示

自理能力的培养,如图 4 - 74、图 4 - 78、图 4 - 79、图 4 - 80 为小班、中班、大班的值日生图示。小班的是幼儿照片加上明晰的值日图片,中班的值日生由具体的值日内容照片加姓名和时间安排,大班则是幼儿值日内容的图片加上幼儿的学号。

图 4－76 大班的喝水提示

图 4－77 小班值日生图示

图 4－78 小班值日生内容图示

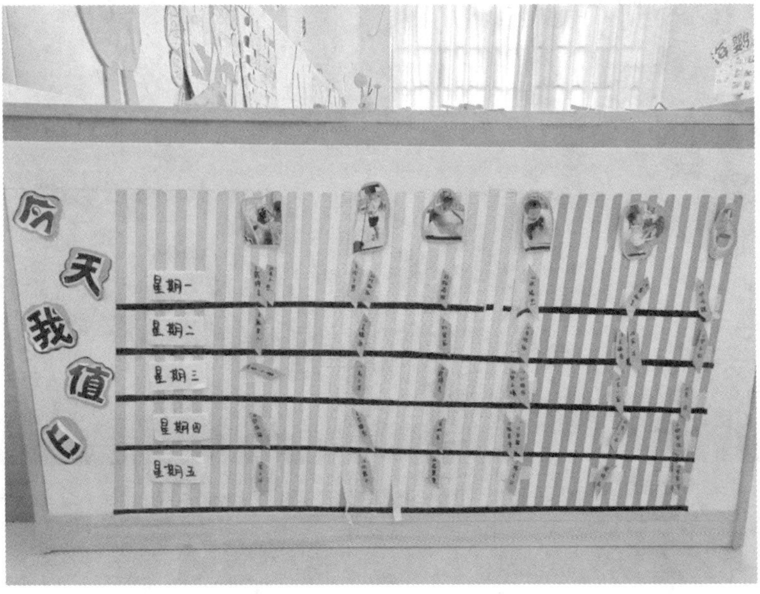

图 4－79 中班值日生图示

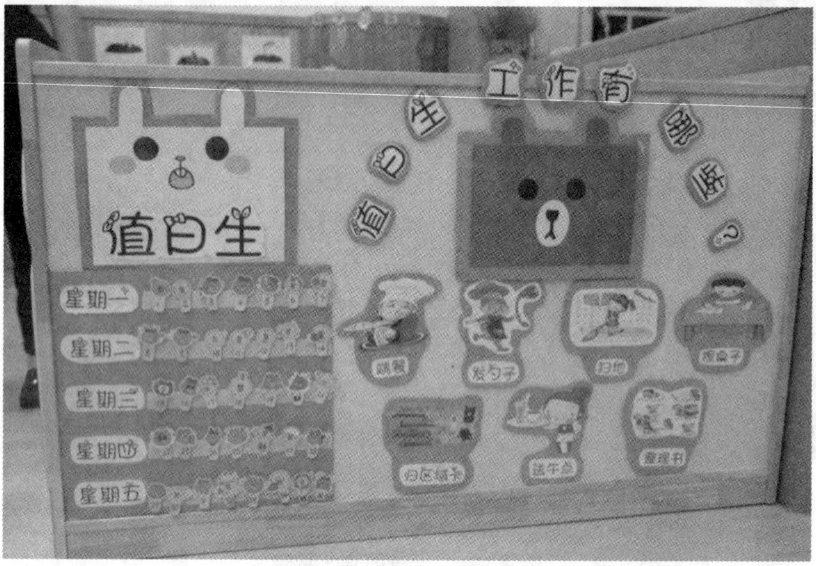

图 4-80　大班值日生图示

（2）卫生习惯的图示

图 4-81 是在卫生间的盥洗区域，让幼儿可以边洗手边看到“洗手七步法”的图例，用以提醒幼儿规范地洗手。

图 4-81　卫生习惯的培养:洗手七步法

(3) 行为习惯的图示

关于行为习惯培养的相关图示,班级中常见的有:日常礼仪(见图 4 - 82)、节约用水(见图 4 - 83)、有关安全意识的培养(见图 4 - 84)。

图 4 - 82　行为习惯的培养:日常礼仪

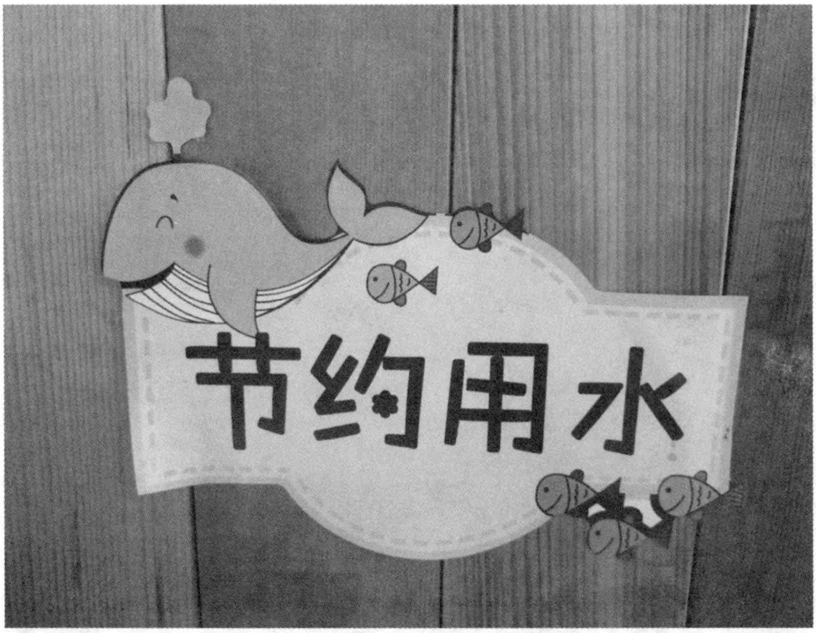

图 4 - 83　行为习惯的培养:节约用水

图 4－84　行为习惯的培养:安全规则

(4) 学习习惯的培养

大班幼儿即将升入小学,为培养幼儿良好的学习习惯,大班级可利用区域活动的开展,培养幼儿自主进行区域游戏的计划,并做好预约(见图 4－85)。

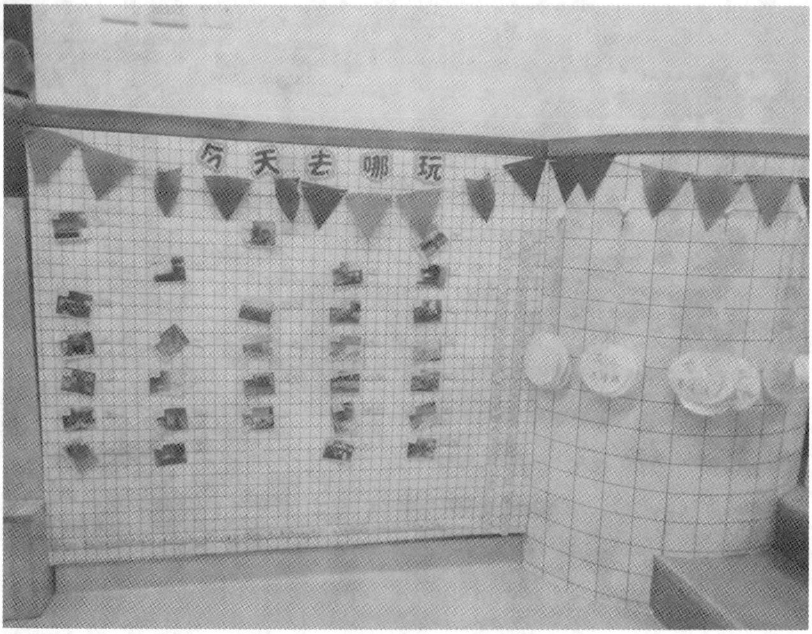

图 4－85　大班区域活动的预约安排

(2) 常规教育的实施途径

在常规教育中,教师会通过多种途径对幼儿进行教育,日常生活活动、集体教育活动、游戏活动和家园合作是主要的规则教育途径。日常生活活动就是教师在幼儿园生活活动中对幼儿进行规则教育,集体教育活动是教师在集体活动对幼儿进行的规则教育过程,游戏活动就是教师在游戏过程中对幼儿进行规则教育,而家园合作是指教师通过与幼儿家长进行沟通交流,共同决定教育方法对幼儿进行规则教育。[1]在实际操作过程中,我们可以有针对性地采取不同的途径来进行常规教育。

1. 日常生活活动

在生活活动中,教师可创设轻松、愉快的氛围培养幼儿良好的习惯,我们来看看下面这位老师如何在生活活动环节培养幼儿的用餐习惯。

【案例】

在组织小朋友做餐前准备时,我创设了去酒店吃饭的情景:"哈喽!小朋友们,今天中午我想邀请你们一起去一个五星级的酒店吃饭。今天大厨叔叔推荐的美味热菜是:宫保鸡丁、西兰花炒香菇、鱼头豆腐汤……在用餐前,请小朋友先洗手再来取餐,要记得,我们要文明用餐哟!"

在音乐及情景的衬托下,小朋友们自觉排队取餐,轻声细语地交谈、用餐,在这个过程中,孩子一开始容易走进老师创设的情景,但孩子坚持的时间不长。这就需要老师时不时地进行表扬和肯定,才能吸引幼儿的注意力。幼儿进餐完毕后,还要引导他们将自己的碗筷和桌面清理干净,垃圾倒在垃圾桶里,养成漱口、洗手的好习惯,保持口腔清新卫生。

当一种普通的食物,给予了"魔法的力量",它就会吸引孩子的注意。"月亮姐姐给小朋友摘来了星星水果(杨桃),听说吃了之后,小朋友的身体会充满能量,漂亮又能干,谁愿意先尝一口呢?"让我想起朱老师经常会将水果进行夸张的修饰,听了这么美好又神奇的水果,就算挑食的孩子也会尝上一块吧!

(摘自宋石慧老师 2019 年 10 月 27 日的工作反思)

案例中的老师通过情境描述、音乐的助力,激发幼儿对食物的兴趣,并引导幼儿遵守相应的用餐规则,这样的方式值得大家借鉴学习。

2. 集体教育活动

针对幼儿的一些共性问题,教师也可以集体教育活动的形式来进行教育引导。比较常见的是针对生活卫生习惯来设计教学活动,针对小班幼儿,可以尝试活动掌握正确的洗手方法的健康领域的集体教学活动。

中班活动规则培养,可以针对幼儿的交往规则,设计社会领域的活动,如下面这个案例:

---

① 王沐.幼儿园规则教育的实施现状研究[D].大连:辽宁师范大学,2019.

【案例】 中班社会活动:嘿,朋友

设计意图

社会领域的目标重点是要培养幼儿乐意与人交往、学习互助、合作和分享,同时《纲要》也指出:“幼儿与成人、同伴之间的共同生活、交往、探索、游戏等,是其社会学习的重要过程,应当为幼儿提供人际间相互交往和共同活动的机会和条件,并加以指导。”鉴于新的学期开始,又来了几个新的小朋友,为了让小朋友们相互认识而设计了这节课。

预设目标

1. 乐于认识新老师、新同学。

2. 能关注到其他的小朋友,有交新朋友的兴趣。

3. 尝试大胆地介绍自己。

活动准备

1. 物质准备:每个幼儿照片一张。

2. 经验准备:有自我介绍的经验。

预设过程

一、导入部分

教师出示一张自己的照片,向幼儿介绍自己,并根据照片说说自己在哪里,玩了什么。

二、开始部分:请幼儿在照片堆中找一找自己

1. 出示全班幼儿的照片,引导幼儿在照片堆里找一找自己,告诉我们你叫什么名字?说说自己在哪里?在那里玩了什么呢?

2. 幼儿找到照片,并说:“我叫×××,我在××,玩了××。”

三、中间部分:拿着照片找别人,认识新朋友

1. 幼儿随机拿取一张照片。

2. 根据照片找到这个小朋友。

3. 拉着这个小朋友的手上来先进行自我介绍,再问这个小朋友叫什么名字,和他交朋友。

4. 拿出新来的小朋友的照片,让幼儿举手回答他叫什么名字。

5. 回答正确了让新来的小朋友和这个幼儿互相交换名字,交到新的朋友。

四、结束部分

今天我们认识了新朋友,回家之后可以和爸爸、妈妈、爷爷、奶奶介绍一下你交到的新朋友叫什么名字,去过哪里玩,明天来到幼儿园,可以带爸爸、妈妈、爷爷、奶奶去看一下你交到的新朋友哦。

(选自中一班刘雪梅老师的教学活动设计)

对于大班的幼儿,正处在换牙阶段,如何保护牙齿,养成良好的卫生习惯,是这个年龄段的教育重点。大班可设计相关的集体教育活动,对幼儿进行正确引导。

集体教育活动能够集中有效地教育和引导幼儿形成良好的常规,通过不同领域

的活动设计,让幼儿在教学活动中获取相关认知,并以此规范自己的行为。

3. 游戏活动

游戏是幼儿最喜欢的活动之一,幼儿很多知识都是从游戏中获得。比如说常规中有一条是要按类收拾玩具,将玩具放回家。幼儿可能对有序不太理解,这时教师就不能抽象地解释,那而要在游戏中加以说明。比如教师在组织玩建构区时,因为积木有不同的形状,为了下次使用方便,一般都要求按形状分类。在幼儿活动结束后,教师就可以说:"哎呀,现在玩具们也累了,要回家休息了,请小朋友们将手中相同的玩具放在一个框里,按类送它们回家。"①在区域角色游戏活动中,幼儿也能通过相应的游戏规则来学习(见图 4－86)。

图 4－86　角色游戏区的规则

4. 家园合作

幼儿常规出现的问题,单单依靠教师的力量是有限的,它同时需要得到家长的支持,家园形成合力,才能真正有效地解决幼儿的常规问题。幼儿大部分的时间是在家庭中与家长共同渡过的,因此家长首先要规范自己的言行,做好行为示范。在家庭中

① 梁冰冰.幼儿园常规教育研究[D].上海:上海师范大学,2018.

有意识地培养幼儿的行为习惯、卫生习惯和学习习惯。当教师在幼儿园发现幼儿的常规方面的问题时,也要及时与家长沟通,共同寻求有效的解决办法。

【案例】

子涵小朋友每次用餐都是最后一个吃完,吃饭总是在聊天,就是不吃。针对此问题,我和家长进行了沟通并得知:

1. 子涵是家里的独生女,家人都比较宠爱她。大人能抱着就不会放她下来走路,所以长期下来,孩子在运动方面得不到良好的锻炼,尤其是缺乏平衡感。对于缺少运动的孩子,消化系统相对比较弱。

2. 妈妈和奶奶在家喜欢给孩子做偏西式风格的餐饮:可乐鸡翅、比萨、意大利面、蛋糕、糖水等,很少给孩子吃中式菜,孩子来园后,对幼儿园的食物不感兴趣。

在了解孩子挑食的前因后果后,我给家长提出了建议:

1. 支持孩子参加体能锻炼。经常进行户外运动的幼儿不但有良好的精神状态,也有较强的抵抗力,食欲也会大大增加。家长了解运动给孩子带来这么多好处后,表示每天坚持早送幼儿来园参加晨练活动。以往奶奶看到子涵在晨练时,总是担心孩子会受伤,忍不住想过来帮忙。如今妈妈和奶奶改变了思想后,鼓励孩子积极参加晨练,当发现孩子不小心摔倒时,鼓励她站起来继续往前走。在家园的配合下,子涵参加晨练(体能大循环)活动从不敢尝试到能够独立完成,有了很大的进步和改变。

2. 适当调整家庭食谱。让家长了解幼儿的食谱应考虑营养搭配,保持饮食均衡。妈妈表示以后家里的饭菜尽量向幼儿园食谱靠近,每天提前和孩子沟通幼儿园的食谱,鼓励孩子品尝厨房叔叔的手艺回家和妈妈分享。

当我发现子涵愿意张开口去尝试午餐时,我就会及时表扬:“哇!子涵在吃青菜呢,青菜可高兴了,它在你肚子里跳舞,肚子里的小火车肯定跑得很快吧!”子涵听到老师对她的夸奖,也会积极回应,慢慢喜欢上幼儿园的食物。

(摘自宋石慧老师 2019 年 10 月 27 日的工作反思)

案例中是针对班上幼儿出现的用餐问题,主动与家长沟通了解情况,并提出相应的建议,取得家长的认同和配合,家园合力,共同促进了幼儿良好用餐习惯的培养。

在班级的常规教育中,老师们面对的不是某一个孩子的问题,可能是几个孩子的问题,也不是某个环节有问题,而是可能每个环节都会有问题。老师需要对自己班级的幼儿进行整体评估,找出问题的症结所在,有效地解决常规教育问题,下面这篇反思是一位主班老师对班级规则培养的思考,可供大家借鉴学习。

【案例】

昊昊小朋友经常去强制性拥抱/揉捏别的小朋友,尽管老师已经提醒很多次了,但他依旧不遵守好朋友之间相处的规则。

昊昊小朋友有时候不小心撞伤/碰伤其他小朋友,老师告诉他要学会道歉时,他总是一副漫不经心,毫不在意的样子。

文文小朋友每次在其他小朋友们进行上厕所、洗手、喝水的生活活动时,总是自己一个人躲开,甚至要跑出教室。

芯芯小朋友仍处于一个自由状态，想做什么就做什么，其他小朋友睡觉时她可以大哭，完全不会去体会别人的感受。

幼儿处于中班阶段，对于一切事物已经开始能够理解和掌握了，我尝试了从以下方面入手，帮助幼儿尽快树立良好的规则意识：

1. 班级规则面前，人人平等。对于像芯芯这样偏小的小朋友，老师也应当要求其遵守规则。当幼儿都生活中在一个全部人都遵守规则的环境下，他们会受到影响，自觉遵守规则。

2. 老师和同伴都是遵守规则的好榜样。对于部分不了解班级规则的幼儿，他会从同伴身上去学习。因此老师可以让遵守规则的小朋友去带一带还不懂规则的小朋友。例如让郭昊扬在看到博文又自己一个人躲起来的时候，可以去牵牵他的手告诉他接下来应该做什么。

3. 共同制定规则，听听幼儿对规则的想法。特别像昊昊小朋友，可以让他听听别的小朋友对于他的行为有什么看法，别人是否会喜欢他的所作所为，当他怎么做时，才符合同伴之间相处的规则。

4. 适当的"小惩罚"，让他们知道不遵守规则的后果。就像十一只猫进口袋一样，我们总是尝到苦头才知道原来这些事情真的不可以做。那么在幼儿身上，当老师说话时，你们不懂得倾听，那就要浪费更多时间来学会倾听，那么小朋友想玩的溜溜车就被其他班的小朋友"捷足先登"了。

（摘自郑敏童老师 2018 年 12 月 21 日的工作反思）

（四）不同年龄段常规教育的策略

不同年龄段的幼儿，身心发展特点不同，常规教育的问题表现也不尽相同，所采取的策略自然会有差别。

1. 小班常规教育的策略

有研究者总结了小班幼儿在生活活动、区域活动、教学活动、户外和游戏活动环节中的 19 种违规表现，见表 4－10。

表 4－10　小班幼儿的违规行为表现①

活动名称	具体环节	违规行为表现
生活活动	进餐	进餐中与同伴交谈
		进餐中不能按时结束
	如厕	争抢便池互相打闹
		便后在洗手间逗留
	饮水	排队打水秩序混乱
		饮水量不符合要求

① 赖晓倩. 小班幼儿违规行为表现及影响因素研究[D]. 长春：东北师范大学，2014.

(续表)

活动名称	具体环节	违规行为表现
	午睡	睡前脱衣服拖拉缓慢
		发出声影响其他幼儿休息
		睡醒后穿衣服拖拉磨蹭
区域活动	进区时	选区人数超出具体要求
	活动中	幼儿之间争夺玩具
		违反区域活动要求
	活动后	游戏结束后缓慢拖拉
		玩具不能归还原位
教学活动		坐姿不端正随意散漫
		不能做到举手发言
户外和游戏活动		行进队伍散乱无序
		违反具体的游戏规则

这 19 种违规行为表现主要的特点是:普遍存在于幼儿一日活动之中;违规行为具有一定的群体性;违规行为具有一定的反复性;违规行为具有明知故犯的倾向。①

小班幼儿的学习多以直观体验为主,对于话语的理解也以清晰简明为主。因此在常规教育的策略中可以从以下几方面着手:

(1) 用简洁清晰的语言让幼儿理解规则

在表 4-10 中我们发现,小班幼儿的违规行为主要集中于生活活动中,有时候是因为幼儿对于规则的理解比较模糊造成的。如对幼儿排队提出要求时,可以用"看着前面小朋友的后脑勺"这种表达方式,对于具体饮水量的要求,教师要解释一大杯就是"满满的",使用"晃一晃水就会流出来"等生动的语句。② 这样生动的表达,能够让幼儿立马理解规则的执行要点。

(2) 充分利用图标的提醒

小班幼儿的学习以直观形象为主,在规则的实施途径中,我们也展示了幼儿园各种图标提示的方法。比如在违规行为表现中,进区时会经常出现进区人数超出具体要求。我们可以在进区入口的地面贴上与进区人数相等的小脚丫图标,让幼儿进区时将鞋子摆放在图标上,当图标摆满时,则意味着进区人数已满,幼儿需要另外选择区角。

(3) 及时提醒,及时体验

对于小班的幼儿来说,短时记忆占优势,在一些规则的培养上,如果只是依靠集

① 赖晓倩.小班幼儿违规行为表现及影响因素研究[D].长春:东北师范大学,2014.

② 赖晓倩.小班幼儿违规行为表现及影响因素研究[D].长春:东北师范大学,2014.

体活动中的说教，是很难起到有效作用的。我们来看下面这个案例：

【案例】

中午G老师领着小班幼儿前往睡室（活动室与睡室分离，未在一起）进行午睡。在走到距离寝室门口还有一米时，G老师停下来，问幼儿："小朋友们，等会我们进入睡室，我们要做什么呀？"幼儿："脱衣服，打开被子睡觉。"G老师："那我们睡下来的时候，不能做什么呀？"幼儿："不要说话，安静地睡觉。"G老师："小朋友们真棒，那我们现在进睡室，等会看看哪些小朋友表现最好。"幼儿进入睡室后，很快安静地脱衣睡觉。

这个案例中的老师，利用幼儿的记忆特点，临近睡室提醒幼儿遵守规则，因为时间很短，幼儿能马上记住。

2. 中大班常规教育的策略

中大班幼儿独立自主意识逐渐增强，违规行为的表现也与小班幼儿不同，中大班幼儿在常规教育上有很多相似之处，大班幼儿的常规教育相对来说特征更为明显。因此，我们主要以大班幼儿的常规来进行探讨。有研究者总结了大班幼儿在生活活动、区域活动、集体教学活动、户外活动、过渡环节五个环节的违规行为表现，见表4-11。

表4-11　大班幼儿违规行为表现①

活动环节	违规行为表现
生活活动	不能有序排队
	随意讲话
	进餐拖沓
	玩闹、逗留
	不能按时午睡
	不能完成午睡要求
	挑食
	乱扔垃圾
区域活动	擅自进区
	不遵守游戏规则
	打扰他人
	不遵守活动要求
	随意摆放材料
	争抢材料或玩具

① 田婧.大班幼儿违规行为表现研究[D].武汉：华中师范大学，2018.

（续表）

活动环节	违规行为表现
集体教学活动	不参与教学活动
	插话和抢答
	争夺材料
	拥挤、抢位置
户外活动	不遵守游戏规则
	不文明行为(如吐口水)
	破坏秩序
过渡环节	讲话
	追逐打闹
	争夺玩具
	违反规则
	危险行为

大班幼儿行为违规表现的特点主要有：以复合型和言语型为主；对同伴的违规行为最多；对固有规则的违背最多；男生的违规行为多于女生；具有重复性、从众性和情绪性。①

大班幼儿处于身心迅速发展的阶段，处于表象思维阶段，道德的发展处于前习俗道德水平，以自我中心为基础进行道德判断。对于大班幼儿的常规教育可以从以下方面入手：

(1) 强化情感体验和行为塑造

大班幼儿移情能力发展到一定的水平，可以将规则内容融合到绘本、故事、表演等当中，强化幼儿的情感体验，帮助幼儿理解规则。教师在给幼儿指出违规行为时，不仅要清晰地表明行为的要求和底线，同时要向幼儿说明为什么不能这么做，要告知幼儿此种行为的危害性及不良后果。在和幼儿沟通时，教师要尽可能与幼儿产生移情，让幼儿感知到教师对幼儿的情感表达，比如："老师喜欢你这样做……如果你能……老师会很开心"这样的语言，通过行为塑造和情感体验促进幼儿良好行为习惯的养成。

(2) 加强幼儿的自我管理

对于大班的常规教育，应充分利用幼儿对规则的需求以及内部的潜力。比如在规则的制定上，可以让幼儿积极参与规则的制定中，如图 4－87 是大班幼儿共同制定的班级公约。

① 田婧.大班幼儿违规行为表现研究[D].武汉：华中师范大学，2018.

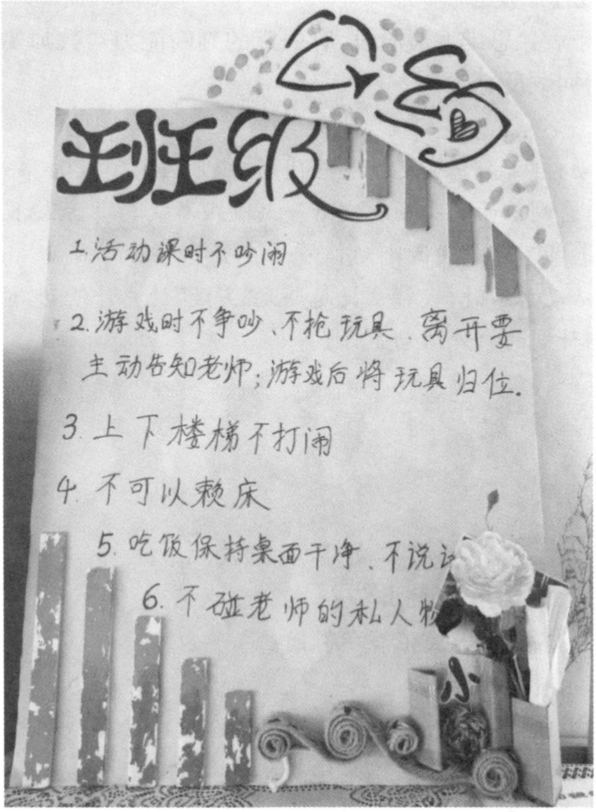

图 4-87　大班班级公约

对于大班的幼儿可以赋予幼儿自我管理的权力,如赋予值日生一定的执行权利,在盥洗时间,出现幼儿洗手时间过长或玩水现象,由值日生负责提醒并制止。

【案例】

孩子们来到幼儿园,生活在一个大集体中,大班能力强的幼儿也可以起到带头作用,因此,让能力强、愿意为班级服务的幼儿做值日生,能力弱的幼儿观摩学习,慢慢地,能力弱的幼儿也会被带动。到大班基本上每位幼儿都会轮着当值日生,每周也会对优秀的值日生进行一些小奖励。目的:一是让值日生继续保持认真的态度。二是鼓励其他的幼儿能够像他们一样得到大家的肯定,成为大家喜欢的值日生。

(摘自王爱平老师 2019 年 10 月 27 日的工作反思)

(3) 引导幼儿总结反思

大班幼儿处于表象思维发展阶段,有一定的判断能力。教师要充分利用讲评环节,指导幼儿进行回顾反思。

【案例】

进行户外活动排队时,总会遇到一些问题:小朋友总喜欢排第一位,排队过程中还喜欢各种打闹,看到前面的小朋友空着一大段距离就喜欢插队,队伍最后面的几个小朋友总是会趁老师不注意便做小动作……

在当天一日活动总结时,我特意提起今天"失败"的户外活动,询问孩子们原因。

我:今天我们计划的户外活动是什么?

小朋友:去负一楼玩小黄车。

我:那我们有玩上小黄车吗?

小朋友:没有。

我:为什么没有呢?

小朋友:是我们去晚了,小黄车被别的小朋友玩了。

我:不会呀,我们吃完午点就出发了,怎么会晚呢?

小朋友:是我们在去的路上浪费了时间。

我:那是怎么浪费时间了呢?

小朋友:我们总是在队伍中打闹,这样很危险,所以老师停下来了。

通过这样的环节,让小朋友自己总结排队过程中的问题,接下来引导幼儿思考:排队出发时,应该遵循怎么样的规则,让幼儿自己总结。

(摘自郑敏童2019年的户外活动反思)

在这个案例中,教师通过活动后的讲评环节,引导幼儿自己讨论活动中出现的问题,并提出解决方法,充分发挥幼儿的主动性和参与性,这样的常规教育值得推广。

通过对班级中的物理空间、交往空间以及制度空间的分析,从硬件到软件的建构,从静态到动态的规划与转换,将角色、关系放置到空间中去解构,能够更宏观地去看班级管理工作。在二、三、四章中主要从一个横向视角对班级管理工作进行了全面的分析。班级管理不仅是涉及班级组织,在幼儿园层面,班级幼儿园的一个部分,因此,班级管理工作离不开幼儿园系统的支持,接下来,我们将从纵向视角,来剖析在幼儿园体系中,如何去支持班级管理工作。

第五章　班级管理：系统的建构

> 系统是处于一定相互联系中的与环境发生关系的各组成要素的总体。
>
> ——贝塔朗菲①

【学习目标】

1. 了解并掌握在幼儿园层面如何建构班级工作的支持体系；
2. 了解并掌握幼儿园如何根据自己的定位，建构园本课程；
3. 了解并掌握主题活动如何与班级环境融合；
4. 了解并掌握班级三人团队如何和谐共处，共同发展。

作为社会系统的幼儿园具有系统所具备的特征：各个部分相互依存；有明确界定的人员规模；有与其环境的区别；有复杂的社会关系网络以及自身的独特文化。班级作为幼儿园最小的组织，班级管理与幼儿园这个大的组织系统是密切相关的。班级管理是处在幼儿园社会系统中的一环，因此，班级离不开幼儿园组织系统的支持，也不开幼儿园课程建构的支撑，具体到班级管理中，幼儿园组织如何对班级进行系统支持？课程作为教育的核心技术，幼儿园层面如何建构课程？班级如何具体执行与实施，将课程与班级环境相融合？本章将从幼儿园的纵向层面，以笔者所管理的惠阳区华南师大附属第二幼儿园（以下简称惠阳二幼）作为个案进行直观的展示，本章节的内容也分别由幼儿园园长、执行园长、教学主任、主班老师撰写。

【案例】

惠阳区华南师大附属第二幼儿园占地 4 800 平方米，是一所民办性质的幼儿园。2017 年 10 月开园，2019 年 9 月共开设有 12 个班（满员），小、中、大年龄班各 4 个。按照教育部 2016 年颁布的《幼儿园工作规程》第十一条的规定：幼儿园每班幼儿人数一般为：小班（3 至 4 周岁）25 人，中班（4 至 5 周岁）30 人，大班（5 至 6 周岁）35 人。全园共有 398 名幼儿。按照《广东省幼儿园督导评估方案》的教职工配备要求：每班教师 2 人以上，保育员每班全日制不少于 1 人，幼儿园 12 个班共有主班、配班老师 24 名，保育员 12 名，教职工总人数 60 人。幼儿园外观见图 5-1。

---

① 贝塔朗菲. 一般系统论[M]. 林康义，魏宏森译. 北京：清华大学出版社，1987:51.

图 5-1　惠阳区华南师大附属第二幼儿园外观

第一节　幼儿园组织系统的支持

开放系统的视角认为组织是相互依赖的活动与人员,资源和信息流的汇聚,这种汇聚将不断变迁的参与者同盟联系在一起,而这些同盟则根植于更广泛的物质环境与制度环境。班级与幼儿园本身是相互依赖的关系,班级成员同时也是幼儿园的成员,共同根植于幼儿园的物质环境和制度环境中。班级管理是在幼儿园的组织系统的支持之下进行发展的。

因此,完善的管理规范、和谐的团队建设、多元的评价体系建构构成了班级管理的支持体系。

一、完善的管理规范[①]

"组织"即由若干个人或群体所组成的、有共同目标和一定边界的社会实体。组织以人为中心,把人、财、物合理配合为一体,并保持相对稳定而形成一个社会实体,具有为本组织全体成员所认可并为之奋斗的共同目标,保持一个明确的边界,以区别于其他组织和外部环境。[②] 完善的管理包含了规范、计划、执行和反馈几个层面(见图 5-2)。

---

① 本节内容主要由惠阳区华南师大附属第二幼儿园执行园长王丹撰写。

② 组织[DB/OL]. https://baike. baidu. com/item/%E7%BB%84%E7%BB%87/5105529, 2020-01-13

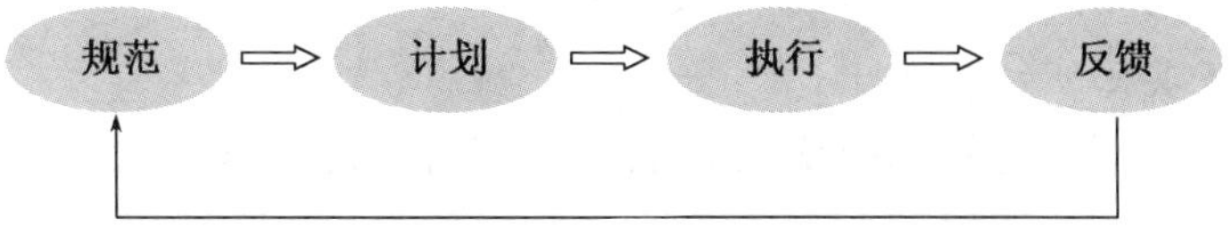

图 5－2　完善的管理图示

（一）规范先行

组织系统要正常运转，需要搭建完善的管理架构，并用管理制度规范幼儿园的管理。

1．完善管理架构

惠阳二幼是一所民办幼儿园，按照《民办教育促进法》，幼儿园实行董事会领域下的园长负责制，具体的管理架构见图 5－3。

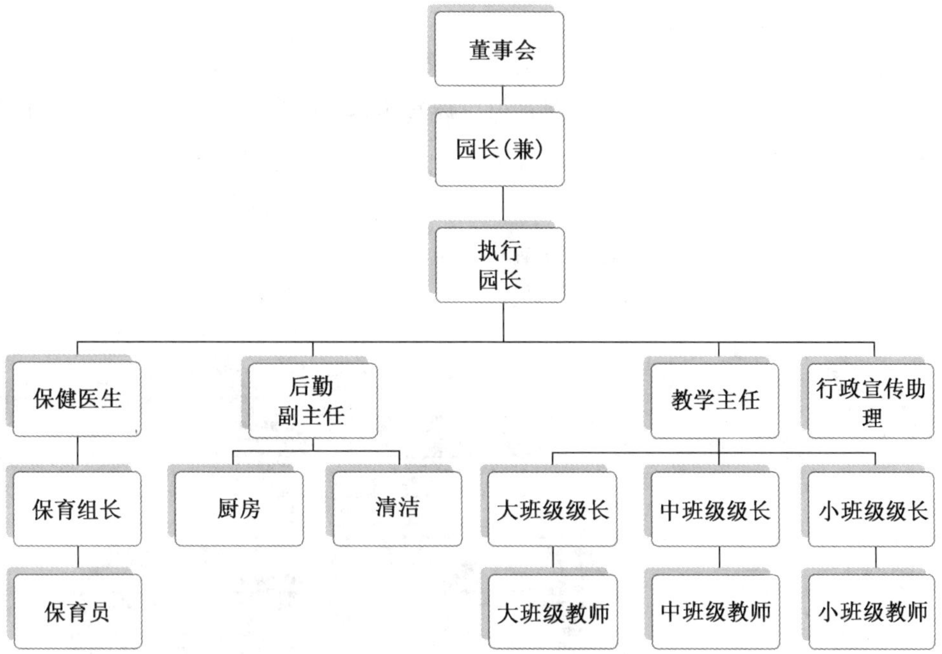

图 5－3　幼儿园管理架构图

幼儿园明确了执行园长、园长、董事会的权限，兼职园长作为专业引领，主要把控幼儿园的整体发展大局。执行园长负责幼儿园的全面管理及执行董事会的决议。根据幼儿园《章程》，董事会行使下列职权：

（一）聘任和解聘园长；

（二）修改幼儿园章程和制定幼儿园的规章制度；

（三）制定发展规划，批准年度工作计划；

（四）筹集办学经费，审核预算、决算，决定出资人取得合理回报的比例；

（五）决定教职工的编制定额和工资标准；

(六) 决定幼儿园的分立、合并、变更、终止;

(七) 决定其他重大事项。

幼儿园主要由执行园长负责幼儿园日常管理与运营工作,行使园长权利。根据《章程》,园长行使以下职权:

(一) 执行幼儿园董事会的决定;

(二) 实施发展规划,拟订年度工作计划、财务预算和幼儿园规章制度,执行经董事会审核通过的年度工作计划、财务预算;

(三) 聘任和解聘幼儿园工作人员,实施奖惩;

(四) 组织教育教学、科学研究活动,保证教育教学质量;

(五) 负责幼儿园日常管理工作;

(六) 幼儿园董事会的其他授权。

每学期由园长、执行园长就幼儿园的工作计划与目标、预算方案、大的改造项目、设施设备的购买。

执行园长下设教学主任、后勤副主任,因暂时未能找到合适的行政主任,因此设立行政宣传助理。各年级设级长,保育员设保育组长,实施层级管理。职责清晰,责任到人。

2. 完善管理制度

制度是规范管理的执行依据,根据幼儿园的管理需求,完善了各项规章制度,图 5-4 呈现的是幼儿园的各项制度目录。

目　录

图 5-4　幼儿园的各项管理制度目录

从幼儿园章程、岗位职责及工作要求到管理制度,涵盖了幼儿园工作的方方面面。完善的管理制度,改变了以人管人的局面,用制度来规范各项工作要求,每个人都清楚自己的职责要求,为幼儿园的全面规范夯实了基础。

(二) 计划保障

完善了管理架构和各项规章制度之后,需要制订详细的工作计划,保障各个部门,各个层级明确工作任务,按照工作计划有条不紊地推进全园工作。惠阳二幼每学期末会安排教学、行政、后勤分别制定学期工作计划,在开学初汇总形成学期工作计划。每月形成月工作重点呈现给家长,园内形成月工作行事日历表,并将工作计划分解到每周,形成周工作计划。每位员工均能非常清晰地了解工作推进情况。图 5 - 5 呈现的是幼儿园对外公示的月工作重点。

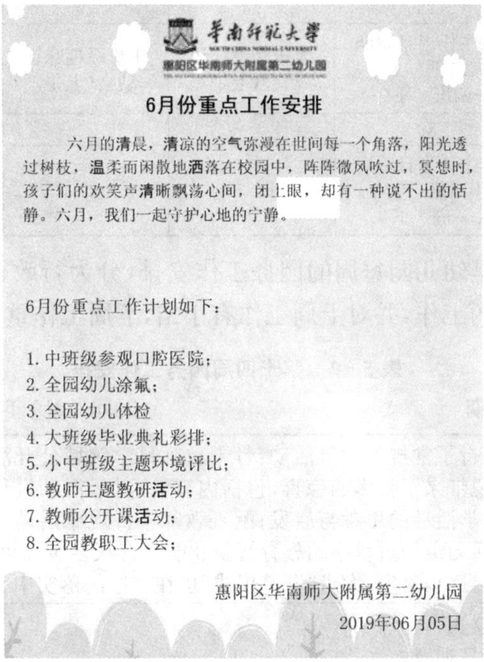
华南師範大學

惠阳区华南师大附属第二幼儿园

6月份重点工作安排

六月的清晨,清凉的空气弥漫在世间每一个角落,阳光透过树枝,温柔而闲散地洒落在校园中,阵阵微风吹过,冥想时,孩子们的欢笑声清晰飘荡心间,闭上眼,却有一种说不出的恬静。六月,我们一起守护心地的宁静。

6月份重点工作计划如下:

1. 中班级参观口腔医院;
2. 全园幼儿涂氟;
3. 全园幼儿体检
4. 大班级毕业典礼彩排;
5. 小中班级主题环境评比;
6. 教师主题教研活动;
7. 教师公开课活动;
8. 全园教职工大会;

惠阳区华南师大附属第二幼儿园

2019年06月05日

图 5 - 5　幼儿园月重点工作安排

表 5 - 1 呈现的是幼儿园 4 月份工作行事日历表,各个岗位的工作在表格当中一目了然。

表 5-1 幼儿园 4 月份工作行事日历表

日	一	二	三	四	五	六
	1	2	3	4	5	6
	园务会议	连山手拉手 交流活动			清明假期	
7	8	9	10	11	12	13
	班主任半日观摩 (中一班　上午, 小一班　下午)		班主任半日观摩 (中三班　上午, 小四班　下午)	生活老师 半日观摩 (8:30～11:00)	配班老师 主题教研 (9:00～10:00)	
14	15	16	17	18	19	20
	大班级参观小学 (升旗仪式+ 参观校园)	主班老师主题 教研(9:00～10:00) 班级主题环创 第二次分享评比 (17:10～18:00)	大班级参观小学 (观看早操+ 课堂体验)	班主任半日观摩 (小二班　上午, 中二班　下午)	全国混龄游戏 (9:10～10:10)	
21	22	23	24	25	26	27
		班主任半日观摩 (大二班　上午, 中四班　下午)	大班级趣味运 动会(上午)	中班级趣味运 动会(上午)	小班级亲子趣味 运动会(上午)	
28	29	30				
	生活老师 主题教研 (9:00～10:00)	班主任半日观摩 (小三班　上午, 大一班　下午)				

表 5-2 呈现的是幼儿园每周的园务工作安排,分为行政、教学、后勤、卫生保健四块,具体到每一天的工作,并对上周工作有小结,下周工作重点直接列明。

表 5-2 第十四周园务工作安排

2018—2019 学年第二学期　　　　时间:2019 年 05 月 20 日至 05 月 24 日

本周工作小结	本周主要进行了常规的教研活动:骨干教师科学领域公开活动,认真准备和前期研讨,整体来说带来了很多的惊喜,包括内容的选择、活动过程的清晰思路,打开了大家对组织科学活动的思考与启发;配班教师半日观摩活动,看到了大家的进步和成长,在一日活动组织过程中的教育智慧和能力有很多可圈可点的地方。同时,“六一狂欢周”已经逐步落实,大班“开笔仪式”也在有序的落实中。
下周工作重点	大班“开笔仪式”; 配班教师半日观摩; 教师公开活动展示。

周工作具体安排				
日期/星期	行政	教学	后勤	卫生保健
05 月 20 日 (一)	1. 儿童节活动预告推送; 2. 行政陪餐。	1. 升旗仪式(小二班,8:10～8:30); 2. 配班半日观摩(中二 8:30～12:00;大二 15:00～16:00); 3. 开笔仪式第一次彩排(大二班 10:00～11:00,大一班15:10～16:10)。	1. 做 4 月份的凭证; 2. 开笔仪式后勤准备工作; 3. 确定消防车来园时间。	1. 制定下周教师及幼儿食谱; 2. 完成掌通本周食谱的录入; 3. 跟进参观白天鹅医院和涂氟相关事宜; 4. 继续厨房 6S 工作的完善(蔡)。

（续表）

周工作具体安排				
日期/星期	行政	教学	后勤	卫生保健
05月21日（二）	1. 公布拟录取幼儿名单（公众号）； 2. 跟进开笔仪式准备工作进展情况。（物资、流程、环境）	1. 开笔仪式第二次彩排（大一班 10:00～11:00，大二班 15:10～16:10）； 2. 教师公开活动展示（小一李、石、中三李、林）。	1. 整理4月份凭证； 2. 仓库领物； 3. 跟进楼顶平台改造。	1. 组织保育老师进行户外器械消毒； 2. 跟巧瑞老师确定中班级参观白天鹅口腔医院方案； 3. 制定全园幼儿涂氟方案。
05月22日（三）	1. 核查开笔仪式现场准备情况（王、段、曹）； 2. 确认嘉宾人数。	1. 跟进"六一狂欢周"各项准备情况（王、段）； 2. 查阅各项教学资料（反思、记录表、成长档案等）。	1. 协助的开笔仪式； 2. 安排教师住宿事宜。	1. 完成本周幼儿带量食谱营养分析工作； 2. 晨检牌的常规消毒。
05月23日（四）	行政会议（17:00～18:00）；	开笔仪式（大一班 9:30～11:00；大二班 15:00～16:30）。	1. 协助开笔仪式（娥）； 2. 一周小结； 3. 制定下周后勤计划； 4. 协助开笔仪式。	1. 制定卫生保健下周工作计划； 2. 与厨房核对下周食谱采购量。
05月24日（五）	中层前往广州培训学习（王、段、唐、宋、叶、曹、黄、郑）。	1. 日常工作； 2. 一周总结。	1. 下幼儿教师食材； 2. 全园卫生检查。	1. 完成公布栏下周食谱的制作； 2. 打印下周食谱给厨房； 3. 行政会议（11:00～12:00）； 4. 全园卫生检查。
05月25日（六）	中层广州培训学习（王、段、唐、宋、叶、曹、黄、郑）			
备注	对德国妈妈来说：与其喊破嗓子，不如做出样子！规矩大于宠爱，身教重于言教！准则1：不要多帮孩子做，而是多让孩子做；准则2：孩子有十个缺点，父母要为其中五个负责；准则3：教养孩子，父母必须以身作则；准则4：告诉孩子：跌倒了，自己站起来；准则5：不要在孩子心里埋下暴力的种子；准则6：学习如何争辩，是成长的第一步；准则7：学习爱与被爱是一种可贵的能力；准则8：让孩子在碰撞中成长，而不是在呵护中长大；准则9：不以自己的经验，取代孩子的感受；准则10：教育孩子：社会没有绝对公平，只有规则与秩序。			

通过计划的层层分解，每个岗位、每位团队成员，都非常清楚了解幼儿园的整体工作方向和工作内容，以及各自需要完成的工作任务和完成时间。

（三）高效执行

发挥组织效能，需要控过程，求结果。幼儿园园长把执行的过程分为分析、分工、放权、支持、宣传和反思六个步骤，见图5-6。

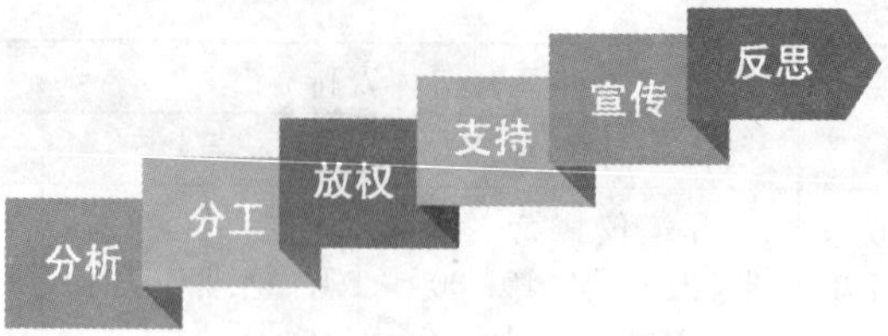

图 5-6　高效执行的六步骤

1. 分析——决策

事情能不能做,要不要做,上下要达成一致。幼儿园很多具体工作的执行,要多方沟通,取得团队的支持,才能合力将事情做好。园长在决策一件事情之前,做好各种情况和问题分析,想好对策和应急方案,一切就绪,才能忙而不乱。

惠阳二幼在开园第一年春季,打算开学第一周结合元宵节,开展元宵喜乐会活动。当时涉及春节假期,只能提前 3 天上班,而幼儿园面临新增了 3 个班、新入职的班级老师、新生适应等问题。幼儿园常规性的工作已经应接不暇,如果再组织这么一场声势浩大的活动,一旦沟通执行不到位,很可能变成劳民伤财,费力不讨好。为保障活动的顺利进行,园长在寒假前通过行政会议将活动的意义、活动的形式以及可行性进行沟通,先从中层着手,大家最后达成一致:活动有必要开展,过程的困难可以克服。接着由教学主任牵头制定总方案,再召开全园动员会,将活动的意义传达清楚,将每一个任务进行顺利分解。最终得以在开学前短短 3 天的准备时间里,呈现出一场充满民俗特色、游戏丰富有趣的元宵喜乐会活动。各班级的老师积极参与,在活动中得到了组织能力的锻炼,从活动的效果中获得成就感。图 5-7 为幼儿园开展的元宵喜乐会截图。

图 5-7　幼儿园元宵喜乐会活动照片截图

幼儿园的安全工作永远是排在第一位的,为了保障幼儿的在园安全,幼儿园通常会在大门口加装的双通道安全闸机。设备的安装不仅仅只是多了一台设备而已,它意味着一系列的沟通解释和执行工作。惠阳二幼制定安装计划后,园长通过行政会议,达成一致后,制订了一系列针对老师、针对家长、针对保安人员的执行规章制度,并优化完善以保证可行性,幼儿园的安防工作有了进一步的保障。图 5－8 幼儿园安装的安全闸机。

图 5－8　幼儿园安装的安全闸机

2. 分工——任务分解

幼儿园在进行职责分工的时候,既要明确职责范畴,又需要各个岗位之间有合作精神,了解每一位任务承担者的优势和潜能,尽可能发挥出最大的价值。

一项工作任务需要分解时,园长应考虑将团队中的优势进行互补,将既定的小团队,比如班级成员、后勤人员进行重组。幼儿园除了班级环境创设,还有很多公共区域环境创设,需要大家的共同参与,展现个体的优势和团队的智慧。图 5－9 展示的是惠阳二幼保安利用业余时间手工制作的角色游戏区的道具和隔断,以及清洁人员利用废旧的地板材料为美术功能室制作的放置颜料的长盒。

3. 放权——激发主动性

给予团队成员最大的信任和尊重,可以激发团队成员的主观能力性。《史记·高祖本纪》:“刘邦曰:夫运筹帷幄之中,决胜千里之外,吾不如子房;镇国家,抚百姓,给饷馈,不绝粮道,吾不如萧何;连百万之众,战必胜,攻必取,吾不如韩信。三者皆人杰,吾能用之,此吾所以取天下者也。”在放权的过程中,园长需要学会包容,营造幼儿园团结、和谐、宽松的园所氛围,培养教职工积极奋发向上的工作精神。

3. 支持——过程控制

在幼儿园的园务管理中,每当要落实一件事情,园长需要掌握事态发展的方向,

图 5-9　幼儿园后勤人员参与到公共环境的创设中

了解困难点、问题和风险,给予实际的资源支持、方向引导、方法指导,协调关系,集思广益,解决问题,优化方案。

以 2019 年上学期为例,惠阳二幼组织开展了 6 次有针对性的园内培训,7 次保教结合,立足发现与解决实际问题的教研活动,8 次外出培训,10 场心得分享,带给老师们,尤其是新手教师更加有效和谐的师幼互动,使他们得心应手地开展一日活动。表 5-3 是 2019 年全年幼儿园提供给老师的各项培训。

表 5-3　2019 年教师学习安排表

日期	时间	培训主题	主讲人	参与对象	备注
2019 年 4 月 10～11 日	8:30～11:30 14:00～17:30	音乐活动及体能活动的设计	外聘专家	宋石慧、罗雪婷、毛荣锦	外出学习
2019 年 4 月 15 日	17:00～18:30	《音乐活动及体能活动的设计》学习总结分享	宋石慧、罗雪婷、毛荣锦	全体教师	园内分享
2019 年 6 月 6 日	8:30～12:00 13:00～17:30	区域活动的指导策略	外聘专家	李思慧、王爱平	外出学习
2019 年 6 月 10 日	17:00～18:00	《区域活动的指导策略》学习总结分享	李思慧、王爱平	全体教师、生活老师	园内分享
2019 年 5 月 25～26 日	8:30～11:30 14:00～17:30	“华附联盟”中层培训	外聘专家	王丹、段彩云、宋石慧、毛荣锦、唐秋萍、蔡玉、黄赛容、黄家玉	外出学习
2019 年 6 月 29～30 日	8:30～11:30 14:00～17:30	“华附联盟”新教师技能培训	外聘专家	李思慧、郑楚莹、林杜棉、严惠瑜	外出学习

（续表）

日期	时间	培训主题	主讲人	参与对象	备注
2019年7月3日	9:00～10:30	幼儿三浴锻炼	外聘专家	全体教师、生活老师	园内培训
2019年8月26日	9:00～10:30	常规建立的道与法	段彩云	全体教师、生活老师	园内培训
	11:00～12:00	“6S”管理	宋石慧	全体教师、生活老师	园内培训
2019 年 8 月 27 日	17:10～18:10	家长工作	王丹	全体教师、生活老师	园内培训
2019 年 10 月 11 日	8:30～11:30 14:00～17:30	戏剧游戏于日常活动的运用	外聘专家	石常莉、李思慧、郑敏童、严惠瑜	外出学习
2019 年 10 月 14 日	17:00～18:30	《戏剧游戏于日常活动的运用》学习总结分享	石常莉、李思慧、郑敏童、严惠瑜	全体教师、生活老师	园内分享互动
2019 年 11 月 1 日	8:30～11:30 14:00～17:30	幼儿园区域活动开展、特色环境创设研修班	外聘专家	林杜棉、黎菓、郑淑欣、郑楚莹、王爱平	外出学习
2019 年 11 月 4 日	17:00～18:30	《幼儿园区域活动开展、特色环境创设研修班》学习总结分享	林杜棉、黎菓、郑淑欣、郑楚莹、王爱平	全体教师、生活老师	园内分享互动
2019年11月25～27 日	8:30～11:30 14:00～17:30	戏剧年会	外聘专家	宋石慧、毛荣锦、曹艺艺、黄燕妮	外出学习
2019 年 12 月 2 日	17:00～18:30	《戏剧年会》学习总结分享	宋石慧、毛荣锦、曹艺艺、黄燕妮	全体教师、生活老师	园内分享互动
2019 年 12 月 2 日	10:00～16:30	幼儿园区域体育游戏设计与实施	赵晓卫	全体教师、生活老师、保健医生	园内培训

表 5－4 呈现的是幼儿园 2019 年的园内教研活动安排。

表 5－4　幼儿园 2019 年教师教研安排表

时间	研讨主题	教研团队	负责人	形式
2019 年 3 月	“器械的多样玩法”	班主任	毛荣锦、曹艺艺	探讨、实践
	“户外游戏区的创设”	副班教师	郑淑欣、谢笑艺	探讨、实践
	“关于幼儿劳动能力的培养”	生活老师	高琼芳、朱晓杰、周玲	探讨、实践
2019 年 4 月	“全园社区文化的打造”	班主任	郑敏童、罗雪婷	探讨、实践
	“教育活动的设计与实施”	副班教师	严惠瑜、林杜棉	探讨、实践

(续表)

时间	研讨主题	教研团队	负责人	形式
2019 年 10 月	三人团队	班主任	郑楚莹、廖碧丽	探讨、实践
	教师在区域活动中,如何有效引导	副班教师	许乐贤、李淑媚	探讨、实践
	如何培养幼儿主动正确洗手的好习惯	生活老师	黎菓、莫亚玲	探讨、实践
2019 年 11 月	戏剧于日常活动的开展	班主任	严惠瑜、石常莉	探讨、实践
	如何优化一日活动策略	副班教师	邹婵、黄兰真	探讨、实践
	如何培养孩子的良好用餐习惯	生活老师	李瑞丽、曾迪芳	探讨、实践
2019 年 12 月	戏剧总结分享	班主任	郑敏童、郑淑欣	探讨、实践
	如何把教学融入班本戏剧教学	配班教师	江晓茵、黄海飞	探讨、实践

图 5 - 10 展示的是组织保育员开展的关于幼儿午睡的专题教研活动的相关图片。

图 5 - 10　保育员开展关于孩子午睡的专题教研活动

惠阳二幼行政后勤部门强化值班质量,将每日值班工作切实落实,认真履行值班职责,善于发现和解决问题,增强应变能力,定期集中反馈问题,积极做好完善方案,并狠抓落实。图 5 - 11 和图 5 - 12 为行政人员值班记录。幼儿园也应特别注重行政会议、年级会议、后勤工作会议以及教职工大会制度,组织教职工共商幼儿园发展大计。做好园务公开,增加工作的透明度,民主管理,充分尊重大家的想法,鼓励创新性思维。

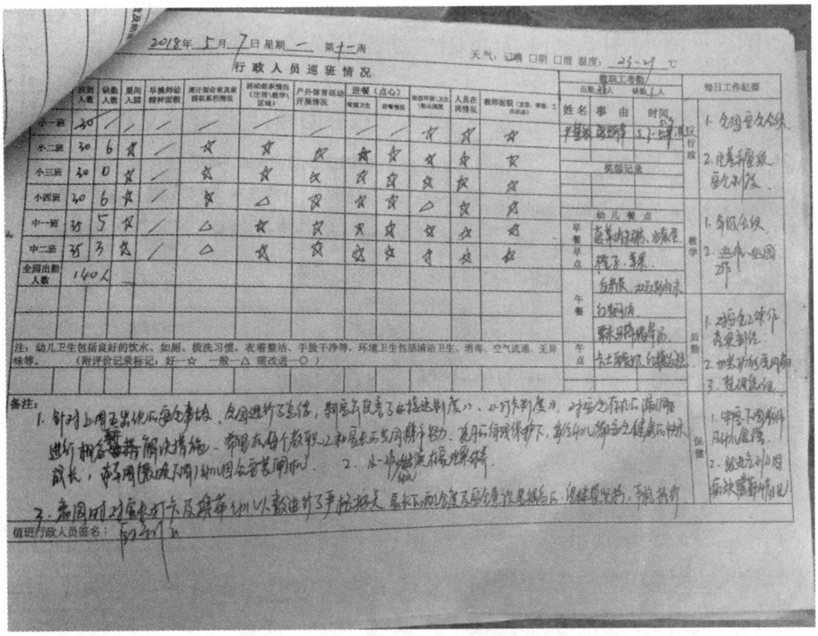

图 5－11　行政人员值班记录表 A 页

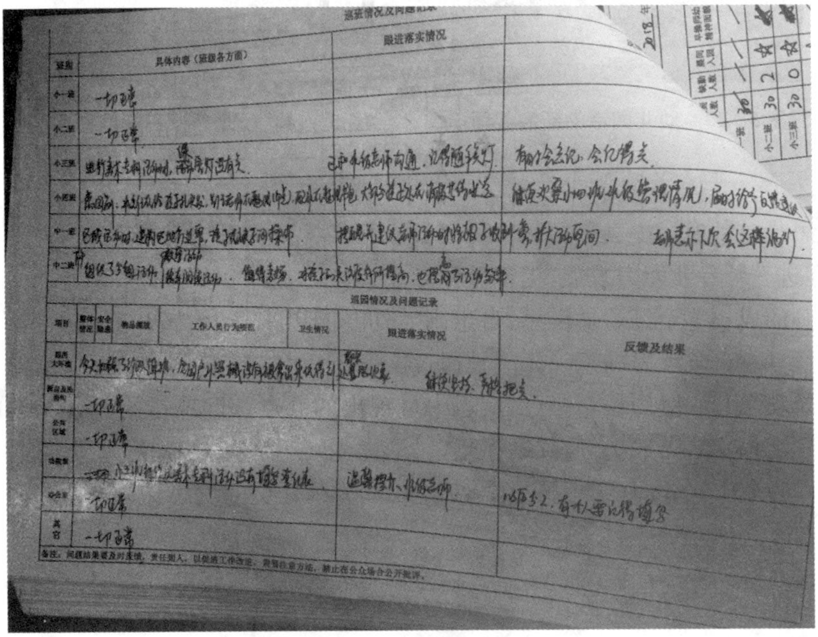

图 5－12　行政人员值班记录 B 页

4. 宣传——激励团队

激励可以帮助团队获得成就感,微信公众号是一个很好的途径。及时发布幼儿园和老师们的动态,一是可以提高幼儿园知名度,帮助家长了解幼儿园最新动态,获得理解、支持和帮助,更好地促进家园合作共育;二是可以让社会了解幼儿园办园情况与办园成绩;三是为老师们提供展示自我和团队合作的平台,更好厘清工作思路和发展方向。图 5-13 与图 5-14 为惠阳二幼微信公众号上的新闻。

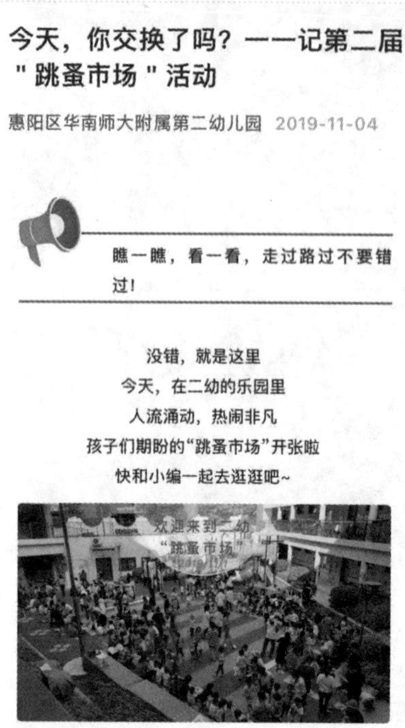

图 5-13　幼儿园活动新闻截图

图 5-14　幼儿园课程开展新闻截图

5. 反思——成长阶梯

反思是一种通过提高教师的自我察觉水平来推动教师专业成长,改善教师教学行为,促进教师专业能力发展,提升教师专业素养的有力手段和有效途径。

教师的成长等于经验加反思,自惠阳二幼开园以来,幼儿园让教师坚持写反思,教师已经具有自觉反思的意识。园长通过文字反思与教师们进行对话,及时了解老师们成长动态和心路历程,并且对反思中呈现出的亮点和问题进行真实有效的反馈和回应,及时总结,先表扬,后反思不足,讨论优化问题解决方案,蓄力下一次的挑战。图 5-15 为 2019—2020 学年第一学期 1～4 周教师提交的反思文档清单。

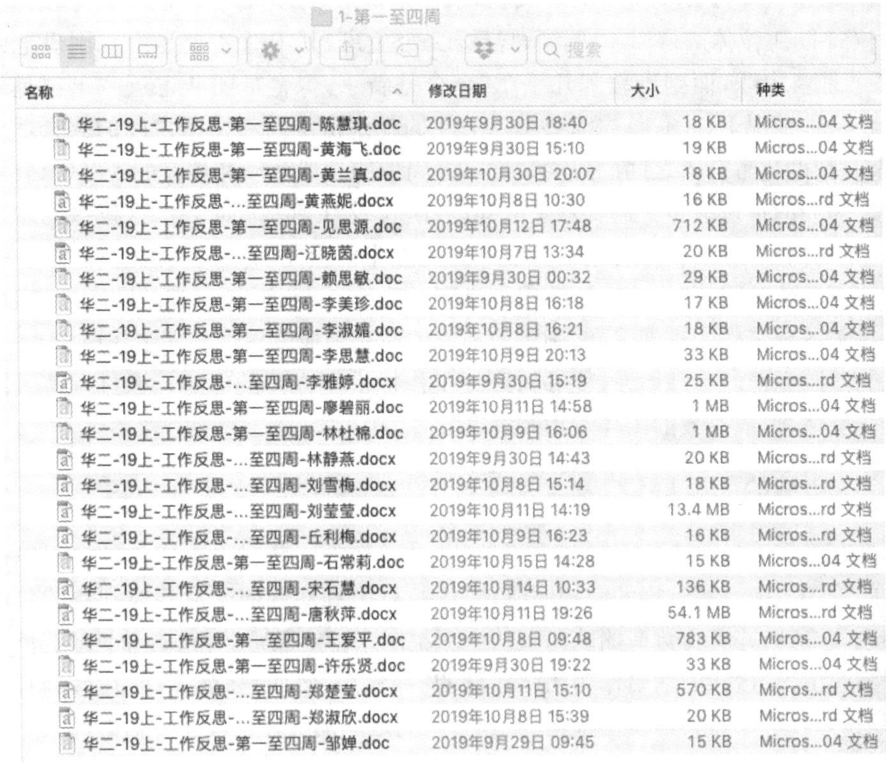

1-第一至四周

名称	修改日期	大小	种类
华二-19上-工作反思-第一至四周-陈慧琪.doc	2019年9月30日 18:40	18 KB	Micros...04 文档
华二-19上-工作反思-第一至四周-黄海飞.doc	2019年9月30日 15:10	19 KB	Micros...04 文档
华二-19上-工作反思-第一至四周-黄兰真.doc	2019年10月30日 20:07	18 KB	Micros...04 文档
华二-19上-工作反思-...至四周-黄燕妮.docx	2019年10月8日 10:30	16 KB	Micros...rd 文档
华二-19上-工作反思-第一至四周-见思源.doc	2019年10月12日 17:48	712 KB	Micros...04 文档
华二-19上-工作反思-...至四周-江晓茵.docx	2019年10月7日 13:34	20 KB	Micros...rd 文档
华二-19上-工作反思-第一至四周-赖思敏.doc	2019年9月30日 00:32	29 KB	Micros...04 文档
华二-19上-工作反思-第一至四周-李美珍.doc	2019年10月8日 16:18	17 KB	Micros...04 文档
华二-19上-工作反思-第一至四周-李淑媚.doc	2019年10月8日 16:21	18 KB	Micros...04 文档
华二-19上-工作反思-第一至四周-李思慧.doc	2019年10月9日 20:13	33 KB	Micros...04 文档
华二-19上-工作反思-...至四周-李雅婷.docx	2019年9月30日 15:19	25 KB	Micros...rd 文档
华二-19上-工作反思-第一至四周-廖碧丽.doc	2019年10月11日 14:58	1 MB	Micros...04 文档
华二-19上-工作反思-第一至四周-林杜棉.doc	2019年10月9日 16:06	1 MB	Micros...04 文档
华二-19上-工作反思-...至四周-林静燕.docx	2019年9月30日 14:43	20 KB	Micros...rd 文档
华二-19上-工作反思-...至四周-刘雪梅.docx	2019年10月8日 15:14	18 KB	Micros...rd 文档
华二-19上-工作反思-...至四周-刘莹莹.docx	2019年10月11日 14:19	13.4 MB	Micros...rd 文档
华二-19上-工作反思-...至四周-丘利梅.docx	2019年10月9日 16:23	16 KB	Micros...rd 文档
华二-19上-工作反思-第一至四周-石常莉.doc	2019年10月15日 14:28	15 KB	Micros...04 文档
华二-19上-工作反思-...至四周-宋石慧.docx	2019年10月14日 10:33	136 KB	Micros...rd 文档
华二-19上-工作反思-...至四周-唐秋萍.docx	2019年10月11日 19:26	54.1 MB	Micros...rd 文档
华二-19上-工作反思-第一至四周-王爱平.doc	2019年10月8日 09:48	783 KB	Micros...04 文档
华二-19上-工作反思-第一至四周-许乐贤.doc	2019年9月30日 19:22	33 KB	Micros...04 文档
华二-19上-工作反思-...至四周-郑楚莹.docx	2019年10月11日 15:10	570 KB	Micros...rd 文档
华二-19上-工作反思-...至四周-郑淑欣.docx	2019年10月8日 15:39	20 KB	Micros...rd 文档
华二-19上-工作反思-第一至四周-邹婵.doc	2019年9月29日 09:45	15 KB	Micros...04 文档

图 5-15　教师反思文档清单

（四）及时反馈

幼儿园的工作在执行过程中，需要及时的反馈，不断调整和完善各项工作计划，并顺利推动工作的实施。因此，惠阳二幼建立了及时有效的反馈系统。

反馈的渠道需要畅通并且保持主动和敏感，第一，及时查看老师们的日常工作反思，通过反思与老师们进行互动反馈。第二，通过行政班子的轮流日常值班发现问题，行政人员的日常巡班包括接离园时间在幼儿园大门处接待家长和幼儿、每日不少于三次班级巡视、午睡巡查和全园环境监察。通过填写详细的行政值班本，记录问题点和改进跟进情况，每周召开行政会议。先由各值班行政班子成员汇报每日值班情况，遇到新增的问题，一并商讨解决方案，并安排专人负责跟进落实。第三，教育教学工作可以通过年级级长召开每周的年级会议收集班级反馈，卫生保健工作也可以通过保健医生主持每月一次的保育员会议集中互动，后勤工作由后勤主任每周召开安全会议上传下达，捋顺条理。从以上途径收集到的反馈信息，由各分管负责人根据轻重缓急，酌情处理：对于正面典型，要进行肯定、表扬和宣传；对消极、困惑、不良情绪等问题要深入了解情况，给予相应的支持，帮助找到解决问题的路径，最后，由园长牵头不定期召开各岗位的民主生活会，在事先收集到大量相关信息的基础上，通过轻松愉悦的氛围，沟通各岗位的工作状态，提升士气、激励人心。

以2019年下学期为例,惠阳二幼新增3个班级,原先的9个班的主班教师其中有1位离职、1位休产假、1位调岗,导致12个主班,其中有4个是由原副班老师升任,2个是新入职,而副班教师几乎12个全是新手,保育员团队也近一半都是新入职。在这种情况下,园长首先需要重点关注的就是班级三人团队之间的磨合适应情况,及时帮助化解三人之间的隔阂。通过各岗位的教研活动和相互的观摩研讨活动,提升老师们的带班能力。遇到棘手的问题,园长及管理人员需要深入班级当中,“手把手”教研,有“增压”就要有途径“减压”。民主生活会是有效的沟通途径,通过一系列持续不间断的闭环“修炼”,团队得到良好的融合,顺利度过艰难的磨合期,高质量地推进了各项工作的进展,最终圆满取得繁忙而充满成就感的学期工作成果。

幼儿园完善的管理体系,能够为班级工作提供全方位的保障。通过规范、计划、执行与反馈,形成有效的闭环管理系统。

二、和谐的团队建设[①]

教育组织中最重要的因素就在于教师队伍,教师团队建设也成为教育组织最为核心的管理工作。在常规的组织团队建设中,惠阳二幼倾向于从集体利益的角色去引导教师奉献,并着力营造团队向上的组织氛围来稳定教师队伍。我们常用“情感留人”“事业留人”这样的话语作为团队建设的“锦囊”。然而,社会学理论家强调,从个体所谓的利他行为,其本质上都是利己的,人们之间的交往依赖于等值的回报。抛开传统的集体主义取向的视角,回归到个体行为的视角来看教师团队,在幼儿园的组织系统中,也是由人与人之间的交往所构成,在社会交往的过程中,人与人之间的关系同样依赖于给予和回报等值这一模式。我们将从社会学的视角下去解读个体行为,重新审视幼儿教师的社会需求,以社会交换的策略去思考幼儿园的教师团队建设。

(一) 幼儿教师的社会交往需求

每个个体在幼儿园的社会关系中都存在各自的需求,期望获得相应的回报。个体的社会交换首先源于社会报酬的交换。社会报酬的表现形式分为外在性报酬和内在性报酬。外在性报酬主要是各种显性的物质收益,内在性报酬是隐性的内心体验,比如与朋友交往中获得的愉悦感,在帮助他人的过程中获得的成就感等。虽然从表象看来,这是一个“利他主义”的行为,但其实隐含着一种“利己主义”,因为帮助他人常常会带来社会报酬的期望的激励。个体社会交换的第二个方面便是源于期望。人们在社会交往中体验到的满足既取决于他们从中获得的实际利益,也取决于交往给他们带来的期望。[②] 这当中包含了对职业发展空间、收益增长预期等各方的期望。作者在对48名新进教师的访谈中发现,幼儿教师对于幼儿园组织存在社会报酬和期望两个方面的需求,主要表现为以下内容(见表5-5)。

---

① 本节内容主要引用自廖莉.从社会交换谈幼儿教师的团队建设[J].江苏幼儿教育,2018(2):80-84.

② 彼得·M.布劳.社会生活中的交换与权力[M].李国武译.北京:商务印书馆,2012:225.

表 5-5　幼儿教师的个体需求

社会报酬	外在性报酬	工资、福利、晋升
	内在性报酬	赏识、激励
期望		培训机会多、人际关系和谐、职业发展空间、沟通渠道畅通

(二) 幼儿园中的交换策略

埃默森明确指出交换理论的三条核心假设:(1) 交换理论关注的焦点是人们在社会互动中的成本和收益。(2) 各种物品的价值是可变的,但是它们全部遵循着边际效用递减的简单原则。(3) 个体在社会互动中得到的收益取决于个体向他人提供的利益。[①] 通过对幼儿教师社会交换的重新审视,园长对于个体的需求有了清晰的认知,团队建设在社会生活中可以简化为"各取所需"四个字。惠阳二幼通过社会整合、社会支持、社会团结来满足教师团队成员的需求,从而促进幼儿教师团队建设的发展。

1. 社会整合

个体们彼此之间的吸引力以及作为一个整体的群体对个体们的吸引力越大,特别是如果交往对他们的内在吸引力引起了共同的认同,那么这个群体就越凝聚。[②] 幼儿教师进入到一个群体,经过前期的考察,对于外在性报酬符合自身需求后,他们首先要满足的交换是内在性的报酬,即来自群体组织的赏识和激励,而这一切,源于对个体的信任。如何通过信任来整合团队,可以从三方面入手:

(1) 敢压担子

幼儿园开园之初,应届毕业生占了教职工总人数的 85%。在当地招聘的有经验的教师,在教育理念上能达成一致的很难挑选。第一个学期共开设五个班,园长大胆选用了两名应届本科生担任主班老师,其中一个班主配班老师都是应届生。另一个班的配班老师和生活老师均是有十几年一线工作经验的老师。幼儿园给了两位新任主班老师充分的信任,而他们在实践的工作中也带给了幼儿园惊喜。不但三人团队协调配合,家长工作也做得到位,所在班级很快在年级中脱颖而出。两位老师在工作中不仅感受到群体对他们的吸引力,也感受到自我成长带来的在群体中的吸引力。他们利用工作实践与社会接触的机会,个体之间、个体与群体之间变得越来越彼此相互吸引,同时使他们建立了社会稳定化的共同纽带。

(2) 敢于放手

个体获得群体的认同需要时间,在团队管理中,管理者要懂得逐步、适时放手。幼儿园开园之初,教学管理岗位未能招聘到合适的人选,前两年逐步通过分层培养,来发掘骨干教师。在骨干教师中通过兼任教研组长来培养新人。经过两年的培养与发展,在全园内开展兼职教研助理的竞聘活动,最终有两位骨干教师胜出。因为工作

① 彼得・M.布劳.社会生活中的交换与权力[M].李国武译.北京:商务印书馆,2012:74.
② 彼得・M.布劳.社会生活中的交换与权力[M].李国武译.北京:商务印书馆,2012:77.

时间不长、经验不足,在继续担任主班老师的前提下,园长让两位教师协同负责幼儿园的教学活动的开展,所有的教学计划以及各项教学活动的安排与组织,均交由两位教师负责。通过这种“放手型”的实践锻炼,两位教师成长迅速。敢于放手,让教师个体在群体中迅速找准定位,主动完善自身,获得群体的认同。

(3) 敢给机会

幼儿园有位毕业两年的老师,入职之初因为岗位需求,做过一年的行政助理,第三个学期才有机会带班,第五个学期担任了主班老师。这位老师对于体育游戏活动很感兴趣,在户外体育活动的展示中很有自己的想法。有个学期,她主动提出想在全园开展一次趣味运动会。幼儿园对她的提议给予了充分肯定,并让她提交一份详细的活动方案。通过全园的审议后,决定支持她开展本次活动,这位老师在各个年级的协调过程中也遇到了不少问题,每次她都积极主动去协调处理。最终首届趣味运动会分年级举办取得圆满成功,不仅让其他教师对她刮目相看,她也获得了家长的广泛认同。这位老师在活动中不仅扩大了个体在群体中的吸引力,也由此感受到群体对她的各方支持。

2. 社会支持

人们渴望社会对他们的决定和行动、他们的观点和建议表示赞同。① 幼儿教师是一个特殊的群体,基本以女性为主,群体特征明显,心思细腻是这个群体的特征。尤其随着90后开始逐步进入社会。90后群体追求个性表达、不畏权威的特性也交织在这个独特的群体中。面对这样一个特殊的群体,采用对话来给予他们社会支持不失为一种有效的方式。如何有效对话,可以采取三个步骤:

(1) 察言观色

幼儿教师因其女性居多,其情绪表达很多时候溢于言表,管理者要特别注意察言观色。在第二章节中,作者也谈到过两个案例。幼儿园有位配班老师A,入职前一直表现非常积极主动,综合素质也不错。开学后,她就一直不在状态,整个工作时间,人没精神也不苟言笑,好像心事重重,带着孩子做早操也是有气无力。这位教师的状态很快引起管理者的注意,这是一位需要重点关注的老师。配班老师B能力不错,开学后只管自己的事情,不接受主班老师的工作安排,我行我素,造成班级管理中的无序状态,家长投诉也较为密集。主班老师颇为委屈地表示,安排她做什么事情,她都做自己认为需要做的,其他一概不管。两位老师的状态,通过观察和多方了解,进入了管理者的视野中,园长主动通过对话来了解两位的真实想法。

(2) 真诚沟通

A老师性格较为内向,在与她沟通的过程中,园长首先从生活和工作中询问她的适应情况,了解她是否有困难和问题需要协助,获得A老师情感上的放松和认同。当问到她是否有什么委屈时,A老师一下情绪就放开了,谈到自己作为配班老师,付

① 彼得·M.布劳.社会生活中的交换与权力[M].李国武译.北京:商务印书馆,2012:115.

出很多，却未得到应有的肯定，自己认为做再多的事情，也是“往主班老师脸上贴金”，对自己意义不大。了解到真实原因后，园长首先肯定了A老师在工作中的付出，接下来指出她的想法有偏差，引导她看到自己在付出过程中的收获，以及在付出过程中，群体对她个人的认同。当个体主动放弃的时候，实际上就把自己隔离在群体吸引之外，最终损失的是个体自身。最后，园长对A老师提出希望，希望她能以全新的姿态投入到工作当中，让自己的努力成为凝聚个体吸引的动力。很快A老师调整萎靡的状态，以积极热情的姿态投入到工作中，融入班级和团队中，也因其表现突出，一个学期后，被升为主班老师，开启了她人生新的起点。真诚沟通的过程中，作为园长多倾听、多理解，多些同理心，这样的对话才会更顺畅。

（3）有的放矢

针对不同的个体，园长需要采取不同的对话方式，对于积极主动的个体，要及时表扬，肯定个体在群体中的表现，增进个体的群体吸引力。同时引导积极主动的个体，总结自身经验，提供在群体中的交流空间，展现群体对个体的吸引力。如上文提到的两位担任主班的应届毕业生，一学期结束后，园长与其沟通一个学期的收获，其中一位对于家长工作有自己的想法，园长让其在假期整理成书面文档，开学后在全园分享，既提升了个体的认同度，也提升了群体工作的管理效率。对于表现消极的个体，如上文的A老师和B老师，则根据个体的性格特点，了解真实原因后，提出建议和要求，并对开始转变的个体，及时给予正强化的激励。对于B老师表现出来的消极状态，经沟通了解，B老师自认为主班老师能力不如自己，所以事事不服从安排，我行我素。园长指出其问题，并提出严厉批评和要求，让其认识到思想上和工作中的错误，并重新调整状态投入到工作中。沟通结束后，B老师开始转变态度，将更多的智慧应用到工作中，很快成为第二批骨干老师。一个人在一个群体中获得社会承认的努力，很大程度上是由那些受到高度尊敬的成员的赞同所推动的。[①] 园长通过对个体的赞同来提供社会支持，这使得他的伙伴赏识他，因此园长要及时发现问题，及时找出原因，肯定个体的成长，这样将会获得一种乘数效应。

3. 社会团结

根据对幼儿教师交往需求的了解，幼儿教师期望在幼儿园组织中获得培训机会、职业发展空间、组织人际关系和谐、沟通渠道畅通。要凝聚这批教师，需要从专业上进行引领，加强社会团结。

（1）多层次的结构引领

幼儿教师队伍拥有多层次的团队结构，如从入职时间上，幼儿园可以将教师分为新教师和老教师；从岗位任职上可分为主班老师、配班老师和专科老师等。对于这样一个多层次的团队结构，管理者要有计划、分步骤地引领教师团队的专业发展。惠阳二幼在开园的前三年，分步骤地实施了几个结构引领方案：

---

① 彼得·M.布劳.社会生活中的交换与权力[M].李国武译.北京：商务印书馆，2012：122.

① 分层培养

不管是新办园还是成熟园,教师团队中一定要有一批领军人物,也就是通常所说的骨干教师。在开园第一个学期,应是面向全体的基础培训,在培训与工作实践中,去发现"苗子"。第二学期开始"抓两头、促中间"的团队建设方案。所谓抓两头,主要是抓骨干教师和新入职教师,促中间是通过骨干老师的带领和新教师的冲击,促进中间地段的老师主动发展。幼儿园通过一年的时间,分别进行了两批共8名骨干教师的培养,让这些骨干教师充实到教学第一线,担任级长、主班老师和教研组长等重要岗位,起到以点带面的作用。新入职教师的培养,可以充分缩短新教师的岗位适应周期,并充分融入岗位角色,带动整个团队的整体发展。

② 分岗位培养

在骨干教师培养起来后,需要调整策略,以整体发展作为团队建设的第二步。通过分岗位培养,让每位教师去实践、研讨、总结不同的岗位职责和岗位规划,通过收集制定主配班老师岗位工作手册,带领团队收集、反思、归纳工作经验,发现问题、提出对策,通过群体的吸引力,进行经验整合与分享,从而带动个体的发展。

③ 分领域培养

幼儿园根据《幼儿园教育指导纲要(试行)》的精神,分为五大领域进行教学活动的开展,以提升教师团队的教育教学水平。幼儿园创建园内的领域园本教研小组,教师自愿选择各个领域,加入相应的教研小组中,定期开展教研活动。不仅开展专题研讨,还有园内的教学展示活动,从理论到实践,不断总结提升,让教师团队不仅掌握常规的班级管理,适应岗位角色,同时提升教学能力。

(2) 多元化的途径引领

在多层次的结构引领同时,幼儿园可采取多元化的途径来实施,主要通过培训、教研、反思和阅读几种途径。

① 培训先行

教师的专业成长,除了实践的摸索,理论的指导必不可少,这样可以让老师们少走弯路。幼儿园的培训分为园本培训和园外培训两种形式。园本培训从培训时间段分为了职前培训和职后培训。职前培训内容侧重于胜任岗位,职后培训侧重于打基础、促提升。从培训主体看,有专家、一线园长(教师)以及园内的教师分享。园外的培训主要有参观园所、专题讲座以及跟岗学习。

② 教研提升

骨干教师培养初步完成后,后续的发展主要依靠园本教研,由骨干教师带领全园教师开展专题性的教研活动。教研活动的主题初期可以由上而下地,根据幼儿园的需求来制定。待教师成长到一定阶段,可放开主题由下而上地进行园本教研活动。园本教研活动的开展要注意几个问题:一是有计划、有总结。每学期初由组长编制教研方案,每次教研活动有计划、有总结,每学期末整理成专项档案,用于交流分享。二是主题变化不宜多。园本教研应在幼儿园的整体规划下进行延伸,不宜变来变去,要有持续性和系统性。下面这个案例展示的是幼儿园开园第二年由骨干教师制定的园本教研方案。

【案例】 关于“主题活动的开展”研讨方案

一、研讨背景

《幼儿园教育指导纲要(试行)》中提到“幼儿园应为幼儿提供健康、丰富的生活和活动环境，满足他们多方面发展的需要，使他们度过快乐而有意义的童年”“幼儿园教育应尊重幼儿身心发展的规律和学习特点，充分关注幼儿的经验，引导幼儿在生活和活动中生动、活泼、主动地学习”“幼儿园的教育活动是教师以多种形式，有目的的、有计划地引导幼儿生动、活泼、主动活动的教育过程”“幼儿园教育的内容是广泛的、启蒙性的，可按照幼儿学习活动的范畴相对划分为健康、社会、科学、语言、艺术等五个方面，还可按其他方式作不同的划分。各方面的内容都应发展幼儿的知识、技能、能力、情感态度等”“教育活动内容的组织应充分考虑幼儿的学习特点和认识规律，各领域的内容要注重趣味性、寓教育于生活、游戏之中”。

而主题活动指在一段时间内围绕一个中心内容来组织的系列教学活动，渗透五大领域的内容，进而促进幼儿全面发展。

二、研讨目的

1. 形成学习小团队，提高教师队伍的专业水平；

2. 发现主题活动开展过程中的问题，并及时解决问题，促进主题活动更好地开展；

3. 给幼儿呈现优质优量、丰富有趣的主题活动。

三、研讨对象

全体教师

四、研讨方式

发现问题：一起讨论所存在的问题→自主学习：查阅书本、观察、调查等方式进行自我学习→集体研讨：分享交流→实践操作：具体活动开展

五、研讨时间

每月一次(具体时间根据当月具体情况而定)

六、研讨流程

1. 商讨研讨框架；

根据大家的商讨、本园目前主题活动的具体情况(处于起步阶段)及相关书籍查阅，将从以下四个方面进行本学期“主题活动的开展”的园本研讨。

(1) 如何确定主题；

(2) 如何确定主体框架与内容；

(3) 如何根据主题进行环创与材料投放；

(4) 如何开展具体的主题活动。

2. 公布研讨方案；

3. 根据每月的研讨内容各班级老师进行自主学习；

4. 负责人在集体研讨前一个星期通知每位老师做好研讨准备；

5. 研讨过程由负责人做好研讨记录,并做好总结性的分享;

6. 根据研讨结果,各班根据本班实际情况进行实践操作;

7. 分享并展示研讨成果,做好文字、照片的存档。

七、研讨注意事项

1. 每位教师必须以认真的态度对待每次研讨;

2. 研讨前做好充分准备工作;

3. 研讨过程做好研讨记录(文字、拍照);

4. 研讨后要及时落实到实践中,并交流实践成果。

(摘自段彩云老师的园本教研方案)

③ 反思内省

反思是教师成长最为有效的途径,让教师定期写反思,可以提升教师的内省能力。在反思的内容上,可以分为常规工作反思、外出学习反思、培训反思、活动反思。反思要定期反馈,并定期选出优秀反思,在全园内分享。学期末评选优秀反思奖进行激励,不断促进个体与群体之间的相互交换与相互成长。下面这个案例展示的是老师外出学习后,结合自己的工作写的反思。

【案例】

这次外出学习我们总共观摩了八场来自上海名师的现场教学活动以及三个专业性讲座。

相比之下,我发现我们的教学活动显得十分单一,首先缺乏游戏或者游戏的趣味性不够;其次我们不善于灵活运用我们手上的资料,没有很好地通过多种感官对幼儿进行诱导;再次,我们评价一个活动的好坏重点在目标的达成上,从而忽略了幼儿在活动过程中的各种体验;最后,我们的活动大多按照教案直接开展,忽略了许多生成性的教学价值。名师上课虽好,但也存在不足,例如老师的《猜猜乐》就没有很好地从幼儿已有的认知经验出发,难度比较大,使得整个活动老师的主导性比较大,幼儿参与比较被动。因此从这次观摩当中,我得出以下教学经验:

1. 活动必须从幼儿已有经验出发,设置在最近发展区的,以游戏带动幼儿的学习兴趣。

2. 丰富教学内容及形式,注重活动目标达成之余关注幼儿在活动过程中的情感体验。

3. 灵活运用教学材料,通过各种感官体验丰富幼儿的认知情感经验。

(摘自李斯媛2015年11月2日的外出学习反思)

④ 阅读成长

养成阅读的习惯是教师团队建设的重要一环。在阅读中,教师能拓宽视野、深入思考。通过每月的读书分享会、写读书报告等形式,可以让教师养成自主阅读的习惯。在阅读内容上,采取自选加推荐的形式,引导教师跳出学前领域看学前。

【案例】 理由的奥妙——读《为什么?》有感

《为什么?》考察我们在日常生活中给出的理由如何取决于社会关系,并反过来构建社会关系。本书以简易平实的风格探讨了人们如何通过不同的理由来确认、建立、协商、修复或终止与他人的关系。

联系到自己现在的工作，接触的人群主要是可爱的孩子们，在班级管理过程中，与孩子们相处的过程中，总能接收到孩子们各种各样的理由，比如“那是因为他先搞我”“我妈妈忘记了”“因为我看到……也这样做了”……其中最多的就是，孩子会为自己的一些带来不好影响的事情寻找理由，从孩子的发展水平和年龄特点来说，这都属于正常的表现，孩子的自我反省和道德认知还处于一种初级阶段，因此，老师在和孩子沟通的时候，就要用孩子能接受和明白的语言去有针对性地交流回应，而不是批评指责，如：当孩子之间发生矛盾，大家都认为是别人错在先，那么，老师就可以耐心听孩子把事情说清楚，站在两个孩子的角度去看待这件事情，在这样一个民主轻松的互动过程中，引导孩子去思考判断。同时，还要避免一些专业、准则性的表述，符合孩子吸收的是具有情节的故事性理由，能让孩子慢慢体会并逐步移情感知。同样，在和同事、朋友、家人相处的过程中，同样的问题也许会用到不同形式的理由，因为你和身边每个人的关系是不一样的，在准备给出理由的时候，在内心已经做好了彼此关系的判断，那么，与人相处，贵在真心，坦诚相见，好好珍惜，不要用最具杀伤力的语言去伤害身边最亲的人，“世上最好的爱就是好好说话”，我想，对每个关系都有其意义和真理所在。

（摘自段彩云老师 2017 年 2 月 26 日的读书报告）

通过有针对性的、多途径的引领，充分展现群体的吸引力，同时在这个过程中，提供个体的展示平台，相互交换，共同成长。

（三）被忽略的团队发展动力

在社会交往中，存在趋向于不平衡的张力，也存在趋向于相互性的张力。① 在团队建设中，如何看待和利用这两种张力，需要深入思考。

1. 不平衡的张力

社会生活中的平衡是建立在个体和群体在投入和产出之间潜在的不平衡的基础上的。一方面，个体与群体之间的相互施恩，以达到不要在他们的社会交易中相互欠债。另一方面，在社会生活中某一层面上维持均衡的力量，在其他层面上却构成了打破均衡的力量。② 如分层培养，从幼儿园整体发展来说，是一种维持发展均衡的措施，而对于教师团队来说，却打破了大家处在一个发展水平的均衡局面。如同在群体中放入几条“鲶鱼”，这种分层培养的模型依靠的是在团队中各个部分创造不平衡“搅活”整个团队的发展动力。在团队发展中，个体为了增强在群体中的吸引力，势必通过个人的努力来证明自己的吸引力。人际关系中的不平衡，也会引起个体精神状态恢复平衡，在这个不平衡的关系中，影响最大的是权力关系。在幼儿园中，园长与教

① 彼得·M. 布劳. 社会生活中的交换与权力[M]. 李国武译. 北京：商务印书馆，2012：67.

② 彼得·M. 布劳. 社会生活中的交换与权力[M]. 李国武译. 北京：商务印书馆，2012：68.

师之间存在不平衡的权力关系,教师个体希望得到来自权力主体的认同和激励。比如上文中谈到的A教师和B教师,管理者利用自己的权力关系,在对话中进行沟通交流,让教师感受到管理者对他们的关注,两位教师最终努力调整了自己的心态,重新回到自己最好的工作状态。管理者如果能够认识到权力关系中的不平衡张力,加以有效运用,在团队建设中能够起到事半功倍的作用。

2. 相互的张力

相互性张力的存在,表现在交往过程中,个体之间或个体与群体之间会达到一种平衡,即力图使双方的交换是对等的状态。在个体与个体的交往中,一方对另一方施恩,受惠方也会努力回报。比如在团队建设中,管理层给予个体各方的支持和帮助,让个体的能力得到提升,受惠的个体,也会以努力工作加以回报来达到一种平衡。个体与群体的交往中,当群体给予个体更多的平台和空间,个体也会努力提升个人能力,以获得在群体中的认同。如上文提到的组织趣味运动会的教师,当组织同意支持她的方案时,她在整个活动过程中,表现得积极主动,最终获得了圆满的效果。

吸引是相互的,这种相互性是由交换中的某种不平衡建立起来的。① 不平衡的张力和相互的张力,在团队建设的过程中,也是不断转换发展的。合理有效地运用这两种张力,能够有效地促进团队建设。

(四) 团队建设的思考

幼儿教师的团队建设是一个持续的过程,基于社会交换理论指导下,作为幼儿园的管理者需要注意以下几点:

1. 管理者对团队有全面的了解

从社会交换理论的视角进行幼儿教师的团队建设,管理者要基于对自身团队有全面的了解。一是不同类型的幼儿园,团队需求各不相同。比如公办体制下的幼儿园教师队伍,相对稳定,缺乏上升空间和平台,容易陷入职业倦怠,如何促进团队的职业认同是公办幼儿园需要思考的。民办体制下的幼儿园教师团队,流动性大,个体发展缺乏持续性,如何有针对性地促进个体专业成长,稳定教师队伍,是民办幼儿园需要思考的。另外,开园时间不同、所处区域不同的幼儿园,团队需求都会不同。二是不同入职年限的幼儿教师,团队需求也不同。新入职教师干劲大,成长需求强烈,老教师相对求稳,更多在意自己岗位的稳定性。骨干教师思考的是如何从专业型的教师成长为专家型的教师。管理者要对教师团队的需求做细致深入的研究,才能有效促进团队建设。

2. 管理者对幼儿园有清晰的发展规划

幼儿园的发展规划对于幼儿教师而言,也是自身职业规划的一种参照。个体会根据幼儿园的发展规划来调整和设计自己的专业成长。因此,管理者首先要对幼儿

① 彼得·M.布劳.社会生活中的交换与权力[M].李国武译.北京:商务印书馆,2012:69.

园的发展有整体和长远的规划设想，根据幼儿园的发展提出愿景，并带领教师团队共同成长。

3. 管理者对团队建设有可行的方案

了解了幼儿教师的需求，明确了幼儿园的发展规划，接下来要做的就是如何实施。管理者要根据幼儿园的实际情况，制订可行的团队建设方案。一是团队建设方案要有持续性，切忌一个学期一个方案，缺乏联结性，让教师疲于应付。二是团队建设方案要有针对性，如前所述，不同入职年限的教师需求不同，需要考虑不同的策略来促进个体的发展。三是团队建设方案要有制度保障。为了确保团队建设的有效实施，管理者要制定相应的制度加以保障，避免流于形式，同时也避免遭遇人员推诿、时间和经费上无法落实的问题出现。

和谐的团队氛围，能够为班级管理提供合作团结的三人团队，专业的团队建设能够为班级管理提供专业的教育输出。

三、多元的评价体系建构

《幼儿园教育指导纲要(试行)》指出:“教育评价是幼儿园教育工作的重要组成部分，是了解教育的适宜性、有效性，调整和改进工作，挖掘每一个孩子的潜力，促进其生动、活泼、富有个性地发展，提高教育质量的必要手段。”班级管理是一个综合性的工作，如何开展有效的评价，让班级教师在评价中认识到自己各方面能力的变化，发现存在的问题，不断提升班级管理工作效率，从而带动幼儿园教育质量的整体提升。

(一) 评价的对象

班级评价是班级管理工作的重要一节，首先我们要厘清的是在班级管理中，我们的评价对象是谁。班级管理的主体是教师和保育员，班级管理的客体是幼儿。因此，班级评价涉及的评价对象为:教师、保育员、幼儿。教师和保育员作为班级管理的团队，评价体系有些涉及个体，有些则指向班级管理工作的整体。

(二) 评价的主体

班级评价主体强调多元主体，这当中涉及教师自评、同伴他评、幼儿园评价、家长评价等。通过多元的评价主体，形成较为公正、客观的评价结果，用以指导班级管理工作的完善，也避免评价主体单一带来的主观性过强、评价结果有失偏颇的问题。

(三) 评价的内容

针对不同的评价对象，评价的内容各不相同。教师、保育员的评价内容分为个人能力和班级管理工作两块，教师的个人能力包括:反思、教学活动的组织、自制教玩具;保育员的个人能力包括:保育工作操作规范。班级管理工作包含:环境创设、班级卫生、出勤率、一日活动的组织、家长工作。幼儿的评价内容主要是个体成长(见表 5-6)。

表 5－6　评价对象、评价内容与评价主体

评价对象	评价内容		评价主体
教师	个人能力	反思、自制教玩具、教学活动的组织、专业知识	同伴、幼儿园
新教师（第一年）	个人能力	增加:技能考核（讲故事、美术、钢琴弹奏、歌唱、舞蹈）	同伴、幼儿园
保育员	个人能力	工作规范、自制教玩具、专业知识、绩效考核	同伴、幼儿园
教师、保育员	班级工作	环境创设、班级卫生、一日生活活动的组织、出勤率、家长工作	教师（保育员）、同伴、幼儿园
幼儿	个体成长	区域观察记录、成长档案、家长反馈	教师、家长、幼儿

（四）评价的实施

在具体的实施过程中，针对不同的对象，也有不同的实施方案，有些是过程性的，比如教学活动的组织、环境创设、卫生评比等，有些是结果性的，比如教师和保育员的知识考核，学期末的绩效考核。

1. 针对教师的考核

（1）教学能力

教师个人能力的考核，在日常工作中主要涉及教学活动的组织，通过园内的公开课的形式进行评比。图 5－16 为教师的评课记录表。

（2）反思

教师按照幼儿园安排每两周提交一篇反思，由幼儿园园长、教学主任负责综合评选，将优秀的反思在全园内进行分享传阅，并根据反思选优的频率，按照教师人数 20％的比率，期末选出优秀反思奖，园内给予一定的物质奖励。

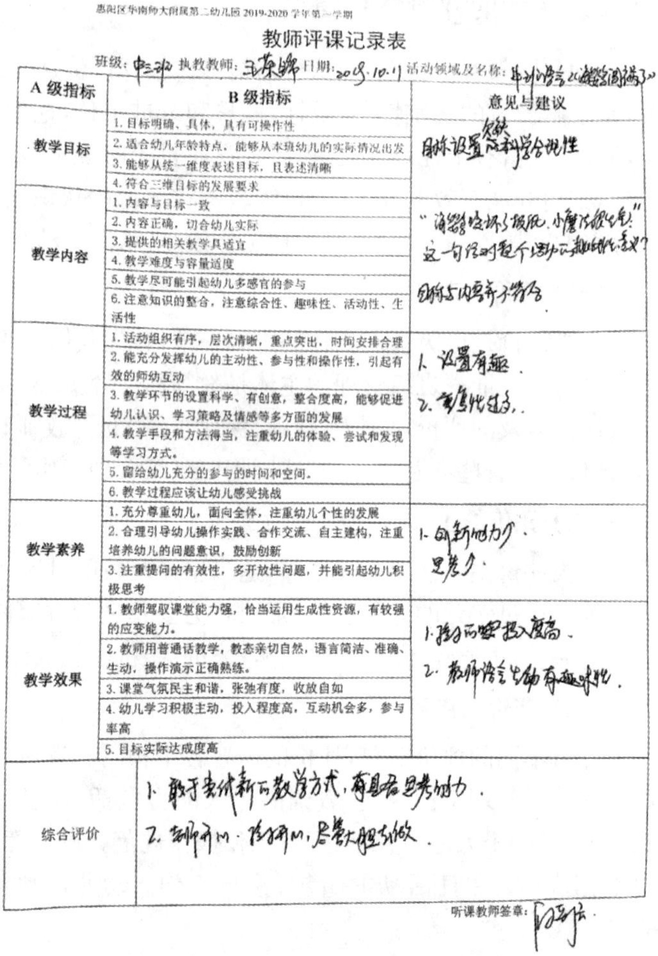

惠阳区华南师大附属第二幼儿园 2019-2020 学年第一学期

教师评课记录表

班级：[illegible]　执教教师：[illegible]　日期：2019.10.1　活动领域及名称：[illegible]

A 级指标	B 级指标	意见与建议
教学目标	1. 目标明确、具体，具有可操作性 2. 适合幼儿年龄特点，能够从本班幼儿的实际情况出发 3. 能够从统一维度表述目标，且表述清晰 4. 符合三维目标的发展要求	目标设置欠缺科学合理性
教学内容	1. 内容与目标一致 2. 内容正确，切合幼儿实际 3. 提供的相关教学具适宜 4. 教学难度与容量适度 5. 教学尽可能引起幼儿多感官的参与 6. 注意知识的整合，注意综合性、趣味性、活动性、生活性	[illegible]
教学过程	1. 活动组织有序，层次清晰，重点突出，时间安排合理 2. 能充分发挥幼儿的主动性、参与性和操作性，引起有效的师幼互动 3. 教学环节的设置科学、有创意，整合度高，能够促进幼儿认识、学习策略及情感等多方面的发展 4. 教学手段和方法得当，注重幼儿的体验、尝试和发现等学习方式。 5. 留给幼儿充分的参与的时间和空间。 6. 教学过程应该让幼儿感受挑战	1. 设置有趣。 2. [illegible]
教学素养	1. 充分尊重幼儿，面向全体，注重幼儿个性的发展 2. 合理引导幼儿操作实践、合作交流、自主建构，注重培养幼儿的问题意识，鼓励创新 3. 注重提问的有效性，多开放性问题，并能引起幼儿积极思考	1. 创新能力。 [illegible]
教学效果	1. 教师驾驭课堂能力强，恰当运用生成性资源，有较强的应变能力。 2. 教师用普通话教学，教态亲切自然，语言简洁、准确、生动，操作演示正确熟练。 3. 课堂气氛民主和谐，张弛有度，收放自如 4. 幼儿学习积极主动，投入程度高，互动机会多，参与率高 5. 目标实际达成度高	1. [illegible]投入度高。 2. 教师语言生动有趣味性。
综合评价	[illegible]	

听课教师签章：[illegible]

图 5－16　教师评课记录表

（3）绩效考核

针对教师的期末绩效考核的内容及方式如下：

【案例】　主配班及专科教师考核

1. 综合考核：根据教师在这学期内的思想政治、出勤、教育教学、班级工作等内容进行考核，具体细则以期末综合考核表为准。

2. 自制教玩具考核：为促进教师挖掘和开发环境教育资源的能力，提高教师自制教具的水平，主配班及专科教师均参与自制教玩具的考核，具体方案及标准参照相关表格执行。

3. 专业知识考核：结合本学期教育教学情况及培训内容，制定试卷，教师需参加本学期的专业知识考核活动，考试形式为闭卷笔试，独立作答。

4. 新入职教师需参加技能技巧考核，考核内容包括五项基本内容：歌唱、舞蹈、美术、钢琴、讲故事，专科老师选择专业对口的一项及其余项任选一项。

5. 考核成绩如以下表格：

（1）老教师

考核成绩	综合考核	自制玩教具	笔试
100%	60%	10%	30%

（2）新入职教师

考核成绩	综合考核	自制玩教具	技能技巧	笔试
100%	50%	10%	10%	30%

90～100分为优秀，80分～89分为良好，70分～79分中等，60分～69分为合格，60分以下为不合格。

专业知识考核内容会根据每学期根据当期教师的培训内容以及《幼儿园教育指导纲要（试行）》和《3～6岁儿童学习与发展指南》进行出题。下面的案例展示的是其中一个学期的教师知识考核试题：

【案例】　教师专业知识考试笔试试卷

姓名：　　　　　　　　　　　　班级：

一、简答题（60分，每题30分）

1. 区域活动时间到了，幼儿的作品还没完成，这样的问题该怎么处理？

2. 请结合本园户外场地的实际情况及赵园的专题分享，简要说明还有哪些场地可开展户外区域游戏，材料的投放有哪些。

二、案例分析题（40分）（任选一题）

1. 小明在班级里经常为了抢夺玩具与小朋友发生冲突，有时甚至出现对小朋友拳打脚踢等攻击行为，小朋友都躲着他，不愿意和他玩。请你结合案例，试分析影响幼儿攻击性行为的因素以及应对策略有哪些。

2. 请你结合本学期的班级一日观摩活动，谈谈你在这过程中对班级活动组织的收获和感悟。例如:师幼互动、常规建立、过渡环节……

对于入职第一年的新教师,幼儿园保留对他们五项基本技能的考核,即歌唱、舞蹈、美术、钢琴、讲故事,具体的考核方案如下:

【案例】 新教师技能考核方案

一、考核目的

1. 提供新教师展示技能技巧的机会和平台,挖掘教师的技能优势;

2. 促进新教师对技能技巧的重视和专业技能的提升;

3. 多角度对新教师专业能力进行评价和了解。

二、考核内容

带班教师:讲故事、钢琴、歌唱、舞蹈、美术,共五项;

美术专科教师:美术、(讲故事、歌唱、舞蹈任选一项),共两项;

音乐专科教师:钢琴、歌唱、舞蹈、讲故事,共四项。

三、参与对象

本学期新入职教师。

四、考评人员

园长、教学副主任、级长、美术专科老师。

五、考核时间

2019 年 1 月 13 日。

六、考核流程

1. 提前两周通知新教师做好技能考核的准备;

2. 考核过程中负责老师先介绍考核顺序及流程;

3. 考核的教师五项一次展示完,美术作品提前做好,当场介绍即可;

4. 考评人员在每位老师展示完后对其表现进行评分;

5. 负责人总结,回收评分表;

6. 成绩汇总(财务)。

2. 针对保育员的考核

(1) 工作规范

保育员的工作有其特殊性,很多班级工作涉及清洁、消毒等严格要求操作规范的工作内容。因此,常规性的工作规范的操作考核,能够促进保育员掌握规范操作技能,确保班级清洁消毒工作落到实处。幼儿园每年会通过举行保育员技能大赛来进行考核,以下为保育员工作技能大赛方案:

【案例】 保育员工作技能大赛方案

一、比赛目的

切实加强幼儿园保育工作,有效提高整体业务素质,增强对保育工作重要性的认识,以提高每一位保育员的工作素质,真正做到“保教并重”,特制定此方案。

二、比赛项目

1. 知识必答题;

2. 口述题；

3. 技能题：讲故事。

三、比赛时间

（略）

四、比赛地点

多功能厅。

五、参赛人员

全体保育员。

六、比赛规则

1. 知识问答以卷面形式作答并打分，主持人喊口令："开始！"保育员便进行答题，共5道选择题，每题2分，满分10分，要求在2分钟之内完成，超时扣分，每超半秒扣1分。作答完成后，上交给蔡医生，之后随机分配给5位评委现场打分（评委每人评两张试卷，打分完毕后，统一上交保健医生进行统计）。

2. 口述题由保育员抽题号，抽到哪题答哪题，由主持人问，保育员回答；评委按保育员回答的准确度、描述清晰度来打分。评完分后，交由保健医生统计。

3. 讲故事：每人讲述5分钟，由评委根据演讲老师的临场表现做出综合演讲素质的评价。评分完成后，统一上交给蔡医生进行排名。

4. 工作人员计算总分数进行最后排名。

七、评分标准

1. 评委本着公平、公正、公开的原则。

2. 依据参赛者知识回答准确度、速度打分。

3. 讲故事：要求主题鲜明、深刻，语言自然流畅，富有真情实感；衣着整洁，体现朝气蓬勃的精神风貌；有较强的现场感染力。

4. 评出一等奖1名；二等奖1名；三等奖1名，学期末绩效加分，给予物质奖励。

5. 评分结果当场公布。

八、赛前准备

1. 组长负责：长条会议桌4张，椅子10张（于上午10点之前备齐）。保育员老师自带签字笔1支。（注意比赛结束后桌子及卫生的整理与归位）

2. 保健室准备5道保育知识答题和10道口述题；各项目评分表；奖状及礼品。

3. 行政人员准备相机和摄像机，保证电池和内存充足。

九、比赛流程

1. 全体参赛人员于17:50到达多功能厅。

2. 主持人宣布比赛规则。

3. 比赛顺序：全体保育员笔试题→口述题→讲故事→评分→公布比赛结果。

（2）绩效考核

针对保育员的绩效考核内容及方式如下：

【案例】 保育员考核

1. 综合考核:根据保育员在这学期内的思想政治、出勤、保育工作、班级工作等内容进行考核,具体细则以期末考核表为准。

2. 自制教玩具考核:为促进教师挖掘和开发环境教育资源的能力,提高教师自制教具的水平,保育员需参与自制教玩具的考核,具体方案及标准参照相关表格执行。

3. 专业知识考核:为促进保育员专业知识的发展,提高保育员的保教水平,进行笔试考核,闭卷独立作答。

4. 考核成绩如以下表格:

考核成绩	综合考核	自制玩教具	笔试
100%	60%	10%	30%

90~100分为优秀,80分~89分为良好,70分~79分中等,60分~69为合格,60分以下为不合格。

保育员的专业知识考核主要以他们工作内容为主,下面展示的是其中一个学期的保育员专业知识考核试题:

【案例】 2019—2020学年第一学期保育员期末考核试题

日期:　　班级:　　姓名:　　得分:

一、单选题(每题2分,共10题)

1. 什么是职业道德最起码的要求,是每位从业人员必备的基本规范。(A)

A. 爱岗敬业　B. 为人师表　C. 积极进取　D. 尊重家长

2. 什么是学前儿童学习的主要方式之一。(A)

A. 模仿　B. 思考　C. 游戏　D. 理解

3. 婴幼儿前囟闭合的时间为(A)。

A. 1~1.5岁　B. 半岁　C. 1.5~2岁　D. 2岁

4. (A)是获得维生素D最简便有效的途径。

A. 晒太阳　B. 服用维生素D　C. 补钙　D. 食补

5. 培养婴幼儿定时排便习惯,利用"胃结肠反射"训练,排便时要专心,时间一般以(A)分钟为宜。

A. 5~10　B. 10~15　C. 15~20　D. 20

6. 幼儿园应制订合理的幼儿一日生活作息制度。两餐间隔时间不得少于(　)小时,户外活动不少于(D)小时。

A. 3,1　B. 3,2　C. 3.5,1　D. 3.5,2

7. 幼儿在(C)仍然不能控制排尿,应视为遗尿症。

A. 3岁后　B. 4岁后　C. 5岁后　D. 6岁后

8. 婴幼儿体温比成人略高,正常体温超过(A)时可断定为发烧。

A. 37.5℃　B. 38℃　C. 38.5℃　D. 39℃

9. 头部摔伤后,要对婴幼儿进行(B)的密切观察,

A. 12 小时　　B. 24 小时　　C. 36 小时　　D. 48 小时

10. 补钙需同时补充(D),促进钙吸收。

A. 维生素 A　　B. 维生素 B　　C. 维生素 C　　D. 维生素 D

二、判断(每题 2 分,共 5 题)

1. 学前教育是以零岁到入学前的儿童为对象的教育,是基础教育的基础。(√)

2. 婴幼儿的大肌肉动作发展较早,而手部小肌肉的动作则发展较晚。(√)

3. 幼儿的社会关系主要表现在两个方面:与同龄伙伴的关系和与老师的关系。(×)

4. 婴幼儿关节附近的韧带较松,关节窝较浅,在过度牵拉的情况下,容易脱臼,最常见的脱臼是:肘关节半脱臼,即"牵拉肘"。(√)

5. 保持皮肤清洁,手脏了就洗,养成饭前、饭后,便前、便后洗手的好习惯。手指甲剪成平的,每周剪一次;脚指甲剪成圆的,每两周剪一次。(√)

三、简答(每题 35 分,共 2 题)

1. 简述一下晨检的步骤。

2. 简述惊厥处理。

(3) 自制教玩具

教师、保育员期末均要参加自制教玩具评比,自制教玩具的作品,由教师和保育员从本学期自己制作并投放到区域的教玩具中,选取最满意的作品参加比赛。具体方案如下:

【案例】　自制教玩具活动考核具体方案

一、活动目的

1. 激发教师挖掘和开发利用教育资源的能力,促进专业水平的提升;

2. 教师之间互相交流学习,打开教玩具的创新思路;

3. 丰富各游戏区的操作材料;

4. 提高材料的操作性、多样性、生活性、科学性、新颖实用性。

二、考核对象

主配班教师、生活教师、专科教师。

三、作品范围、分类

1. 考核的作品须结合幼儿园教育教学实际,并能在游戏活动中使用;

2. 由老师们自己设计并简单制作,或对工业化产品进行改造的玩教具,还包括运用无须制作能体现教育与游戏功能的自然材料和日常材料。工业化生产的玩教具不在本次评选范围之内。

3. 考核的作品按所应用的领域大致可以分类为:(1) 运动类;(2) 科学类;(3) 建构类;(4) 语言阅读类;(5) 美工类;(6) 表演类;(7) 角色类;(8) 益智类;(9) 音乐类;(10) 其他类。

四、考核流程

1. 教师提前制作好参与考核的教玩具作品;

2. 负责人汇总各类作品,并进行编号,绘制表格;

3. 考核小组召开自制教玩具考核大会,由作者介绍该作品名称、类别、适用年龄、基本使用方法和主要作用等,由负责人组织评委组、全体教师按照相关标准进行打分;

4. 最后统计结果并小结。

五、考核时间

2020 年 1 月 13 日。

教师自制教玩具活动考核标准

序号	项目	评价标准	备注
一	教育性(15 分)	1. 具有一定的教育功能,目的明确。	
		2. 具有启发探索性。	
二	科学性(15 分)	1. 知识概念与原理正确。	
		1. 符合幼儿年龄特点及发展水平需求,贴近幼儿生活实际及经验。	
三	操作性(15 分)	1. 可操作性强,使用方便。	
		2. 材料耐用,操作的持久反复性强。	
四	趣味性(15 分)	1. 能激发幼儿的参与兴趣,具有形象性、开放性及可探索性。	
		2. 符合幼儿的审美情趣,造型、颜色等具有童趣。	
五	创新性(16 分)	1. 构思新颖,独具一格,推陈出新。	
		2. 能激发幼儿的想象和创造力。	
六	简易性(12 分)	1. 就地取材,利用废旧物,成本低廉。	
		2. 制作方法简单。	
七	安全性(12 分)	1. 所使用的材料是健康环保的。	
		2. 材料中无安全隐患,幼儿能安全操作使用。	

3. 班级工作

班级管理工作由教师和保育员共同合作完成,涉及几项常规工作的考核:

(1) 日常出勤率

班级幼儿的出勤率是班级工作的一项重要考核指标,通过对每日、每月、每学期出勤率的统计,可以了解幼儿的在园基本情况,同时能从一个侧面反映班级保育工作开展的情况。因为幼儿请假多为身体不适,如果一个班级幼儿因身体原因请假过多,则提示这个班的卫生保健工作有待提高。表 5 - 7 是幼儿园其中一个月的每天出勤率汇总以及当月的出勤率汇总。

(2) 卫生评比

卫生工作是班级管理的常规工作,每周幼儿园会组织不同的教职工组成评比小组,对全园各班的卫生状况进行评比,学期末汇总进行排名。对于存在的问题及时指出,对于排名一直靠前的,期末将按照班额的 25%评选出“卫生标兵班级”,即 12 个班选出排名靠前的 3 个班,幼儿园给予班集体一定物质奖励。表 5－8、表 5－9 分别是针对主配班和保育员的卫生检查评分表,表 5－10 是针对班级卫生检查的评分表,表 5－11 是幼儿园对各班卫生评比的汇总表。

表 5－7 幼儿园出勤率汇总

惠阳区华南师大附属第二幼儿园幼儿出勤统计表(19年11月份)

日期	事假	病假	事假	病假	事假	病假	事假	病假	事假	病假	事假	病假	事假	病假	事假	病假	事假	病假	事假	病假	事假	病假	事假	病假	事	病
班级	小一	小一	小二	小二	小三	小三	小四	小四	中一	中一	中二	中二	中三	中三	中四	中四	大一	大一	大二	大二	大三	大三	大四	大四	假	假
11月1日	2			1	1	1	3	1	1		1		1		3		2		2	1	1				17	4
11月4日	5	1			2	2	2	1		1			1		2		3	2	2	2		2	1		18	11
11月5日	4	2	1		2	1	2		3	2					2		2		4		4	1		1	24	7
11月6日	6				2	2	2	2	3	1			1	1	2	1		3	4		2	1	2	1	24	12
11月7日	2	1			4		2	1	3	2		1	2		4				2			1	2		21	6
11月8日	3			2	4	1	2	1	5		1	1	1		4			1	2	1	3	2	2		27	9
11月11日	2		2	3	2		2	2	4		4	1	1	2	3	1	1		2		1				24	9
11月12日	1	1	4	1	1		4	2	1	1	2		3	1	1		2		3			1			22	7
11月13日	2		3	1		1	5		3		5	1	1		1	2	2		3		1				26	5
11月14日	2		2				4	1	1		5		3		4				3		1				25	1
11月15日	2		3				6	1	2		4		4		4	1	1		2		3	1	1		32	3
11月18日	1	1	2	1	3	1	2	1	1		2	2	1	1	3	1	1		4		2			1	22	9
11月19日	2	1	3		4	1	1		1		4		2		3		2	1	3		2		2		29	3
11月20日	2		2	1	2	3	1	1			3		1		4		1		3		1		1	1	21	6
11月21日	2		2		4		1			1	1		1		1	1	3		1		2		1	2	19	4
11月22日	2	2	1		3		1		3				1		3		2	2	1				3		20	4
11月25日	1			2	2			2			3	1	1		1	2	2		1			2		2	11	11
11月26日	2		3	1	2		2			1	3	1			4		2		1		3	1	3		25	4
11月27日	3	1	3	1	3		2	1	3	1			1		1		2		1		1		1		21	4
11月28日	3	2	2		3		2		2		1		1		1		2	1	1		1				19	3
11月29日	4		2	1	3		3	1	3		1		1		1		3		3		1				25	2
合计	53	12	35	15	47	13	49	18	39	10	40	8	28	5	52	9	33	10	48	4	29	12	19	8	472	124
每月缺勤	65		50		60		67		49		48		33		61		43		52		41		27			
每月出勤	565		601		591		563		665		645		702		674		692		683		694		666		全园[illegible]	7741
每月应出勤	630		651		651		630		714		693		735		735		735		735		735		693		全园[illegible]	8337
每月出勤率	####		####		####		####		####		####		####		####		####		####		####		####		全园[illegible]	92.85%

2019-2020学年第一学期11月份各班级幼儿出勤率

班级	小一班	小二班	小三班	小四班	中一班	中二班	中三班	中四班	大一班	大二班	大三班	大四班
出勤率	90%	92%	91%	89%	93%	93%	96%	92%	94%	93%	94%	96%

表 5－8 针对主配班的班级卫生检查评分表

惠阳区华南师大附属第二幼儿园班级卫生检查评分标准(主配班)

序号	主班检查项目	备注	配班检查项目	备注
1	钢琴架、钢琴凳子(20 分)	物品无堆积,摆放整齐有序	门窗械(20 分)	无尘,有消毒
2	教具、表格、办公物品(20 分)	有指定地点有序存放,不夸张	书包柜、鞋柜(20 分)	无尘,有消毒
3	环创材料(20 分)	有指定地点有序存放,不夸张	走廊(地面及墙面)(20 分)	无尘,有消毒
4	私人物品(20 分)	包括鞋、皮包、被子、水杯、餐具,不外露,摆放整齐	游戏区物品整理(20 分)	无尘,整齐
5	个人卫生(20 分)	穿着得体、干净大方,无长指甲、不披头散发、不浓妆艳抹	个人卫生(20 分)	穿着得体,干净大方,无长指甲、不披头散发,不浓妆艳抹
6	总分(100 分)		总分(100 分)	

注:1. 每周检查一次,每学期进行评比,学期末对卫生检查情况良好的给予奖励;

2. 打分要求:整洁、无脱落、无灰尘(详见备注)。

表 5-9　针对保育员的班级卫生检查评价表

惠阳区华南师大附属第二幼儿园班级卫生检查评分标准(保育员)

班级/内容	备注
门窗(5 分)	窗明几净,无灰尘,无水痕
杯子(5 分)	无垢,有消毒
水杯架(5 分)	无尘,有消毒,无其他物品堆积
地面(5 分)	无垃圾,有消毒,地板无积水
墙面(5 分)	无尘,有消毒
桌椅(5 分)	无尘,有消毒,摆放整齐
书架(2 分)	无尘,图书摆放整齐
电器、灯管、消毒灯(5 分)	无尘、有用酒精擦拭
被褥(5 分)	整洁,不凌乱、有消毒
床(5 分)	床面与床底无尘,有消毒
开关(2 分)	无尘,有消毒,标识清楚
垃圾筒(5 分)	无尘,有消毒
毛巾(5 分)	无渍,有消毒
毛巾架(5 分)	无尘,物品分类存放
消毒柜、用品柜(5 分)	无尘,物品分类存放、无物品堆积
便池、水池(5 分)	无尘,无物品堆积
水龙头、镜子(5 分)	无垢,有消毒,玻璃及镜面明亮
卫工具(5 分)	无垢,有消毒,有分类,标识清楚
走廊、房屋、顶(5 分)	无蜘蛛网,无霉点
植物角(3 分)	植物架无尘,植物无枯萎,摆放整齐
应急灯、灭火器、消防栓(3 分)	无灰尘、有消毒
个人卫生(5 分)	穿着得体、干净大方,无长指甲、不披头散发、不浓妆艳抹
总分(100 分)	

1. 保育组的卫生工作范围包括活动室、睡户、卫生间;
2. 每周检查一次,每月进行月评比,学期末对卫生检查情况良好的给予奖励;
3. 打分要求:整洁、无脱落、无灰尘、有消毒(详见备注)。

表 5－10　针对班级卫生检查的评分表

惠阳区华南师大附属第二幼儿园卫生检查表——班级卫生检查评分总表（表四）检查组 1

总分\班级	小一班	小二班	小三班				备注
主班							
配班							
保育班							
班级总分							

班级的卫生评比如下：1. 每周检查一次，每月进行评比，得分为一名老师分数总和的平均数，最高者可得流动小红旗一面；

2. 没有使用消毒剂的视为 0 分；

3. 月度评比最高分的，可获得“卫生标兵班奖”。

检查日期：　　年　　月　　日　　　　　　　检查人员签名：

表 5－11　幼儿园对各班卫生评分统计表

2018—2019 学年第二学期各班卫生评分统计表

月份	周次	每周班级评分情况																							
		小一	扣分	小三	扣分	小三	扣分	小四	扣分	中一	扣分	中二	扣分	中三	扣分	中四	扣分	大一	扣分	大二	扣分	大三	扣分	大四	扣分
10 月	①																								
	②																								
	③																								
	④																								
11 月	①																								
	②																								
	③																								
	④																								
	⑤																								
	⑥																								
12 月	①																								
	②																								
	③																								
	④																								

2018—2019 学年第二学期全园卫生统计表

本学期各班总得分及每月平均分统计如下：

小一班		小二班		小三班		小四班		中一班		中二班		中三班		中四班		大一班		大二班		大三班		大四班	
总分	平均分	总分	平均分	总分	平均分	总分	平均分	总分	平均分	总分	平均分	总分	平均分	总分	平均分	总分	平均分	总分	平均分	总分	平均分	总分	平均分

(3) 一日活动组织

一日活动的组织是班级管理工作非常重要的考核指标,它能全面综合地考核班级团队的合作、班级三人团队的教育专业水平、幼儿的发展状况等。幼儿园每学期举行一日活动的观摩,相互学习,相互评分,共同促进发展。图 5－17 是幼儿园老师在一日观摩活动中的记录。

惠阳区华南师大附属第二幼儿园 2019-2020 学年第一学期

教师一日活动观摩记录表

观摩记录教师(班级/姓名)小二班 许家贤

日期	2019年10月30日	观摩班级	大二班
活动过程记录	8:20－8:56 早餐+餐后阅读 8:56－9:05 晨谈 9:10－9:55 分组(户外) 10:00－10:10 水果餐. 10:15－11:20 区域游戏(进区.玩区.收区.总结) 11:20－11:40 餐前准备(分享烘焙蛋挞)+5位小榜样 14:40－14:50 午点+餐后阅读 15:00－15:30 绘本分享 15:35－16:005 篮球活动 16:10－16:35 总结		
总结与评价	1.教师语调亲和,与幼儿平等视角交流; 2.户外活动(热身活动⇒故事导入⇒小英雄闯关⇒放松运动) 示范自然大方.用不同的方式去应对不想玩的小朋友,激起他们的兴趣(游戏难度由易⇒难,提前放好器械) 3.区域活动(提前讲规则⇒选择区域⇒三人分工明确) 区域材料多样化,吸引幼儿探索、实践的兴趣 区域总结(结合图片,了解原因,及时回答幼儿问题,灵活引导) 4.仪式感很重要(氛围营造,"小榜样",进步的表现有哪些?分别表扬) 5.绘本分享(培养幼儿大胆看图发言)		

图 5－17　教师一日观摩记录表

幼儿园的一日观摩活动的组织,可借鉴案例中的这个方案:

【案例】　一日活动观摩方案

一、活动背景

根据本学期重点工作"一日活动的优化和常规的建立",跳出传统思维,以班级为单位,共进行 12 次一日活动的展示,即一个班级 1 天,观摩内容包括:三人团队、各个环节活动的组织、常规情况、师幼关系等(常态),其余班级老师合理安排出班观摩学习,每次观摩进行记录并总结反馈,在直观的互相学习中,逐步提高教师一日活动的组织能力及班级管理能力,使工作越来越轻松有效,和孩子共享童真快乐。

二、活动目的

1. 全面了解班级教师一日活动的安排组织能力及班级管理能力;

2. 深入观察班级师幼互动、三人团队情况及了解幼儿发展水平;

3. 通过观摩，互相学习、共同探讨，提高教师一日活动的组织能力，使班级各项管理工作更加轻松有效，并不断提升教育教研水平。

三、活动时间

2019年10月～11月。

四、参与人员

全体教师。

五、具体安排

日期	时间段	组织班级	研讨与评价时间
10月16日　星期三	7:50～16:30	大四班	17:10～17:50
10月17日　星期四	7:50～16:30	大三班	17:10～17:50
10月22日　星期二	7:50～16:30	大一班	17:10～17:50
10月23日　星期三	7:50～16:20	中三班	17:10～17:50
10月29日　星期二	7:50～16:20	中一班	17:10～17:50
10月30日　星期三	7:50～16:30	大二班	17:10～17:50

六、注意事项

1. 活动期间每个班需有一位老师全天进行观摩，班级合理分配三人观摩的次数和相应班级，每次观摩人员需有班主任、配班、生活老师代表；

2. 展示的班级及老师请以常态呈现，班级各项活动正常开展，组织公开活动的老师用心准备，作为一日活动中正常的一个环节；

3. 观摩结束老师们及时总结、反馈、评价，地点在各组织班级，并在12个班一日活动观摩结束后将评分表交至教研室(观摩完一个班及时评分，表格保存在班级)；

4. 观摩的老师请认真对待，细心观察，善于发现，给予合理评价及建议，不得迟到或无故缺席，若班级有特殊情况，老师无法参加，请提前与教研室沟通说明；

5. 组织的班级请及时总结，班级老师配合将研讨结果进行实践，不断进步。

(4) 班级环境创设

班级环境创设与课程实施密切相关，也是考核班级教师专业能力的一个重要指标。每两个月，根据主题活动的推进，幼儿园会组织对各个班级的环境创设进行评比，通过每月的评分，期末汇总后选出前4名的班级，授予“优秀班级环创奖”，并给予班集体一定的物质奖励。表5-12为班级环境创设评分标准。

表5-12　班级环境创设与利用评比标准

项目	要求
整体环境 (25分) (包括走廊)	1. 能合理利用有效空间，布局得当，适宜幼儿生活与活动。
	2. 环境创设整体搭配令人赏心悦目，具有本班的风格特色。
	3. 能充分利用三维一体的空间，能满足孩子的兴趣和需求。

（续表）

项目	要求
主题活动环境（30）	1. 能体现园本课程文化，围绕主题设置，内容丰富，创设新颖有创意，蕴含较强的教育价值，墙面布置合理，具有一定的审美性。
	2. 能符合幼儿年龄特点，体现幼儿的主体性与参与性。
区域游戏环境（30分）	1. 整体区角设置合理，符合幼儿的年龄特点，各班所设区角不少于4个，各区角均有较明显的特色。
	2. 各区角材料投放充足，数量多、种类足、操作性强，能考虑到不同能力幼儿的操作水平，有探索和创造的空间。
	3. 有丰富的半成品、低结构材料。
	4. 区角材料摆放整齐，分类有序，便于幼儿取放，同时做到卫生清洁、无毒无害。
班级内务（10分）	1. 班级管理使用“6S管理法”，标签清晰完整，整齐有序，方便师幼灵活使用。
	2. 班级卫生良好，空气清新，卫生清洁消毒工作细致到位。
	3. 充分合理发挥幼儿主动性，注重师幼共同日常维护。
家园联系栏（5分）	1. 家园共育栏内容丰富，能及时公布本班近阶段的主题内容。
	2. 能体现宣传、引导的教育作用，突出家园互动交流。
总分（100分）	

（5）家长工作

家长的反馈是对班级工作评价的一项重要参考指标，每个学期幼儿园会面向家长举行家长开放日活动，一方面向家长全面展示幼儿园的教育教学理念、教师的专业能力、幼儿的发展状况；另一方面也借着这个机会，了解和收集家长对班级工作的反馈信息。图5-18是幼儿园通过微信公众号平台设计的家长满意度调查问卷。

通过问卷的收集与数据整理，可以从家长的视角了解班级工作开展的各项情况反馈，同时从家长的视角了解幼儿的发展状况。

4. 针对幼儿的评价

幼儿园的教育服务对象是幼儿，幼儿的成长与发展是班级工作的重要考核指标。如何评价幼儿的发展，幼儿园的常规操作通过对幼儿自主学习的评价以及成长档案来进行过程性的评价。家长的反馈在上面已概述过，通过家长开放日的反馈进行了解。

（1）区域观察评价

幼儿自主学习主要通过区域活动来进行，教师的角色主要是观察者和建构者。教师对幼儿在区域活动中的观察，能够全面地反映幼儿的自主学习能力以及交往能力、语言能力等各方面的发展。表5-13展示的是幼儿园教师的区域观察记录。

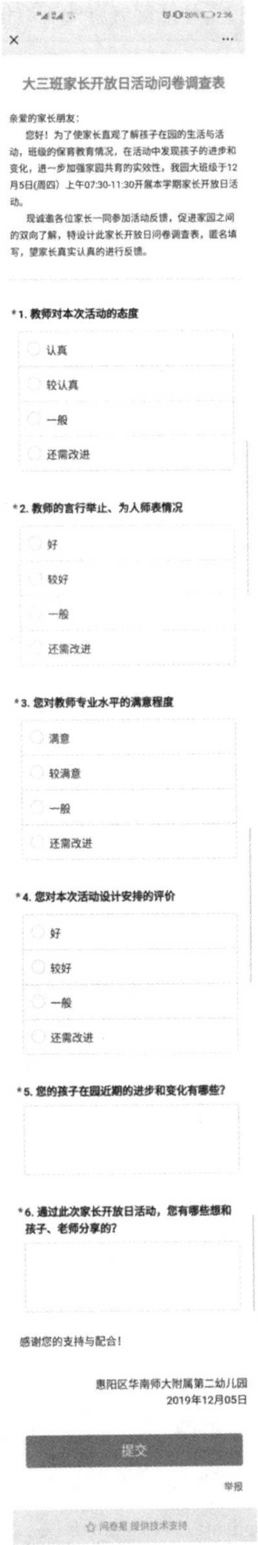

大三班家长开放日活动问卷调查表

亲爱的家长朋友:

您好！为了使家长直观了解孩子在园的生活与活动，班级的保育教育情况，在活动中发现孩子的进步和变化，进一步加强家园共育的实效性，我园大班级于12月5日(周四) 上午07:30-11:30开展本学期家长开放日活动。

现诚邀各位家长一同参加活动反馈，促进家园之间的双向了解，特设计此家长开放日问卷调查表，匿名填写，望家长真实认真的进行反馈。

*1. 教师对本次活动的态度

- 认真
- 较认真
- 一般
- 还需改进

*2. 教师的言行举止、为人师表情况

- 好
- 较好
- 一般
- 还需改进

*3. 您对教师专业水平的满意程度

- 满意
- 较满意
- 一般
- 还需改进

*4. 您对本次活动设计安排的评价

- 好
- 较好
- 一般
- 还需改进

*5. 您的孩子在园近期的进步和变化有哪些?

*6. 通过此次家长开放日活动，您有哪些想和孩子、老师分享的?

感谢您的支持与配合!

惠阳区华南师大附属第二幼儿园
2019年12月05日

提交

举报

问卷星 提供技术支持

图 5－18 家长满意度调查问卷内容

表 5-13　幼儿区域游戏观察记录表

日期	2019.10.11	班级	大二	观察记录者	郑淑欣
被观察幼儿姓名、性别	宁宁(男)	游戏时间段	10:10～11:10	游戏区	建构区
观察实录(图文形式)	宁宁是本次建构区的“领头者”,“我们来拼高塔吧”,其他小伙伴在他的带领下又搭了“一字型”的高塔。当搭到与他们身高差不多高的时候,高塔倒下了,他们捡起纸杯打算重新开始。这时候,我走过去:“你们有见过人形高塔吗?” “人形高塔?是什么啊?”宁宁睁大了眼睛看着我。 “现在需要一位小朋友躺下来,摆一个你觉得最酷的造型。” 宁宁满怀激动地躺下去,“然后呢?” 我拿起纸杯与鑫鑫一起将宁宁围了起来,宁宁抬头一看,更加欣喜不已,“哈哈,我怎么出来啊?” 我伸手将宁宁拉起来,他轻轻地起身,不时看着自己的脚,担心将人形塔碰倒。 “地基已经打好啦,你们可以开始建塔啦。” 宁宁与小伙伴小心翼翼地一层又一层地盖高塔,乐在其中。				
总结分析	1. 大班幼儿在活动中的合作性越来越强,他们能够一起合作完成一个作品,有想法的幼儿往往会带动其他幼儿一起游戏; 2. 当面对教师提议时,幼儿是充满期待的,他们很喜欢新奇的玩法,在“一字型”高塔之后又再次重燃了他们的兴趣; 3. 游戏活动过程是幼儿经验在不断丰富的过程。当小朋友对于一些建构材料在操作多次之后还停留在原先水平,教师可以适当介入。介绍新玩法,帮助幼儿扩展相关经验,不断促进幼儿游戏的深入发展。				

(2) 幼儿成长档案

幼儿成长档案起源于档案袋评价,档案袋是一种经过周到细密思考的目标、任务和标准结构,是一个连续的带有指导的评估过程,是一个开放的、共享的、可以达到存放学生作品和进步记录。[①] 幼儿成长档案鼓励个性化,过程性地记录孩子的成长过程,由教师、家长和幼儿共同记录完成。下面我们以中班为例,图 5-19 呈现的是班级教师关于幼儿成长档案对家长的指引。

① Gredler. M. E. (1995). Implications of portfolio Assessment for Program Evaluation, Studies in Educational Evaluation, Vol. 21. pp:431-437.

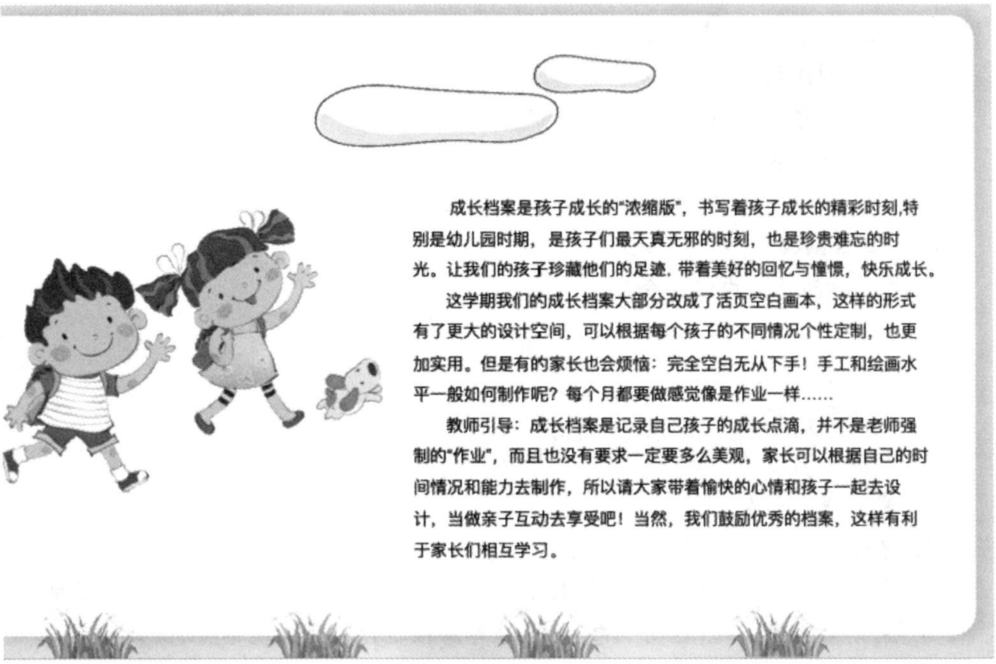

图 5－19　教师关于幼儿成长档案的引导

成长档案的内容由教师、家长和幼儿共同完成,各自需要完成的内容如下:

【案例】

教师需要完成的内容是:

1. 提供基本的信息让家长了解制作亲子成长册的事宜;
2. A4 纸;
3. 教师寄语;
4. 幼儿发展评估;
5. 班级全家福;
6. 收集亲子单;
7. 活动照片:跳蚤市场、家长开放日活动、童话剧、区域活动等照片;
8. 幼儿作品集。

家长需要完成的内容是:

1. 封面与幼儿个人资料
2. 留意孩子的精彩瞬间

(1) 老师我想对你说(由家长记录孩子对教师的评价或期望);

(2) 孩子我想对你说。

让家长记录下幼儿的童言童语、有趣的成长瞬间,并且写下此刻最想对孩子说的话。

幼儿需要完成的内容是：

1. 主题记录：一起去旅行、童话剧

2. 画画创设记录

(1)“我的老师是”；

(2)“这就是我”；

(3)“我和我的朋友”；

(4) 日常画画。

成长档案的总体内容包含了以下部分：

1. 封面
2. 卷首语
3. 班级集体照
4. 我和我的老师
5. 我和我的朋友
6. 亲子单
7. 大型趣味活动系列（开学周、跳蚤市场、感恩护蛋、混龄区域、户外自然活动）
8. 阅读文化节系列（自制小书、绘本推荐海报、图书漂流、阅读存折、日常阅读）
9. 我的学习时光（专科、通向数学）
10. 戏剧活动系列（日常游戏教学、彩排、表演、舞台大合照）
11. 幼儿画画作品
12. 幼儿评估表
13. 奖状
14. 封底

根据幼儿园对于班级工作评价的对象、主体、内容以及实施几个方面，建构一套有效的评价体系，它必然会注重以下几个方面：

第一，注重评价主体的多元性。

单一的主体评价由于个体的主观性等原因，容易产生偏颇。K幼儿园的评价主体涵盖了自我评价、同伴评价、幼儿评价、家长评价、幼儿园管理层的评价。可以从不同的视角去收集反馈信息，从而更好地完善工作的细节，提升班级管理的效率。

第二，过程性评价与结果性评价相结合。

过程性评价与结果性评价的结合，能够对各项工作进行实时监督和控制。K幼儿园对班级工作的评价，注重过程性的评价，像每天的出勤统计、每周的卫生评比、每两月的环境创设评比，还有贯穿学期的保育员技能大赛、园内公开课、一日生活观摩等活动，可以全方位了解班级三人团队的工作协调配合、个人专业能力水平。结果性的评价，可以从整体对个人素质进行反馈，如期末的绩效考核，从知识考核、综合评价等形成等级分数，给予每位个体一个综合的评价分数，让个体充分认识到自身的优势和不足。

3. 注重评价的可操作性

对于评价的项目,应尽可能地细化评价要点,制作相应的评价表,逐一细化。卫生评比根据不同岗位细化评分要点,区分了主配班、保育员和班级三个方面。班级的环境创设评比包含了整体环境、主题环境、区域环境、班级内务、家园联系栏等具体考核内容。

第二节　课程建构的支撑[①]

园本课程来源于校本课程(school-based curriculum),"园本"一词源自"校本",即以幼儿园为基地进行课程开发的过程。园本课程实质上是一个以幼儿园为基地进行课程开发的开放民主的决策过程,即园长、教师、课程专家、幼儿及家长和社区人士共同参与幼儿园课程计划的制定、实施和评价等活动。[②] 园本课程可以理解一是为了幼儿园;二是在幼儿园中;三是基于幼儿园。

幼儿园没有统编教材,市面上充斥着良莠不齐的各类教材,幼儿园拿来却并不好实施。惠阳二幼根据幼儿园本身的特点和实际情况,建构园本课程。幼儿园基于自身的品牌背景以及所处的地域情况,从开园初始,确立了以阅读文化和社区文化为两大核心的园本课程建构。

一、课程背景

(一) 阅读文化课程

21 世纪以来,早期阅读在国内受到了广泛关注,并在 2001 年颁布了《幼儿园教育指导纲要(试行)》,第一次明确地把幼儿早期阅读的要求纳入语言教育的目标体系当中。而作为早期阅读的重要载体——绘本,则是幼儿阅读启蒙的"第一本书",逐渐受到各幼儿园的重视,成为幼儿园课程的重要组成部分[③]。

幼儿园课程在走向多元自主发展方向的道路上呈现出百花齐放、形态各异的课程方案。针对目前绘本教学研究主要集中在挖掘绘本单一的教育价值、较为注重幼儿语言单一领域的发展、综合性运用不高、缺乏系统性等问题[④],惠阳二幼依托华南师范大学的学府背景,基于书香校园的高校文化基础,结合幼儿阶段早期阅读的重要性,确立了阅读文化课程的方向。

---

① 本节内容主要由惠阳区华南师大附属第二幼儿园教学主任段彩云和华南师范大学教育发展中心幼教部刘映君共同撰写。

② 陈见时,严仲连. 论幼儿园的园本课程开发[J]. 学前教育研究,2001(2):27 - 29.

③ 彭懿. 图画书:阅读与经典[M]. 南昌:二十一世纪出版社,2008:10.

④ 陈亚军. 绘本阅读园本课程的构建与实施[J]. 浙江教育科学,2014(01):35 - 38.

(二) 社区文化课程

幼儿的生活与发展从小就受到社区的影响,并且这种影响随着幼儿成长也越来越广泛。社区生活条件提供了幼儿各方面发展的经验资源。

惠阳二幼位于星河丹堤花园小区的中心位置,东临 7 100 亩亚公顶森林公园,空气清新,舒适优雅。社区总占地 120 万平方米,拥有幼小初高 12 年一贯制学校,具备休闲场地、商业中心、服务管理中心等,项目配套齐全,生活便利,环境优美,小区文化氛围浓厚,旨在让这里的每一位居民成为"最美幸福丹堤人",和幼儿园培养"一群幸福快乐的孩子"有着一致的目标。同时结合幼儿园"微笑、文明、自然、唯一"的办园理念和"幸福、创造、和谐、尊重"的办园宗旨,为充分发挥幼儿园的地理优势,以及所在社区得天独厚的社区资源,确立了社区文化课程的方向。

二、课程目标

(一) 阅读文化课程

阅读文化课程通过幼儿园阅读文化建设让师幼钟情于阅读,把阅读相关行为转变为生活中的一部分,让幼儿园感受到阅读的价值与魅力,从而构成幼儿园阅读文化建设中的外在表现形式。

1. 喜欢绘本,热爱阅读;
2. 养成良好的阅读习惯;
3. 善于用语言、肢体、表情等方式表达自己的想法;
4. 善于倾听,乐于创作,具备初步的听说读写能力。

(二) 社区文化课程

社区文化课程倡导教育来源于生活,突破园所的限制,将整个社区看作幼儿成长的学校;将游戏贯穿于幼儿的一日生活与学习活动中,尊重孩子的天性及个体差异,鼓励并支持孩子快乐地成长为自己喜欢的模样。

1. 认识并关心社区,主动参与各项活动;
2. 善于发现并解决问题,具有主人翁意识;
3. 对周围环境保持好奇心,乐于思考、敢于探索;
4. 乐于与人交往,能与同伴友好相处。

三、课程实施

(一) 阅读文化课程

全语言教育理论启示我们,幼儿语言学习是整体性的学习,应当回归到生活世界,运用艺术、戏剧、音乐、舞蹈等多种手段,整合到主题单元中来实施综合性教学。

幼儿园阅读文化是幼儿园以其社区环境为主要依托,促进阅读主体(幼儿、教师、家长),形成良好的阅读观念及习惯,形成良好阅读制度,开展一系列家园社阅读文化活动。

1. 阅读文化价值观建设

以阅读文化环境及阅读活动为途径,引导幼儿、教师、家长形成正确的阅读价值观。通过家长课程体验,让家长深入幼儿园教育教学,在“阅读”中和老师一起陪伴孩子更好地成长,让孩子成为自己“童话世界”的小主人。图 5－20 是幼儿各自制作记录的“阅读存折”,图 5－21 是图书室的亲子阅读。

图 5－20　幼儿的阅读存折

图 5－21　图书室的亲子阅读

2. 阅读文化制度建设

对于阅读活动流程及要求的设定,无论是形式抑或是内容,幼儿园园长都选择尊重阅读主体——幼儿,让幼儿来做小主人,制定规则。针对亲子阅读区经常存在的不文明阅读行为,幼儿自行制定了一系列的阅读规则,共同来遵守自己制定的规则,从而培养幼儿自主解决问题的能力。图 5－22 是班级图书管理员在整理图书,图 5－23 为亲子阅读区的规则。

图 5－22　班级图书管理员在整理图书

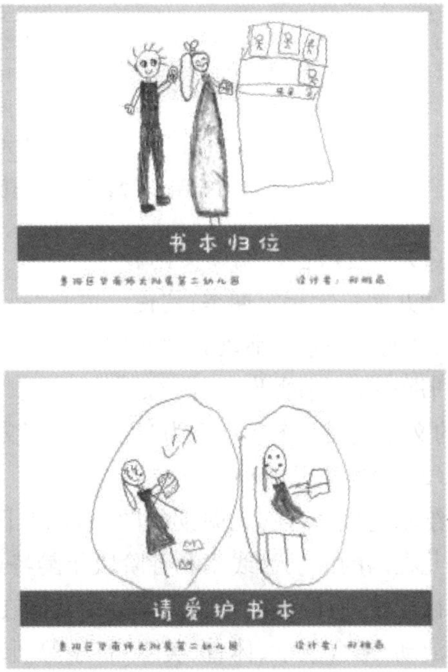

图 5－23　亲子阅读区规则图片

3. 阅读文化环境建设

为了激发全园热爱阅读的情感,打造随处可阅读的氛围。幼儿园设置了绘本阅览室、大厅亲子阅读区、班级阅读角以及图书漂流站,动静皆宜为幼儿打造舒适的阅读环境。班级的环创设计围绕绘本主题活动展开布置,作为课程实施的重要一环(具体操作见第三节)。

4. 阅读文化活动

阅读文化活动是我园阅读文化建设的主要载体。幼儿园从绘本主题活动、“悦读悦心”阅读文化节、“童心童话”故事戏剧活动三方面来建构阅读文化活动,见图 5-24。

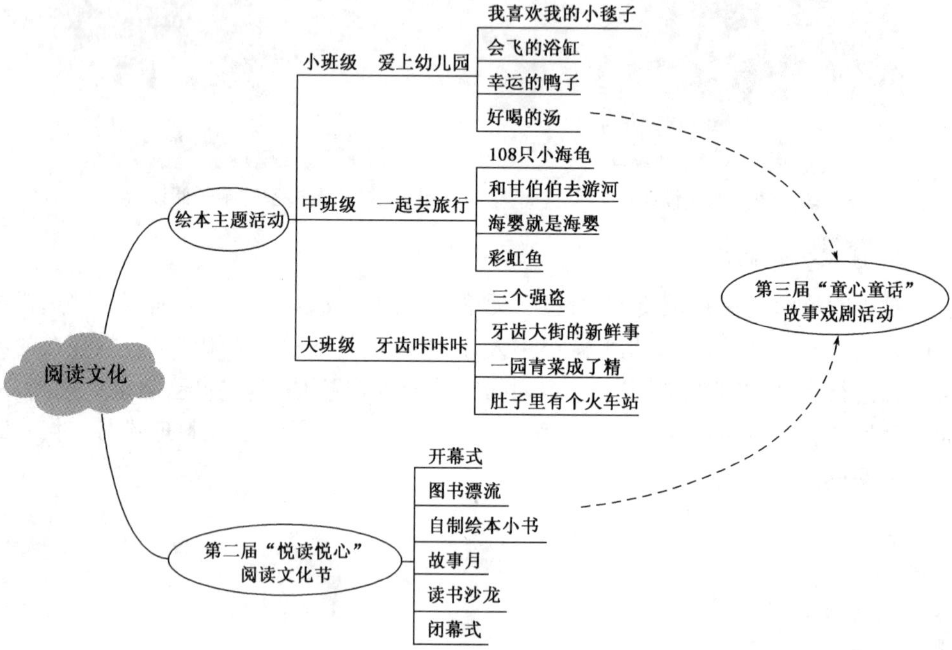

图 5-24　幼儿园阅读文化活动构成

(1) “悦读悦心”阅读文化节

幼儿园每学年定期举行“悦读悦心”阅读文化节活动,从开幕式到闭幕式,通过多形式、多元化的系列活动,如图书漂流、好书推荐、魔法故事汇、自制小书、读书沙龙、评选书香家庭、书香班级等,有开始、有总结、有反馈、有表彰,形成“师幼、家园共阅读”的文化氛围。图 5-25 为“悦读悦心”文化节的展示。

(2) 绘本主题活动

绘本是最适合幼儿阅读的图书,幼儿园选择适宜的绘本作为主题活动的载体。以幼儿在园的成长为线索和各阶段年龄特点制定主题活动,在这些主题活动中,有的偏向社会性,有的偏向科学性等。幼儿园在已形成的主题基础上,加入主题下欠缺的领域活动,结合数学、体育、美术、音乐等活动进行补充,形成五大领域的主题网络,再通过月计划、周计划和日计划具体实施,在活动中注重观察幼儿的发展情况,随时发

图 5-25 “悦心悦读”文化节的展示

现教育契机,对主题活动内容进行调整和生成,做到促进幼儿全方位的发展。图 5-26 为大班绘本主题活动网络图与推荐绘本。

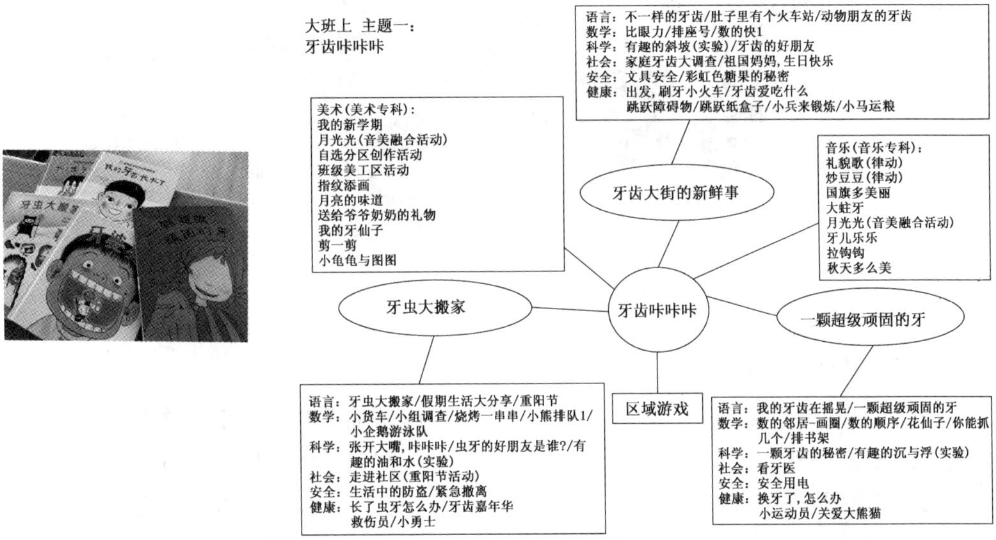

图 5-26 大班绘本主题活动网络图与推荐绘本

(3)“童心童话”故事戏剧活动

幼儿园以同主题的系列绘本为线索,根据本班幼儿的年龄段以及班级基本情况、幼儿发展阶段选择合适的绘本,结合必备的戏剧元素,通过与幼儿游戏、互动和交流,形成独具特色的班本戏剧,充分挖掘幼儿表达与创造的潜能,最后以“童心童话”故事戏剧活动作为成果呈现,注重幼儿在活动过程的主导性,并关注戏剧创作的全过程。故事戏剧活动设计思路如图 5 - 27 所示,图 5 - 28 呈现的是故事戏剧主题活动网络图。

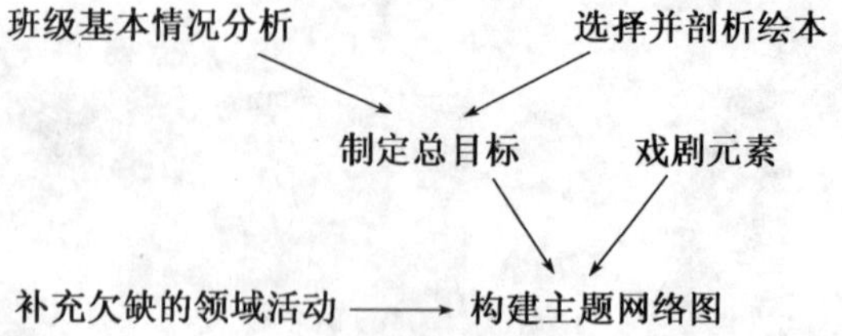

图 5 - 27 "童心童话"故事戏剧活动设计思路

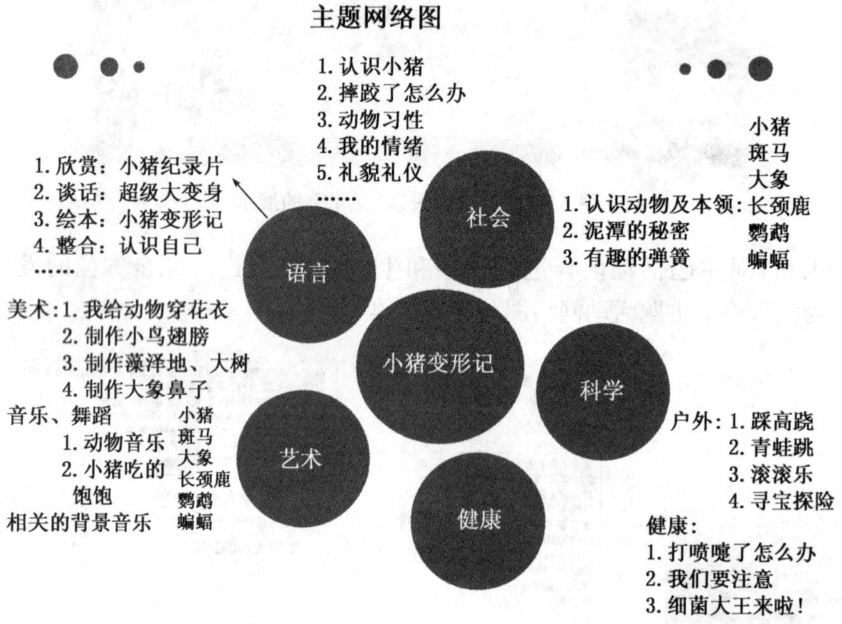

图 5 - 28 小班故事戏剧主题网络图

(二) 社区文化课程

惠阳二幼位于星河丹堤花园小区的中心位置,东临 7 100 亩亚公顶森林公园,空气清新,舒适优雅。社区生活便利,环境优美,小区文化氛围浓厚,幼儿园与华南师范大学附属惠阳学校一脉相承。依据陈鹤琴教育思想:"书本上的知识是间接的,大自然、大社会才是活教材。"幼儿园以社区为天然的学校,打破园所限制,合理运用社区教育资源,扩展幼儿园教育空间,构建独具特色的社区文化课程。课程组织框架见图 5 - 29。

1. 社区主题活动

社区生活的丰富性为幼儿园提供了多样的教育资源,一方面结合社区具体情况,设计五大领域的教学活动;另一方面,结合绘本生动的角色形象,将有趣的绘本故事

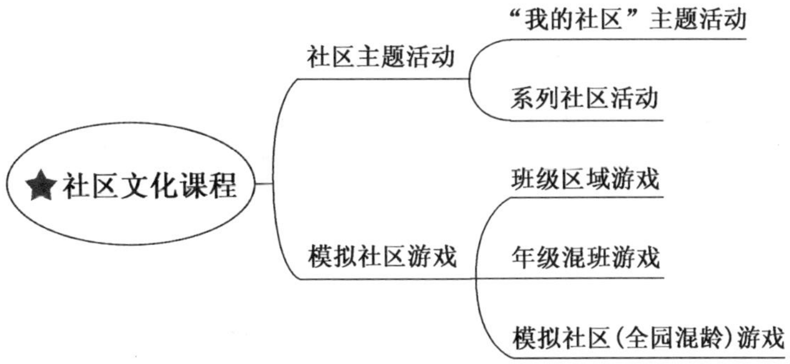

图 5-29　"社区文化"课程组织框架

与幼儿在社区生活的小故事互相结合、迁移转换,社区的工作人员有保安、保洁、管理员等,孩子们对社会职业进行访问、调查、体验、互动。

在主题下,幼儿园再根据每个学期天气、节日等实际情况,带领孩子走进社区,进行系列的"社区郊游会":科学探索类:"寻找社区的春天";美术创作类:"眼中的秋天,心中的自然";角色体验类:"我是小小采购员""我和牙医有个约会""感恩之行,进社区"等,孩子们在实践中成长为社区小主人。图 5-30 展示的是中班开展的"我的社区"主题活动网络图。

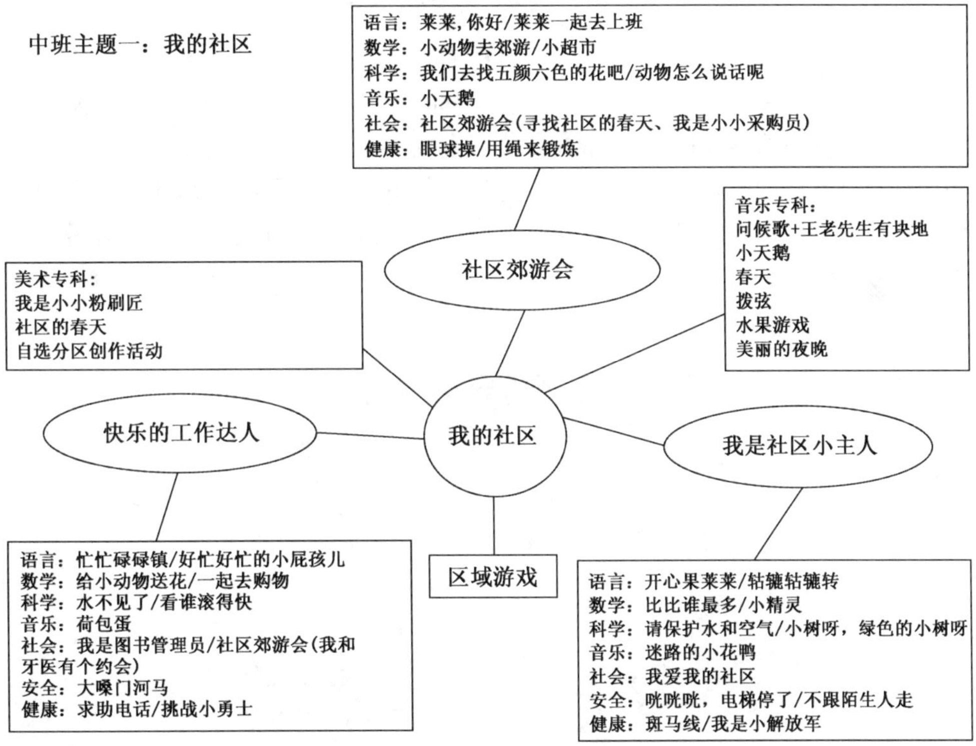

图 5-30　"我的社区"主题活动网络图

2. 模拟社区游戏

游戏是孩子学习与生活的主要方式,而区域游戏是孩子在园游戏的一种具有趣味性、自主性、探索性、综合性的活动。幼儿园每个班除了常规性的游戏区域,从根据孩子年龄特点、满足孩子兴趣所需、贴近孩子生活实际三个维度打造了36个以社会性为主要特征的特色区域及公共游戏区。图5-31展示的是区域活动目标及对应区域。

总体目标	一级目标	二级目标	三级目标	区域活动类型
德智体美全面发展	身体发展	体能	喜欢参与体能活动	娃娃家 小医院 阅读区 投掷区 美工区
		生活习惯	具有良好的生活卫生习惯;有基本的生活自理能力	
		自我保护	形成自我保护意识和能力	
	社会性发展	品德	尊重他人、关心他人	娃娃家 小超市 照相馆 理发店 生活区
		情感	喜欢集体,爱家人、爱同伴	
		个性	能大胆表达自己	
	认知发展	感知与动作	对身边事物、现象感兴趣	建构区 益智区 植物角 棋艺吧 编织区
		思维	具有创新的思维	
		语言	乐意与他人交流	

图5-31 区域活动目标及对应区域

在这个过程中,幼儿园结合每个阶段孩子的生活来源,找到适合的次主题进行探究,在和孩子确定了主题后,预设游戏发展目标,探讨游戏路径:发现与引导发现(社区实践);迁移与引导迁移(创设游戏情境);生成与引导生成(角色扮演)。最终将班级区域及公共游戏区,通过“报酬”与“消费”的货币作为流通手段,形成有联系、有交流、有合作的“模拟社区”,实现“模拟社区游戏”。支持幼儿在行动中发现思考,在合作中去分享讨论,在交往中去表达突破。图5-32展示的是不断摸索和完善的混龄游戏开展步骤。

游戏形式	发展阶段	具体内容
同班游戏	初识期	同班幼儿认识和感知新的游戏模式
混班游戏	熟悉期	以同龄幼儿间游戏为主
年级混龄游戏	磨合期	初步尝试异龄幼儿互动游戏
全园混龄	灵活期	体验不同的游戏角色、操作不同的活动材料

图5-32 幼儿园开展混龄游戏的步骤

3. 进社区实践活动

幼儿园坚持“做没有围墙的教育”,在主题下定期进行社区实践活动,如图 5－33 所示,“春天里的小小探索家”:在孩子们的眼里,春天是枝头停留的小鸟,是成群结队的小蚂蚁,是刚刚露出新芽的小草,是蓝蓝的天,是白白的云,是细细的雨,是好听的故事;“超市里认真采购的小家长”:带着购物清单,小组合作,采购可不是一件简单的事情,原来超市的货物摆放有这么多的秘密,原来 10 块钱不能买下自己所有喜欢的东西,要学会选择和取舍;“医院里大胆好学的小观察员”:牙科医院里的医生一点都不害怕,就像《鳄鱼怕怕　牙医怕怕》里面可爱的牙医,保护牙齿需要我们从小养成良好的卫生饮食习惯,以后的每一天都要和牙齿相亲相爱(见图 5－34);组织幼儿为社区工作人员送上祝福,让感恩之心常相伴。这样的社区实践活动,带来教育的惊喜,激发了幼儿意想不到的潜力。

图 5－33　幼儿在社区的自然观察活动

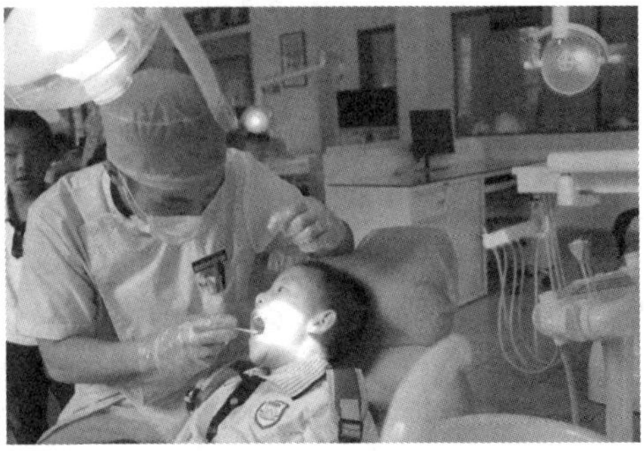

图 5－34　幼儿体验社区的牙科诊所

4. 家园社合作共育

家长群体是幼儿园的主要依靠力量,社区资源的丰富多样性,是幼儿园活动开展的重要合作支持伙伴,惠阳二幼重视发挥家长和社区人员的智慧才能,鼓励家长及社区相关人员参与到幼儿园的工作中。在社区系列活动中,星河社区及家长们为幼儿园提供了很大的帮助,给予了孩子们多样的体验。例如:社区消防人员入园为幼儿展示消防演练,普及消防知识;社区的升旗队入园,为幼儿展示规范的升旗仪式,给孩子们带来表率和标榜;“元宵喜乐会”游园活动中,社区腰鼓队亲临现场,老书法家和孩子们持笔写下新年的祝福,家长们作为协助者,在孩子们心中种下中华民族文化的种子;园社联合举办“童心童话”故事戏剧活动,由社区提供演出场地及活动经费,联系新闻媒体,进行现场直播,大大提高了活动的影响力;重阳节暨幼儿自理能力大赛与社区关爱老幼的精神相契合,由社区为老人们送上了充满温暖和爱意的礼物,同时,幼儿园邀请社区工作人员前来担任评委和计时员;“社区郊游会”、跳蚤市场活动、家长助教等活动中,家长们作为“助教老师”,深入幼儿园教育,与孩子、老师进行直接互动和体验……每一次的携手紧密了园社家关系,促进园社家共育。图 5－35、图 5－36 为幼儿进社区慰问各个物业岗位人员。

图 5-35　幼儿慰问社区清洁人员

图 5-36　幼儿进社区慰问物业人员

园本课程代表着一所幼儿园园所文化，体现的是幼儿园的教育理念，蕴含的是幼儿园的人文精神。园本课程的建构实施需要长时间的探索积累，一方面，不能急于求成，要一点一滴从实践中慢慢丰富；另一方面要不断注入新的思想，及时总结完善。

第三节　课程与班级环境的融合[①]

班级是幼儿园保教活动的基本组织形式，班级是由来自不同家庭、不同个性的幼儿所组成的，不同的班级、不同的教师、不同的幼儿构成了一个班级独特的生态环境。[②] 在园本课程建构的基础上，主题课程的具体实施，是在班级。班级教师根据本班的特点，使园本主题课程变成适合本班幼儿、教师的班本化课程。课程班本化的实施首要的便是如何将主题活动与班级环境融合。

一、如何将课程与班级环境相融合

(一) 班级风格

美的环境总是能够带给人舒适、温馨的感受，幼儿园环境除了美的感受还赋予了教育的元素，班级环境创设应符合幼儿身心发展的规律需要。

以往班级老师面对环境布置的任务，感觉无从下手，急匆匆地从网上找几幅图

① 本节内容主要由时任惠阳区华南师大附属第二幼儿园中一班主班老师宋石慧撰写。

② 周依萍. 幼儿园大班主题课程实施的现状研究[D]. 南京师范大学，2018.

片,依样画葫芦地贴上墙,就算完成了。所以,班级环境墙面布置的内容常常东一块、西一块的,花花绿绿,零零散散,失去了环境布置应有的美化功能和教育功能。

理想的班级环境应该注意到动态与静态并重,内涵和美化兼备。老师在班级环境创设中可以从以下三方面着手。

1. 整体规划

首先,环境布置应该遵循“计划在先、行动在后”原则。在班级教师共同讨论的基础上,对班级环境做一个整体的规划,包括:确立班级特色、色调风格、装饰风格,是走小清晰风格还是卡通风,找准切入点后,再分块安排各个版面的内容。在整体规划的基础上开展环境布置,老师就会感觉自己目标明确、心中有数。

2. 色调风格

幼儿园环境布置因为用色繁多,总是给人眼花缭乱的感觉,过于复杂的颜色容易让人心情烦躁,也不利于幼儿专注地进行学习活动。在环境创设中,如何创设一个温馨、舒适的环境,在色彩的运用上需要班级老师认真思考。惠阳二幼借助美术专科老师的专业支持,指导老师运用色彩的搭配,建议班级环境主色调不宜超过三种,在三种主色调的基础上学会运用中性色或近似色进行颜色上的弥补。

以中班的第一个主题“一起去旅行”环境创设为例,主班老师采用的主色调是绿色,绿色还包括深绿、浅绿,加入黄色、白色点缀,可以让画面在清新风格里多了些活泼跳跃。图 5－37 为创设的主题环境。

图 5－37 “一起去旅行”主题环境

3. 材料利用

在环境创设中,材料的利用起到关键的作用,在整体规划的基础上,老师可以采用相对统一的装饰风格布置环境,如可以用纸绳、麻绳做一些藤蔓装饰各个版面的边框(见图5-38),也可以利用一些废旧材料,如矿泉水瓶、卫生纸纸芯、碎布、木块等,创设中力求突出整体效果。

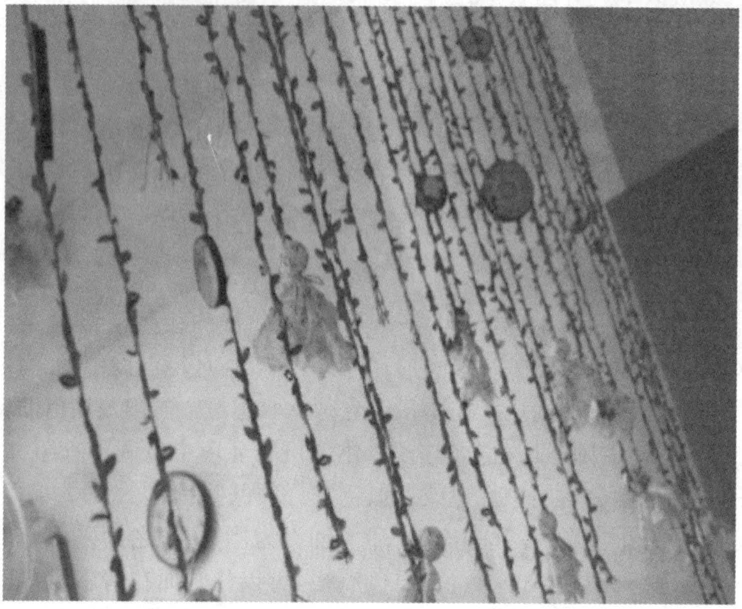

图5-38　用麻绳、纸绳等废旧材料做的空间隔断

(二)幼儿在环境创设中的角色

1. 设计者

幼儿是环境的主人,应该让他们按照自己的意愿和想法来设计创设班级的环境,不仅能给幼儿提供参与活动的机会,满足幼儿自我表现的欲望,而且能发展他们的动手操作能力。如中班"一起去旅行"主题下开展春游活动("我们与大海相约"),家长和孩子在海边捡的贝壳、回收的矿泉水瓶,带回来一起与幼儿商讨:这些材料可以怎样装扮我们的课室?孩子们说贝壳可以吊起来做风铃,矿泉水瓶作为漂流瓶,于是孩子们开始动手给贝壳涂颜色等,用自己的作品作为信件等,老师再进行加工点缀,装饰成班级的门帘、睡房隔断。图5-39为幼儿与教师一起参与环境设计,图5-40为幼儿共同参与环境创设。

图 5 - 39　幼儿与教师一起参与环境设计

图 5 - 40　幼儿共同参与环境创设

2. 创作者

中班在丰富角色游戏区“咔嚓理发店”的过程中,小朋友表示非常喜欢到里面来玩,老师就提出:“如果你喜欢我们的咔嚓理发店,请你用你喜欢的方式给它点赞。”小朋友纷纷发言:送一个笑脸、爱心、大拇指,表示很满意,通过画画的方式记录呈现(见图 5 - 41)。

图 5 - 41　角色游戏区:咔嚓理发店的点赞区

3. 学习者

幼儿的发展时刻都在与环境进行互动,因此环境是重要的教育资源,由于幼儿的年龄和心理特征,决定了他们缺乏自主鉴别能力和思考能力,往往被动地接受周围环境的影响。因而创设优美、富有童趣的幼儿园环境,对幼儿的成长学习是十分有意义的。

二、阅读文化——主题活动环境创设

惠阳二幼儿每个学期班级会开展两个主题活动,下面以中一班第一个主题活动的开展来进行介绍。

(一) 主题活动的创设—《一起去旅行》

班级老师利用绘本挖掘其中的教育价值,在第一个主题"一起去旅行"中,开展"嗨,小小旅行家"和"不可思议的旅程",利用绘本挖掘五大领域活动。图 5－42 为"一起去旅行"的主题网络图。

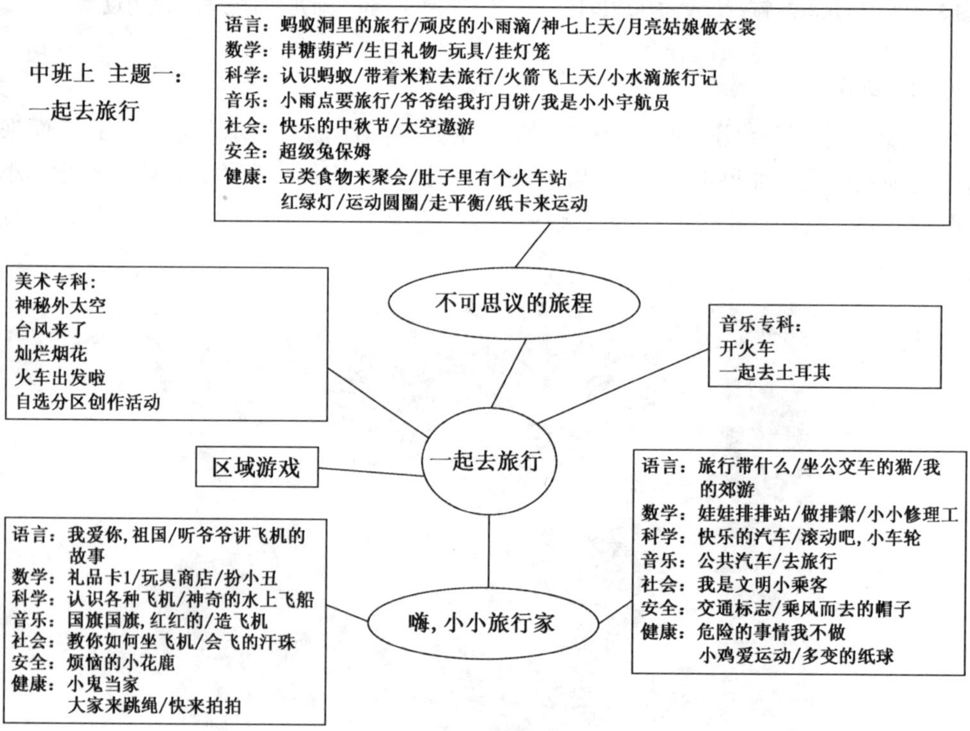

图 5－42 "一起去旅行"主题网络图

根据主题活动的内容,老师同时挑选了一些相关的绘本,投放到班级,供幼儿随时阅读,拓展知识面。图 5－43,5－44 为根据主题投放到班级的绘本。

图 5－43　“一起去旅行”相关绘本推荐 1

图 5－44　“一起去旅行”相关绘本推荐 2

在整体的规划上,老师们把课室设计成五个区域:益智区、美工区、特色区(咔嚓理发店)设置在孩子的活动室,阅读区(设置在睡房),建构区移至班级走廊,做到动静结合。在主题环境创设的初期,教师只是搭建主题框架,随着主题课程的开展,环境由教师和幼儿来共同丰富。图 5－45、图 5－46 分别为益智区、美工区初期的图示。

图 5－45　主题活动下的益智区

图 5－46　主题活动下的美工区

(1) 在色调上运用的主色调是绿色,黄色、白色作为点缀。

(2) 在区域创设的材料上用的是平日回收的大小、形状不一的纸盒子,高低不一地拼搭成美工区的幼儿作品展示架(见图 5－47)。

图 5－47　用盒子拼搭的幼儿作品展示架

(3) 在吊饰创设的材料上用的是班级家长与孩子外出共同收集的废品。如卫生间的门帘用的是捡回的贝壳(见图 5－48);迷你愿望瓶是家长在开学初的家长会上写的新学期寄语;睡房隔断用的矿泉水瓶装饰成漂流瓶,里面装的是小贝壳、幼儿的作品(见图 5－49)。

图 5－48　卫生间的隔断

图 5－49　睡室的隔断

温馨的阅读氛围,让幼儿感受到环境的美好与舒适,获得良好的阅读体验和心理舒适感。阅读区的位置选择应把握"明亮""安静"两个基本原则;中班选择了睡房的角落作为阅读区。一个舒适的坐垫、靠枕,都能让幼儿感受到在舒适的环境下自由阅读是多么快乐的事情;在活动区墙面,创设"好书推荐"区,孩子可以自己做主,选择自己喜欢的绘本。图书修补区锻炼幼儿的动手操作能力,从而体会到修补图书是一件不容易的事情,懂得爱惜图书(见图 5－50)。

图 5-50　布置在睡室角落的阅读区

（二）内容和形式

主题活动进行中的主题墙饰的创设，不仅是课程内容的体现、教学活动的反映、幼儿的活动过程和结果记录，更是幼儿参与学习活动的有效载体，因此，在这一阶段，班级老师鼓励幼儿参与，以支持者、引导者的身份帮助幼儿观察、思考、解决问题，让幼儿在主题墙饰的创设中获得发展，如引导幼儿分享自己的作品，也对他人的作品欣赏、理解等。呈现幼儿的参与形式有很多种：记录调查表、亲子作品等，使主题的内容更充实、完整。图 5-51、图 5-52、图 5-53 展示的是随着主题活动的开展，不断丰富的主题墙。图 5-54、图 5-55 展示的是在主题活动下的亲子记录单。通过主题内容的不断完善和丰富，幼儿可以在这个互动的环境创设过程中，相互交流，相互学习。

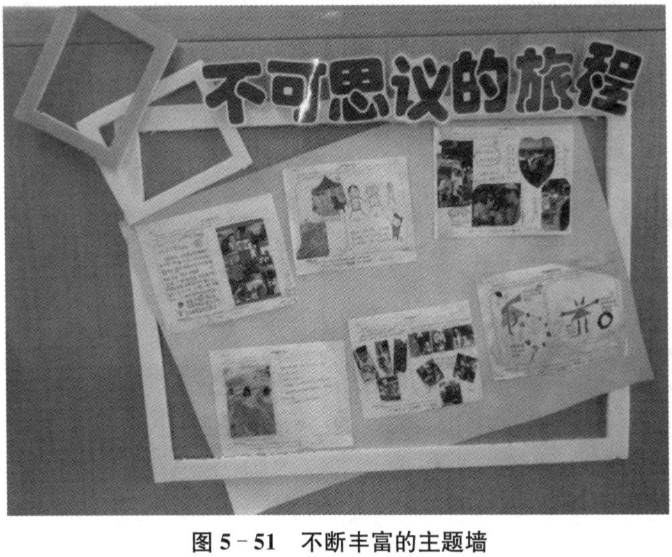

图 5-51　不断丰富的主题墙

图 5－52　主题墙中的幼儿作品 1

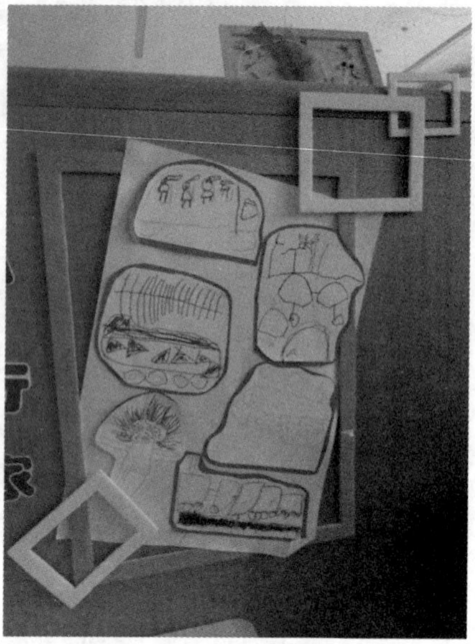

图 5－53　主题墙中的幼儿作品 2

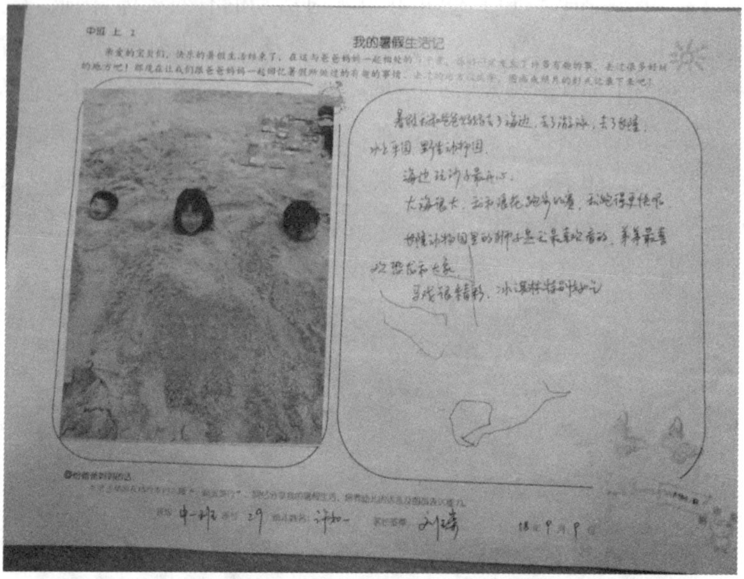

图 5－54　主题活动下的亲子记录单

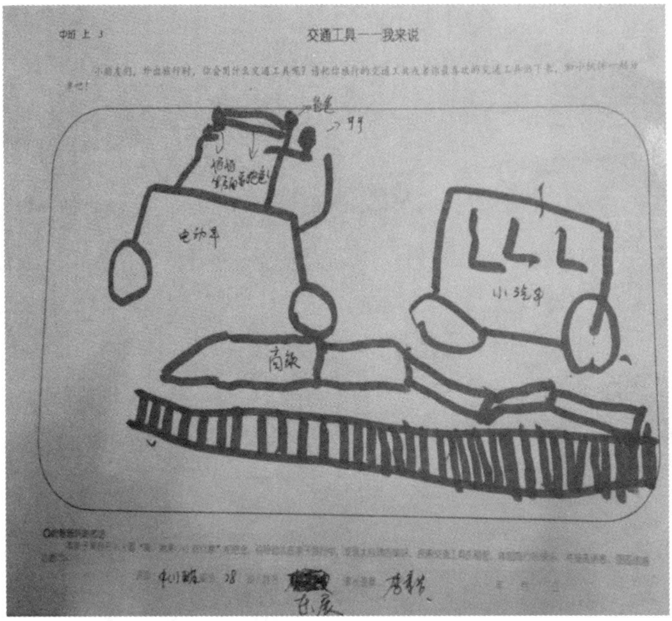

图 5－55　主题活动下的亲子记录单

在主题的开展下，孩子们利用区域材料制作交通工具“小飞机”“小火车”等丰富作品展示架(见图 5－56)。

图 5－56　美工区不断丰富的展架

在课程开展过程中，老师们发现阅读区不能满足目前幼儿的发展需要，于是利用纸筒拼成一个小围栏，装置手偶、头饰，在不断丰富的过程中，促进幼儿的发展(见图 5－57)。

图 5 - 57　不断丰富的阅读区

(三) 绘本主题活动的创设——“小船”

在中一班转换的第二个主题活动中,主要围绕年末的童话故事戏剧表演做准备。每个班根据幼儿的年龄特点,以及班级的实际情况,选择相应的绘本,开展绘本主题活动。第二个主题活动,中一班本主题是“小船”(见图 5 - 58),如何围绕主题进行创设呢?

图 5 - 58　绘本《小船》

1. 分析绘本结构和内容

主班老师首先需要自己通读了绘本故事，并了解、分析绘本的结构和内容，并将这个绘本故事进行解构：

(1) 序幕：小船启航寻找好伙伴；

(2) 冲突：途中遇到各种危险(旋涡、暴风雨、海怪、企鹅等)；

(3) 应对：克服困难、勇于挑战(好奇、惊险、害怕、不安、自信)；

(4) 结局：挑战自我，快乐成长。

2. 分析幼儿现状

了解了绘本结构和内容之后，主班老师对自己班上的幼儿进行了一个分析，发现他们有着以下特点：

(1) 喜欢探索新鲜事物；

(2) 不会主动关心同伴；

(3) 遇到困难或不会的事情，选择放弃或哭闹的方式。

3. 确定学习目标

分析了绘本结构和内容，又分析了班上幼儿的现状之后，主班老师结合绘本故事，确定了学习的目标：

(1) 认知目标：了解掌握小船在远航中可能遇到的风险。

(2) 能力目标：能够学会遇到困难的时候，想办法解决。

(3) 情感目标：能积极表达，学会勇敢自信地面对困难。

4. 构建主题网络图

在经过上述的分析与目标的明确之后，主班老师和配班老师一起建构了关于“小船”的主题网络图(见图 5－59)。

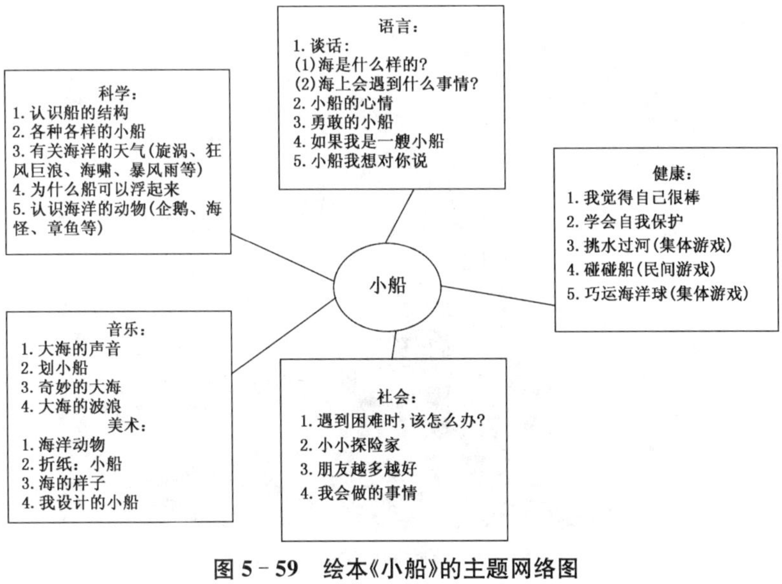

图 5－59　绘本《小船》的主题网络图

5. 与绘本主题相关的班级环境创设

回到环境创设中,班级老师运用的主色调是蓝色和白色,打造海洋风,从门口到室内都是围绕着绘本里的元素进行创设,吊饰“海浪”随风飘动。图 5 - 60 为门口的环境创设,图 5 - 61 为衣帽间隔断的环境创设。

图 5 - 60　门口的环境创设

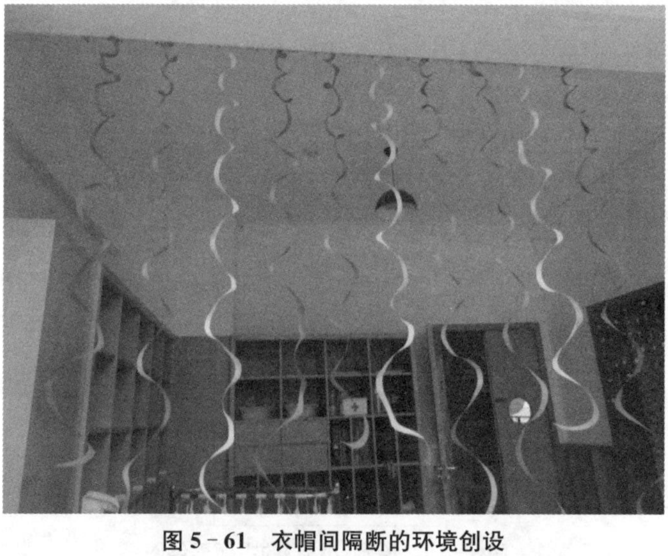

图 5 - 61　衣帽间隔断的环境创设

在主题的框架下,老师们利用麻绳创设成以三个版面:“大海的秘密”“小小探索家”“亲爱的小船,我想对你说”。在小船远航寻找伙伴的过程中,虽然充满了危险与挑战,但小船敢于挑战并收获快乐与成长。图 5 - 62 为主题墙的框架。

图 5 - 62　主题墙的框架

不同的主题切换,要根据主题内容进行相应的环境创设。在变与不变之间,把握教育的精髓。所谓的变是主题变化、环境变化、材料变化、学习内容的改变等。所谓的不变,是教师角色、幼儿角色以及他们之间的关系不变。

三、社区文化——角色游戏区域的创设

社区是幼儿天天可以接触到的外部环境,如商店、超市等都是孩子最熟悉的活动,其本身就是一项实践活动,可以培养孩子与人交往、解决实际问题的能力。那么我们在创设区域时须贴近幼儿的生活实际,通过创设的生活片段、生活场景,再现幼儿的生活,调动幼儿的生活经验,唤起他们的兴趣。

(一) 利用绘本元素,创设区域环境

中一班的特色区“咔嚓理发店”的创设灵感来源于班级如一小朋友,当时如一小朋友在家里和弟弟模拟理发店的情景,弟弟躺在沙发上,她学着工作人员的样子给弟弟剪头发、洗头、按摩等,情景非常生动、有趣,也很符合幼儿的年龄特点。

主班老师根据家长提供的视频,开始思考怎么去创设理发店,什么理发店会深受孩子的喜爱。主班老师决定从绘本活动的阅读开始,选择了《你好！理发店》《狮子去理发》等相关绘本,让幼儿在幽默轻松的故事中明白了理发店里的洗头发、剪头发是怎么发生的。图 5 - 63、图 5 - 64 为推荐的相关绘本。

图 5-63　绘本《你好，理发店》

图 5-64　绘本《狮子去理发》

在第一次的创设中，班级老师把设计的招牌放在班级门口："你好！欢迎光临咔嚓理发店！"任何人只要一走进中一班，就会遇到可爱可亲的巴鲁巴鲁先生在向你招手，让人一目了然知道班级里在做什么角色游戏(见图 5-65)。

图 5-65　班级门口的环境创设

(二) 立足生活经验，发展社会交往

在创设的过程中，中一班打造了三个小区：休闲区、理发区、洗头发区，同时投放相关的材料，再利用绘本的元素装饰环(见图 5-66)。

图 5-66　角色游戏区中的分区

班级老师首先对班级孩子开放，到年级的混班，再到全园的混龄游戏，打破班与班之间的局限，发展幼儿的交往能力，提升幼儿的生活经验。图 5-67、图 5-68，展示的是混龄自主游戏中的幼儿。

图 5-67　混龄游戏中的幼儿 1

图 5-68　混龄游戏中的幼儿 2

在开展的过程中，老师们根据区域的开展情况做调整。家长开放日活动“咔嚓理发店”迎来首批大朋友，还有小朋友手工制作的“我设计的发型”“快乐赞赞赞”等，不断丰富区域的环境(见图 5-69)。

图 5－69　不断丰富的区域环境

在实践过程中,老师们总能发现新问题,并不断调整和完善。老师们总结发现:(1) 本班主题及区域的创设随着课程的展开,需要不断完善;(2) 建立“材料库”,将不同主题背景下的材料进行资源共享;(3) 多看、多学,形成自己的独有风格。我们的眼界要放开,不局限于参观幼儿园环境学习,如进入主题餐厅、服装店、度假村、农庄乡村等等,观察别人的创作元素、色彩搭配等等,也可能会有意想不到的收获。

第四节　班级三人团队建设①

一个班级管理理想状态应当是班级三位老师彼此之间积极学习、互帮互助、共同进步;师幼之间,老师需要不断引导和鼓励幼儿在教师所创设的材料丰富、氛围轻松愉悦的环境中去积极探索,帮助幼儿个性发展,与幼儿平等互动,老师爱幼儿,幼儿爱老师;家园之间,做到让家长充分信任老师、积极参与活动、保持与老师良好沟通。

一、同伴之间:彼此欣赏,共同进步

三人团队中,班主任不仅要让团队成员工作愉悦、互相帮助,还要带领小团队共

① 本节内容由时任惠阳区华南师大附属第二幼儿园中三班主班老师郑敏童撰写。

同进步。

(一) 知己知彼,悦纳彼此

作为主班老师,首先要充分了解搭班的其他两位老师的性格特点、处事方式,同时要让彼此了解各自的工作内容。

在确定搭班之后,作为主班要了解团队成员的性格特点,是活泼外向还是沉着内向,是互补还是相似。

接着要了解团队成员的处事方式,是速战速决,还是谨慎考虑,这将影响班级完成工作的质量。

最后是熟悉彼此的工作内容,彼此尊重,互相欣赏。比如生活老师常常被忽略,被认为是可有可无,就是打打饭、洗洗碗、拖拖地嘛,这是对生活老师角色的误读。当班里的生活老师请假,主班和配班老师一边组织幼儿教学活动,一边管理着幼儿的生活活动,还需要兼顾分餐、洗餐具、拖地、消毒等工作,要学会站在对方的立场去体贴对方,学会尊重彼此。图 5 - 70 为中三班的三人团队。

图 5 - 70　我们的三人团队

(二) 上传下达,责任到人

在幼儿园里,不管是教学组、后勤组,或是行政组,都会根据不同时期来制定活动计划,而班级三位老师随时都有可能是任何一个活动的组织者。特别是主班老师,更要以身作则,不管是任何活动,都要及时将活动内容传达给班级其他两位老师。有时候工作布置较晚,可能班级两位老师已经下班了,作为主班老师,可在会议结束后,将会议内容整理好拍照发微信给两位老师看。一来及时将会议内容传达,责任到人;二来防止过后忘记,导致工作进展不畅。比如幼儿园举办的重阳节自理能力大赛,主要是由保健组的生活老师们负责,班级的生活老师开完会后,及时将会议内容告知给我主班与配班老师,由主班和配班分工负责联系家委,举行初赛,确定决赛名单。生活老师的及时沟通,使得班级在全园重阳节活动中是进展最快的,也是质量最好的。

(三) 耐心倾听,共同成长

工作当中,总会有那么一瞬间,老师们会突然有不良情绪想要宣泄。当班级其他老师向主班老师诉说自己最近的工作烦恼、工作压力时,作为一班之主,主班老师对其团队成员的关爱也是非常重要的。主班老师需要留出时间,用心倾听同伴的想法,提出建设性的建议,帮助解决她们的烦恼,及时引导,促进共同的成长。

(四) 树立威信,保持一致

班级中主班老师是与幼儿接触最多的老师,在班级幼儿当中,自然需要建立起应有的权威。相对的,配班老师和生活老师的威信则比较弱。当团队的权威出现不一致时,会影响班级工作的推进。作为主班老师,应当经常在幼儿面前提到其他两位班级老师,并让幼儿对两位老师的工作付出表达感谢,树立两位老师在幼儿心目中的形象与地位。例如在组织离园总结时,除了幼儿自我总结今日表现如何,主班老师也可以询问班级其他两位老师今日哪位幼儿进步最大,让小朋友们知道不仅是主班老师在关注他们,班级其他两位老师也是会关注他们的。通过这些细节,逐步提升配班老师和生活老师在班级中的存在感、价值感,并让幼儿充分感受到三人团队的协调一致性。

二、师幼之间:互相关爱,平等互动

班级工作中,主班老师要和幼儿之间建立良好的互动关系,利用班级环境促进班级师幼关系和谐友爱,同时促进幼儿的个性发展。

(一) 班级环境的重要性

小班幼儿情感依恋强烈,是秩序感和各种常规形成的关键期,因此为幼儿营造一个轻松、温馨、和谐的家庭式班级氛围非常重要。到中大班,在这种家庭式氛围的基础上,注重幼儿主人翁意识的培养,通过提供丰富的材料,老师应当引导和鼓励幼儿积极探索,促进幼儿个性发展。

(二) 师幼相处方式

作为主班老师通常会关照大多数幼儿,可能会有个别幼儿因为得不到老师的关注而变得内向,或者叛逆,想方设法"搞破坏"引起老师注意。因此主班老师需要在集体活动时,仔细观察每一个幼儿的动态,利用过渡环节找个别幼儿,以朋友的方式聊天。例如像幼儿早晨来园换鞋子时、用餐后、午睡起床穿鞋子时、扎头发时等等,主班老师可以和幼儿简单地聊两句,了解他们的真实想法,也让他们知道老师一直都在关注他。

当班级老师学会用环境跟幼儿"说话",学会用环境去"教育"孩子,当老师真实地了解到不同幼儿的不同想法时,才能更好地帮助幼儿个性发展,帮助他们更加勇于尝试、积极探索、乐于表达自己,同时也有助于营造师幼之间互相关爱、平等互动的氛围。图 5-71 为中三班的班级成员。

图 5－71　我们的班级成员

三、家园之间:信任参与,沟通顺畅

《幼儿园教育指导纲要(试行)》明确指出:“家庭是重要的合作伙伴,应本着尊重、平等、合作的原则,争取家长的理解、支持和主动参与,并积极支持、帮助家长提高教育能力。”班级工作的顺利开展,需要取得家长的信任和支持。

(一) 成立家委会,选好“领头羊”

一个好的家委是家长与老师之间沟通的桥梁纽带。有些问题老师不方便解决时,家委可以及时与家长沟通,能够避免老师们与家长之间不必要的摩擦。另外家委可以经常与家长沟通班级情况,因为共同的角色身份,更容易取得认同,提高班级家长的凝聚力。在选家委会时,主班老师要通过平时的家园沟通,了解各位家长的性格特点和职业特征,在推荐家委成员时,要考虑到家委的代表性,比如性别、职业、学历、籍贯等因素。家委会成员需要热心班级工作,沟通协调能力强,在家长群中具有一定威信的家长来担当。图 5－72 为中三班的家委成员。

(二) 关注幼儿的个性发展

家长与老师共同的目标都是为了孩子的发展。作为一名专业的幼儿园老师,不仅需要及时掌握幼儿现阶段的发展情况,还需要关注到每个幼儿未来的发展需要。根据幼儿现状的不足与家长及时沟通,共同帮助幼儿往更好的方向去发展。我们要培养幼儿的自理能力、社交能力,让幼儿尝试自己的事情自己做,让幼儿尝试自己解决与同伴之间的矛盾,这些都是为了以后幼儿能够更好地在社会大集体中生存。幼儿的发展水平各不相同,老师应当根据幼儿的不同阶段表现及时与家长沟通,做好家

图 5-72 我们的家委成员

园共育工作。

(三) 有效的家园沟通

说到家园沟通,怎么样才能将老师的意思准确地表述给家长,但又不会让家长觉得难以接受呢? 这就考验老师的说话技巧。当幼儿现阶段在园有不好的表现,需要和家长沟通时,老师们要注意:第一,肯定孩子的进步或优点,减少家长的心里顾虑;第二,从具体的事例引出孩子需要注意的缺点或不良习惯,当幼儿表现欠佳时,家长更担心的是老师对孩子的认识态度。老师们应当让家长明白:谈论孩子的不足,目的是得到家长的支持,以便家园共同引导孩子形成良好的行为习惯;第三,充分发挥语言艺术的魅力,巧妙使用语言,积极与家长共同分析找出原因,寻找解决的办法;第四,对待家长一视同仁,学会与每一位家长交流,让每位家长都能感受教师的关注或重视。

(四) 家长资源的运用

家长助教活动、家长义工是家长参与幼儿园管理,了解幼儿园教育理念、教师教育水平和幼儿在园情况的有效途径。这些活动的组织,都需要主班老师来发动和推进。作为主班,可通过期初的家长助教、义工自愿报名,了解有参与意向的家长,并了解家长各自的长处和资源。在开展活动前,充分尊重家长的意愿,活动结束后,认真听取家长的意见反馈。通过家长的主动参与,共同提高班级管理效率,形成良好的家园共育氛围。图 5-73 为中三班家长义工参与幼儿园的活动。

将班级管理分为三板块,但这三板块却是密切联系并且相互作用的。当班级老师相处融洽、和谐,幼儿是能感觉到的,而三位老师工作配合默契,幼儿在班级里面也

图 5 - 73　家长义工参与到幼儿园活动中

会生活得非常愉快,会增加他们的幸福感。幼儿在园的心情状态会让家长看到或者表述给家长听,当家长知道自己的孩子在幼儿园过得开心,那么家长工作的开展也就容易了。当家长给予支持与信任时,老师们的工作也就容易了。所以教育最好的关系就是:家长支持老师,老师支持孩子,这也是班级管理工作的理想状态。

从幼儿园组织层次的支持到课程建构的支撑,幼儿园为班级工作的开展搭建了一个有序循环的体系。通过主班教师对课程的消化吸收与实施,带领三人团队通力合作,将班级管理工作在班组织这一层得以有效执行,从而带动幼儿园整个体系的运作,在这个过程中,教师、幼儿、家长均参与其中,获得各自的发展。“任何一种社会活动都会形成一种系统。这个系统的组织建立、有效运转就会成为一项系统工程。”①

① 钱学森. 论系统工程[M]. 长沙:湖南人民出版社,1982:108.

参考文献

(一) 著作类

1. [澳]马尔科姆. 沃特斯. 现代社会学理论[M]. 杨善华译. 北京:华夏出版社,2000.

2. 郑杭生. 社会学概论新修[M]. 北京:中国人民大学出版社,2002.

3. 李瑾瑜等. 课程改革与教师角色转换[M]. 北京:中国人事出版社,2003.

4. [美]彼得·M. 布劳. 社会生活中的交换与权力[M]. 李国武译. 北京:商务印书馆,2012.

5. 德雷克·格利高里,约翰. 厄里. 社会关系与空间结构[M]. 北京:北京师范大学出版社,2011:2.

6. 袁爱玲,廖莉. 幼儿园环境创设——理论与实操[M]. 上海:华东师范大学出版社,2017.

7. 兰德尔·柯林斯. 互动仪式链[M]. 苏国勋译. 北京:商务印书馆,2009.

8. 郑全全,俞国良. 人际关系心理学[M]. 北京:人民教育出版社,2011.

9. 华爱华. 幼儿游戏理论[M]. 上海:上海教育出版社,2001.

10. 刘晶波. 社会学视野下的师幼互动行为研究——我在幼儿园里看到了什么[M]. 南京:南京师范大学出版社,2006.

11. 彼得·M. 布劳. 社会生活中的交换与权力[M]. 李国武译. 北京:商务印书馆,2012.

12. 教育大辞典编纂委员会. 教育大辞典(第 2 卷)[M]. 上海:上海教育出版社,1990.

13. 匡欣. 图解幼儿园体验式家长会实战[M]. 上海:华东师范大学出版社,2017.

14. [日]芦原义信. 外部空间设计[M]. 尹培桐译. 北京:中国建筑工业出版社,1985.

15. 刘焱. 儿童游戏通论[M]. 北京:北京师范大学出版社,2006.

16. (美)匡欣,宋仁静等. 幼儿常规建立的道与法[M]. 北京:中国农业出版社,2012.

17. 莫源秋,韦凌云等. 幼儿常规教育指导手册[M]. 北京:中国轻工业出版社,2013.

18. 彭懿. 图画书:阅读与经典[M]. 南昌:二十一世纪出版社,2008.

19. 简楚英.方案教学的理论与实务[M].上海:华东师范大学出版社,2007:56.

(二)论文类

1. 王珊.教师社会角色定位研究[D].济南:山东师范大学,2014.

2. 张廷成.社会角色理论视角上的中国退役运动员再社会化问题研究[D].大连:东北财经大学,2014.

3. 李晓菲.幼教相关群体对幼儿教师角色期望的研究[D].重庆:西南大学,2011.

4. 夏云.幼儿教师角色失调现状研究[D].广州:广州大学,2017.

5. 翁珊珊.对幼儿教师角色定位的研究[J].新校园(学习),2015,000(007):144.

6. 梁玉华.师幼关系中幼儿教师的角色意识探析[J].学前教育研究,2006(3):41-43.

7. 聂妮.幼儿家长期待的教师角色调查研究——以山西省运城市S幼儿园为例[J].基础教育参考,2017(9):68-70.

8. 易凌云.美国优秀幼儿教师专业标准及其启示[J].学前教育研究,2008(10).

9. 王淑君.美国优秀幼儿教师专业标准对幼儿教师角色定位的启示[J].学前教育研究,2012(9):70-72.

10. 杨飞龙,张尧.《幼儿园教师专业标准》定位下的幼儿教师角色[J].教育探索,2014(8):101-102.

11. 赵丹.教育相关群体幼儿教师角色期望状况[J].幼儿教师教育研究,2009(6).

12. 李敏,杨晓萍.由三重困境到多元共生:幼儿教师角色转变[J].教育导刊,2015(10)下:9-15.

13. 彭飞霞.幼儿教师人际信任与知识分享的关系研究[D].重庆:西南大学,2011.

14. 朱玉.以班级为单位的幼儿教师群体关系研究[D].南京:南京师范大学,2012.

15. 李辉.班级场域中幼儿教师群体关系研究[D].武汉:华中师范大学,2015.

16. 李创斌.对话理论视域中的师幼关系研究[D].西安:陕西师范大学,2014.

17. 李洪玉.当代国内外师幼关系研究述评[J].教育与教学研究,2017(4):16-21.

18. 邓艳.绵阳市幼儿园师幼关系的个案研究[D].重庆:西南师范大学,2002.

19. 范增.国外关于师幼关系质量影响因素的研究及其启示[J].教育与教学研究,2013(8):107-120.

20. 李创斌.对话理论视域中的师幼关系研究[D].西安:陕西师范大学,2014.

21. 杨娟,刘澎.幼儿教师与在园幼儿法律关系之法理重塑[J].兵团教育学院学报,2017(2):70-76.

22. 杨莉君.中西方师幼观的比较:差异与启示[J].教师教育研究,2016(3):123-128.

23. 姜晓玥.从以往学制看学前教育家园关系的演变历程[J].幼儿教育(教育科学),2013(11):49-53.

24. 汪芳.武都区幼儿园家园合作现状的调查与研究[D].兰州:西北师范大学,2006.

25. 袁雪莲.幼儿园管理中家园合作现状研究[D].北京:中央民族学院,2015.

26. 吕冰霞.家园关系中亲师矛盾的特点及成因研究[D].沈阳:沈阳师范大学,2016.

27. 何红漫.顺应时代要求,建立新型家园合作关系的实践探索[J].学前教育研究,2009(3):65-68.

28. 张鸿宇,王小英.协作走向合作:美国家园合作关系国家标准的新发展[J].基础教育,2017(2):104-112.

29. 高小芳.社会空间理论研究[D].兰州:西北师范大学,2014.

30. 唐巴特尔.论社会空间的基本形式及其方法论意义[J].内蒙古大学学报(人文社会科学版),2002(11):18-22.

31. 程波.教室空间的教育学考察[D].桂林:广西师范大学,2013.

32. 蔡菡.幼儿园活动空间的重构[J].幼儿教育(教育科学),2017(5):20-24.

33. 张康之.基于人的活动的三重空间——马克思人学理论中的自然空间、社会空间和历史空间[J].中国人民大学学报,2009(4):60-67.

34. 潘例.心理·环境·行为——幼儿园交往空间构成模式分析[D].重庆:重庆大学,2005.

35. 殷芳,宫政.幼儿特征影响下的幼儿园交往空间塑造的儿点思考[J].消费电子,2014:265.

36. 孟东生,赵学君.幼儿园交往空间中的安全性设计[J].现代园艺,2016(8):68.

37. 魏成,陈烈.制度厚实、制度空间与区域发展[J].人文地理,2009(2):627-722.

38. 张荣军,蒋丽春.制度认同的空间之维[J].创新,2014(4):34-126.

39. 刘迟.基层社区组织权威生成的制度空间研究[D].上海:上海大学,2009.

40. 冷希炎.中国开发区制度空间研究[D].哈尔滨:东北师范大学,2006.

41. 杨飞龙,张尧.《幼儿园教师专业标准》定位下的幼儿教师角色[J].教育探索,2014(8):101-102.

42. 陶然.当代领导者角色定位[J].合作经济与科技,2019(10):144-145.

43. 程妍涛.主配班教师合作行为构成要素及类型分析研究[D].南京:南京师范大学,2006.

44. 廖莉. 从社会交换谈幼儿教师的团队建设[J]. 江苏幼儿教育,2018(2):80-84.

45. 李辉. 班级场域中幼儿教师群体关系研究[D]. 武汉:华中师范大学,2015.

46. 杨磊. 图示法在幼儿园生活活动中的运用[J]. 学前教育研究,2000(3):34.

47. 赵东群. 幼儿园班级生活活动质量提升行动研究[D]. 杭州:浙江师范大学,2016.

48. 陈丽苗. 浅谈幼儿入园环节的优化组织策略[J]. 教育理论研究,2019(8):18-24.

49. 顾英. 细谈小班幼儿如厕管理策略[J]. 中国校外教育,2010(9):157.

50. 蒋静. 怎样让幼儿园喝水环节更高效[J]. 中国教育报,20140921:002 版.

51. 王中满. 幼儿园教师洗手认知情况调查[J]. 中华预防医学会石油系统分会第六届预防医学会学术交流论文集,2019(10):220-221.

52. 段晓娅. 教师组织幼儿用餐活动的研究[D]. 武汉:华中师范大学,2013.

53. 车梦. 优化幼儿午睡管理的实践研究[J]. 成才之路,2017(6):73.

54. 卢来娣. 提高幼儿午睡质量的几点策略[J]. 少年儿童研究,2012(10):36-38.

55. 季锋. 浅谈幼儿离园环节的组织和管理[J]. 课程教育研究,2014(3):14.

56. 陈思,陈航. 幼儿离园活动的观察与思考[J]. 基础教育研究,2014(8)上半月:59-60.

57. 王梓燕. 幼儿园过渡环节中教师指导的研究[D]. 鞍山:鞍山师范学院,2018.

58. 秦晴,孙民从. 幼儿园过渡环节中教师指导的研究[J]. 泉州幼儿师范高等专科学校学报,2017(3):1-5.

59. 王乐. 幼儿园主题活动的实施现状、问题及对策研究[D]. 武汉:湖北师范大学,2019.

60. 戴慧群. 幼儿园户外自主游戏活动开展的多角度分析[J]. 教育现代化,2019(5):237-249.

61. 谭淑允. 保教结合在幼儿园户外活动中的运用与实践[J]. 新课程研究,2019(6):129-130.

62. 袁俪宁. 幼儿园早操个性化[J]. 当代学前教育,2018(冬):16-19.

63. 刘元. 大班幼儿上肢力量素质提升的研究[D]. 成都:四川师范大学,2018.

64. 王梅英. 幼儿园开展户外体育游戏的有效策略[J]. 基础教育研究,2019(15):90-91.

65. 禹莉沁. 幼儿园户外体育活动的实践与思考[J]. 成才之路,2019(17):70.

66. 温智慧,廖聪瑜. 分析幼儿园户外自主游戏的安全管理策略[J]. 广州广播电视大学学报,2017(6):80-83.

67. 赵奇. 基于幼儿园户外自主游戏的教师专业发展研究[D]. 上海:华东师范大学,2016.

68. 张璐璐. 中班幼儿教师活动中师幼互动的表现及策略研究[D]. 沈阳:沈阳师

范大学,2019.

69. 黄美蓉.幼儿园家长助教的实施与思考[J].陕西学前师范学院学报,2019(10):79-83.

70. 李生兰.幼儿园家长开放日活动的研究[D].上海:上海师范大学,2007.

71. 缪晨露.幼儿园亲子活动的现状分析及对策研究[J].课程教育研究,2019(9):8-9.

72. 胡耀岗,葛东军.幼儿园综合亲子活动的特点、类型及过程[J].教育导刊,2013(6)下半月.

73. 徐凤玲.幼儿园家访的主要形式[J].宁夏教育,2017(1):22-23.

74. 张江龙,章晓.从单一静态到多维动态——空间理论的发展脉络[J].智库时代,2018(38)257-258.

75. 秦秀丽.幼儿园室内环境空间的设计特点及存在的问题研究[J].西部皮革,2019(20):5-7.

76. 黄晓晨.社区幼儿园室内活动空间适应性设计研究[D].大连:大连理工大学,2014.

77. 李富山.基于POE理念下的乌海市幼儿园室内幼儿使用空间优化设计研究[D].呼和浩特:内蒙古工业大学,2019.

78. 黄晓晨.社区幼儿园室内活动空间适应性设计研究[D].大连:大连理工大学,2014.

79. 黄进.中美幼儿园游戏空间的比较研究[J].比较教育研究,2019(1):92-99.

80. 黄珍.文化学比较视角下的幼儿园区域活动研究[D].桂林:广西师范大学,2014.

81. 张彬宏.幼儿园活动室内区域空间活动设计研究[D].西安:西安建筑科技大学,2018.

82. 王亚萌.幼儿园阅读区的多维建构与指导研究[D].济南:山东师范大学,2017.

83. 李小琴.幼儿园阅读区的创设和利用[D].长沙:湖南师范大学,2017.

84. 李桂花.幼儿园益智区活动开展现状的个案研究[D].福州:福建师范大学,2018.

85. 陈寿千.幼儿园主题背景下小班美术区域活动创设的实践与研究[D].上海:上海师范大学,2019.

86. 闫婷.角色游戏中幼儿教师观察能力的现状研究[D].昆明:云南师范大学,2019.

87. 周国花.幼儿园表演区环境创设的个案研究[D].长沙:湖南师范大学,2018.

88. 孙小炎.幼儿园学习性区域活动的设计指导[D].济南:山东师范大学,2017.

89. 张彬宏.幼儿园活动室内区域空间活动设计研究[D].西安:西安建筑科技大

学,2018.

90. 吴桐.昆明市紫东苑幼儿园室内设计[D].昆明:昆明理工大学,2018.

91. 钟丽.基于幼儿日常行为的幼儿园室内安全设计研究[D].长沙:中南林业科技大学,2017.

92. 张璐璐.中班幼儿教学活动中师幼互动的表现及策略研究[D].沈阳:沈阳师范大学,2019.

93. 刘彩云.《指南》背景下幼儿园五大领域教学活动有效性研究[J].陕西学前师范学院学报,2019(3):62－67.

94. 樊玉竹.区域活动中幼儿教师观察能力研究[D].重庆:重庆师范大学,2019.

95. 李玟蒂.昆明市Y幼儿园大班学习性区域活动中教师支持幼儿主动学习的个案研究[D].昆明:云南师范大学,2019.

96. 孙彩霞.如何有效开展区域观察记录[J].福建教育,2014(46):14－18.

97. 徐旸.幼儿教师区域活动观察记录的现状与支持策略研究[D].上海:华东师范大学,2019.

98. 杨礼彬.盥洗室的魔力—浅析幼儿盥洗室的行为表现及原因[J].幼儿教育研究,2017(2):46－49.

99. 王春颖.幼儿园户外自主游戏中教师有效介入研究[D].济南:山东师范大学,2017.

100. 韦裔菊.幼儿园户外体育游戏的教师支持研究[D].桂林:广西师范大学,2019.

101. 张荣军.制度认同的空间之维[J].创新,2014(4):34－37.

102. 王沐.幼儿园规则教育的实施现状研究[D].大连:辽宁师范大学,2019.

103. 刘念念.昆明市M幼儿园中班区角规则及其执行研究[D].昆明:云南师范大学,2019.

104. 张昕.幼儿喜欢什么样的图书区[D].南京:南京师范大学,2018.

105. 王永杰.小班幼儿生活常规习得研究[J].南昌师范学院学报(社会科学),2019(8):137－140.

106. 梁冰冰.幼儿园常规教育研究[D].上海:上海师范大学,2018.

107. 赖晓倩.小班幼儿违规行为表现及影响因素研究[D].长春:东北师范大学,2014.

108. 田婧.大班幼儿违规行为表现研究[D].武汉:华中师范大学,2018.

109. 余祥.大班区域活动讲评环节研究[D].成都:四川师范大学,2015.

110. 陈见时,严仲连.论幼儿园的园本课程开发[J].学前教育研究,2001(2):27－29.

111. 陈亚军.绘本阅读园本课程的构建与实施[J].浙江教育科学,2014(01):35－38.

112. 周依萍.幼儿园大班主题课程实施的现状研究[D].南京:南京师范大学,

2018.

113. Gredler. M. E. (1995). Implications of portfolio Assessment for Program Evaluation, Studies in Educational Evaluation, Vol. 21. pp:431 - 437.

后　记

从 2002 年读研开始进入学前教育领域，至今已有 18 年。2005 年毕业留校后，一直从事华南师范大学合作办学附属幼儿园的教育教学支持工作。2014 年 8 月—2018 年 8 月，我在学校的第一所合作直属幼儿园——华南师范大学附属惠阳幼儿园兼任园长，2017 年 10 月，惠阳区华南师大附属第二幼儿园筹建开园，我开始兼任这所幼儿园的园长至今。多年的一线管理实践，让我对班级这个幼儿园的基层组织产生了浓厚的兴趣。可以说，幼儿园管理的核心是依靠各个班的班级管理支撑起来的。很多一线的老师对于班级管理更多凭经验来推进，缺乏系统性和规范性，而更多的新老师进入到职业岗位后，遭遇的最大问题，就是如何管理班级。因此，写一本适用于幼儿园和一线老师，能够从理论到实践，解决班级管理这个基本问题的书，成了我写作的原动力。

幼儿园班级管理的核心要素是什么？

回到班级管理，首先需要厘清的是它的核心要素是什么。读博期间，因为论文写作的关系，阅读了很多社会学方面的书籍，我试图从社会学的视角去分析班级管理问题。于是，我用社会角色、社会关系和社会空间来深入探讨班级管理。通过实践的案例，去梳理班级管理中，角色、关系与空间如何相互作用，既有理论的建构，又有丰富的一线案例做解读。

作为横向层面的角色、关系与空间

班级管理的主要角色是由班级的三人团队，即主班老师、配班老师和保育员构成的。他们的角色扮演非常重要。在幼儿园的工作实践中，经常会有新老师入职，新老师初入班级，会遭遇很多问题，他们的角色又如何去扮演？这是我在班级的社会角色这个章节中探讨的问题。班级中相关社会角色：教师、家长、幼儿因为班级的缘故，产生了教师之间的群体关系、教师与幼儿之间的师幼关系、教师与家长之间的家园关系，如何处理和协调这几类关系，是班级管理中时时要面对的问题。在对于合作的教师群体关系，本书通过班级中的贯穿班级工作内容的生活活动、教学活动和户外活动，结合本人所在幼儿园的实践案例，直观地呈现了各个工作环节的分工与合作。班级管理的发生有它特定的社会空间，本书从物化空间、交往空间和制度空间三个层面，结合班级实践工作中的空间布置、环境创设、规则制订以及常规教育进行展开。第二章到第三章，通过角色、关系与空间的解构，从班级的横切面对班级管理工作进行了详细而生动的呈现。

作为纵向层面的组织、课程与班级

班级不是独立存在的组织,而是置于幼儿园系统中的组织结构。因此班级管理工作离不开幼儿组织体系的支撑。在第五章,本书从幼儿园的纵切面,详细阐述了幼儿园的组织体系,从管理架构、团队建设到评价体系对班级管理的支持。从幼儿园层面的课程建构到班级在执行过程中的课程与环境的融合,到班级中三人团队如何引领,通过园长、执行园长、教学主任、主班老师不同的角色视角,从不同侧面展示了从上到下的建构与执行,源于一线的视角与资料,让读者读来更具有认同感和可操作性。

这本书最初的提纲雏形拟定于 2017 年底,2018 年春节期间,我写完了第一章。尔后,由于各种原因,搁置了下来。直到一年后的 2019 年初春,偶然认识了南京大学出版社的丁群老师,才又重拾起书纲,答应丁老师在 2019 年 10 月交稿。哪想到出国访学期间,忙于各种手续和适应生活与学习,半年过后,断断续续只写完成了第二章。无奈之下,找丁老师商量延期 3 个月,这才开始在下半年沉下心,按照计划推进,终于在新年的第一个月完稿。在此特别感谢南京大学出版社的丁群老师在这个过程中的体谅与理解。也特别感谢我的团队——惠阳区华南师大附属第二幼儿园,书中的绝大多数的实例与经验均来自我的这支团结有爱的团队,特别感谢执行园长王丹在实践工作中的付出。感谢惠阳区华南师大附属第二幼儿园执行园长王丹、教学主任段彩云、教学副主任宋石慧、教研副主任唐秋萍在写作过程中帮我补充搜集素材。感谢我的好友湖南省株洲市六〇一中英文小学的胡红健书记,在写作过程中,她基于自己多年的学校管理经验,给了我非常好的建设性意见。非常感谢出国访学的这段经历,让我有充足的时间去思考去凝练。

此刻,正是国内的新春佳节,而我在大洋的彼岸,窗外的积雪在慢慢融化,树枝头长满了等待春天的新蕾。这是一个值得期待的春天!

写于 Regency Park,奥尔巴尼,纽约
2020 年 1 月 31 日冬